1000
KIRCHEN UND
KLÖSTER

Vorwort

Ein Buch über christliche Kirchen und Klöster in einer Zeit, in der Kirchen geschlossen oder „umgenutzt" werden, in der die Gottesdienste leer und die Sportstadien voll sind? Wer so fragt, berücksichtigt nicht, dass Kirchen zwar in ihrer Urfunktion Orte der gemeinsamen Andacht und des Gottesdienstes sind, gleichzeitig aber auch kunst- und architekturhistorische Zeugnisse der Kultur. Denn das Bedürfnis, dem Einen zu huldigen und seine Lehre zu verkünden und zu verbreiten, drückt sich in den Sakralbauten und ihrer Ausstattung aus. Was wir heute als einzigartige Bauten oder herausragende Kunstwerke loben, sollte – besonders im Mittelalter, als zunächst die romanischen, dann die gotischen Kirchen entstanden –, den Menschen die Größe und die Macht Gottes und der Religion vorführen. Freskenzyklen, Steinreliefs und Schnitzarbeiten sollten zwar auch dekorieren, vor allem jedoch die biblische Lehre in Bildern verkünden, weil die meisten Menschen nicht lesen, wohl aber die Bilder anschauen konnten. Deshalb waren im Mittelalter fast alle Kirchen bunt ausgemalt.

Im Mittelalter hatten Kirchen aber auch andere Funktionen: Da es meist im weiten Umkreis die einzigen großen Steingebäude waren, nutzte man sie außerdem als Versammlungsort und als überdachte Marktplätze. Das war nicht nur praktisch, sondern die Beschlüsse und Geschäfte fanden gleich mit Gottes Segen statt – das war für die Menschen damals von großer Bedeutung, denn der Glaube an Gott war lebendiger Bestandteil ihres Alltags. In unruhigen Zeiten oder Regionen mussten die Kirchen auch Schutz bieten: Bei den Wehrkirchen tritt die zusätzliche Funktion deutlich durch Zinnen und massive, schmucklose Mauern nach außen.

1000 Kirchen und Klöster – eine große Zahl, möchte man meinen! Doch tatsächlich ist es nur eine winzig kleine (und willkürliche) Auswahl von Bauten, deren Zahl so groß ist, dass selbst der gewiefteste Statistiker Probleme haben dürfte, herauszufinden, wie viele Kirchen und Klöster es weltweit gibt: Es kommen immer noch welche dazu, andere dagegen verfallen oder werden abgerissen.

Die Natur des Themas bringt es mit sich, dass sich die meisten beschriebenen Sakralbauten in Europa befinden, denn dort ist das Christentum am weitesten verbreitet, und dort ist der „Hauptsitz" der katholischen Kirche, die mit rund 53 Prozent die größte Gruppe der Christen stellt. Auf den anderen Kontinenten herrschen dagegen entweder die anderen großen Religionen – Islam, Hinduismus, Buddhismus und Judentum – sowie andere Glaubensrichtungen vor, die ihre eigenen Gotteshäuser und Tempel haben. Oder auf diesen Kontinenten siedelten sich europäische Christen an, die ihre Kirchen und Klöster nach den Mustern in der europäischen Heimat errichteten. Deswegen werden die außereuropäischen Kirchen nur an einigen Beispielen exemplarisch für bestimmte Entwicklungen dargestellt.

Bei fast allen Kirchen sind die Bauzeit und der Baustil angegeben. Dabei muss allerdings berücksichtigt werden, dass nicht immer zuverlässige Unterlagen über Baubeginn, -fortschritt und -ende vorliegen und bei unterschiedlichen Quellen die Angaben abweichen. Auch wurde manche Kirche bereits vor ihrer Fertigstellung geweiht, obwohl dies normalerweise danach passiert und das Datum der Weihe oft als Datum der Fertigstellung gilt.

Bei vielen Sakralbauten ist auch der Baustil nicht eindeutig festzulegen, weil sich der Zeitgeschmack während der langen Bauzeit oder bei Teilerneuerungen geändert hatte und der Stil gewechselt wurde. Da es Übergangs- und Zwischenstile, Sonderentwicklungen und zeitliche Verschiebungen gibt, lassen sich die Stile oft nicht rein bestimmen. Hinzu kommt, dass die kunstgeschichtliche Einteilung in Stile ein typisch europäisches Phänomen ist. In den kolonisierten Ländern außerhalb Europas baute man meist mit zeitlicher Verzögerung weiter wie im Mutterland. Dabei flossen manchmal Züge der lokalen Kulturen ein, damit die christianisierten „Wilden" sich zumindest ein wenig in der neuen, aufgepfropften Religion wiedererkannten.

Verlag und Redaktion

Inhalt

Mittel- und Südamerika 420

Australien, Ozeanien und Neuseeland 460

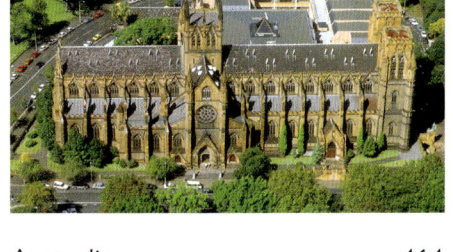

Anhang 468

Europa

Grossbritannien
1 = Wells
2 = Bradford on Avon
3 = Stourhead

Niederlande
1 = Kampen
2 = Gouda
3 = Zutphen
4 = Rotterdam
5 = Utrecht
6 = Middelburg
7 = Oudenbosch
9 = Hertogenbosch
8 = Breda
10 = Roermond
11 = Heerlen
12 = Maastricht
13 = Rolduc

Belgien
1 = Damme
2 = Antwerpen
3 = Tongeren

Luxemburg
1 = Echternach

Frankreich
1 = Secqueville-en-Bessin
2 = Lisieux
3 = Jumièges
4 = Rouen
5 = St.-Germer-de-Fly
6 = Honfleur
7 = Saint-Martin-de-Boscherville
8 = Les Andelys
9 = Saint Denis
10 = Saint-Gilles-du-Gard
11 = Ste.-Maries-de-la-Mer
12 = Arles
13 = Saint-Michel-de-Cuxa
14 = St.-Martin du Canigou

Spanien
1 = Fromista
2 = Castrojeriz
3 = Santa Cruz de la Séros
4 = San Juan de la Peña
5 = Sanntes Creus
6 = Vilabertran

Schweiz
1 = Romainmôtier
2 = Solothurn
3 = Kappel am Albis
4 = Einsiedeln
5 = Fischingen
6 = Lichtensteig
7 = St.Gallen

Österreich
1 = Heiligenkreuz
2 = Schöngrabern

Polen
1 = Karpacz/Brückenberg
2 = Krzeszów/Grüssau

Tschechische Republik
1 = Trebic/Trebitsch
2 = Tisnov/Tischnowitz
3 = Brno/Brünn
4 = Mikulov/Nikolsburg
5 = Kromeritz/Kremsier
6 = Zelena Hora
7 = Dub nad Moravou
8 = Olomouc/Olmütz

Ungarn
1 = Pannonhalma
2 = Pápa
3 = Zirc
4 = Zsambek

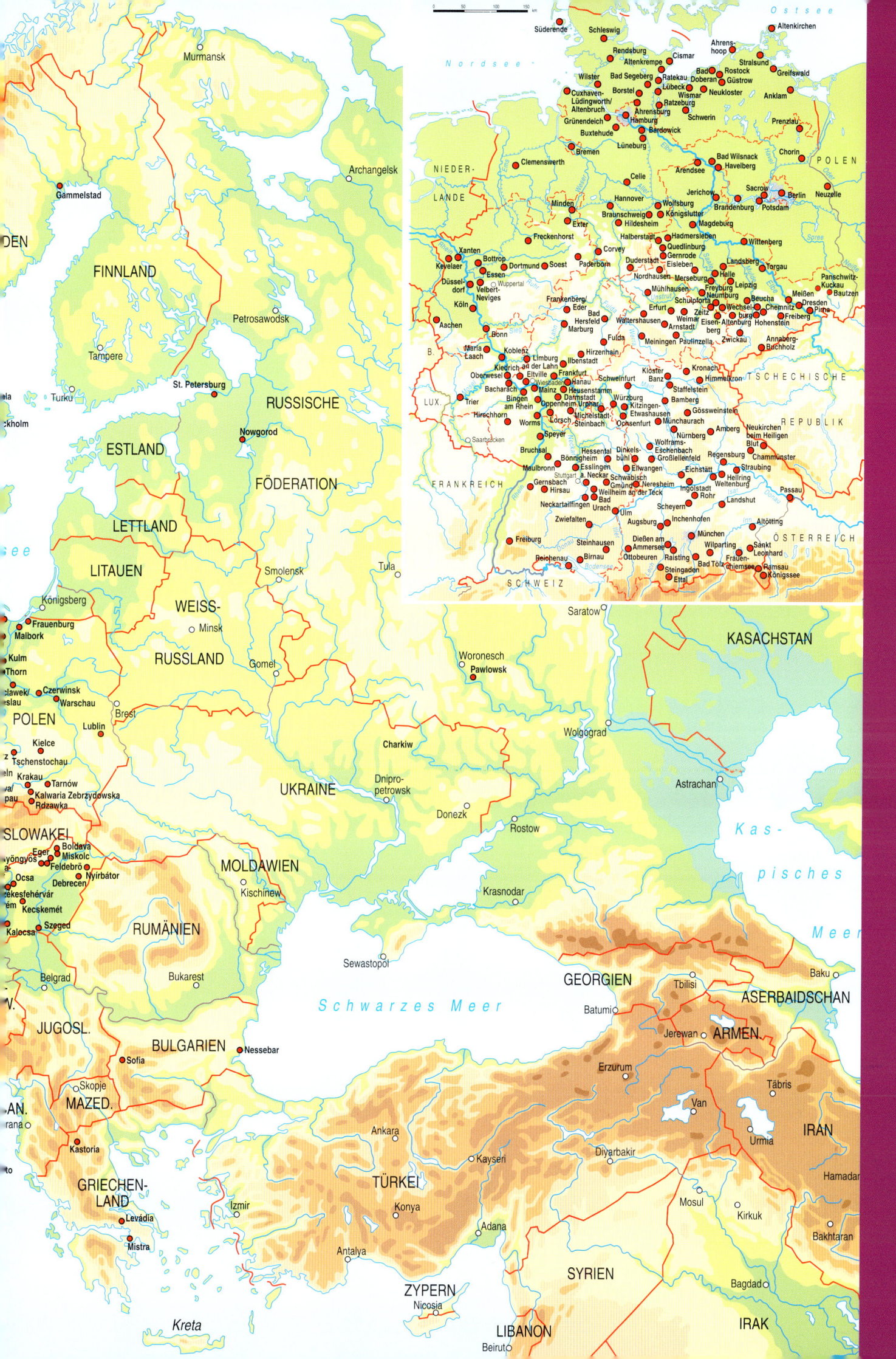

Norwegen

Aufgrund der natürlichen Begebenheiten ist Holz das traditionelle skandinavische Baumaterial, das vor allem in Norwegen auch für Kirchen eingesetzt wurde. Typisch sind die Stabkirchen aus Holz. Da eine eigene lange Steinbautradition fehlte, wurden die Kirchen nach mitteleuropäischen Vorbildern errichtet, ohne deren Glanz zu erreichen.

Nidaros-Dom *(oben)*

Ort: Trondheim
Bauzeit: 11.–14. Jh.
Baustil: im Ursprung Romanik

Die Krönungskirche der norwegischen Herrscher geht zurück auf eine Kirche aus dem 11. Jahrhundert, die 1130 zunächst noch im romanischen Stil erweitert wurde. Der Dom beherrscht heute noch mit Zickzackfriesen, gefältelten Kapitellen und einem Laufgang im Obergaden das Querhaus. 1235–1290 wurden Mittelschiff und Fassade – mit großen Skulpturen – im Stil der englischen Gotik umgebaut.

Stabkirche *(unten)*

Ort: Urnes
Bauzeit: ca. 1130–1150
Baustil: Stabkirche des großen Typs

Die UNESCO hat diese Stabkirche wegen ihres besonderen Schnitzdekors unter internationalen Schutz gestellt. Charakteristisch für den sogenannten Urnes-Stil sind Ranken sowie miteinander verschlungene Schlangen und Löwen. Außerdem besitzt die Kirche geschnitzte Kapitellreliefs mit Reitern, Tieren, Handwerkern und Ornamenten. Vermutlich verbinden sich hier Elemente der Wikingerkultur mit solchen der Romanik.

Stabkirche *(rechts)*

Ort: Borgund
Bauzeit: um 1150
Baustil: Stabkirche des großen Typs

Im mittelalterlichen Norwegen wurden die Holzkirchen fast ausschließlich mit der Stabtechnik gebaut: Senkrechte Pfosten – die Stäbe – an den Ecken und im Inneren tragen die Wände, die aus Brettern in einen Holzrahmen eingepasst sind, und das Dach aus Brettern oder aus Schindeln wie bei dieser mit nur 15 m Länge bereits größeren Stabkirche. Sie besitzt außerdem ein gestaffeltes Dach und einen äußeren Umgang.

Schweden

Auch in der schwedischen Kirchenarchitektur wurde viel Holz verwendet. Durch den gleichzeitigen Einsatz von offenem Feuer zum Kochen und Heizen blieben Stadtbrände nicht aus, denen auch viele Kirchen zum Opfer fielen. Daneben findet man wie in vielen Ländern an der Ostsee Backsteingotik. Das äußere Erscheinungsbild der Kirchen kennzeichnet meist Schmucklosigkeit.

Dom *(links)*

Ort: Uppsala
Bauzeit: 1435 geweiht
Baustil: Gotik

Der Dom von Uppsala wurde im Stil der Backsteingotik errichtet. Er gilt als der größte dieser Art in Skandinavien und ist der einzige in Schweden, der sich am Bauschema der französischen Gotik orientiert. Im Inneren beherbergt er unter anderen die Grabmale des Heiligen Erik und mehrerer Könige sowie in der Schatzkammer kostbare Gewänder und Tapisserien.

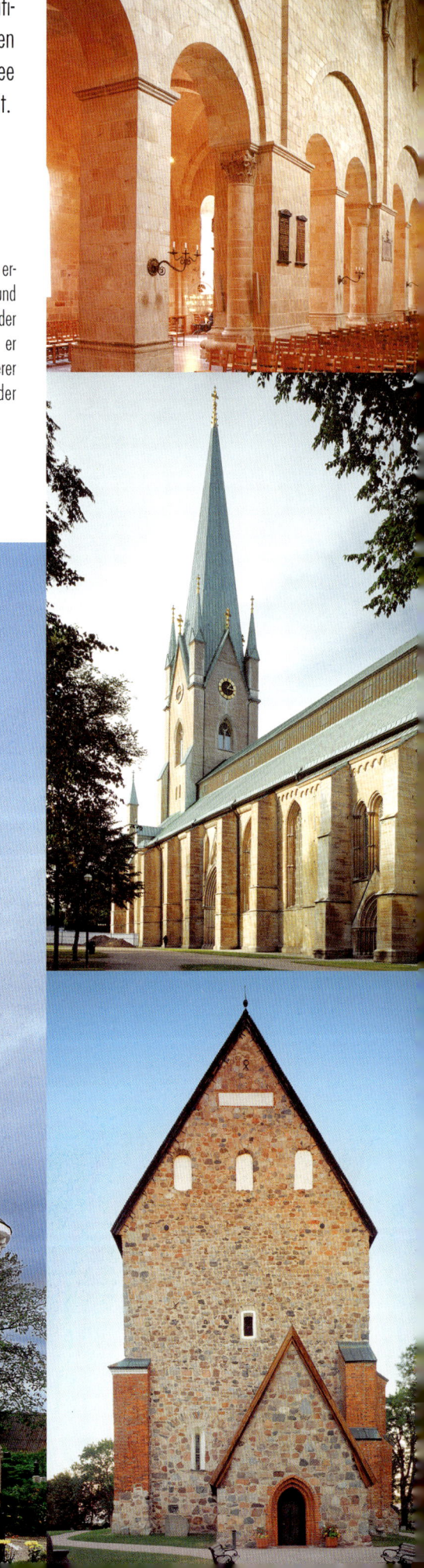

Valleberga-Kirche *(ganz links unten)*

Ort: bei Ales Stenar
Bauzeit: 12. Jh.
Baustil: im Ursprung Romanik

Die Valleberga-Kirche ist die einzige erhaltene Rundkirche in Schonen in Südschweden und ist in einer Reihe mit den Rundkirchen auf Bornholm zu sehen. Nach mehreren Um- und Anbauten bildet diese alte Rundkirche heute den Chor der Kirche. Auch der Taufstein, der aus der Werkstatt des Majestatis-Meisters stammen soll, stammt aus der Entstehungszeit der Kirche.

Dom *(links oben)*

Ort: Lund
Bauzeit: 1103–1145
Baustil: Romanik

Der Dom von Lund ist nicht nur die größte Kirche Skandinaviens, sondern auch die bedeutendste aus der Epoche romanischer Architektur und Vorbild für spätere schwedische Kirchen. Bis heute ist die Krypta von 1123 erhalten. Leider sind aus der Entstehungszeit keine Ausstattungsstücke erhalten. Das früheste sind drei bronzene Skulpturen aus dem Jahr 1240. Chorgestühl und Altarbild stammen aus dem 14. Jahrhundert.

Dom *(links Mitte)*

Ort: Linköping
Bauzeit: 12.–15. Jh.
Baustil: Gotik

Als der schwedische Ort Linköping östlich des Vättersees im 12. Jahrhundert Bischofssitz wurde, begann man sogleich mit dem Bau einer angemessenen Kathedrale und orientierte sich dabei an westfälischen Vorbildern. Es entstand eine Hallenkirche mit 107 m hohem Turm, die über die Jahrhunderte fast unberührt blieb und deshalb heute noch in ihrer Ursprünglichkeit zu bewundern ist.

Nederluleå-Kirche *(links unten)*

Ort: Gammelstad
Bauzeit: 15. Jh.
Baustil: im Ursprung Gotik

Mit über 400 Holzhäusern, die sich um die Kirche aus Granit gruppieren, ist Gammelstadt nordwestlich von Luleå die größte Kirchenstadt in Schweden und wurde von der UNESCO in das schützenswerte Weltkulturerbe aufgenommen. Während die auch als Versammlungsraum und Zuflucht genutzte Kirche außen schmucklos und massiv wirkt, ist sie innen reich mit Fresken ausgemalt. Zur Ausstattung gehören ein Antwerpener Altar von 1520 und eine barocke Kanzel.

St.-Petri-Kirche *(oben)*

Ort: Malmö
Bauzeit: 14. Jahrhundert
Baustil: im Ursprung Backsteingotik

Als Grenzort zu Dänemark wurde Malmö, wo wie überall in Skandinavien traditionell mit Holz gebaut wurde, mehrfach niedergebrannt. So kommt es, dass die steinerne Petrikirche das älteste Gebäude in der Stadt ist. Die dreischiffige Basilika, deren Turm um 1440 errichtet wurde, ist mehrfach umgebaut worden. Sie besitzt einen Chorumgang und einen Kapellenkranz. Berühmt ist sie für ihren Altaraufsatz aus dem 16. Jh.

Riddarholmskirche *(unten)*

Ort: Stockholm
Bauzeit: 13. Jh.
Baustil: Gotik

Ursprünglich als Klosterkirche des Franziskanerordens erbaut, dient der Sakralbau auf der Insel Riddarholmen heute nicht mehr als Kirche. Er gehört zu den ältesten Gebäuden Stockholms und ist seit dem 17. Jahrhundert und dem Tod Gustav II. Adolfs die Grablege der schwedischen Könige sowie zahlreicher berühmter Persönlichkeiten des Landes.

Dänemark

Den frühen, aus Holz errichteten Kirchen folgten seit dem 11. Jahrhundert Steinkirchen, seit dem 13. Jahrhundert von der Backsteingotik geprägt. Viele Einflüsse fanden ihren Weg in die dänische Kirchenarchitektur, so z. B. die italienische und französische Barockbaukunst im 17. und 18. Jahrhundert, der französische Klassizismus und die Romantik im 19. Jahrhundert. In der Baukunst der Gegenwart mischen sich Einflüsse ausländischer Architekten mit zurückhaltender Modernität.

Liebfrauenkirche *(rechts oben)*

Ort: Kopenhagen
Bauzeit: nach 1808–1829
Baustil: Klassizismus

Als Ersatz für den im Kampf gegen Napoleon zerstörten romanischen Dom entstand nach Plänen von Christian Frederik Hansen die neue Vor Frue Kirke als rechteckiger, kastenförmiger Bau. Ihr einziger Schmuck ist die an antiken Tempeln orientierte Säulenvorhalle, über der sich ein massiger Turm erhebt. Im hellen Innenraum beeindrucken überlebensgroße Apostelfiguren sowie eine Skulptur des segnenden Christus von Bertold Thorvaldsen.

Grundtvigkirche *(links oben)*

Ort: Kopenhagen
Bauzeit: 1921–1940
Baustil: Expressionismus

Von außen erinnert die Kirche zunächst an eine gigantische Orgel — und wirkt damit im Sinne des Expressionismus als monumentale Skulptur. Gleichzeitig nahm der Architekt Peder Vilhelm Jensen-Klint (1853–1930) mit dem gelben Ziegel als Baumaterial und der abgestuften Westfassade aber auch die traditionelle Bauweise der dänischen Bürgerhäuser mit ihren Treppengiebeln auf. Die umliegenden Häuser wurden auch von Jensen-Klint entworfen und bilden mit der Kirche eine städtebauliche Einheit.

Frauenkirche *(rechts unten)*

Ort: Kalundborg
Bauzeit: 1170–1190
Baustil: Romanik

Mit ihren fünf massiven Türmen prägt die Kirche das Stadtbild nachhaltig. Sie entstand auf dem Grundriss eines griechischen (also gleichschenkligen) Kreuzes als Burgkirche und wirkt deshalb so wehrhaft. An jedem Ende der vier Querarme wurde ein achteckiger Turm errichtet sowie einer in der Mitte über der Vierung. Man vermutet, dass der Baumeister aus der Lombardei kam oder zumindest von dort beeinflusst war.

Frederikskirche *(ganz rechts)*

Ort: Kopenhagen
Bauzeit: 1749–1894
Baustil: Historismus

Diese Kirche bei Schloss Amalienborg, besser bekannt als Marmorkirche, eifert der größten aller Kirchen nach, dem Petersdom. Entsprechend besitzt die Rundkirche mit Umgang nicht nur eine Säulenvorhalle, sondern eine Kuppel von 33 m Durchmesser und 45 m Höhe. Diese Kuppel gehört zu den größten in Europa. Die Kirche scheint der Renaissance zuzuordnen zu sein, wurde aber viel später entworfen, als der historisierende Zeitgeist sich wieder früheren Baustilen zuwandte.

Dom *(links oben)*

Ort: Ribe
Bauzeit: 12. Jh.
Baustil: Romanik

Als eine der ältesten Städte in Dänemark und bedeutende mittelalterliche Handelsstadt besitzt Ribe den ältesten Dom des Landes und den einzigen mit fünf Schiffen. Nachdem 1283 einer der beiden Westtürme eingestürzt war, bauten die Bürger der Stadt an dessen Stelle bis 1333 den sogenannten Bürgerturm aus Ziegelsteinen, der heute als Aussichtsturm dient, um ihre Stadt von dort verteidigen zu können.

Løgumkloster *(rechts oben)*

Ort: Løgumkloster
Bauzeit: ca. 1225–1325
Baustil: Übergangsstil

Als einer der bedeutendsten Bauten des Mittelalters in Dänemark gilt diese Kirche eines ehemaligen Zisterzienserklosters. Zwar wurde das Kloster bereits 1173 gegründet, aber die ersten Gebäude waren — wie damals in Dänemark üblich — noch aus Holz. In der heutigen Kirche aus Ziegeln ist der Übergang von der Spätromanik zur Frühgotik gut an den Fenstern zu erkennen: Im Langhaus sind die ersten noch romanisch-rund, die anschließenden schon gotisch-spitz.

Sankt Knuds Kirche *(unten)*

Ort: Odense
Bauzeit: 14., 15. Jh.
Baustil: Gotik

Der dreischiffige, gotische Dom von Odense mit seinen reich profilierten Arkaden ist nach König Knud dem Heiligen benannt, der 1086 mit seinem Bruder den Märtyrertod erlitt. Beide sind in kostbaren Reliquienschreinen in der Krypta beigesetzt. Besonders berühmt ist der Dom allerdings für seinen kostbaren spätgotischen Altaraufsatz, den Claus Berg 1521 geschnitzt hat.

Polen

Die polnische Bevölkerung ist zu etwa 95 Prozent römisch-katholisch, und das Christentum und die Religion sind tief im Volk verankert, denn der Piasten-Herzog Mieszko I. trat 996 zum katholischen Glauben über. 1226 holte man den Deutschen Ritterorden zu Hilfe gegen die heidnischen Preußen. Dass mit dem polnischen Kardinal Karol Wojtyla erstmals ein Papst gewählt wurde, der nicht aus Italien stammt, trägt dem Rechnung — ebenso wie die zahlreichen wichtigen Kirchen und Wallfahrtsstätten.

Marienkirche *(unten)*

Ort: Gdánsk/Danzig
Bauzeit: 1343–1502
Baustil: Gotik

Mit 105 m Länge und 69 m Breite gilt die Marienkirche als größte Backsteinkirche des Mittelalters. Sie besitzt nicht nur ein dreischiffiges Langhaus, sondern ein ebensolches Querhaus sowie einen Chor mit geradem Abschluss. Zwischen die Strebebögen wurden Kapellen mit hohen Spitzbogenfenstern gebaut, so dass die Wände außen glatt sind. Das Innere mit seinen vielfältigen Gewölben ist mit kostbaren Kunstwerken ausgestattet.

Johanniskirche *(rechts)*

Ort: Gdánsk/Danzig
Bauzeit: 1370–1410 bzw. 1454
Baustil: Gotik

Wie fast alle Danziger Kirchen (und auch die übrigen Gebäude) war die Johanniskirche im Zweiten Weltkrieg zerstört worden. Nach dem Wiederaufbau der 1970er Jahre präsentiert sie sich erneut als Hallenkirche mit Querschiff. Der Kirchturm mit seinem gelb-grünen Ziegelmuster durfte ursprünglich nicht höher sein als die Burg des deutschen Ordens und wurde daher erst 1454 vollendet — zur selben Zeit wie das Sterngewölbe.

Nikolaikirche *(oben)*

Ort: Gdánsk/Danzig
Bauzeit: 13. Jh., im 14., 15. Jh. umgestaltet
Baustil: im Wesentlichen Gotik

Die ehemalige Kirche des Dominikanerordens erhielt ihr heutiges Aussehen bei einem grundlegenden Umbau 1340–1380, dem später noch der Chor und das Gewölbe folgten. So stammen die Gebäudeteile vor allem aus der Spätgotik, die Einrichtung — im Kontrast dazu — aus dem Barock. Besonders beachtenswert sind der Hochaltar sowie der steinerne Altar der Heiligen Rosa von Lima.

Konkathedrale Mariä Himmelfahrt *(Mitte)*

Ort: Kołobrzeg/Kolberg
Bauzeit: 1301–1321, nach 1350
Baustil: Gotik

Die ursprünglich dreischiffige Backsteinkirche wurde nach 1350 auf jeder Langhausseite um ein Schiff erweitert und erhielt ein großes Satteldach, das die gesamte Breite der Kirche deckt. Da die Türme der Westfassade nur bis zur Firsthöhe des Langhauses ausgeführt wurden, erinnern sie stark an das Westwerk romanischer Kirchen. Trotz der Kriegszerstörungen sind z. B. noch Teile der gotischen Fresken erhalten sowie drei Triptychen.

Marienkirche *(unten)*

Ort: Trzebiatow/Treptow an der Rega
Bauzeit: 14. Jh.
Baustil: Gotik

Mit ihrem etwa 90 m hohen Turm ist die Marienkirche das Wahrzeichen der pommerschen Stadt Treptow an der Rega. Sie entstand, als die mittelalterliche Handelsstadt, die Mitglied der Hanse war, durch ihre weit reichenden Wirtschaftsbeziehungen in voller Blüte stand. Die dreischiffige Kirche wurde im Stil der Backsteingotik aus roten Ziegeln errichtet.

Kathedrale Mariä Himmelfahrt
(rechts unten)

Ort: Frombork/Frauenburg
Bauzeit: 1329–1388
Baustil: Gotik

Umgeben von einer Wehrmauer thront die Kathedrale auf einem Hügel über der Stadt. Die dreischiffige Hallenkirche ohne Querhaus ist berühmt für ihre Westfassade mit arkadengesäumtem Dreiecksgiebel. Das Langhaus wird von vier achteckigen Treppentürmchen flankiert. Im nach einer Plünderung 1626 barockisierten Innenraum ist die Orgel nicht nur optisch, sondern auch akustisch der Höhepunkt.

Marienburg *(links)*

Ort: Malbork/Marienburg

Bauzeit: 1274–1399
           (nach 1945 komplett wiederaufgebaut)

Baustil: Gotik

Der Deutsche Ritterorden begründete diesen größten Backsteinbau Europas als Sicherung seiner Macht an der Weichsel, und bereits 1280 bezogen die ersten Mönche das Konventsgebäude. Der Komplex beeindruckt durch die enge Verzahnung von geistiger und weltlicher Macht. Sie spiegelt sich einerseits im doppelgeschossigen Kreuzgang und der Marienkirche, andererseits im prächtigen Mittelschloss, dem Domizil für die Hochmeister, die 1309–1457 auf der Marienburg residierten.

Kathedrale St. Johannes *(oben)*

Ort: Kammien Pomorski/Cammin
Bauzeit: 1176–15. Jh.
Baustil: im Wesentlichen Gotik

Der Dom wurde zwar als romanische Kathedrale begonnen, aufgrund der langen Bauzeit vollzogen die Verantwortlichen jedoch einen Stilwechsel zur Backsteingotik. Während die Südfassade erst 1476 mit ihrem reichen gotischen Dekor aus Maßwerk, Fialen und Wimpergen verziert wurde, entstand der Westturm gar erst 1934. Im Inneren ist neben den Fresken und dem Hauptaltar aus der Entstehungszeit des Doms die barocke Kanzel sehenswert.

Kathedrale Mariä Himmelfahrt *(Mitte links)*

Ort: Pelplin/Pelplin
Bauzeit: 1280–1320
Baustil: Gotik

Die Zisterzienserklosterkirche, die 1992 zur Kathedrale erhoben wurde, gilt als einer der kunsthistorisch bedeutendsten gotischen Sakralbauten Polens. Besonders auffällig ist das Nordportal mit seinem schönen Backsteingiebel am zweischiffigen Querhaus, während die West- und die Ostfassade von wehrhaft anmutenden Treppentürmen flankiert werden. Von der wertvollen Ausstattung ist das Chorgestühl von 1434–1454 besonders hervorzuheben.

Fachwerkkirche *(Mitte rechts)*

Ort: Swierzno/Schwirsen
Bauzeit: 1681
Baustil: Barock

Die kleine dreischiffige Kirche aus Fachwerk besitzt einen Holzturm über dem Eingangsportal, der von einer Laterne mit einer barocken Haube bekrönt wird. Sie steht in der Nähe von Schloss Fleming, das jedoch erst fünfzig Jahre später erbaut wurde. Der dreiflüglige Adelssitz wurde ebenfalls aus Fachwerk errichtet und bildet mit der Kirche ein sehenswertes Ensemble.

Dom St. Jakobus *(unten)*

Ort: Szczecin/Stettin
Bauzeit: 14., 15. Jh.
Baustil: Gotik

Diese dreischiffige Hallenkirche der Backsteingotik ist in Etappen entstanden. Sie wurde zunächst als Basilika gebaut, dann wurden die Seitenschiffe erhöht und 1504 war der Westturm fertig. Das Tonnengewölbe wurde erst nach der Zerstörung des vorigen Gewölbes 1677 eingezogen. Da die Kirche während des Zweiten Weltkriegs ausbrannte, ist kaum etwas von der ursprünglichen Innenausstattung erhalten.

Marienkirche *(rechts)*

Ort: Szczecinski/Stargard
Bauzeit: 14.–15. Jh.
Baustil: Gotik

Dem Baumeister Hinrich Brunsberg ist mit dieser Kirche im schönsten Stil der Backsteingotik eines der wichtigsten Architekturdenkmäler Pommerns gelungen. Vorbild für die dreischiffige Basilika mit Chorumgang und dreiteiligem Wandaufriss war auch hier die Lübecker Marienkirche. Während die Außenfassade neben den üblichen farbigen Ziegeln auch durch Keramikmasken geschmückt wird, besticht das Innere durch ein Sterngewölbe und farbige Bemalung.

Klosterkirche *(links oben)*

Ort: Kolbacz/Kolbatz
Bauzeit: 1173–1347
Baustil: im Ursprung Romanik

Dieses Zisterzienserkloster mit seiner schönen gotischen Westfassade wurde 1173 gegründet und in den folgenden beiden Jahrhunderten aus- und umgebaut, so dass Spätromanik und Gotik die verschiedenen Gebäudeteile prägen. Während das spätromanische Querschiff bereits 1210–1230 entstand, wurden das Längsschiff 1307 und der Chor 1347 errichtet – beide sind gotisch.

Marienkirche *(rechts oben)*

Ort: Chełmno/Kulm
Bauzeit: 1280–1333
Baustil: Gotik

In der dreischiffigen Hallenkirche, deren Fassade mit Turm als Modell für den Dom von Königsberg diente, wurden erst 1925 spätgotische Fresken entdeckt, die um 1400 entstanden sind. Die Apostelfiguren an den Pfeilern – Highlights der Bauplastik Preußens – sind deutlich älter und stammen bereits von 1330–1340. Sie scheinen nach oben zum schlichten Kreuzrippengewölbe zu weisen.

Pfarrkirche *(rechts unten)*

Ort: Bydgoszcz/Bromberg
Bauzeit: 1460–1502
Baustil: Gotik

In Bromberg, der wichtigsten Region im polnischen Kujawien, gehört die Pfarrkirche der Heiligen Martin und Nikolaus zu den Hauptsehenswürdigkeiten. Sie ist leicht an ihrem auffälligen Treppengiebel im Westen zu erkennen. Die spätgotische Kirche mit ihrem schönen Gewölbe war mehr als 150 Jahre lang das einzige Gotteshaus innerhalb der Stadtmauer.

Kathedrale Mariä Himmelfahrt *(links)*

Ort: Wloclawek/Leslau
Bauzeit: 1340–1411, 16., 19. Jh. umgebaut
Baustil: im Ursprung Gotik

Besonders auffällig an der dreischiffigen Backsteinbasilika sind die gotischen Ziergiebel oben an den Turmhelmen. Dass sich der Dom heute wieder im gotischen oder besser neogotischen Gewand präsentiert, verdankt er den Umbauten Ende des 19. Jahrhunderts. Alle barocken Elemente — bis auf die Kuppeln über den Kapellen — sind damals wieder entfernt worden. Zur reichen Innenausstattung gehören zahlreiche kostbare Grabmale und Gemälde.

Jakobuskirche *(oben)*

Ort: Toruń/Thorn

Bauzeit: 1309–1340

Baustil: Gotik

Nach dem Vorbild der Lübecker Marienkirche entstand eine dreischiffige Hallenkirche der Backsteingotik. Ein 52 m hoher Turm mit quadratischem Grundriss gibt dieser jedoch ein völlig anderes Gesicht. Das Sterngewölbe im Chor gilt als eines der ersten auf dem europäischen Kontinent und wurde vermutlich von englischen Vorbildern wie den Kathedralen von Wells oder Lincoln beeinflusst.

Kathedrale der Himmelfahrt Mariens (oben)

Ort: Gniezno/Gnesen
Bauzeit: 1342–1415
Baustil: Gotik

Nach dem Vorbild der französischen Kathedralen, besonders St. Denis, entstand der dreischiffige Dom mit einem Umgangschor und einem den Backsteinbau komplett umlaufenden Kapellenkranz. Vom romanischen Vorgängerbau ist neben überbauten Fragmenten nur die romanische Bronzetür erhalten, die jedoch als eine der seltenen Bronzetüren nördlich der Alpen von überragender kunsthistorischer Bedeutung ist.

Evangelische Kirche (unten)

Ort: Warszawa/Warschau
Bauzeit: 1777–1779
Baustil: Klassizismus

Simon Gottlieb Zug errichtete mit diesem Zentralbau eine Kirche, die sich am Ideal der protestantischen Predigerkirche orientiert, also den Gläubigen eine möglichst gute Sicht auf die Liturgie ermöglichte. Der zylindrische Bau wird von einer Kuppel mit Laterne bekrönt und besitzt in jeder Himmelsrichtung eine Eingangshalle. Im Westen ist sie als dorischer Portikus angelegt.

Kathedrale St. Peter und Paul (rechts oben)

Ort: Poznań/Posen
Bauzeit: 1346–1428, später erweitert
Baustil: im Ursprung Gotik

Zwar orientiert sich die dreischiffige Basilika am französischen Kathedralschema mit einer Doppelturmfassade im Westen, ungewöhnlich sind jedoch die drei kleinen Türme an den Seiten und im Scheitel des Chorumgangs. Mit ihren später aufgesetzten barocken Helmen prägen sie das Bild des Doms und schaffen im Chor besondere Lichteffekte. Später wurde um die Kirche nach und nach ein Kranz von Kapellen angebaut.

Kirche der Augustinerchorherren (ganz rechts)

Ort: Czerwinsk/Czerwinsk
Bauzeit: 1149–1155
Baustil: Romanik

In Masowien, der Ebene rund um Warschau, ist diese Kirche, die zum Kloster der Augustinerchorherren gehört, das älteste erhaltene Bauwerk. Bemerkenswert sind das Portal mit seinen schönen Kapitellskulpturen sowie die Wandmalereien im Innenraum. Sie stammen aus unterschiedlichen Epochen und reichen von der Romanik über die Gotik bis zur frühen Neuzeit.

Kathedrale St. Peter und Paul *(links)*

Ort: Legnica/Liegnitz
Bauzeit: 1329–1390, 1892–1894
Baustil: im Ursprung Gotik

Die dreischiffige Kirche, die erst seit 1992 die Funktion einer Kathedrale inne hat, wurde erst im 19. Jahrhundert mit einer Doppelturmfassade und einer Verkleidung im Stil der Neogotik ausgestattet. Zu ihrer reichen Ausstattung gehören das älteste Bronzetaufbecken in Polen (13. Jh.) sowie eine steinerne Renaissancekanzel (1588) von Kaspar Berger.

Erzkathedrale St. Johannes des Täufers und St. Johannes des Evangelisten *(Mitte)*

Ort: Lublin/Lublin
Bauzeit: 1592–1604
Baustil: Barock

Diese ehemalige Jesuitenkirche ist eine der ersten Barockkirchen in Polen. Ihr breites Mittelschiff, das zwei schmale Seitenschiffe flankieren, mündet in einem kurzen, mehreckigen Chor. Die mehrfarbige Ausmalung und der goldprangende Hochaltar geben dem Innenraum eine festliche Atmosphäre. Die Türme und die von Säulen getragene Vorhalle wurden erst nach einem Feuer 1752 errichtet.

Klosterkirche der Sakramentinerinnen *(ganz rechts oben)*

Ort: Warszawa/Warschau
Bauzeit: 1689–1692
Baustil: Barock

Mit Tilman van Gameren schuf einer der bedeutendsten Barockbaumeister in Polen diese „Klosterkirche der Schwestern von der ewigen Anbetung". Er entwarf über dem Grundriss eines gleichschenkligen Kreuzes eine Kirche mit achteckiger Kuppel. Sie wurde nach den Zerstörungen im Zweiten Weltkrieg, als die Kirche als Lazarett diente, vorbildlich rekonstruiert.

Zisterzienserinnenkloster (rechts unten)

Ort: Trzebnica/Trebnitz
Bauzeit: 13. Jh., später umgebaut und erweitert
Baustil: im Ursprung Romanik/Gotik

Die Kirche des Klosters hat von Beginn an auf zisterziensische Schlichtheit verzichtet und wurde im Übergangsstil
von der Romanik zur Gotik erbaut, der jedoch hinter den
barocken Umbauten innen und außen zurücktritt. Während
das Westportal aus der Spätromanik stammt, gilt die
Hedwigskapelle als erster gotischer Bau auf polnischem
Boden. Hedwigs dortiges Grabmal allerdings wurde
1679/80 barock neu gestaltet. Die barocken Klostergebäude wurden 1697—1726 neu errichtet.

Kathedrale
St. Johannes der Täufer *(oben)*

Ort: Wrocław/Breslau
Bauzeit: 13.–20. Jh.
Baustil: im Ursprung Gotik

Bei dieser gotischen Kathedrale vermischt sich die französische mit der zisterziensischen Tradition: Die doppeltürmige Westfassade mit ihrem heraustretenden Hauptportal wurde am Ende des Langhauses mit einem geraden Chorschluss verbunden. Später wurden dort mit der Marien- (1354–1661), der Elisabeth- (1680–1700) und der Kurfürstenkapelle (1716–1724) drei herausragende Kapellen unterschiedlicher Epochen angebaut.

Stabkirche *(unten)*

Ort: Karpacz Górny/Brückenberg
Bauzeit: ca. 12. Jh., nach 1840 restauriert
Baustil: Stabkirche des großen Typs

Mit dieser kleinen Holzkirche scheint sich ein fremder Besucher aus dem hohen Norden ins Riesengebirge verirrt zu haben. Tatsächlich stammt die Stabkirche aus dem norwegischen Vang und wurde 1840 dort gekauft, um sie vor dem Abbruch zu retten. Original sind noch die Masten und Portale, der Rest wurde frei restauriert, wobei die Kirche von Borgund als Vorbild diente.

Kathedrale Mariä Himmelfahrt
(rechts oben)

Ort: Kielce/Kielce
Bauzeit: 1632–1635
Baustil: Barock

Die ursprüngliche Kathedrale der Gotik aus dem 13. Jahrhundert wurde 1632–1635 grundlegend im barocken Stil umgebaut und 1719–1728 noch einmal im Neobarock. Der barocke Glockenturm von 1727 steht wie bei italienischen Kirchen separat. Die dreischiffige Basilika ist innen im feierliche Neobarock des 19. Jahrhunderts eingerichtet und besitzt ein Triptychon der Marienkrönung aus dem 15. Jahrhundert.

Dreifaltigkeitskirche *(rechts unten)*

Ort: Świdnica/Schweidnitz
Bauzeit: 1657/58
Baustil: Barock

Im katholischen Schlesien wurde den Protestanten nach dem Westfälischen Frieden (1648) der Bau von drei sogenannten Friedenskirchen erlaubt. Sie durften nur aus Holz, Lehm, Sand und Stroh bestehen und die Bauzeit nicht länger als ein Jahr dauern. Entstanden ist ein großer Fachwerkbau, dem der Barock außen nur an den kleineren Dächern anzusehen ist, während die Innenausstattung davon geradezu überquillt.

Marienkirche *(oben)*

Ort: Krzeszów/Grüssau
Bauzeit: 1727–1735
Baustil: Barock

Als Mittelpunkt des Klosters, das 1242 von den Benediktinern gegründet wurde, 1292 an die Zisterzienser ging und heute wieder den Benediktinern gehört, prunkt die Abteikirche nicht nur mit ihrer Doppelturmfassade. Denn dem reichhaltigen Skulpturenschmuck außen entsprechen kurvige Linien und figürliche Deckenfresken im Inneren. Zur Ausstattung gehört eine prächtige Orgel mit mehr als 6600 Pfeifen.

St. Joseph *(rechts oben)*

Ort: Krzeszów/Grüssau
Bauzeit: 1690–1692
Baustil: Barock

Diese kleine Kirche wird manchmal mit dem großen Titel „die Sixtinische Kapelle Schlesiens" bedacht, weil sie mit einem großartigen Freskenzyklus ausgemalt wurde. Michael Willmann schuf zwischen 1692 und 1695 Szenen aus dem Leben Josephs, die voller Kraft und Lebendigkeit sind und wirken als wollten sie den Impressionismus vorweg nehmen.

Kreuzerhöhungskathedrale *(rechts unten)*

Ort: Opole/Oppeln
Bauzeit: 14. Jh.
Baustil: Gotik

Die gotische Hallenkirche mit drei Schiffen wurde Ende des 19. Jahrhunderts im neogotischen Stil renoviert und erhielt große Teile der Außenfassade sowie die beiden Türme im Westen. Die neogotische Einrichtung wurde im 20. Jahrhundert wieder entfernt. Neben dem spätbarocken Hauptaltar (1173) sind zwei spätgotische Chorfenster sowie die Grabplatte von Johannes dem Guten erwähnenswert.

Marienkirche *(rechts Mitte)*

Ort: Kraków/Krakau
Bauzeit: 1226–14. Jh
Baustil: Gotik

Die norddeutsche Backsteingotik, wie sie erstmals in Lübeck auftauchte, prägt diese Kirche mit der Doppelturmfassade. Die dreischiffige Basilika besitzt einen Chor, der etwa ebenso lang ist wie das Langhaus. Im Mittelpunkt des Chors steht der berühmte Marienaltar (1477–1489) von Veit Stoß. Der mit 14 x 11 m größte Schnitzaltar Europas besteht aus fast 200 Figuren, die in einzigartiger Meisterschaft sehr individuell ausgeführt sind.

Paulinerkloster mit Marienkapelle *(ganz rechts)*

Ort: Częstochowa/Tschenstochau
Bauzeit: 1620–1624, später mehrfach umgebaut
Baustil: im Ursprung Barock

Auf dem Jasna Gora, dem Hellen Berg, beherbergen die wehrhaften Mauern einer nachträglich errichteten Bastion das Nationalheiligtum Polens, die auch außerhalb des Landes bekannte „Schwarze Madonna von Tschenstochau". Die Ikone aus dem 9. Jahrhundert befindet sich am Altaraufsatz der gotischen Marienkapelle. Die Himmelfahrtskirche wurde wegen der Pilgerströme 1460–1463 angebaut und durch Stuckaturen und Wandmalereien 1690–1693 barockisiert.

Kathedrale Mariä Geburt *(Mitte oben)*

Ort: Tarnów/Tarnow
Bauzeit: 14., 19. Jh.
Baustil: im Ursprung Gotik

Die ursprünglich einschiffige Stiftskirche aus der zweiten Hälfte des 14. Jahrhunderts wurde im 19. Jahrhundert durch die Verbindung der inzwischen angebauten Kapellen und Vorhallen zu einer dreischiffigen Basilika umgebaut. Sie besitzt ein bedeutendes spätgotisches Portal und zahlreiche Grabmale, darunter das von Barbara Tarnowska, deren Darstellung als eine der besten Renaissance-Frauengestalten nördlich der Alpen gilt.

St. Adalbert *(ganz links unten)*

Ort: Kraków/Krakau
Bauzeit: 11., 12. Jh., später umgebaut
Baustil: im Ursprung Romanik

Die kleine Kirche an Krakaus Hauptmarkt, der zu den größten mittelalterlichen Marktplätzen Europas zählt, ist eines der ältesten Gebäude der Stadt. Ihr romanischer Ursprung wird vor allem am schlichten Portal deutlich. Denn die Adalbert-Kirche wurde im 18. Jahrhundert umgebaut und erhielt eine barocke Kuppel mit Laterne. In dem Gebäude ist eine Ausstellung zur Geschichte des Hauptmarkts zu sehen.

Holzkirchen im Süden von Kleinpolen *(oben)*

Ort: Kraków/bei Krakau (Region Kleinpolen)
Bauzeit: 15./16. Jh.

Im Jahre 2003 hat die UNESCO die alten Holzkirchen im Süden von Kleinpolen in die Liste des Weltkulturerbes aufgenommen. Denn die Kirchen gelten als „herausragende Beispiele für die römisch-katholische Kirchenbautradition und für die Bautechniken der Holzarchitektur in Ost- und Nordeuropa seit dem Mittelalter". Sie wurden von reichen Familien gestiftet und sind innen meist wunderbar ausgemalt.

Grabkirche der Mutter Gottes *(unten)*

Ort: Kalwaria Zebrzydowska
Bauzeit: um 1620
Baustil: Barock

Der Kalvarienberg südwestlich von Krakau, ab 1600 gestiftet von Mikolaj Zebrzydowski, soll den Leidensweg Christi vom letzten Abendmahl zum Grab abbilden. Seine über 42 Stationen entstanden zumeist zwischen 1605 und 1641 und sind nicht nur für Gläubige ein großer Anziehungspunkt, sondern auch für Kunstfreunde. Die ganze Anlage wurde von der UNESCO 1999 als schützenswerte Wallfahrtsstätte und Architekturpark in die Liste des Weltkulturerbes aufgenommen.

Kathedrale auf dem Wawel *(ganz links oben)*

Ort: Kraków/Krakau
Bauzeit: 1320–1364, später erweitert
Baustil: im Ursprung Gotik

Als Krönungs- und Grabstätte der polnischen Könige ist die Kathedrale der Heiligen Wenzel und Stanislaus von jeher eng mit den Herrschern des Landes verbunden. Da sie ihren Machtanspruch auch am Sakralbau zeigen wollten, entstanden im Laufe der Jahrhunderte rund um die Kirche 18 kostbar ausgestattete Kapellen. Ihre unterschiedlichen Stile verdecken die Spätgotik am Außenbau und lassen sie erst im Inneren offensichtlich werden.

Russland

Die russischen Kirchen und Klöster sind von der byzantinischen Architektur geprägt. Typisch ist ein gleichschenkliges, also griechisches, Kreuz als Grundriss mit einer zentralen Kuppel sowie einer Kuppel über jedem Kreuzarm. Der Außenbau ist manchmal schlicht, manchmal reich geschmückt. Im Inneren trennt eine Ikonostase, eine mit Ikonen geschmückte Wand, Altar- und Gemeinderaum voneinander. Drei Türen ermöglichen den Zugang zum Altar und den Nebenräumen. Bis ins 17. Jahrhundert hinein wurden auch Kirchen aus Holz gebaut.

Auferstehungskirche *(oben)*

Ort: St. Petersburg
Bauzeit: 1883
Baustil: Historismus

Alexander III. ließ die Kirche dort errichten, wo sein Vater nach einem Bombenanschlag verblutet war, daher der Zweitname „Blutkirche". Gebaut nach dem Vorbild der Moskauer Basiliuskathedrale, ist sie die einzige Kirche in St. Petersburg mit Zwiebeltürmen – die hatte Peter der Große verboten. Die Mosaiken entstanden nach Vorlagen von Malern, die sich dem Künstlerkreis in Abramzewo angeschlossen hatten.

Kathedrale der Jungfrau von Kasan *(unten)*

Ort: St. Petersburg
Bauzeit: 1801–1811
Baustil: Klassizismus

Papst Paul I. wünschte sich einen zweiten Petersdom in der russischen Hauptstadt und Andrej Nikiforowitsch Woronichin erfüllte ihm diesen Wunsch posthum. Allerdings erinnern nur noch Kuppel und Kollonaden an das Vorbild, die Napoleonischen Kriege verhinderten die Fertigstellung. Der Figurenschmuck und die Basreliefs stammen von führenden russischen Bildhauern der Zeit, u.a. dem in Rom ausgebildeten Iwan Petrowitsch Martos.

Kathedrale St. Nikolaj der Seeleute (Nikolskij Morskoj Sobor)
(rechte Seite links oben)

Ort: St. Petersburg
Bauzeit: 1753–1762
Baustil: Barock

Gottesdienst auf zwei Etagen: Hier wurde die Messe im Winter unten, im Sommer oben gelesen. Der Architekt Sawwa Tschewakinskij hielt sich an altrussische Formen: als Grundriss ein griechisches Kreuz, fünf Kuppeln, ein Glockenturm extra, alles in blau und weiß gehalten und garniert mit reichlich Stuck. Der heilige Nikolaus soll während des Konzils von Nikäa ein Schiff aus Seenot gerettet haben, seither ist er Patron der Seeleute.

Isaak-Kathedrale *(rechte Seite rechts oben)*

Ort: St. Petersburg
Bauzeit: 1817–1857
Baustil: historistisch

In 40-jähriger Bauzeit schuf August Ricard de Montferrand die Kathedrale am Petersplatz. Mit ihren 111 m Länge, 96 m Breite und gut 101 m Höhe – schließlich wurde sie zur Feier des Sieges über Napoleon errichtet – gehört sie zu den größten Sakralbauten der Welt. Montferrand hatte sich mit 24 Entwürfen an dem von Alexander I. ausgeschriebenen Wettbewerb beteiligt und für die klassizistische Variante den Zuschlag erhalten.

Peter-und-Paul-Kathedrale *(rechte Seite Mitte)*

Ort: St. Petersburg
Bauzeit: 1712–1732, umgestaltet unter Katharina II.
Baustil: Barock, Frühklassizismus

Die dreischiffige Hallenkirche mit 122 m hohen Westturm liegt innerhalb der Peter-und-Paul-Festung auf einer Insel im Mündungsdelta der Newa. Sie gehörten zu den ältesten Bauten der Stadt, ist das Werk des ersten ausländischen Baumeisters in St. Petersburg, dem in der Schweiz bei Lugano geborenen Domenico Andrea Trezzini, und war seit Peter dem Großen die Grabkirche der Zarenfamilie.

Smolnyj-Kathedrale (unten)

Ort: St. Petersburg
Bauzeit: 1748–1764
Baustil: Spätbarock

Der führende Baumeister Russlands jener Zeit, Bartolomeo Francesco Graf Rastrelli, war mit seinem Vater 1716 nach Russland gekommen und seit 1736 Hofarchitekt. Seine aus russischen, römischen, österreichischen und süddeutschen Elementen geschaffene Sonderform des Spätbarock zeigt sich auch in der Smolnyj-Kathedrale: Sie ist eine Synthese des spätbarocken Turmkuppelbaus mit dem altrussischen Kultbau.

Palastkirche von Tscheschme („Zuckerdose") (ganz rechts oben)

Ort: St. Petersburg
Bauzeit: 1774–1780
Baustil: Neogotik

Jurij Veldten baute den Palast mit zugehöriger Kirche in Erinnerung an Admiral Aleksej Orlows Sieg über die Flotte der Osmanen am 5. Juli 1770 vor Tscheschme und nutzt neben gotisierenden auch stilistische Elemente der Besiegten. Um den quadratischen, überkuppelten Mittelteil sind vier Apsiden mit eigenen Kuppeln und Türmchen angeordnet, es handelt sich also um einen Vierkonchenbau.

Peter-und-Paul-Kirche (Mitte oben)

Ort: Nowgorod
Bauzeit: ab 1406
Baustil: altrussisch

Die Kreuzkuppelkirche mit Helmkuppel und dreilappigem Dach zählt zu den herausragendsten Werken der Nowgoroder Architektur zur Blütezeit der Stadt. Sie liegt auf der sogenannten Sophienseite auf dem Gebiet eines ehemaligen Klosters und heutigen Stadtteils Koschewniki. Die ockerfarbige Kalksteinfassade ist, wie damals üblich, nicht verputzt, nur die von der Stadt aus sichtbaren Teile sind verziert.

Paraskewa-Pjatniza-Kirche *(Mitte unten)*

Ort: Nowgorod
Bauzeit: ab 1207
Baustil: altrussisch

Sie liegt am Wetsche Platz gegenüber einem alten Ein-kaufsviertel und ist der Heiligen geweiht, deren Tag am Kar-freitag gefeiert wird und die gleichzeitig die Schutzpatronin des Handels ist. Architektonisches Vorbild für die zweistö-ckigen Vorhallen und rechteckigen Apsiden war — fern aller anderen Kirchen in Nowgorod — die Kathedrale von Smo-lensk. Bemerkenswert ist der Linsendekor der Fassaden.

Mariä-Schutz- und Nikolaus-der-Weiße-Kirche im Zverin-Kloster
(rechts unten)

Ort: Nowgorod
Bauzeit: 1335/1399 bzw. 1312–1313
Baustil: altrussisch

Das ehemalige Frauenkloster Zverin („Tier") liegt auf ehe-maligen prinzlichen Jagdgründen und wird in einer alten Chronik 1148 zum ersten Mal erwähnt, weil es durch Blitz-schlag abbrannte. Die Mariä-Schutz-Kirche heißt auch Pokrow-Kirche — Maria, die ihren Mantel schützend über die Menschen breitet. Die dem reinen Nikolaus geweihte zweite Kirche wurde im Lauf der Jahrhunderte mehrfach umgebaut.

Kathedrale St. Georg *(ganz links oben)*

Ort: Nowgorod
Bauzeit: 1119–1130
Baustil: Byzantinismus

Meister Pjotr ist der russische Baumeister, dessen Name in einer Chronik überliefert wird. Er stellte die Kirche auf eine Anhöhe, wodurch der große Bau mit drei silbernen Kuppeln und wuchtigem Treppenturm noch eindrucksvoller wirkt. Die alten Fresken wurden bei der „Renovierung" im 19. Jahrhundert praktisch zerstört. Die Kathedrale liegt im Georgs-Kloster, das 1030 unter Jaroslaw dem Weisen gegründet wurde.

Nikolaus-, Mariä-Geburt- und Mariä-Himmelfahrt-Kirche *(links oben)*

Ort: Nowgorod (ursprünglich Wyssokij Ostrow, Peredki und Nikulino)

Bauzeit: 1757, 1. Hälfte 16. Jh., 1599

Baustil: Holzbauweise

Das Freilichtmuseum Witoslawlizy bewahrte wunderschöne Beispiele der alten russischen Holzbaukunst vor dem Abriss. Die Nikolauskirche (links) ist beheizbar, deswegen konnten hier auch im Winter Gottesdienste, aber auch familiäre Anlässe gefeiert werden, dafür bot sich das Refektorium in der Mitte an. Die Mariä-Geburt-Kirche wurde nur im Sommer und zu hohen Feiertagen genutzt.

Sophienkathedrale *(links unten)*

Ort: Nowgorod

Bauzeit: 1045–1050

Baustil: Byzantinismus

Die fünfschiffige Kreuzkuppelkirche, errichtet über einem abgebrannten hölzernen Vorgängerbau, ist das älteste Bauwerk im Kreml von Nowgorod und die zweitälteste Kirche von Russland. Die Bronze-Reliefplatten (1152–1154) an den Westtüren stammen aus Magdeburg. Im 12. Jahrhundert erhielt die Sophienkathedrale mit dem Glockenturm eine sechste Kuppel und einen weißen Anstrich, der fortan in Russland üblich wurde.

Schlosskapelle *(unten)*

Ort: Pawlowsk

Bauzeit: 1782–1786

Baustil: Klassizismus

Pawlowsk war die Sommerresidenz von Zar Paul I., eine Art überdimensionierte Datscha inmitten eines riesigen Parks. Ihr Architekt heißt Charles Cameron, Vincenzo Brenna zeichnet für die Umbauten der Jahre 1798/1799 verantwortlich. 1803 musste nach einem Brand gründlich renoviert werden. Die Kirche liegt im Obergeschoss und ist über den Rittersaal zu erreichen.

Großbritannien

Nach der Einnahme Englands durch Wilhelm den Eroberer begannen die normannischen Herrscher zur Sicherung ihrer Macht mit dem Bau von Kirchen im Stil der normannischen Romanik. Die Zisterzienser brachten dann die Gotik nach England. Dort wurde sie zu einer Sonderform weiterentwickelt, die sich deutlich von der Gotik auf dem Kontinent unterscheidet. Der große Brand Londons 1666 brachte die Chance mit sich, über 50 Kirchen vor allem im Stil des englischen Barock zu bauen.

Durham Cathedral *(oben)*

Ort: Durham
Bauzeit: 1093–1133
Baustil: normannischer Stil

Die Kathedrale, die gemeinsam mit dem gegenüber liegenden Bischofsschloss aus derselben Zeit zum UNESCO-Weltkulturerbe gehört, gilt als einer der wichtigsten Bauten der Romanik. Hier wird zum ersten Mal das Tonnengewölbe zu Gunsten eines Kreuzrippengewölbes aufgegeben. Es wird von mächtigen Säulen gestützt, die durch ihre Zickzack-, Rauten- und Längsmuster jedoch nicht plump wirken.

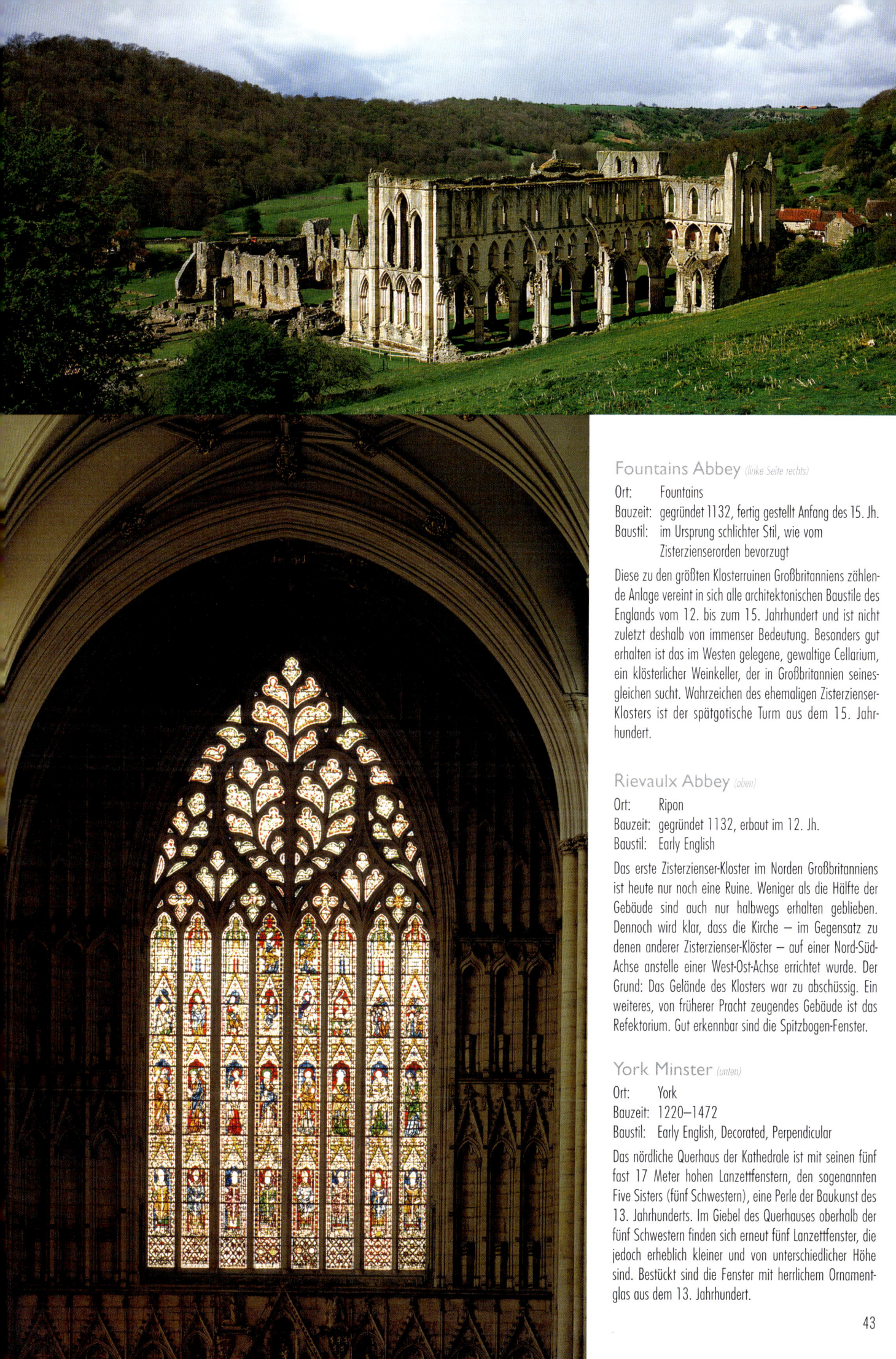

Fountains Abbey *(linke Seite rechts)*

Ort: Fountains
Bauzeit: gegründet 1132, fertig gestellt Anfang des 15. Jh.
Baustil: im Ursprung schlichter Stil, wie vom
          Zisterzienserorden bevorzugt

Diese zu den größten Klosterruinen Großbritanniens zählende Anlage vereint in sich alle architektonischen Baustile des Englands vom 12. bis zum 15. Jahrhundert und ist nicht zuletzt deshalb von immenser Bedeutung. Besonders gut erhalten ist das im Westen gelegene, gewaltige Cellarium, ein klösterlicher Weinkeller, der in Großbritannien seinesgleichen sucht. Wahrzeichen des ehemaligen ZisterzienserKlosters ist der spätgotische Turm aus dem 15. Jahrhundert.

Rievaulx Abbey *(oben)*

Ort: Ripon
Bauzeit: gegründet 1132, erbaut im 12. Jh.
Baustil: Early English

Das erste Zisterzienser-Kloster im Norden Großbritanniens ist heute nur noch eine Ruine. Weniger als die Hälfte der Gebäude sind auch nur halbwegs erhalten geblieben. Dennoch wird klar, dass die Kirche – im Gegensatz zu denen anderer Zisterzienser-Klöster – auf einer Nord-Süd-Achse anstelle einer West-Ost-Achse errichtet wurde. Der Grund: Das Gelände des Klosters war zu abschüssig. Ein weiteres, von früherer Pracht zeugendes Gebäude ist das Refektorium. Gut erkennbar sind die Spitzbogen-Fenster.

York Minster *(unten)*

Ort: York
Bauzeit: 1220–1472
Baustil: Early English, Decorated, Perpendicular

Das nördliche Querhaus der Kathedrale ist mit seinen fünf fast 17 Meter hohen Lanzettfenstern, den sogenannten Five Sisters (fünf Schwestern), eine Perle der Baukunst des 13. Jahrhunderts. Im Giebel des Querhauses oberhalb der fünf Schwestern finden sich erneut fünf Lanzettfenster, die jedoch erheblich kleiner und von unterschiedlicher Höhe sind. Bestückt sind die Fenster mit herrlichem Ornamentglas aus dem 13. Jahrhundert.

St. George's Church (oben)

Ort: Liverpool-Everton
Bauzeit: 1814
Baustil: Übergang Georgian Style zu Gothic Revival

Die Eisen-Kirche, so wird dieses Gotteshaus in der Arbeiterstadt Liverpool auch genannt. Entworfen von Architekt Thomas Rickman, einem ausgewiesenen Kenner und Liebhaber der gotischen Architektur in Großbritannien, wurde sie als erste ihrer Art weltweit in Zusammenarbeit mit dem Eisengießer John Cragg erbaut. Der Glockenturm mit seinen 106 Stufen schaut von der höchsten Anhöhe Liverpools auf die Stadt herunter.

St. John the Baptist (unten)

Ort: Alkborough
Bauzeit: 11. Jh.
Baustil: im Ursprung angelsächsisch

Die Kirche besitzt einen wunderschönen angelsächsischen Kirchturm, der vermutlich aus dem Jahr 1052 datiert. Zur damaligen Zeit diente er wahrscheinlich nicht ausschließlich als Kirch-, sondern auch als Wachturm, denn man kann von ihm aus die Gegend wunderbar überblicken. Der Rest der Kirche wurde 1887 fast vollständig wiederaufgebaut – und zwar vorwiegend im Stil des Early English. Allerdings blieben die Decken aus georgianischer Zeit intakt.

St. Peter's Church (rechts oben)

Ort: Barton Upon Humber
Bauzeit: 10. Jh.
Baustil: hauptsächlich angelsächsischer und
         normannischer Stil

Der angelsächsische Turm und die im gleichen Stil errichtete Taufkapelle suchen in Großbritannien ihresgleichen. Sie zeichnen sich durch ihre Einfachheit und Schlichtheit aus und gehören zu den wenigen erhaltenen Beispielen für die kirchliche Baukunst dieser Zeit. Nach dem Einfall der Normannen wurde das Kirchenschiff zerstört und später im normannischen Stil (die Briten bezeichnen den romanischen als normannischen Stil) wieder aufgebaut. Auch der Chor ist normannisch.

Lincoln Cathedral (rechts unten)

Ort: Lincoln
Bauzeit: erster Bau um 1074–1093,
         Wiederaufbau Anfang des 12. Jh., erneuter
         Wiederaufbau um 1186–1280
Baustil: hauptsächlich Early English

Wahrscheinlich aus der Zeit um 1240 stammen die sogenannten verrückten Gewölbe über dem Chor, die in der gotischen Architektur einzig sind. Die steinernen Rippen der genau gegenüber liegenden Pfeiler treffen sich nicht in der Mitte des Gewölbes, sondern sind seitlich versetzt und somit mit den Rippen der diagonal gegenüber liegenden Pfeiler verbunden. Besonders prunkvoll sind die Rosetten der Querhäuser, das Dean's Eye und das Bishop's Eye.

Lichfield Cathedral *(links)*

Ort: Lichfield
Bauzeit: 1195–14. Jh.
Baustil: Gotik

Zwar ist die Kathedrale im 18. und 19. Jh. nicht gerade stil-echt restauriert worden, doch nach wie vor ist sie sehens-wert — allein schon wegen ihrer Deckengestaltung und Türme. Denn im Unterschied zu zahlreichen anderen engli-schen Kathedralen sind alle drei Türme — auch jener über der Vierung — mit den spitzen Helmen zu Ende gebaut wor-den und noch erhalten.

Tewkesbury Abbey *(unten)*

Ort: Tewkesbury
Bauzeit: Ende des 11. Jh., geweiht 1121
Baustil: normannischer Stil

Die Abteikirche besitzt einen herrlichen normannischen Turm, den größten noch erhaltenen in Großbritannien. Auch der Hochaltar aus dem Jahr 1239, eine riesige Marmorplat-te von rund vier Metern Größe, ist sehenswert. Freunde der Kirchenmusik werden ihre Freude an der Milton-Orgel aus dem Jahr 1631 haben, auf der noch heute gespielt wird und die vermutlich die älteste in ganz Großbritannien ist.

Holy Trinity Cathedral *(rechte Seite links oben)*

Ort: Ely
Bauzeit: 12. Jh.
Baustil: normannischer Stil

An der Stelle eines Frauenklosters, in dem die Gebeine der heiligen Ethelreda verehrt wurden, entstand ab 1083 die Kathedrale von Ely. Mit ihrem ausgewogenen Grundriss und dem dreigeteilten Wandaufbau ist sie ein gutes Beispiel der englischen Umsetzung der Romanik im normannischen Stil. Die fantastische Westfassade dagegen zeigt schon den Über-gang zum Early English, dem Beginn der Gotik in England.

Norwich Cathedral *(echts oben)*

Ort: Norwich
Bauzeit: 12. Jh., erweitert bis zum 15. Jh.
Baustil: normannischer Stil, innen Decorated bis
          Perpendicular

Obwohl sich in der Kathedrale von Norwich aufgrund der langen Bauzeit verschiedene Stile vereinen, wirkt sie als harmonische Einheit. Berühmt ist sie für den reichen Figurenschmuck an etwa 1500 Schlusssteinen, die die gefächerten Gewölbe in der Kathedrale und dem anschließenden Kreuzgang schmücken. Monumentale Skulpturen gibt es dagegen fast gar nicht.

Peterborough Cathedral *(unten)*

Ort: Peterborough
Bauzeit: 1118–1238
Baustil: normannischer Stil, Early English

Ein prächtiger Anblick ist die Schauwand an der Westseite der Kathedrale, gestaltet in der für den Beginn des 13. Jahrhunderts gerade entwickelten Portikusarchitektur. Drei gewaltige Bögen, von denen der mittlere, schmalere reicher verziert ist als die beiden äußeren, wurden vor das Mittelschiff und die Seitenschiffe gesetzt. Die darüber liegenden Giebel besitzen herrlich gestaltete Rundfenster und Verzierungen.

Gloucester Cathedral *(inks oben)*

Ort: Gloucester
Bauzeit: 11. Jh., 13. Jh. umgebaut, bis 15. Jh. erweitert
Baustil: Perpendicular Style

Als Abtei im normannischen Stil errichtet, wurde Gloucester Abbey 1330 grundlegend umgebaut und eine neue Phase in der sakralen Architektur eingeleitet: Die englische Gotik wurde durch Vereinfachungen und größere Klarheit zum Perpendicular Style weiterentwickelt. Im Kreuzgang von Gloucester entstand das erste Fächergewölbe in England, das stilbildend für das Perpendicular wurde. 1541 wurde die Abtei Bischofssitz und damit Kathedrale.

Bath Abbey *(Mitte links)*

Ort: Bath
Bauzeit: 1499–1539, erneuert 17. Jh.
Baustil: Tudor

Die einzigartige Westfassade der Kathedrale greift Elemente eines Traums von Bischof Oliver King, dem Gründer von Bath Abbey, auf. Sie zeigt u. a. einen Olivenbaum, umringt von einem Kronreif, sowie auf- und absteigende Engel und Christus. Überliefert ist, dass King in seinem Traum verkündet wurde, dass er die alte normannische Kathedrale niederreißen und auf deren Gelände eine neue Kirche errichten sollte.

St. Nectan's Church *(linke Seite links unten)*

Ort: Stoke (zwei Meilen entfernt von Hartland)
Bauzeit: um 1360
Baustil: hauptsächlich Perpendicular

Der Turm dieser zwar kleinen, aber dennoch als Kathedrale von Nord-Devon bezeichneten Kirche, der im Stil des Perpendicular Anfang des 15. Jahrhunderts erbaut wurde, ist der höchste in ganz Devon. Die Kirche wurde auf den Ruinen eines Gotteshauses aus dem 12. Jahrhundert errichtet – übrig geblieben von diesem normannischen Bauwerk ist noch der Taufstein mit bemerkenswerten Skulpturen. Der aus dem Jahr 1450 stammende Lettner ist ebenfalls sehenswert.

King's College Chapel *(linke Seite rechts)*

Ort: Cambridge
Bauzeit: 1446–1547
Baustil: Tudor

Die Kapelle, nach Plänen von König Henry VI. errichtet, gehört zu den Hauptwerken der englischen Architektur. Die gewaltigen bunten Glasfenster ersetzen einen Großteil des Mauerwerks, so dass der Eindruck entsteht, die Kirche bestünde fast ausschließlich aus Glas. Das Fächergewölbe ist aus einer Vielzahl von Rippen zusammengesetzt, die wie Strahlen aus den Säulen entspringen. Das Altargemälde schuf Peter Paul Rubens.

Bristol Cathedral *(oben)*

Ort: Bristol
Bauzeit: 1140–1148, ständig erweitert bis 1539, erweitert und umgebaut im 19. Jh.
Baustil: spätnormannischer Stil, Early English, Perpendicular

1298 ließ Schatzmeister Abbot Knowle den Chor der normannischen bis dahin als Stiftskirche dienenden St. Augustine's Abbey neu errichten. Das Ergebnis: Der Chor wurde Modell für die Hallenkirchen der damaligen Zeit in Europa. Kennzeichnend sind vor allem die sehr hohen Arkaden. Das bereits 1165 gebaute Kapitelhaus mit seinen ausgeschmückten Wänden gilt als besonders gelungenes Beispiel der spätnormannischen Architektur.

St. Lawrence (oben)

Ort: Bradford-on-Avon
Bauzeit: 7. Jh., erweitert im 10. Jh.
Baustil: angelsächsischer Stil

Die kleine Kirche war lange Jahre nahezu vergessen und diente im 17. und 18. Jahrhundert u. a. als Beinhaus und Schule für arme Jungen. Erst im 19. Jahrhundert entdeckte Vikar W.H.R. Jones ihre Bedeutung. Heute gilt sie als eine der ältesten, nahezu unverändert erhaltenen Kirchen Großbritanniens. Sie beeindruckt vor allem durch ihre Schlichtheit sowie ihre ungewöhnlichen Proportionen: So sind z. B. das Kirchenschiff und der Chor ausgesprochen schmal und hoch.

All Saints (unten)

Ort: Selworthy
Bauzeit: Kanzel und Turm aus dem 14. Jh.; Seitenschiffe aus dem 16. Jh.
Baustil: Perpendicular

Die kleine, an einem Hügel gelegene Kirche ist ein verstecktes Kleinod der Baukunst des 14. bis 16. Jahrhunderts. Sie besticht durch ihre äußere Schlichtheit – so ist der mit Zinnen besetzte Turm, der sechs Glocken und eine Uhr besitzt, bewusst einfach gehalten. Auch die weiße Farbe der Kirche unterstreicht diese Schlichtheit. Auf diese Weise stechen die verzierten, klassisch gotischen Fenster umso stärker hervor.

Wells Cathedral (ganz rechts)

Ort: Wells
Bauzeit: 1220–1363
Baustil: englische Gotik

Die Kathedrale vereint aufs Feinste das Early English und den Decorated Style miteinander und wird oft als schönste Kathedrale Großbritanniens bezeichnet. Ihre reich mit Skulpturen geschmückte Westfassade, die Vierung mit den sich kreuzenden Bögen, die achteckige Marienkapelle und das Kapitelhaus mit dem wunderbaren Rippengewölbe gelten als Höhepunkte der englischen Kirchenarchitektur.

St. Mary's Church *(unten)*

Ort: Iffley
Bauzeit: um 1170
Baustil: hauptsächlich normannischer Stil

Die Kirche zählt zu den schönsten normannischen Bauwerken Großbritanniens. Die Westfront wirkt für eine Dorfkirche geradezu imposant, nicht zuletzt wegen des integrierten Fensters, welches das Auge Gottes symbolisiert. Dieses stammt zwar aus dem 19. Jahrhundert, die Ausführung ist aber an das ursprüngliche Fenster angelehnt. Das Taufbecken aus dem 12. Jahrhundert besteht aus feinstem Marmor, importiert aus Tournai.

St. Peter's Church *(rechts oben)*

Ort: Stourhead
Bauzeit: Mittelalter
Baustil: normannischer Stil, Early English

Die kleine Kirche, die direkt gegenüber dem gewaltigen Marktkreuz von Stourhead Garden liegt, besitzt einen Kirchturm, der – wie bei vielen anderen mittelalterlichen englischen Kirchen auch – mit Zinnen bestückt ist. Im Inneren der Kirche finden sich zahlreiche Monumente, die der Familie Hoare gewidmet sind, welche den berühmten Park im 18. Jahrhundert hat anlegen lassen. Das mittelalterliche Marktkreuz im Park stammt aus Bristol und wurde von Henry Hoare II. um 1760 dort aufgestellt.

Salisbury Cathedral *(rechts)*

Ort: Salisbury
Bauzeit: 1220–1258
Baustil: Early English

Die Kathedrale besitzt mit 123 m nicht nur den höchsten Kirchturm von England, sondern ist auch die einzige Kathedrale, die stilistisch aus einem Guss erbaut wurde. Der Architekt Elias de Derham nutzte die seltene Gelegenheit, auf der grünen Wiese bauen zu können, für einen klaren, symmetrisch ausgerichteten Grundriss. Die Lady Chapel, die Marienkapelle, wirkt anmutig und vornehm und gilt als einer der elegantesten Räume des Early English.

Glastonbury Abbey *(links oben)*

Ort: Glastonbury
Bauzeit: 63 Gründung erster christlicher Gemeinde Großbritanniens, erster Bau 1077, erneuert 1100–1118, erneuert und erweitert bis 1524
Baustil: im Ursprung normannisch

Der Ruhm dieser Ruine rührt u. a. daher, dass Joseph von Arimathia hier die älteste christliche Gemeinde gegründet und den Heiligen Gral, in dem das Blut Christi aufgefangen worden sein soll, am Fuße des Hügels Tor vergraben haben soll. Auch die Gräber des berühmten König Artus und seiner Gemahlin Guinevere sollen hier gefunden worden sein. Doch auch, wenn dies alles nur Legende ist, die Größe der ehemaligen Abtei ist beeindruckend, genau wie die Skulpturen, die an den Portalen zu finden sind.

St. Magnus the Martyr (links oben)

Ort: London
Bauzeit: 1671–1676, erweitert 1703–1706
Baustil: Renaissance

Der Schriftsteller T. S. Elliot beschrieb das Innere der Kirche als „unbeschreibliche Pracht in ionischem Weiß und Gold". Die Kirche, die ehemals am Ende der Old London Bridge stand, der ehemals einzigen Brücke über die Themse, wurde von Christopher Wren gebaut. Ihr Kirchturm mit Bleikuppel und -spitze gehört zu den imposantesten, die er jemals entworfen hat. Seine Spitze ist angelehnt an die der Kirche St. Charles Borromée in Antwerpen.

St. Mary Aldermary (ganz links unten)

Ort: London
Bauzeit: 1510, zerstört durch das große Feuer 1666,
          Wiederaufbau 1679–1682
Baustil: Gothic Revival (Late Perpendicular)

Die Kirche ist die einzige noch erhaltene Londons, die von Christopher Wren im gotischen Stil erbaut wurde. Im Inneren besticht vor allem die Decke mit einem einzigartigen Maßwerk aus Stuck. Die Kanzel und der Taufstein datieren noch aus der Zeit um 1680, während die Fenster der Kirche fast alle aus der zweiten Hälfte des 20. Jahrhunderts stammen, weil die viktorianischen Fenster im Zweiten Weltkrieg zerstört wurden.

St. Martin-in-the-Fields (links unten)

Ort: London
Bauzeit: 1722–1726
Baustil: Klassizismus

St. Martin-in-the-Fields ist die bedeutendste vom berühmten schottischen Architekten James Gibbs entworfene Kirche. Nach ihrem Vorbild wurden in der Folge zahlreiche andere Kirchen gebaut. Hervorstechendstes Merkmal ist sicherlich der mit dem Kirchturm kombinierte herrliche Tempelportikus. In der Krypta der Kirche, zu deren Gemeinde die königliche Familie zählt, befindet sich heute eine Kunstgalerie.

St. Pancras (rechts)

Ort: London
Bauzeit: 1819–1822
Baustil: Greek Revival

Die teuerste Kirche Londons seit dem Wiederaufbau der St. Paul's Cathedral wurde in Anlehnung an den Tempel auf der Akropolis errichtet. So besitzen die zwei Sakristeien am Eingang der Krypta ein Karyatiden-Portal. Die Karyatiden, weibliche Statuen, die als Säule dienen, erwecken den Anschein, als würden sie das Grabgewölbe bewachen. Sie bestehen aus Terracotta und wurden von Carlo Giovanni Rossi kreiert.

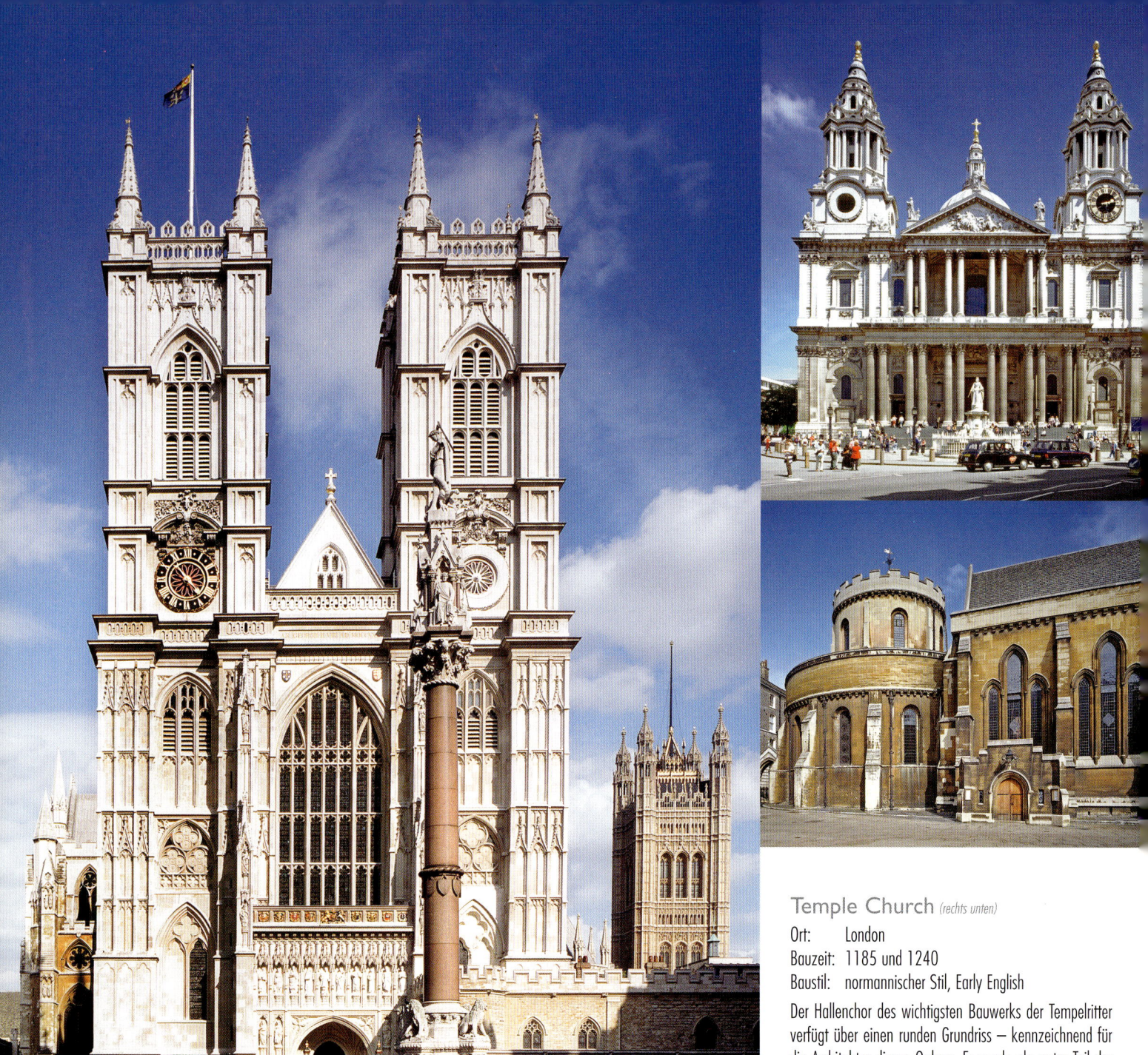

Temple Church (rechts unten)

Ort: London
Bauzeit: 1185 und 1240
Baustil: normannischer Stil, Early English

Der Hallenchor des wichtigsten Bauwerks der Tempelritter verfügt über einen runden Grundriss – kennzeichnend für die Architektur dieses Ordens. Er wurde als erster Teil der Kirche nach dem Vorbild des für Kreuzfahrer heiligsten Ortes der Welt, dem Heiligen Grab in Jerusalem, errichtet. Hier finden sich auch die lebensgroßen Steinreliefs von neun Rittern. 1240 wurde der längliche Altarraum hinzugefügt.

Exeter Cathedral (ganz rechts)

Ort: Exeter
Bauzeit: normannischer Bau im 12. Jh.,
fast völliger Neuaufbau 1275–1380,
erweitert Anfang des 15. Jh.
Baustil: normannischer Stil, Early English, Decorated, Perpendicular

Die zwei gewaltigen normannischen Ecktürme, die als Querschiff in den späteren Bau integriert wurden, sind das einzige Überbleibsel der ersten Kathedrale. Der Neubau besticht vor allem durch seine reiche Ausstattung mit Formen und Skulpturen. Ein besonderer Blickfang ist die Ministrel's Gallery, eine mit musizierenden Engeln geschmückte Empore. Wer genau hinsieht, stellt fest, dass selbst die Schlusssteine mit Skulpturen dekoriert sind.

Westminster Abbey (oben)

Ort: London
Bauzeit: 1245– 16. Jh.
Baustil: Gotik

Nicht nur Krönungskirche, sondern auch Grablege des englischen Königshauses, wurde die Kirche nach der Zerstörung von Vorgängerbauten als kreuzförmige Basilika neu erbaut. Besonders prunkvoll ist die Kapelle Heinrich VII., die heutige Marienkapelle. Sie wurde 1503–1519 im Tudorstil errichtet und besticht durch ihr vollendetes Fächergewölbe mit den hängenden Schlusssteinen.

St. Paul's Cathedral (rechts oben)

Ort: London
Bauzeit: 1675–1711
Baustil: Barock

Die Kathedrale ist das Hauptwerk des Architekten Sir Christopher Wren, der nach dem Brand 1666 allein in London 51 Kirchen errichtete. Seine ursprüngliche Idee eines Zentralbaus mit hoher Kuppel musste er abwandeln, weil ein kreuzförmiger Langbau gefordert wurde. In der Kirche ist nicht nur Wren bestattet, sondern auch viele andere bürgerliche Berühmtheiten wie William Turner, Lord Wellington und Lawrence of Arabia.

Rochester Cathedral *(links oben)*

Ort: Rochester
Bauzeit: 12. Jh–13. Jh., verändert 15. Jh.
Baustil: im Ursprung normannisch,
           hauptsächlich Early English

Das Westportal der Kathedrale, das in der Mitte des 12. Jahrhunderts errichtet wurde, besticht durch seine zwei Säulenfiguren, welche König Salomon und die Königin von Saba darstellen sollen. Die Säulenfiguren wurden nach dem Vorbild französischer Baukunst errichtet. Auch das zum Kapitelraum führende Portal aus dem 14. Jahrhundert ist ein Kleinod – es ist mit Skulpturen reich geschmückt.

Winchester Cathedral *(rechts oben)*

Ort: Winchester
Bauzeit: 11.–15. Jh.
Baustil: normannischer Stil, gotisch umgebaut

Diese Kathedrale gehört mit gut 168 m zu den längsten Kirchen der Welt. Die große Länge ist ein Element, das die englische Gotik aus der französischen übernommen hat. Dem entsprechend proportional groß sind auch die Querhäuser: Sie sind dreischiffig gebaut und besitzen Emporen an den Außenseiten – Charakteristika, die sonst in der Regel dem Längsschiff vorbehalten sind.

Sherborne Abbey *(links unten)*

Ort: Sherborne
Bauzeit: gegründet 998, erweitert und erneuert
           im 12., 13. und 15. Jh.
Baustil: angelsächsischer und normannischer Stil,
           Early English, Perpendicular

Im Inneren der Abteikirche findet sich eines der schönsten gotischen Fächergewölbe ganz Großbritanniens. Es wurde um 1450 errichtet und besticht durch seine Filigranität. Die gekreuzten Steinrippen wirken so zart, dass es beinahe schwer fällt, sie sich als Stützen vorzustellen. Hinzu kommt, dass die Abtei ihre verschiedenen Bauphasen aufs Trefflichste miteinander zu vereinen versteht – so ist das Westwerk z. B. im angelsächsischen und das Südportal im normannischen Stil errichtet worden.

St. Ethelred's Chapel *(rechts unten)*

Ort: Dupath Well
Bauzeit: um 1500

Die kleine, charmante Kapelle, die über einer heiligen Quelle erbaut wurde, gehört zu den wenigen ihrer Art, die noch fast vollständig erhalten sind. Ihre Wände bestehen aus Granit; sogar ihr Dach wurde aus Granitplatten gefertigt. Im Inneren findet sich ein kreuzförmiges Bassin, gefüllt mit klarem Quellwasser. Das überfließende Wasser gelangt in ein granitenes Becken in Form eines Zylinders.

St. John the Baptist *(ganz rechts)*

Ort: Bere Regis
Bauzeit: 15. Jh.
Baustil: Tudor, englische Gotik

Diese kleine Pfarrkirche ist vor allem für ihre lebensgroßen, aus Holz geschnitzten Figuren der zwölf Apostel bekannt, die vom offenen Dachstuhl hinunter auf die Besucher der Kirche zu schauen scheinen. Die Figuren sind so gekleidet, wie es im 15. Jahrhundert Mode war. Eine der Figuren, die vermutlich Petrus darstellt, hält in einer Hand einen Schlüsselbund, wahrscheinlich die Schlüssel zur Himmelstür. In der anderen Hand befindet sich eine kleine Kirche.

Netley Abbey (oben)

Ort: Netley
Bauzeit: gegründet 1239, erbaut ab 1240
Baustil: Gotik

Von dem einst großen Kloster sind nur noch Ruinen übrig geblieben. Dennoch kann man noch gut erkennen, wie das Kloster einst aufgeteilt war. So sind die Schlafräume der Zisterziensermönche sowie das Krankenrevier mit seinem großen Kamin zu besichtigen, genau wie die Klosterkirche. Der Skulpturenschmuck und die erhaltenen Arkaden zeugen von der großartigen Baukunst der damaligen Zeit.

St. Mary in Castro (links Mitte)

Ort: Dover
Bauzeit: um 1000
Baustil: spätangelsächsischer Stil

Innerhalb der Mauern von Dover Castle, einer wuchtigen Festungsanlage auf den Klippen von Dover, liegt diese kleine Kirche, ein gut erhaltenes Stück angelsächsischer Baukultur. Ihre Wände bestehen hauptsächlich aus Feuerstein, aber auch römische Ziegel wurden mit verbaut. Der Pharos, der römische Leuchtturm am westlichen Ende der Kirche, war früher durch einen kleinen Gang mit ihr verbunden und diente als Glockenturm.

St. Just-in-Roseland (links unten)

Ort: St. Just in Roseland
Bauzeit: 13. Jh.
Baustil: Early English

Die kleine Kirche gehört sicherlich zu den schönsten Cornwalls – sie thront über dem Wasser, inmitten eines Gartens mit subtropischen Pflanzen. Sie besteht aus einer Kanzel, einem Kirchenschiff, zwei Seitenschiffen und einem Turm. Der zweistufige Kirchturm ist mit Zinnen bewehrt und mit drei Glocken bestückt. Auf dem Weg von der Straße zur Kirche finden sich in den Boden eingelassene Granitplatten mit Zitaten und Versen aus der Bibel.

Chichester Cathedral *(links)*

Ort: Chichester
Bauzeit: ca. 1076 bis 15. Jh.
Baustil: normannischer Stil, Transitional, Early English,
          Perpendicular

Die Kathedrale ist die einzige in England, die einen noch heute erhaltenen separaten Campanile besitzt. Dieser wurde im 15. Jahrhundert als Ergänzung zum Vierungsturm errichtet. Letzterer wurde im 19. Jahrhundert wieder aufgebaut, nachdem er in sich zusammengefallen war. Als besondere Kostbarkeiten gelten zwei Sandsteinreliefs im normannischen Stil sowie moderne Kunst wie das Chagall-Fenster.

St. Nicholas *(oben)*

Ort: Barfreston
Bauzeit: 12. Jh.
Baustil: im Ursprung normannisch

Klein, aber fein – das ist die wunderbar erhaltene Kirche aus normannischer Zeit. Sie gehört zu den schönsten normannischen Sakralbauten in Großbritannien. Vor allem der Bogen über dem Südeingang fällt auf. Hier sind mehrere Figuren abgebildet, darunter der später heilig gesprochene Erzbischof Thomas Becket. Es handelt sich vermutlich um eine der ersten figürlichen Darstellungen von ihm überhaupt.

Deutschland

Für die Sakralbauten in Deutschland lassen sich zwei geografische Trends ausmachen, die jedem Reisenden auffallen: Im Norden dominieren Gebäude aus dem regionalen Baumaterial Backstein, die durch eine gewisse Bodenständigkeit und Herbheit gekennzeichnet sind. Im Süden dagegen gibt es auffällig viele Barockbauten mit Zwiebeltürmen, schwungvollen Fassaden und oft überbordend ausgestatteten Innenräumen. Dazwischen präsentiert sich ein breites Spektrum an Formen und Stilen.

St. Laurentii (links)

Ort: Süderende (Insel Föhr)
Bauzeit: 12–15. Jh.

Von besonderem Charme ist diese kleine, eher unbekannte Inselkirche, die wie viele andere Kirchen verschiedene Bauphasen durchlaufen hat. Im Innern bezaubert sie mit ihrem hellen Kreuzrippengewölbe, das 1670 mit spätbarocken Malereien der sog. lutherischen Ikonographie überzogen wurde. Sie zeigen das Leben Jesu, wurden erst 1954 freigelegt, weil sie übermalt waren, und wurden vor einigen Jahren aufwändig restauriert.

Evangelische Pfarrkirche
(ganz rechts Mitte)

Ort: Altenkirchen auf Rügen
Bauzeit: 1180
Baustil: Gotik

Diese bezaubernde Dorfkirche entstand am Übergang von der Romanik zur Gotik, wie an den Rundbogenfenstern und den Strebebögen zu erkennen ist. Die kreuzförmige Basilika ist der zweitälteste Sakralbau der Insel Rügen. Mit dem Svantevitstein, der gotischen Taufe und dem Grab des Dichters und Pastors Ludwig Gotthard Kosegarten sowie einem spätgotischen Triumphkreuz birgt sie einige bemerkenswerte Sehenswürdigkeiten.

St.-Petri-Dom (rechts oben und rechts unten)

Ort: Schleswig
Bauzeit: 12.–15. Jh.
Baustil: Romanik, Gotik

Als romanische Kirche begonnen wurde das Gotteshaus im Laufe der langen Bauzeit durch den veränderten Geschmack immer stärker gotisch geprägt und vereint Elemente aus beiden Stilen. Berühmt ist der 12 m hohe Bordesholmer Altar mit seinen 392 Figuren. Er wurde von Hans Brüggemann 1521 geschnitzt und 1666 aus der Bordesholmer Kirche in den Dom St. Petri gebracht.

Schifferkirche (ganz rechts unten)

Ort: Ahrenshoop
Bauzeit: 1951
Baustil: Nachkriegsmoderne

Die kleine moderne Kirche der DDR wurde von dem Berliner Architekten Hardt-Walter Hämer nach dem Zweiten Weltkrieg entworfen. Sie erinnert an ein am Land liegendes umgedrehtes Boot und schafft damit einen klaren Bezug zur Region. Der Innenraum ist komplett mit Holz ausgekleidet und wird durch die westliche Glaswand mit Tageslicht angefüllt.

St. Marien *(oben)*

Ort: Stralsund
Bauzeit: 1360–1380, 1416–1478
Baustil: Gotik

Mit ihrem 96 m langen Mittelschiff ist die Marienkirche einer der größten Bauten der Backsteingotik in Norddeutschland. Der Turm der dreischiffigen Basilika ist mit 104 m nur wenig höher: Zum Leidwesen der Stralsunder Bürger war der mit 151 m deutlich höhere und schlankere Turm 1647 eingestürzt. Das Innere war 1807–1810 von den napoleonischen Truppen verwüstet worden und wurde danach im neogotischen Stil renoviert.

St. Nicolai *(unten)*

Ort: Stralsund
Bauzeit: 1270–1360
Baustil: Gotik

Die Kirche gilt als erster Nachahmerbau der Lübecker Marienkirche im Stil der Backsteingotik. Sie entstand aus der Konkurrenz der beiden Hansestädte miteinander, und die Stralsunder Bürger wollten die Lübecker übertreffen. Das ist ihnen zumindest mit dem kostbaren Innenraum gelungen. Die farbige rotblaue Ausmalung hebt die Spitzbogen und das Kreuzrippengewölbe aufs Feinste hervor.

Christkirche *(oben)*

Ort: Rendsburg-Neuwerk
Bauzeit: 1695–1700
Baustil: Barock

Trotz der gotischen Spitzbogenfenster ist diese skandinavisch beeinflusste Kirche ein Werk des Barocks. Das zeigen die Ochsenaugenfenster im unteren Bereich ebenso wie die Pilaster. Ihre grauen Backsteine kontrastieren wunderbar mit den roten, dem typischen Baumaterial der Region. Über dem Grundriss eines griechischen Kreuzes ist die Kirche ein Zentralbau, der nicht nur die Gemeinde, sondern auch die Soldaten der Garnison aufnehmen sollte.

St. Marien *(unten)*

Ort: Rendsburg
Bauzeit: 13. Jh.
Baustil: Gotik

Die dreischiffige Kirche ohne Querhaus und mit Westturm wirkt von außen noch sehr ursprünglich. Dafür sind im Inneren aus der Gotik nur noch das Gewölbe und die Ausmalung erhalten, denn die Ausstattung wurde im 16. und 17. Jahrhundert weitgehend erneuert, als die Stadt prosperierte. Berühmt sind der 8 m hohe Schnitzaltar von Henning Claussen sowie die Spätrenaissancekanzel von Hans Peper.

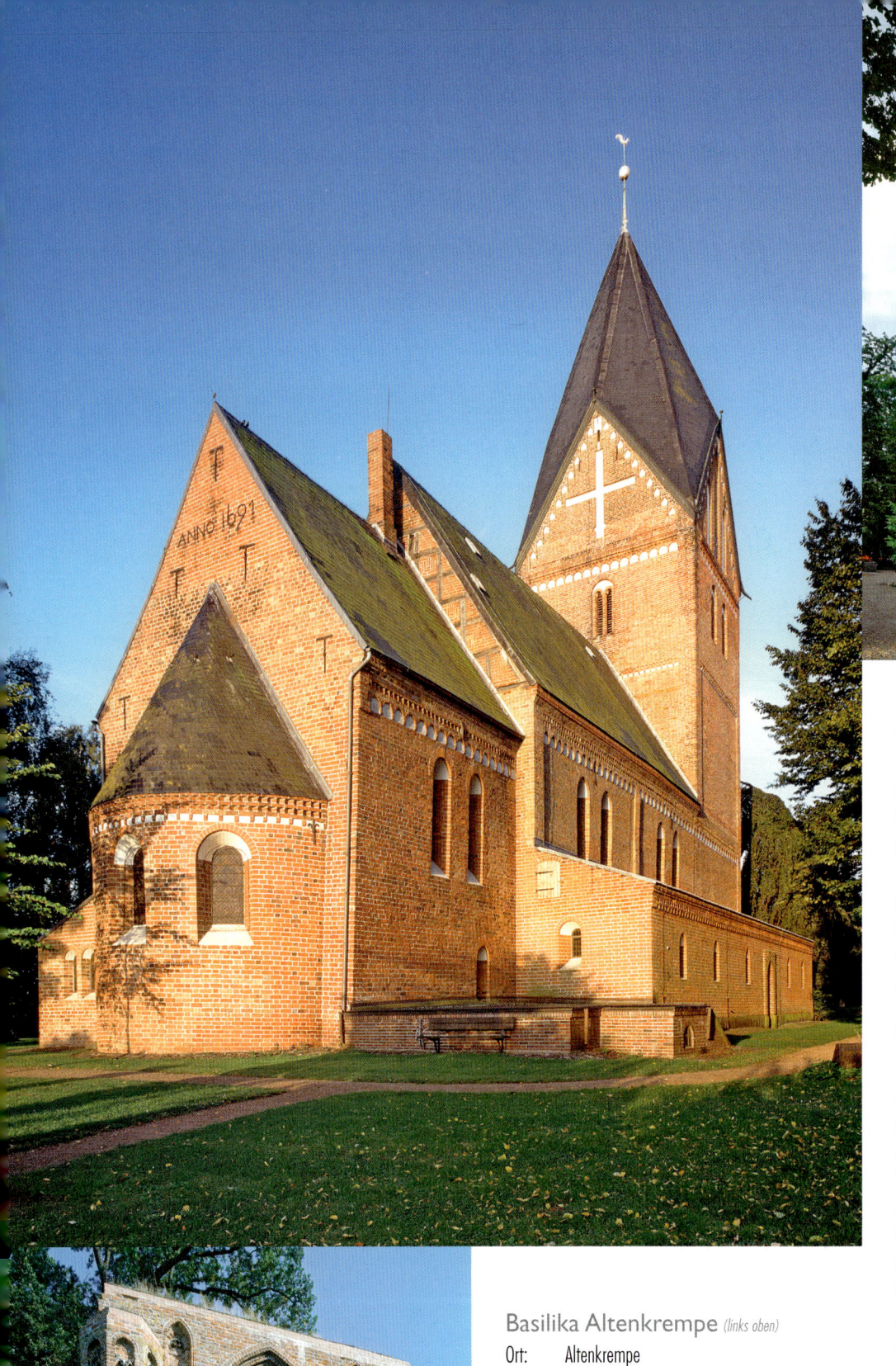

Klosterkirche (rechts oben)

Ort: Cismar
Bauzeit: 13. Jh.
Baustil: Gotik

Die einschiffige Kirche des ehemaligen Benediktinerklosters besticht durch ihre schön gegliederte Backsteinfassade. Der Bau war jedoch viel zu groß für die heutige Gemeinde und so teilte man ihn auf: Der Chor dient weiterhin als Kirche, während das Langhaus im Westen umgebaut wurde und zunächst als Wohnung diente. Heute wird es als Ausstellungsraum genutzt. Vom Kloster ist ansonsten nur das Refektorium erhalten – heute ein Restaurant.

Marienkirche (rechts)

Ort: Greifswald
Bauzeit: 14. Jh.
Baustil: Gotik

Ein hervorragendes Beispiel für Kirchen der norddeutschen Backsteingotik mit Staffelgiebel an der östlichen Chorwand ist diese Hallenkirche. Farbig glasierte Ziegel, Formsteine, helle Fugen und getünchte Flächen dekorieren die Fassade und verleihen dem schweren Backstein Leichtigkeit. Im Innern überrascht der weite Raum mit seinen spätgotischen Wandmalereien und der Renaissancekanzel.

Klosterruine Hilda (links unten)

Ort: Greifswald
Bauzeit: 1199 gegründet
Baustil: Gotik

Die Ruine des Zisterzienserklosters in Eldena, einem Vorort von Greifswald, wäre vermutlich inzwischen völlig verfallen, hätte sie der Maler Caspar David Friedrich nicht auf mehreren Gemälden verewigt. Dies veranlasste die Verantwortlichen 1828, die Ruine der Backsteingotik als romantisches Denkmal zu erhalten. Heute findet hier neben anderen kulturellen Veranstaltungen jährlich ein Jazzfestival statt.

Basilika Altenkrempe (links oben)

Ort: Altenkrempe
Bauzeit: 12./13.Jh.
Baustil: Romanik

Für eine norddeutsche Dorfkirche scheint der Backsteinbau schon fast zu groß zu sein, doch für mittelalterliche Verhältnisse war das Dorf recht groß und hatte vor allen ein großes Einzugsgebiet. Außen ist die Basilika einfach, aber von ausgewogenen Formen, die durch Bordürenbänder und weiße Putzblenden betont werden. Der spätromanische Innenraum mit den dezentfarbigen Steinbändern wirkt elegant und einladend.

Münster *(unten)*

Ort: Bad Doberan
Bauzeit: 1294–1368
Baustil: Gotik

Obwohl das Münster als Kirche eines Zisterzienserklosters gebaut wurde, wurden die Regeln der Schlichtheit 200 Jahre nach Gründung des Ordens nicht mehr beachtet, und es entstand eine Kirche im schönsten Stil der norddeutschen Backsteingotik. Da die Westseite teilweise von Konventsgebäuden verdeckt war, wurde die Nordfassade zur Prunkfassade. Ihre beiden Treppentürmchen betonen das Streben gen Himmel.

St. Marien *(rechts oben)*

Ort: Rostock
Bauzeit: 1230– ca. 1450
Baustil: Gotik

Ebenso wie in Stralsund wollten auch die Rostocker Kaufleute im Wettbewerb um die prächtigste Hansestadt an der Ostsee nicht zurückstehen und bauten eine dreischiffige Basilika nach dem französischen Bauschema der Gotik mit dem einheimischen Baumaterial Backstein. Während die Kirche von außen gedrungen wirkt, überzeugt sie im Innern mit Stern- und Kreuzrippengewölben. Zur Ausstattung gehören ein Taufbecken von 1290 und eine Astronomische Uhr aus dem 17. Jahrhundert.

Pfarrkirche St. Marien *(links Mitte)*

Ort: Güstrow
Bauzeit: 1503–1508
Baustil: Gotik

Wie so oft war ein Stadtbrand der Auslöser für den Neubau der Kirche. Aber erst 1880–1883 wurde sie zur dreischiffigen Hallenkirche in ihrer heutigen Form umgebaut. Bei der Innenausstattung blieben aber die Kanzel, das Ratsgestühl, der Flügelaltar und die Triumphkreuzgruppe aus dem 16. Jahrhundert erhalten. Als Pfarrkirche der Stadt des Künstlers Ernst Barlach (1870–1938) gibt es auch ein Werk von ihm – den „Engel der Hoffnung".

Wehrkirche *(links unten)*

Ort: Ratekau
Bauzeit: 12. Jh.
Baustil: Romanik

Aus der Zeit der Kolonisation der Ostseeküste stammt diese Dorfkirche aus Feldstein. Trotz des groben Baumaterials sind die runden Formen der Romanik an den Fenstern und am Portal gut zu erkennen. Ebenso auch im Turm die Schießschartenfenster, die dem massiven kleinen Gebäude seine Wehrhaftigkeit verleihen. Im Mittelalter dienten Kirchen immer auch anderen Zwecken als nur dem Gottesdienst – etwa als Versammlungsort oder Markthalle –, aber nur bei den Wehrkirchen tritt die zusätzliche Funktion so deutlich nach außen.

Dom *(unten)*

Ort: Güstrow
Bauzeit: 1226–1335, später erweitert
Baustil: Gotik

Der Güstrower Dom überzeugt vor allem durch seine bemerkenswerte Innenausstattung, denn er beherbergt Meisterwerke der deutschen Schnitzkunst: Die fast lebensgroßen Apostelfiguren (um 1530) wirken sehr lebendig und zählen zu den wichtigsten spätgotischen Kunstwerken. Auch der vermutlich ein wenig früher entstandene Flügelaltar (um 1500) ist ein Meisterwerk. Die Bronzeskulptur der Nordhalle – „Der Schwebende" – stammt von Ernst Barlach (1926/1927, Neuguss 1952).

St. Nikolai (links)

Ort: Wismar
Bauzeit: 1380–1487
Baustil: Gotik

Die Nikolaikirche ist mit ihrem 37 m hohen Mittelschiff die dritthöchste Kirche in Deutschland und eine der höchsten in Mitteleuropa. Auch ihr Turm hatte ursprünglich mit einer Höhe von 120 m die proportional passende Höhe. Aber er stürzte 1703 bei einem Orkan ein, richtete große Zerstörungen im Langhaus an und wurde nicht wieder in den Originalzustand versetzt. Zur Ausstattung gehören auch Werke aus den anderen Kirchen Wismars.

St. Marien (rechts Mitte)

Ort: Bad Segeberg
Bauzeit: 12.–13. Jh.
Baustil: im Ursprung Romanik

Diese dreischiffige Kirche steht stilistisch am Übergang zwischen Romanik und Gotik. Besonders im Langhaus dominiert aber noch die Romanik mit ihren massiven Säulen und Pfeilern, die in ihrem Streben nach oben noch von Kapitellen unterbrochen werden. Wertvollstes Einrichtungsstück ist der Schnitzaltar von 1515, daneben lohnen die Triumphkreuzgruppe, die Kanzel und die Bronzetaufe eine Besichtigung.

St. Bartholomäus (oben)

Ort: Wilster
Bauzeit: 1775–1781
Baustil: Barock

Einer der Baumeister, der auch an Hamburgs Michaeliskirche, dem „Michel", gebaut hat, Ernst Georg Sonnin, errichtete diese Hallenkirche. Vom Vorgängerbau wurde lediglich der achteckige Turm übernommen. Durch die zahlreichen großen Fenster und Weiß sowie Hellgrau als dominierende Farben wirkt der Innenraum sehr hell. Wichtiges Gestaltungsmerkmal sind außerdem die Doppelemporen.

Klosterkirche (unten)

Ort: Neukloster
Bauzeit: vor 1245
Baustil: Romanik

Diese Kirche des ehemaligen Zisterzienserklosters St. Maria im Sonnenkamp demonstriert den Übergang von der späten Romanik zur Frühgotik. Mit ihren Glasfenstern von 1250 besitzt sie die ältesten Glasmalereien in Norddeutschland. Der etwas unförmig wirkende Glockenturm entstand erst im 15. Jahrhundert. Vom Kloster ist außerdem noch das Propsteigebäude erhalten.

Marienkirche *(inks oben)*

Ort: Anklam
Bauzeit: 13./14. Jh.
Baustil: Gotik

Nachdem Anklam 1283 Mitglied der Hanse geworden war und eine große wirtschaftliche Blüte erlebte, wurde auch die Kirche um ein dreischiffiges Langhaus vergrößert. Es wurde an den Pfeilern und Gurtbögen reich mit gotischen Malereien ausgestattet. Die Kirchenschätze waren zwar im Zweiten Weltkrieg ausgelagert worden, aber trotzdem sind nur wenige erhalten wie ein frühgotischer Taufstein.

Katharinenkirche *(ganz links oben)*

Ort: Lübeck
Bauzeit: 1300–1370
Baustil: Gotik

Als ehemalige Klosterkirche der Franziskaner besitzt St. Katharinen keinen hoch aufragenden Turm, sondern nur einen bescheidenen Dachreiter. Das tut jedoch der Tatsache keinen Abbruch, dass sie zu den wichtigsten Bauten der Backsteingotik zählt. Neben der Ausmalung sind im Inneren ein Gemälde von Jacopo Tintoretto (1578) und eine spätgotische Triumphkreuzgruppe zu sehen.

Dom *(links unten)*

Ort: Lübeck
Bauzeit: 1173–1341
Baustil: im Ursprung Romanik

Als Sitz der kirchlichen Macht wurde der Lübecker Dom als romanische Basilika begonnen und vollendet. Als Reaktion auf den Bau der gotischen Marienkirche durch die Bürger der Stadt wurde der Dom jedoch ab 1266 ebenfalls gotisch – mit Hallenchor – umgebaut. Zu den bedeutenden Ausstattungsstücken gehören eine Triumphkreuzgruppe von 1477 und ein Lettner von Bernt Notke.

St. Marien *(rechts oben)*

Ort: Lübeck
Bauzeit: 1250–1351
Baustil: Gotik

In dieser Kirche setzten hanseatische Kaufleute im Mittelalter ihr Streben nach Repräsentation um. Dabei wurde der Formenreichtum der Gotik in das örtliche Baumaterial Backstein „übersetzt". Da mit Ziegeln nicht so filigran gebaut werden kann, wirkt die Marienkirche bodenständiger und schwerer als die französischen Vorbilder. Sie wurde jedoch ihrerseits zum Vorbild aller Sakralbauten der Backsteingotik an der Ostsee.

St. Nikolai *(links)*

Ort: Cuxhaven-Altenbruch
Bauzeit: um 1200
Baustil: Romanik

Mit ihren beiden spitzen Türmen ist die Altenbrucher Dorfkirche eine Landmarke, die den Elbschiffern bis ins 20. Jahrhundert hinein als Hilfe bei der Orientierung diente. Als Glockenturm fungiert jedoch der kleine dicke Turm nebenan, der erst 1642 aus Holz erbaut wurde. Die Kirche dagegen, die ursprünglich aus Feldsteinen bestand, wurde im Laufe der Zeit durch Reparaturen zur Backsteinkirche.

St. Jacobus *(rechts oben)*

Ort: Cuxhaven-Lüdingworth
Bauzeit: um 1200, im 16. Jh. umgebaut
Baustil: im Wesentlichen Barock

Die Jacobikirche, obwohl nur eine einschiffige als Saal erbaute Dorfkirche, wird auch gern als Bauerndom bezeichnet. Dieser Name geht auf ihre prachtvolle Innenausstattung zurück, die größtenteils aus dem Barock stammt. Im 16. Jahrhundert wurde die Kirche umgebaut und die flache Decke aus Holz bemalt. Neben christlichen Motiven sind auch die Wappen der Bauernschaften zu sehen, die zum Umbau beitrugen.

Dom *(links unten)*

Ort: Ratzeburg
Bauzeit: 1154–1220
Baustil: Romanik

Heinrich der Löwe ließ diesen Sakralbau als dreischiffige Pfeilerbasilika mit Querhaus errichten. Der Dom, an den ein Kreuzgang mit Kreuzrippengewölbe angebaut wurde, gilt als eines der wichtigsten Bauwerke der Backsteinromanik. Er besitzt eine Triumphkreuzgruppe von 1260, eine Renaissancekanzel und einen Barockaltar. Im Innenhof des ehemaligen Klosters steht Ernst Barlachs „Bettler auf Krücken".

Kirche *(rechts unten)*

Ort: Borstel
Bauzeit: um 1400, 17. Jh. erneuert
Baustil: im Ursprung Gotik

Die kleine Saalkirche mit mehreckigem Chorschluss, Empore und hölzernem Tonnengewölbe wirkt einladend durch den Kontrast der weißen Wände mit dem Grau der Bände und der Decke. Dieser Eindruck wird ergänzt durch farbige Akzente der Malereien und die großzügigen Fenster. Der Kanzelaltar und die Triumphkreuzgruppe übernehmen den ernsten Part der Ausstattung.

Schlosskirche Ahrensburg *(inks oben)*

Ort: Ahrensburg
Bauzeit: 1596 geweiht
Baustil: Barock

Außen aus gewöhnlichem Backstein präsentiert sich die Schlosskirche von Ahrensburg, die lediglich 26 m lang, 8,70 m breit und 7 m hoch ist, in ihrem Innern als Kleinod des Barocks . Denn sie wurde 1716 komplett umgestaltet, nachdem es durch schwedische Soldaten während des nordischen Krieges zu Zerstörungen gekommen war. Kanzel und Altar wurden verbunden und bilden den Mittelpunkt der Kirche.

Dom *(oben)*

Ort: Schwerin
Bauzeit: 1269–ca. 1420
Baustil: Gotik

Beeindruckt vom Vorbild der Lübecker Marienkirche, gönnten sich die Schweriner Bürger bereits zwanzig Jahre nach Vollendung ihres ersten Doms einen Neubau. Er sollte der würdige Ort für Wallfahrten zum heiligen Blutstropfen werden, einer in Edelstein gefassten Reliquie. Nach 150-jähriger Bauzeit war der gotische Backsteinbau vollendet – bis auf den 117,5 m hohen Turm, der 1892 nachzog.

Bugenhagen *(rechts oben)*

Ort: Hamburg
Bauzeit: 1929
Baustil: Moderne

Benannt nach dem Hamburger Reformator Johannes Bugenhagen (1485–1558) wollte Architekt Emil Heynen mit diesem Sakralbau „eine feste Burg" bauen. Im Stil des „Neuen Bauens" entstand ein außen massig wirkender Bau mit einem an einen Wehrturm erinnernden Kirchturm. Im Inneren dagegen wirkt die Kirche durch die blau-weiße Farbgebung nicht nur leicht, sondern im 21. Jahrhundert auch immer noch aktuell.

St. Michaelis *(rechts unten)*

Ort: Hamburg
Bauzeit: 1751–1762/1786 (Vollendung des Turms), später mehrfach restauriert
Baustil: Barock

Der 132 m hohe Turm des Michel, wie die Hamburger ihre Kirche liebevoll nennen, ist zum Wahrzeichen der Hansestadt geworden. Außen deutet die klare Linienführung bereits den Übergang vom Spätbarock zum Klassizismus an. Im Innern ist alles auf die Mitte ausgerichtet, die klassische Trennung von Chor und Kirchenschiff ist aufgegeben. Damit ist St. Michaelis einer der kunsthistorisch bedeutendsten Sakralbauten des Protestantismus.

Fachwerkkirche *(oben)*

Ort: Grünendeich
Bauzeit: 1608
Baustil: Fachwerk

Erstaunlicherweise hat diese Dorfkirche fast vier Jahrhunderte relativ unbeschadet überstanden. Natürlich wurde sie wie jedes alte Gebäude zwischendurch repariert, renoviert und leicht verändert. Im Inneren besitzt sie sogar Emporen. Ihre Innenausstattung entstand zwischen 1616 und 1618 und ist teilweise noch im Original erhalten, darunter Altar, Kanzel und Taufe.

St. Petri *(linke Seite Mitte)*

Ort: Buxtehude
Bauzeit: ca. 1300–1320
Baustil: Gotik

Die dreischiffige Kirche ist eine der wenigen Backsteinbasiliken in Norddeutschland und deshalb von bauhistorischer Bedeutung. Zwar wurde die Petrikirche Ende des 19. Jahrhunderts am Außenbau nicht sehr stilgetreu erneuert, dafür hat sie im Inneren ihren ursprünglichen Charakter bewahrt: Breite Spitzbogenarkaden, die mit roten Backsteinen gegen den weißen Putz abgesetzt sind, geben dem Raum einen hohen, großzügigen Eindruck.

Dom St. Peter und Paul *(linke Seite unten)*

Ort: Bardowick
Bauzeit: 1380–1485
Baustil: Gotik

Dass dieser kleine Ort eine solch imposante dreischiffige Hallenkirche besitzt, liegt daran, dass es sich um einen der ältesten Orte Niedersachsens handelt. Er war jedoch nie Bischofssitz, so dass die Bezeichnung Dom sich nur auf die Größe, nicht auf die Funktion bezieht. Ob die beiden Türme früher frei standen und der Portalbau, der sie fast verschluckt, nachträglich angebaut wurde, ist nicht definitiv geklärt.

St. Nikolai *(oben)*

Ort: Lüneburg
Bauzeit: 15. Jh.
Baustil: im Ursprung Gotik

Die dreischiffige Basilika, deren Bau 1407 begonnen wurde, ist in ihrem äußeren Erscheinungsbild wegen der Restaurierungen ein Produkt der Neogotik des 19. Jahrhunderts. In dieser Zeit wurden z.B. die Strebebögen angefügt und der Turm neu gebaut. Der Innenraum hat jedoch seine mittelalterliche Ausstrahlung behalten. Der sogenannte Schifferkranz an der Turmspitze erinnert daran, dass die Kirche vor allem von Flussschiffern besucht wurde.

St. Marien *(linke Seite rechts oben)*

Ort: Prenzlau
Bauzeit: 13./14. Jh.
Baustil: Gotik

Von dem Vorgängerbau aus dem 13. Jahrhundert ist die westliche Front mit den beiden Türmen bis heute erhalten. Daran wurde auf der gesamten Breite des ehemaligen Querhauses eine dreischiffige Halle im Stil der Backsteingotik angebaut. Besonders bemerkenswert ist die Ostwand, die die Kirche gerade abschließt und in einem mächtigen Giebel aus Maßwerk endet. Sie ist die Schauseite der Kirche.

Dom St. Petri *(unten)*

Ort: Bremen
Bauzeit: 11. Jh., später verändert
Baustil: im Ursprung Romanik

Der Bremer Dom ist, so wie er sich heute von außen präsentiert, ein Werk des späten 19. Jahrhunderts. Denn er wurde 1888–1898 im neoromanischen Stil renoviert. Bereits im 13. und 16. Jahrhundert hatte das Bauwerk einige Veränderungen über sich ergehen lassen müssen. Bei der Innenausstattung sind eine Barockkanzel von 1638 hervorzuheben, die Königin Christine von Schweden stiftete, sowie die Orgeln.

Wallfahrtskirche *(links oben)*

Ort: Bad Wilsnack
Bauzeit: 13.–14. Jh.
Baustil: Gotik

Die Wallfahrt zum Heiligen Blut ließ den Ort nach 1383 stark anwachsen – und das Bedürfnis nach einer entsprechenden Kirche. Es entstand eine dreischiffige Hallenkirche, deren Chor nur wenig kürzer als das Langhaus ist. Bis heute ist nicht geklärt, ob das Absicht war oder daran lag, dass die Wallfahrt – und mit ihr die Stadt – an Bedeutung verlor. Sicher ist nur, dass ein geplanter kathedralartiger Westbau nicht ausgeführt wurde.

Klosterkirche *(links unten)*

Ort: Arendsee
Bauzeit: 1184–1240
Baustil: Romanik

Mit ihren weiß abgesetzten Schmuckfriesen ist diese Kirche aus rotem Backstein ein Kleinod der Spätromanik in der Kulturlandschaft Altmark. Im Inneren wird die Farbgebung umgekehrt: Von den weiß getünchten Wänden heben sich die Bögen der Arkaden, Fenster und Gewölbe in rotem Backstein ab. Ein Kruzifix von ca. 1240 und der gotische Schnitzaltar von 1380 gehören zur kostbaren Ausstattung.

Kloster Chorin *(oben)*

Ort: Chorin
Bauzeit: 1270–1273
Baustil: Gotik

Da diese Zisterzienserabtei, die von Pehlitzwerder verlegt wurde, in kurzer Zeit entstand, bietet sie ein sehr geschlossenes gotisches Bild. Die kreuzförmige Basilika mit den drei Schiffen besitzt als Besonderheit in den Ecken von Querarmen und Chor jeweils eine zweigeschossige Kapelle. Zum Glanzstück der Backsteingotik wird das Kloster jedoch durch die westliche Kirchenfassade mit dem reich dekorierten Giebel.

Schlosskapelle St. Hubertus *(links oben)*

Ort: Sögel
Bauzeit: um 1741
Baustil: Rokoko

Nicht nur als Kapelle für das niedersächsische Schloss Clemenswerth, sondern auch für die Kapuzinermönche des dahinter liegenden Klosters wurde dieser Sakralbau errichtet. Der Architekt war kein geringerer als Johann Conrad Schlaun (1695–1773). Er entwarf einen Raum als Gesamtkunstwerk aus Hochaltar, Kanzel und Fürstenloge inmitten feinster Decken- und Wandmalereien sowie Stuckaturen.

Dom St. Marien *(links unten)*

Ort: Havelberg
Bauzeit: 11., 13., 15. Jh.
Baustil: im Ursprung Romanik

Dass die lange, dreischiffige Basilika ohne Querhaus mit ihrem wuchtigen Westwerk auch der Verteidigung dienen sollte, ist unverkennbar. Umso größer ist die Überraschung im Innenraum, der sich nach Umbauten im 13. und 15. Jahrhundert in schönster Gotik präsentiert. Besonders bemerkenswert ist der Lettner, der reich mit Maßwerk und Skulpturen geschmückt ist und über dem eine Kreuzigungsgruppe hängt.

Kloster Neuzelle *(oben)*

Ort: Neuzelle
Bauzeit: 13./14. Jh., 18. Jh. erweitert
Baustil: Barock

Das ehemalige Zisterzienserkloster war 1268 gegründet worden und entging während der Reformation der Aufhebung, weil es zu Böhmen gehörte. So kam es nach dem Dreißigjährigen Krieg zur grundlegenden Erweiterung, die durch ihre barocke Pracht auch zur Demonstration des katholischen Glaubens wurde. Dies wird besonders im Inneren der Kirche mit ihren überbordenden Altären deutlich.

Schlosskapelle *(links oben)*

Ort: Celle
Bauzeit: 1485 geweiht
Baustil: Renaissance

Die Kapelle des Celler Schlosses ist der einzige Sakralbau nördlich der Alpen mit komplett erhaltener Renaissance-Ausstattung und außerdem die einzige erhaltene Hofkapelle des frühen Protestantismus. Die Einrichtung wurde von dem Antwerpener Künstler Marten de Vos ab 1559 angefertigt, der gehalten war, sich bei den Bildmotiven genau an Martin Luthers Lehre zu orientieren.

Berliner Dom *(links unten)*

Ort: Berlin
Bauzeit: 1893–1905
Baustil: Historismus

Mit der fast 75 m hohen Kuppel dem Petersdom nachempfunden, ist der Berliner Dom ein exzellentes Beispiel für den wilhelmischen Historismus zur Regierungszeit Wilhelm II. (1888–1918). Nach den Zerstörungen im Zweiten Weltkrieg wurde der Dom, der von den DDR-Machthabern als „vermanschter architektonischer Bastard" betitelt wurde, 1974–1993 mit privaten Spenden aus Westdeutschland wiederhergestellt und restauriert.

Canisiuskirche *(oben)*

Ort: Berlin
Bauzeit: 2002 geweiht
Baustil: Gegenwart

Sichtbeton und Lärchenholz, gerade Linien und rechte Winkel prägen den ersten Eindruck dieser Kirche des beginnenden 21. Jahrhunderts. Die Berliner Architekten Heike Büttner, Claus Neumann und George Braun haben mit minimalistischen Mitteln einen Ort der Ruhe und Spiritualität geschaffen, der gleichzeitig nicht zu weit weg vom Alltag ist.

Friedrichwerdersche Kirche *(unten)*

Ort: Berlin
Bauzeit: 1824–1830
Baustil: Historismus

Der Sakralbau ist ein gutes Beispiel für den Historismus, eine Strömung der Architektur, die sich rückgewandt an bereits vergangenen Stilepochen orientiert. Der Architekt Karl Friedrich Schinkel (1781–1841) legte drei sehr unterschiedliche Entwürfe für die Kirche vor: Einen klassischen, einen gotischen und einen an der Renaissance orientierten. Ausgewählt wurde der neogotische Entwurf, wie an den Spitzbogenfenstern und dem Maßwerk zu erkennen ist.

Kirche am Hohenzollerndamm

(links oben)

Ort: Berlin
Bauzeit: 1931–1932
Baustil: Moderne

Fritz Höger, der als Vertreter des sog. Backsteinexpressionismus gilt, hat hier in Stahlskelettbauweise die Grundelemente traditioneller Sakralbauwerke zitiert: Einen hoch aufragenden Kirchturm und ein gerades, kompaktes Langhaus in klaren Flächen, denen rotviolette, teilweise auch vergoldete Klinker ihren Reiz geben. Das Spitzbogenportal leitet über zum Innenraum, wo Betonspitzbögen überraschen.

Marienkirche *(rechts oben)*

Ort: Berlin
Bauzeit: 13.–15. Jh.
Baustil: im Ursprung Gotik

Diese nach der Nikolaikirche älteste Pfarrkirche Berlins wurde als dreischiffige Hallenkirche errichtet. Nach einem Brand wurde ihr Westturm 1789–1790 mit stark klassizistischen Einflüssen erneuert. Die Marienkirche besitzt mit einem Taufbecken von 1437, einer barocken Kanzel von 1703 und einer Orgel von 1720 kunsthistorische Kostbarkeiten. Am bemerkenswertesten ist jedoch das 22 m lange und 2 m hohe Totentanz-Fresko, das vermutlich als Reaktion auf die Pest 1484 entstanden ist.

Deutscher Dom *(unten)*

Ort: Berlin
Bauzeit: 1701–1708
Baustil: Barock

Als Pendant zum Französischen Dom (1701–1705) der Hugenotten, der im Bild im Hintergrund zu sehen ist, entstand der deutsche Dom für die reformierte lutherische Gemeinde. Die überkuppelten, gleichartig gebauten Vorbauten erhielten beide Dome erst 1785, weil Friedrich II. den Gendarmenmarkt repräsentativer machen wollte. Nach dem Krieg lange nicht wiederaufgebaut, dient der Dom heute als modern ausgestattetes Ausstellungsgebäude.

Kaiser-Wilhelm-Gedächtnis-Kirche *(ganz rechts)*

Ort: Berlin
Bauzeit: 1891–1895, 1950–1962
Baustil: Historismus, Nachkriegsmoderne

Nur wenige Kirchen symbolisieren so sehr die Verbindung von Altem und Neuem, von Vergangenheit und Gegenwart. Denn Architekt Egon Eiermann (1904–1970), der nach dem Zweiten Weltkrieg den Neubau konzipierte, musste auf Druck der Berliner den alten Kirchturm einbeziehen. Neben dessen Ruine, die an Vergänglichkeit und Respekt vor dem Leid erinnern soll, entstanden ein sechseckiger Turm und ein achteckiger Kirchenraum aus Stahl, Beton und Glas.

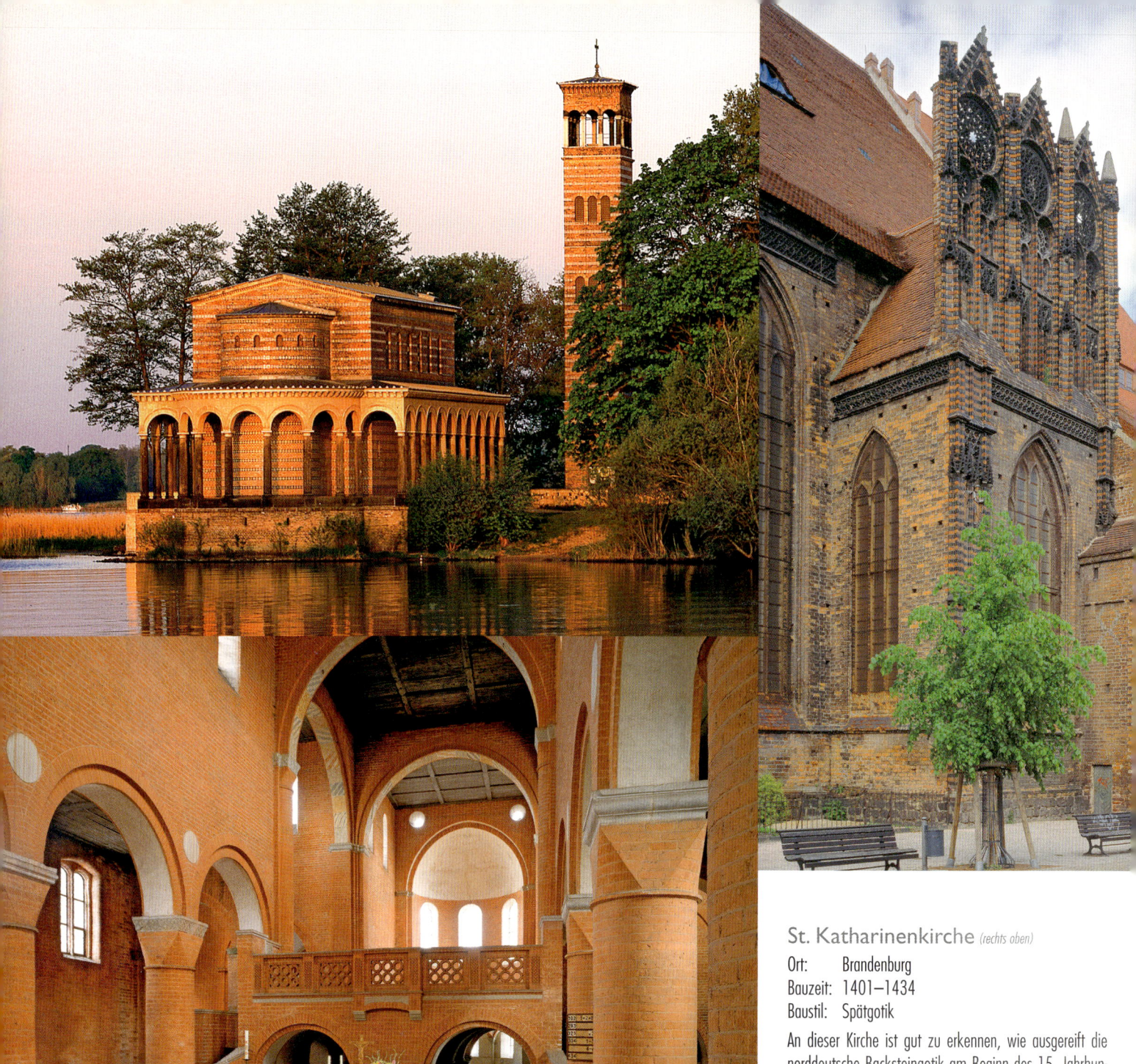

St. Katharinenkirche *(rechts oben)*

Ort: Brandenburg
Bauzeit: 1401–1434
Baustil: Spätgotik

An dieser Kirche ist gut zu erkennen, wie ausgereift die norddeutsche Backsteingotik am Beginn des 15. Jahrhunderts war. Die Verwendung von Formsteinen und glasierten Ziegeln ist so perfektioniert worden, dass sich die Ziergiebel an der Südseite der Kirche ohne weiteres mit ausgereiften Werksteinbauten messen können – sie sind manchmal sogar noch filigraner und eleganter.

Heilandskirche *(links oben)*

Ort: Sacrow
Bauzeit: 1841–1843
Baustil: Historismus

Ludwig Friedrich Persius, der Hofarchitekt Friedrich Wilhelm IV., meinte später, die Kirche sei mehr ein Werk des Königs als seins. Nicht nur die direkte Lage am Jungfernsee soll der künstlerisch begabte König veranlasst haben, sondern auch den italienischen Rundbogenstil sowie den freistehenden Kirchturm. Auch die horizontalen Streifen aus farbig glasierten Ziegeln gehen auf Ideen des Königs zurück.

Klosterkirche *(links unten)*

Ort: Jerichow
Bauzeit: 1148–1200
Baustil: Romanik

Die kreuzförmige Basilika des Prämonstratenserstifts wird kunsthistorisch zu den bedeutendsten Backsteinbauten der Romanik gerechnet. Die Kirche entstand in drei Bauphasen, denn gleich nach der ersten Fertigstellung 1148 begann man, sie zu erweitern. Allerdings gab es eine lange Unterbrechung beim Bau, und erst im 15. Jahrhundert wurde der westliche Anbau beendet. Auch die Klausurgebäude und der Kreuzgang sind noch erhalten.

Nikolaikirche *(ganz rechts)*

Ort: Potsdam
Bauzeit: 1830–37
Baustil: Klassizismus

Mit dieser Kirche ist dem berühmten Architekten Karl Friedrich Schinkel (1781–1841) ein streng klassizistischer Bau gelungen, der zum Wahrzeichen der Stadt Potsdam wurde. Der quadratische Zentralbau, der im zweiten Weltkrieg zerstört und bis 1981 restauriert wurde, wird von der hohen Tambourkuppel mit Säulenumgang beherrscht. Die vier Glockentürmchen an den Ecken erfüllen statische Zwecke.

Heilig-Geist-Kirche *(oben)*

Ort: Wolfsburg
Bauzeit: 1962
Baustil: Nachkriegsmoderne

Diese Kirche aus Holz, Glas und Beton gehört zu den spektakulärsten Sakralbauten des finnischen Architekten Alvar Aalto (1898–1976), der insgesamt 22 Kirchen entworfen sowie an einigen Restaurierungs- und Ausstattungsprojekten gearbeitet hat. Nachdem Aalto, der zu den bedeutendsten Architekten des 20. Jahrhunderts zählt, zu Anfang historisierende Kirchen baute, entwickelte er einen eigenen Stil aus geschwungenen Formen.

Dom *(links unten)*

Ort: Minden
Bauzeit: 11.–13. Jh.
Baustil: Gotik

Am Übergang von einer Stilepoche zur nächsten entstand diese Kirche, die trotzdem oft als bedeutendste gotische Hallenkirche Westfalens betitelt wird. Ein besonderer romanisch-gotischer Kunstschatz des Doms ist die Goldene Tafel, die von 1200–1650 als Hochaltar diente. Sie ist allerdings in so schlechtem Zustand, das nur eine Kopie ihre weitere Nutzung möglich macht.

Neustädter Hof- und Stadtkirche St. Johannis *(rechts unten)*

Ort: Hannover
Bauzeit: 1666–1670
Baustil: Barock

Diese protestantische Saalkirche für die fürstlichen Hofbeamten und die Neustadt von Hannover erhielt bereits 1691–1670 wegen Einsturzgefahr des alten einen neuen Turm. Der Innenraum wurde im Laufe der Zeit mehrmals verändert. Es sind aber noch barocke Epitaphe und Fenster sowie Skulpturen von 1758 erhalten. Der berühmteste Sohn der niedersächsischen Landeshauptstadt, der Universalgelehrte Gottfried Wilhelm Leibniz, wurde in dieser Kirche 1716 beigesetzt.

St. Peter und Paul (links oben)

Ort: Königslutter am Elm
Bauzeit: 1135–15. Jh.
Baustil: Romanik

Die Kirche des gleichzeitig gestifteten Benediktinerklosters wird allgemein nur Kaiserdom genannt, denn sie wurde von Kaiser Lothar III. von Supplinburg als seine Grabeskirche gegründet. Die dreischiffige kreuzförmige Pfeilerbasilika besitzt wertvolle italienische Steinmetzarbeiten am Außenbau sowie am Nordportal. Neben dem Dom selbst sind auch der angrenzende Kreuzgang und der Klosterhof sehenswert.

Dom St. Blasius (unten)

Ort: Braunschweig
Bauzeit: 1173–1195
Baustil: Romanik

Der Braunschweiger Dom entstand in der Spätromanik und zeigt bereits viele gotische Züge wie die spitzen Bogen an den breiten Fenstern. Er ist berühmt für seine romanischen Kunstwerke, darunter das Grabmal Heinrichs des Löwen, der den Bau veranlasst hatte, und seiner Gattin Mathilde. Neben dem 4,5 m hohen siebenarmigen Leuchter aus Bronze ist das Holzkruzifix von 1150 das älteste und wichtigste Ausstattungsstück.

Evangelische Autobahnkirche Exter (rechts oben)

Ort: Autobahn A2 Köln–Berlin Abfahrt Exter
Bauzeit: 1666

Direkt an der Autobahnabfahrt gelegen und mit einem großen Parkplatz versehen, lädt die Kirche Reisende seit 1959 zur spirituellen Rast ein. Da sie weiterhin als Kirche der Gemeinde Exter dient, ist sie auch für Fußgänger gut zu erreichen. Die alte Dorfkirche wurde in ihrer Ursprünglichkeit restauriert. Kanzel und Emporenbrüstung stammen noch aus dem alten Bauwerk, während die bemalten Fenster neu sind.

Dom St. Mariä *(oben)*

Ort: Hildesheim
Bauzeit: 1054–1079
Baustil: Romanik

Nach Zerstörungen im Zweiten Weltkrieg wieder restauriert, gehört der Dom zusammen mit der Kirche St. Michael zum UNESCO-Weltkulturerbe: Beide gelten als besondere Zeugnisse der religiösen Kunst im Heiligen Römischen Reich. Mit den Bronzetüren (1015) von Bischof Bernward, einer Christussäule (1020) und dem großen radförmigen Leuchter (11. Jh.) über dem Altar beherbergt der Dom großartige Ausstattungsstücke.

St. Michael *(unten)*

Ort: Hildesheim
Bauzeit: 1010–1033
Baustil: Romanik

Diese imposante, frühromanische Kirche war stilbildend für die sog. ottonische Baukunst, also die Architektur der Ottonen. Als symmetrische Doppelchoranlage besitzt sie im Westen, auf der Seite des Adels, und im Osten, in der Himmelsrichtung des Klerus, je einen quadratischen Turm über der Vierung sowie zwei Rundtürme an den Flanken, außerdem auf jeder Seite einen Chor. Besonders prächtig ist die bemalte Holzdecke aus dem 12. Jh.

St. Godehard (links oben)

Ort: Hildesheim
Bauzeit: 1133–1172
Baustil: Romanik

Die ehemalige Klosterkirche der Benediktiner wurde wie durch ein Wunder im Zweiten Weltkrieg kaum beschädigt und ist deshalb noch in ihrem Ursprungszustand erhalten. Das schließt allerdings auch die Wandmalereien des 19. Jahrhunderts mit ein. Die dreischiffige Basilika mit Querhaus und achteckigem Vierungsturm wurde zu Ehren des Hildesheimer Bischofs Godehard erbaut, in dessen Amtszeit im Bistum Hildesheim 30 neue Kirchen entstanden.

Dom (rechts oben)

Ort: Magdeburg
Bauzeit: 1209–1520
Baustil: Gotik

Vom ottonischen Vorgängerbau, der 1207 durch ein Feuer fast vollständig vernichtet wurde, konnte nur der Südflügel in den gotischen Neubau einbezogen werden. Entstanden ist eine dreischiffige Basilika mit Umgangschor und Kapellenkranz. Besonders bemerkenswert ist die Bauplastik des Doms, die von handwerklicher Qualität und künstlerischer Kreativität geprägt ist, wie die Figuren der klugen und törichten Jungfrauen am Nordportal beweisen.

Kloster Unser Lieben Frauen
(rechts unten)

Ort: Magdeburg
Bauzeit: 11.–12. Jh.
Baustil: Romanik

Dieses Prämonstratenserkloster gehört zu den besterhaltenen im deutschsprachigen Raum. Vor allem das Brunnenhaus und der Kreuzgang mit seinem Gewölbe gelten als sehenswert. Während die Klausurgebäude für Ausstellungen genutzt werden, wurde die etwa 50 Jahre eher entstandene Kirche zur Konzerthalle umgewidmet. Auffällig ist der Westbau mit den beiden Rundtürmen, der mit dem überdimensionierten Mittelbau später an die dreischiffige Basilika angefügt wurde.

Klosterkirche *(ganz links oben)*

Ort: Hadmersleben
Bauzeit: Im Wesentlichen 11., 12. Jh.
Baustil: Romanik, Gotik

Die Kirche des 961 gegründeten Klosters der Benediktinerinnen wurde über die Jahrhunderte immer wieder verändert. Sie präsentiert sich im Inneren vor allem im Barock – mit ihrem prächtigen Hochaltar und der Nonnenempore. Darunter befindet sich eine romanische Unterkirche, die vermutlich auf das 10. Jahrhundert zurückgeht und später in den gotischen Neubau integriert wurde.

Liebfrauenkirche *(links oben)*

Ort: Halberstadt
Bauzeit: 12. Jh.
Baustil: Romanik

Diese dreischiffige Basilika mit einem breiten, aber kurzen Querschiff besitzt vier Türme. In ihrem sehr schlicht gehaltenen Innenraum beherbergt sie zwei bedeutende Kunstschätze: Romanische Chorschranken mit Stuckreliefs, die vermutlich um 1200 entstanden sind, und ein Triumphkreuz aus der Mitte des 13. Jahrhunderts. Der Standleuchter aus Bronze stammt von 1475 und der Taufkessel von 1614.

Dom St. Stephanus *(links unten)*

Ort: Halberstadt
Bauzeit: 1239–1491
Baustil: Gotik

Dass die Westfassade mit ihren Doppeltürmen der erste Teil war, der von der dreischiffigen Basilika errichtet wurde, ist gut an den noch schweren, erdverhafteten Formen des Übergangsstils von der Romanik zur Gotik zu erkennen: Es gibt noch Rund- und Kleeblattbögen, Kapitelle und Zackenfriese. Dagegen ist das hohe Mittelschiff schon vom gotischen Himmelwärtsstreben geprägt.

Schlosskirche *(links und oben)*

Ort: Wittenberg
Bauzeit: 1498–1502
Baustil: Gotik

Das nördliche Portal dieses als Universitätskirche dienenden Sakralbaus ist vermutlich das geschichtsträchtigste der Welt: Es handelt sich um die Tür, an die der Reformator Martin Luther seine Thesen geschlagen hat. Nachdem der spätgotische Bau im Siebenjährigen Krieg abgebrannt war, wurde er 1767–1770 zunächst im barocken Stil wieder errichtet und 1883–1892 neogotisch umgebaut.

Stiftskirche St. Servatius *(oben)*

Ort: Quedlinburg
Bauzeit: ca. 1070–1129
Baustil: Romanik

Die Kirche des ehemaligen Frauenstifts St. Servatius gehört zu den am besten erhaltenen flach gedeckten Basiliken der Romanik. Im sog. niedersächsischen Stützenwechsel tragen immer zwei Säulen und ein Pfeiler das Gewölbe und trennen das Mittelschiff von den Seitenschiffen. Die Kirche beherbergt mit Servatius- und Katarinenreliquar, Samuhel- und Otto-Adelheid-Evangeliar sowie Quedlinburger Itala einen der kostbarsten Schätze des Mittelalters.

St. Bonifatius *(unten)*

Ort: Warendorf-Freckenhorst
Bauzeit: ca. 1090–1129
Baustil: Romanik

Bereits 860 war das Kanonissenstift in Freckenhorst gegründet worden, das durch die Reliquien des Heiligen Bonifatius im 11., 12. und 13. Jahrhundert zur Blüte kam. Die Nonnen gönnten sich eine neue Kirche mit einem imposanten dreitürmigen Westwerk. Es wirkt sehr massiv, weil es unten nur ein relativ kleines Portal und oben romanische Doppelfenster besitzt, dazwischen aber nur ungeschmücktes Mauerwerk.

Kloster Corvey *(oben)*

Ort: Corvey
Bauzeit: ab 822, Kirche 844, Westwerk 873–85
Baustil: karolingische Architektur

Von der karolingischen Abteikirche ist nur noch das Westwerk erhalten. Der übrige Bau wurde wegen der Zerstörungen im Dreißigjährigen Krieg abgerissen und 1667 neu errichtet und barock ausgestattet. Das Westwerk ist das älteste erhaltene seiner Art. Es besitzt über einer gewölbten Halle im Erdgeschoss im Obergeschoss eine Kapelle mit Empore für den Kaiser, der dort an der Andacht teilnahm.

St. Cyriakus *(unten)*

Ort: Gernrode
Bauzeit: 961–983
Baustil: ottonische Architektur

961 wurde in Gernrode ein Nonnenstift gegründet, von dem bis heute die Kirche erhalten blieb. Sie gilt als wichtiges Sakralbauwerk der Romanik zur ottonischen Zeit. Die dreischiffige Basilika mit je einem Chor im Osten und im Westen besitzt eine Empore, die von Säulen und Pfeilern im Wechsel gestützt wird. Aus dem 11. Jahrhundert ist eine Nachbildung des heiligen Grabes mit exquisiten Figuren erhalten.

Dom St. Victor *(links)*

Ort: Xanten
Bauzeit: 12.–14. Jh.
Baustil: Romanik, Gotik

Während der Westteil des Domes mit den beiden Türmen aus der Romanik stammt, entstand das Langhaus im Stil der Gotik. Dabei standen die Liebfrauenkirche in Trier und der Kölner Dom Pate. Zur reichen Ausstattung gehören der Hochaltar sowie der Marienaltar mit der Wurzel Jesse als ein Höhepunkt gotischer Schnitzarbeit. Beide werden der Werkstatt Heinrich Douvermanns (um 1335) zugeschrieben.

Dom *(oben)*

Ort: Paderborn
Bauzeit: 11.–13. Jh.
Baustil: Übergangsstil

Die dreischiffige Basilika entstand in der Übergangsphase von der Spätromanik zur Frühgotik und weist Elemente von beiden Stilen auf. So besitzt das südliche Paradiesportal wunderbaren romanischen Figurenschmuck, während der Altar aus der Gotik stammt. Berühmt ist das „Hasenfenster" im Kreuzgang. Die zweitgrößte Krypta in Deutschland beherbergt die Liboriusreliquien und die Bischofsgruft.

Wallfahrtskirche *(rechts)*

Ort: Kevelaer
Bauzeit: 1858–1864
Baustil: Historismus

Ein kleines Heiligenhäuschen von 1624 mit einer Marienfigur war der Ausgangspunkt für die Wallfahrten ins niederrheinische Kevelaer. Die zunehmenden Pilgerströme erforderten mehrfach größere Sakralbauten, die in der Marienbasilika im neogotischen Stil gipfelten. Der Innenraum ist komplett bunt ausgemalt, wie es früher auch bei gotischen Kirchen der Fall war, aber in der Regel nicht erhalten geblieben ist.

Heilig-Kreuz-Kirche *(links oben)*

Ort: Bottrop
Bauzeit: 1955–1957
Baustil: Nachkriegsmoderne

Der in der Architektur seltene Fall eines parabelförmigen Grundrisses gibt der Heilig-Kreuz-Kirche von Rudolf Schwarz ihre beeindruckende Form. Der Altar steht im Brennpunkt der Parabel, darüber streckt sich das Dach dem Himmel entgegen. Georg Meistermann hat die offene Seite mit einem 340 qm großen Glasfenster geschlossen, in dem ein Farbwirbel – wie die Parabel selbst – für das Unendliche steht.

St. Bonifatius *(Mitte oben)*

Ort: Dortmund
Bauzeit: 1953–1958
Baustil: Nachkriegsmoderne

Der deutsche Architekt Emil Steffann (1899–1968) bemühte sich in der Nachkriegszeit um einen behutsamen Umgang mit beschädigten Baudenkmälern und ihre Interpretation in modernen Formen. Diese katholische Kirche wirkt mit ihrem Mauerwerk aus Bruchstein von außen zunächst traditionell und erst beim genaueren Hinsehen, spätestens beim Betreten, offenbart sie ihre klaren, reduzierten Formen.

St. Nikolai *(rechts oben)*

Ort: Dortmund
Bauzeit: 1929
Baustil: Moderne

Horst Pinno und Peter Grund entwarfen mit diesem Sakralbau die erste Kirche aus Stahlbeton in Deutschland. Sie wollten „eine moderne Kirche in der Großstadt" bauen und das ist ihnen gut gelungen, denn selbst im 21. Jahrhundert und 75 Jahre nach seiner Errichtung wirkt das Gebäude immer noch sehr modern. Das nachts blau leuchtende Neonkreuz auf dem Kirchturm wurde zum Wahrzeichen des modernen Baus.

Petrikirche *(links Mitte)*

Ort: Dortmund
Bauzeit: ab 1322
Baustil: Gotik

Die Hallenkirche hat zwei totale Zerstörungen (1759, 1943) hinter sich. Nur der Taufstein stammt noch aus der Entstehungszeit, doch die Kirche wurde nach dem Zweiten Weltkrieg wieder im ursprünglichen Stil aufgebaut. Ihr berühmter Antwerpener Schnitzaltar von 1521 war glücklicherweise während des Kriegs ausgelagert. Mit seinen zwei Flügelpaaren gilt er nicht nur als eines der größten Bildwerke der Gotik, sondern auch als eines der plastischsten.

St. Marien *(links unten)*

Ort: Dortmund
Bauzeit: 12., 14. Jh.
Baustil: im Ursprung Romanik

Als spätromanische Pfeilerbasilika entstanden, ist das Langhaus der Marienkirche vermutlich der älteste Gewölbebau in Westfalen. Der gotische Chor wurde im 14. Jahrhundert angefügt. Berühmt ist die Kirche vor allem für ihre Altäre: Der Marienaltar (1420) von Conrad von Soest und der Berswordt-Altar (1385) eines unbekannten Meisters sind Kunstwerke von internationalem Rang.

Reinoldikirche *(ganz rechts)*

Ort: Dortmund
Bauzeit: 13. Jh.
Baustil: im Ursprung Romanik

Die dem Heiligen Reinoldus gewidmete dreischiffige Kirche mit ihrem 104 m hohen Turm wurde im 15. Jahrhundert um einen spätgotischen Chor erweitert. Im Zweiten Weltkrieg fast völlig zerstört, wurde das Gebäude sorgfältig wiederaufgebaut und dabei alte Teile soweit als möglich einbezogen. Die Schlusssteine des Gewölbes sind mit Motiven aus der Dortmunder Stadtgeschichte dekoriert.

St. Patrokli (links oben)

Ort: Soest
Bauzeit: 954–1166 Jh.
Baustil: Romanik

Der Dom wurde zunächst nur einschiffig errichtet, aber mit der zunehmenden Bevölkerung der Stadt und der einsetzenden wirtschaftlichen Blüte bald um zwei Seitenschiffe, Chor, Krypta und Apsis erweitert. Um 1200 kamen noch das Westwerk und der Turm hinzu. Aus dieser Zeit stammen auch die noch erhaltenen Fresken. Zum Domschatz gehört ein Originalfenster mit der Wurzel Jesse.

Wiesenkirche (links unten)

Ort: Soest
Bauzeit: 14.–15. Jh.
Baustil: Gotik

St. Maria zur Wiese, deren Bau erst 1861–1874 tatsächlich beendet war, ist bekannt für ihre mittelalterlichen Glasmalereien aus der Entstehungszeit der Kirche. Unbekannte Meister schufen für die gotische Hallenkirche aus grünem Sandstein auf den Fenstern Motive, die biblische Themen mit der Alltagswelt der Soester Bürger verknüpfen. So gibt es beim Abendmahl Schinken und Bier statt Brot und Wein.

Münster (oben)

Ort: Essen
Bauzeit: im Wesentlichen 1275–1327
Baustil: im Wesentlichen Gotik

Die ehemalige Kirche des Essener Damenstifts geht zurück auf das Jahr 852. Von der ottonischen Basilika aus dem 11. Jahrhundert wurde der achteckige Turm in den gotischen Neubau einbezogen sowie der Westbau und die Krypta. Am berühmtesten ist jedoch die frühromanische Goldene Madonna. Sie gilt als älteste vollplastische Marienfigur des Abendlandes.

Doppelkapelle St. Crucis *(links oben)*

Ort: Landsberg
Bauzeit: um 1170
Baustil: Romanik

Diese bedeutende dreischiffige, spätromanische Doppelkapelle ist das einzige, was von der verfallenen Burg übrig ist, die etwa so groß wie die Wartburg in Eisenach war. Doppelkapellen waren vor allem bei den Staufern als Teil von Burg- und Schlossanlagen beliebt, weil im oberen Geschoss der Herrscher mit seiner Familie und im unteren die Bediensteten und das gewöhnliche Volk gleichzeitig und doch getrennt am Gottesdienst teilhaben konnten.

St. Cyriakus *(links unten)*

Ort: Duderstadt
Bauzeit: 1250–1490
Baustil: Gotik

In drei großen Schritten wurde die romanische Vorgängerkirche in eine gotische Kirche umgebaut. Der nördliche romanische Turm blieb beim Umbau des Westwerks 1250 erhalten. 1394 war dann ein zeitgemäßer – hochgotischer – Chor wichtiger als ein neues Langhaus. Das entstand erst danach. Als das 19. Jahrhundert sein Faible für historische Kirchen entdeckte, wurde 1854 auch der zweite Turm errichtet.

Schlosskirche *(oben)*

Ort: Torgau
Bauzeit: 16. Jh.
Baustil: Renaissance

Die Kirche von Schloss Hartenfels, einem der bedeutendsten Renaissanceschlössern Deutschlands, wurde 1544 durch Martin Luther persönlich geweiht – sie ist die erste protestantische Kirche Deutschlands. Entsprechend dem Programm der Reformation, das eine Abkehr vom Materialismus und eine Rückbesinnung auf die geistigen Inhalte des Christentums forderte, wurde die Kirche unter Luthers Mitwirken erbaut und ist sehr schlicht gehalten. Die Wandmalereien stammen von Lucas Cranach d. Ä..

St. Blasii *(rechts oben)*

Ort: Nordhausen
Bauzeit: 15. Jh.
Baustil: im Wesentlichen Gotik

Dem spätromanischen Westwerk mit den beiden achteckigen Türmen wurde im 15. Jahrhundert eine dreischiffige gotische Halle angefügt. Sie ist breiter als der westliche Bau und besitzt ein Querschiff sowie ein Kreuzrippengewölbe. Zur Inneneinrichtung gehört eine Kanzel aus der Renaissance, die mit Skulpturen und Ornamenten dekoriert ist und 1591–1592 entstand, wie eine Inschrift beweist.

Dom Zum Heiligen Kreuz *(rechts Mitte)*

Ort: Nordhausen
Bauzeit: 12.–14. Jh.
Baustil: im Wesentlichen Gotik

Die ältesten Teile des Doms gehen zurück auf die 961 begonnene Kirche des Damenstifts. Dazu gehören die unteren Teile der beiden Türme und die dreischiffige Krypta. Nach einem Feuer 1180 wurden diese in den gotischen Neubau einbezogen. Es entstand eine dreischiffige Hallenkirche, deren Flachdach im 16. Jahrhundert durch ein Sterngewölbe ausgetauscht wurde. Eine Kostbarkeit im Inneren ist das Chorgestühl mit den Stifterfiguren.

St. Peter und Paul *(links unten)*

Ort: Eisleben
Bauzeit: 15., 16. Jh.
Baustil: Gotik

In dieser Kirche wurde der Reformator Martin Luther getauft – anlässlich seines 500. Geburtstags wurde sie 1983 renoviert und im Inneren in den alten Zustand zurückversetzt. Die auffällige Renaissancehaube des Turms blieb erhalten. In der dreischiffigen Halle erinnern vier Bilder des 16. Jahrhunderts an Luther, kunsthistorisch wertvoll ist jedoch der spätgotische Flügelaltar.

Dom *(rechts unten)*

Ort: Halle (Saale)
Bauzeit: 1280–1330, umgebaut 1520–1525
Baustil: Gotik, Renaissance

Die dreischiffige Hallenkirche war ursprünglich für die Dominikaner im gotischen, aber schlichten Stil gebaut worden. Nach der Reformation wollte der Kardinal mit dem Umbau ein deutliches Zeichen der katholischen Kirche gegen den Protestantismus setzen. Im Stil der Frührenaissance wurde eine Attika mit Rundgiebeln auf dem gotischen Unterbau errichtet. Im Inneren drücken Kanzel, Chorgestühl und Pfeilerskulpturen den Willen des Kardinals aus.

Markt- oder Marienkirche *(ganz rechts)*

Ort: Halle (Saale)
Bauzeit: 1529–1554
Baustil: im Wesentlichen Gotik

Ihre beiden sehr unterschiedlichen Turmpaare erinnern an die besondere Entstehung der Frauenkirche: Die Schiffe zweier benachbarter Kirchen wurden abgerissen und die Türme durch eine spätgotische, dreischiffige Halle verbunden. Ihr Sternnetzgewölbe, getragen von schlanken, achteckigen Pfeilern, betont den großartigen Innenraum. Dieser verweist mit manchen Formen und Ausstattungsstücken schon auf die Renaissance.

Dom (links oben)

Ort: Merseburg
Bauzeit: 11.–16. Jh.
Baustil: im Wesentlichen Gotik

Der Merseburger Dom entstand in Etappen und wurde zwar im Stil der Romanik begonnen, doch wesentliche Teile wurden 1510–1517 im Stil der Gotik errichtet. Zur reichen Ausstattung gehören ein romanischer Taufstein, Flügelaltäre und Kanzel der Spätgotik sowie ein barocker Hochaltar. Unter den zahlreichen Grabmalen ist jenes von Rudolf von Rheinfelden mit der bronzenen Platte besonders hervorzuheben. Es entstand 1080 und ist damit das älteste datierbare Grabmal Deutschlands.

Stadtkirche *(linke Seite rechts oben)*

Ort: Merseburg
Bauzeit: 15. Jh.
Baustil: Gotik

Dem Heiligen Maximus geweiht, musste die spätgotische Merseburger Stadtkirche mehrere Umbauten über sich ergehen lassen. Ihren Turm erhielt sie sogar erst Ende des 19. Jahrhunderts. Dieses Ereignis wurde genutzt, um auch die Ausstattung umfassend zu erneuern. Von der alten Einrichtung sind noch die barocken Holzskulpturen des Altars erhalten sowie ein spätgotischer Schnitzaltar.

Nikolaikirche *(linke Seite ganz links unten)*

Ort: Leipzig
Bauzeit: 12. Jh., 14. Jh., 18. Jh.
Baustil: Gotik, innen Klassizismus

Der heutige Außenbau der Kirche stammt im Wesentlichen wohl aus dem 14. Jahrhundert, als die Kirche grundlegend umgebaut wurde. Das bemerkenswerte klassizistische Innere dagegen entstand 1784–1797 und ist konsequent durchgeformt. In dieser Kirche wurden ab 1982 montags Friedensgebete der DDR-Regimekritiker abgehalten, die sich 1989 zu den Montagsdemonstrationen entwickelten und letztlich zur Wiedervereinigung der beiden deutschen Staaten führten.

Thomaskirche *(linke Seite links unten)*

Ort: Leipzig
Bauzeit: 14./15. Jh.
Baustil: Spätgotik

Bereits 1212–1222 im romanischen Stil erbaut, wurde das Gotteshaus im 14. und 15. Jahrhundert komplett umgebaut zur spätgotischen Hallenkirche mit drei Schiffen. Auffällig und eine technische Meisterleistung der Zeit ist ihr sehr spitzwinkliges Dach, berühmt ist die Kirche jedoch als Heimat des Thomanerchors und durch Johann Sebastian Bach, der 1723–1750 hier als Organist und Kantor wirkte.

Wallfahrtskirche *(oben)*

Ort: Velbert-Neviges
Bauzeit: 1966–1968
Baustil: Postmoderne

Der deutsche Architekt Gottfried Böhm (*1920) gestaltete mit der Wallfahrtskirche ein Gebäude, das wie eine monumentale Plastik wirkt und deshalb auch oft dem Expressionismus zugerechnet wird. Die Kapellen sind um einen 7000 Menschen fassenden Kirchraum angeordnet und spiegeln sich außen in dem asymmetrischen Dach des Stahlbetonbaus wieder – das Gebäude wirkt wie ein gewachsener Bergkristall.

St. Rochuskirche *(unten)*

Ort: Düsseldorf
Bauzeit: 1953–1954
Baustil: Nachkriegsmoderne

Die im Zweiten Weltkrieg stark beschädigte Kirche wurde größtenteils abgerissen, um einem zeitgemäßen Neubau Platz zu machen. Paul Schneider-Esleben fügte statt des alten Langhauses an den erhaltenen und restaurierten Turm im Stil der historisierenden Neuromanik (1894) einen modernen Zentralkuppelbau aus Beton an. Das Ensemble steht inzwischen unter Denkmalschutz.

St. Margareta (links oben)

Ort: Düsseldorf-Gerresheim
Bauzeit: 1236 geweiht
Baustil: Romanik

Diese ehemalige Stiftskirche der Kanonissen gehörte zu den besten erhaltenen Bauwerken der Stauferzeit und des sog. „niederrheinischen Übergangsstils" von der Romanik zur Gotik. Außen kommen noch die runden romanischen Formen vielfältig zum Einsatz, im Inneren gibt es auch schon spitzbogige Pfeilerarkaden. Vom Damenstift, das 1803 aufgehoben wurde, sind der Kreuzgang und das romanische Wohngebäude erhalten.

Kloster Marienstern (links unten)

Ort: Panschwitz-Kuckau
Bauzeit: 13., 14., 17., 18. Jh.
Baustil: im Ursprung Gotik

Seit seiner Gründung 1248 besteht dieses Kloster der Zisterzienserinnen ununterbrochen — eine Seltenheit, besonders inmitten einer protestantischen Region. Seine spätgotische, dreischiffige Hallenkirche erhielt im Barock eine neue Fassade und Ausstattung. Davon erwähnenswert sind besonders ein kostbares Vesperbild (14. Jh.) und der Hochaltar (1751). Die neuen Klostergebäude entstanden 1731–1732.

Petridom (rechts oben)

Ort: Bautzen
Bauzeit: 1293–1303
Baustil: Gotik

Der dreischiffige Dom St. Peter mit seinen wunderbaren Netzgewölben weist einige Besonderheiten auf: Er hat einen Knick nach Süden im Grundriss und an der Südseite ein 1456–1463 nachträglich angebautes viertes Schiff. Außerdem wird er seit 1524 als Simultankirche genutzt: Im Chor halten die Katholiken, im Langhaus die Protestanten ihre Gottesdienste ab — getrennt durch ein 4 m hohes Eisengitter.

Doppelkapelle der Neuenburg
(linke Seite Mitte unten)

Ort: Freyburg (Unstrut)
Bauzeit: um 1220
Baustil: Romanik

Als letzter Teil des Schlosses Neuenburg (1090–1227) entstand die spätromanische Doppelkapelle, die mit ihrer prachtvollen Ausstattung ein wahres Schmuckstück ist. Nicht nur das fantastische Kreuzgewölbe im Obergeschoss, das aus vier Säulen herauszuwachsen scheint, ist eine hervorragende mittelalterliche Arbeit, sondern auch die Kapitelle. Sie sind reich mit Tier- und Pflanzenmotiven verziert.

Stadtkirche St. Marien *(linke Seite rechts unten)*

Ort: Freyburg (Unstrut)
Bauzeit: um 1225
Baustil: Romanik

Diese Kirche erinnert mit ihren beiden Westtürmen und dem Vierungsturm an den Dom von Naumburg – eine Ähnlichkeit, die Absicht war, denn hier wollten die Landesherren den Bischöfen durch ein repräsentatives Gebäude ihre Macht beweisen. Im 15. Jahrhundert wurden Chor und Langhaus umgebaut, so dass die Innenausstattung mit den schönen Gewölben, der Kreuzigungsgruppe und dem Altar spätgotisch ist.

Dom *(oben)*

Ort: Meißen
Bauzeit: 13.–16. Jh.
Baustil: Gotik

Auf dem Burgberg von Meißen bilden Burg, Bischofssitz und Dom ein Bauensemble mit eindrucksvoller Lage. Berühmt ist der dreischiffige, in Etappen entstandene Dom für seine kostbaren Ausstattung. Dazu zählen die Stifterfiguren aus der Naumburger Werkstadt (um 1260–1280) und ein Triptychon von Lucas Cranach d. Ä. von 1534. Die kleine Georgskapelle am Nordturm und neben der Fürstenkapelle beherbergt die Grablege der Wettiner.

Blasiuskirche *(oben)*

Ort: Mühlhausen
Bauzeit: 13.–14. Jh.
Baustil: Gotik

Die Hauptpfarrkirche der Thomas-Müntzer-Stadt war zwar ursprünglich als romanischer Bau begonnen worden, aber bald änderte man die Pläne und passte sich dem neuen Zeitgeschmack an. Nachdem der frühgotische Westbau um 1260 fertig war und mit seinen achteckigen Türmen prunken konnte, wurde aus der dreischiffigen Basilika eine Halle mit Kreuzrippengewölbe und feinen Maßwerkfenstern im Chor.

Dom St. Peter und Paul *(Mitte)*

Ort: Naumburg
Bauzeit: Anfang 13. Jh.
Baustil: Frühgotik

Angeregt durch den Bamberger Dom entstand auch in Naumburg eine dreischiffige Doppelchoranlage, die äußerlich noch stark von der Romanik geprägt ist, innen aber bereits starke gotische Züge aufweist. Der unbekannte Urheber der wunderbaren Skulpturen — Naumburger Meister genannt — hat erstmals die idealisierende Darstellung von Menschen zu Gunsten von individuellen Zügen überwunden. Besonders gerühmt werden die Stifterfiguren von Uta und Ekkehard.

Wehrkirche *(unten)*

Ort: Beucha
Bauzeit: 13. Jh.
Baustil: Romanik

Auf einem Felssporn, der durch die umliegenden Steinbrüche entstanden ist, thront malerisch diese spätromanische Wehrkirche. Zusammen mit dem Wasserturm wirkt sie fast wie eine Burganlage. Allerdings war der dort gebrochene Granitporphyr so begehrt, dass bei weiterem Abbau die Kirche eingestürzt wäre. So wurde das Stück Land 1900 unter Schutz gestellt und ist fast komplett von Wasser umgeben.

Kathedrale St. Trinitatis *(ganz rechts)*

Ort: Dresden
Bauzeit: 1738–56
Baustil: Barock

Die ehemalige Katholische Hofkirche schuf der italienische Architekt Gaetano Chiaveri im römisch barocken Stil, die 78 riesigen Sandsteinfiguren auf den Balustraden und in den Nischen stammen von Lorenzo Mattielli. Neben einer Rokokokanzel von Permoser gehören ein Altarbild von Mengs sowie die Silbermann-Orgel zu den wertvollsten Ausstattungsstücken der Kirche, die in ihrem Innern einen Prozessionsgang besitzt, weil damals im protestantischen Dresden keine Prozessionen abgehalten werden durften.

Frauenkirche *(oben)*

Ort: Dresden
Bauzeit: 1726–1743, 1993– voraussichtlich 2006
Baustil: Barock

Den wichtigsten Kuppelbau nördlich der Alpen und die größte protestantische Kirche Deutschlands plante George Bähr (1666–1738). Im Innern betonten halbkreisförmige Emporen den Gedanken des Zentralbaus, ohne die Ausrichtung auf den Altar zu leugnen. 1945 wurde die Kirche im Krieg zerstört und blieb fast fünfzig Jahre als Mahnmal eine Ruine, bevor 1993 der Wiederaufbau – finanziert aus Spenden – begann.

Klosterkirche *(links unten)*

Ort: Bad Kösen-Schulpforta
Bauzeit: 1136–1137, 1251–1268
Baustil: im Ursprung Romanik

Ursprünglich wurde die Klosterkirche als schlichte romanische Basilika mit drei Schiffen, aber ohne Turm errichtet – wie es die Regeln der Zisterzienser vorschrieben. Beim gotischen Neubau wurden zwar erhebliche Teile dieses Baus einbezogen, die schlichte Gestaltung wurde aber aufgegeben. Nicht nur die prachtvoll nach oben strebende Westfassade beweist dies, sondern auch die reiche Ausstattung.

Stiftskirche *(rechts unten)*

Ort: Wechselburg
Bauzeit: ab 1168
Baustil: Romanik

Diese dreischiffige Basilika gehört nicht nur zu den am besten erhaltenen romanischen Sakralbauten, sie besitzt auch noch ihren mittelalterlichen Lettner von 1230–1235. Diese Trennung zwischen Chor, der dem Klerus vorbehalten blieb, und Mittelschiff wurde später in den meisten Kirchen zerstört, damit auch die Laien der Liturgie gut zuschauen konnten. Den hervorragend gearbeiteten Lettner bekrönt eine Figurengruppe mit Triumphkreuz.

Dom St. Peter und Paul *(ganz rechts oben)*

Ort: Zeitz
Bauzeit: 10.–15. Jh.
Baustil: im Ursprung Romanik

Auf dem Gelände der Moritzburg, der ehemaligen Bischofsburg, befindet sich der Dom mit seiner wechselvollen Geschichte. Die Krypta entstand vermutlich bereits als ottonischer Bau in der zweiten Hälfte des 10. Jahrhunderts. Darüber errichtete man im 11. Jahrhundert eine dreischiffige romanische Basilika mit Querhaus, die im 14. Jahrhundert zur gotischen Hallenkirche umgebaut wurde. Nochmals 300 Jahre später wurde das Innere dem Zeitgeschmack des Barocks angepasst.

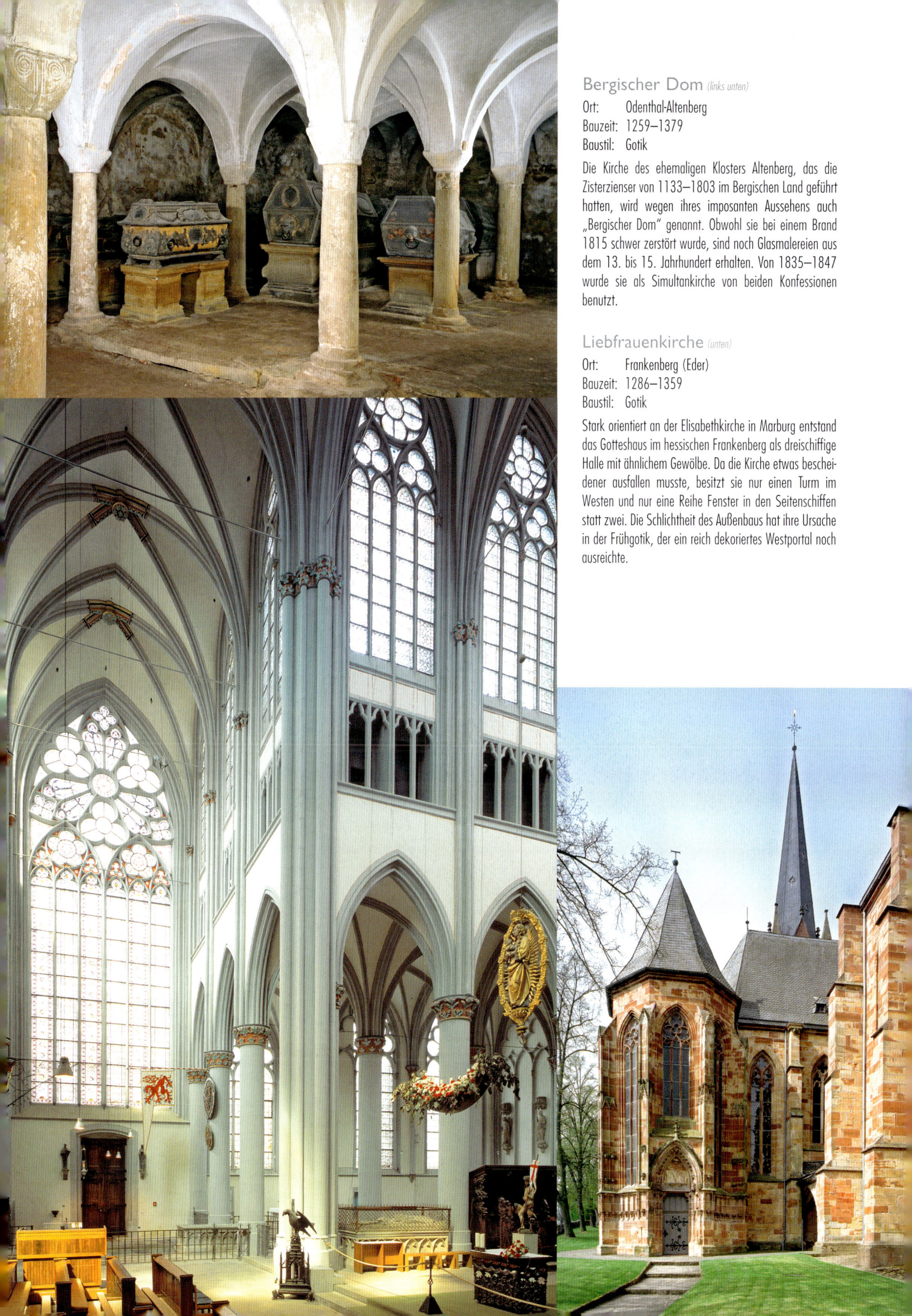

Bergischer Dom (links unten)

Ort: Odenthal-Altenberg
Bauzeit: 1259–1379
Baustil: Gotik

Die Kirche des ehemaligen Klosters Altenberg, das die Zisterzienser von 1133–1803 im Bergischen Land geführt hatten, wird wegen ihres imposanten Aussehens auch „Bergischer Dom" genannt. Obwohl sie bei einem Brand 1815 schwer zerstört wurde, sind noch Glasmalereien aus dem 13. bis 15. Jahrhundert erhalten. Von 1835–1847 wurde sie als Simultankirche von beiden Konfessionen benutzt.

Liebfrauenkirche (unten)

Ort: Frankenberg (Eder)
Bauzeit: 1286–1359
Baustil: Gotik

Stark orientiert an der Elisabethkirche in Marburg entstand das Gotteshaus im hessischen Frankenberg als dreischiffige Halle mit ähnlichem Gewölbe. Da die Kirche etwas bescheidener ausfallen musste, besitzt sie nur einen Turm im Westen und nur eine Reihe Fenster in den Seitenschiffen statt zwei. Die Schlichtheit des Außenbaus hat ihre Ursache in der Frühgotik, der ein reich dekoriertes Westportal noch ausreichte.

Dom St. Peter und Maria *(oben)*

Ort: Köln
Bauzeit: 1248–1880
Baustil: Gotik

Zu den bekanntesten Kirchen in Europa zählt der Kölner Dom. Obwohl sich Architektur und Kunst während der langen Bauzeit weiterentwickelt hatten, war die Vision der größten gotischen Kirche der Christenheit so eindringlich, dass die ursprünglichen Baupläne nicht wesentlich geändert wurden. Dass diese Vision auch bis in die Gegenwart Bestand hat, beweisen die täglichen Besuchermassen.

St. Pantaleon *(rechts oben)*

Ort: Köln
Bauzeit: 966– ca. 1000, später erweitert
Baustil: Ottonik

Die ehemalige Klosterkirche besitzt mit ihrem Westwerk das vermutlich wichtigste erhaltene Zeugnis der ottonischen Architektur. Um einen Mittelraum gruppieren sich drei gleichgroße zweistöckige Anbauten, die durch große Rundbögen mit dem mittleren Raum verbunden sind. Ein großer, hoher Rundbogen, der über beide Geschosse reicht, verbindet das Westwerk mit der Kirche. Die obere Empore war vermutlich den Herrschern vorbehalten.

St. Maria im Kapitol *(ganz rechts oben)*

Ort: Köln
Bauzeit: ca. 1050–65
Baustil: Romanik

Auf den Fundamenten eines alten römischen Kapitolstempels errichtet, gehörte die Kirche ursprünglich zu einem Damenstift. Sie gilt als eines der wenigen erhaltenen Hauptwerke salischer Architektur und als Vorbild für die späteren Dreikonchenanlagen am Rhein, also für Kirchen, die nicht nur einen Chor im Osten am Ende des Langhauses haben, sondern auch an jedem Ende des Querhauses.

St. Gereon *(oben)*

Ort: Köln
Bauzeit: 4., 11., 13. Jh.
Baustil: Romanik

Hier handelt es sich um eine atypische romanische Kirche, denn sie entstand um einen vermutlich bereits im 4. Jahrhundert gebauten spätrömischen — heidnischen — Kernbau herum. Daran wurden ein Langchor und eine Ostapsis mit zwei flankierenden Türmen im Stil der Romanik gebaut. 1219 bis 1227 baute man einen frühgotischen Mantel mit einer zehneckigen, fast 50 m hohen Kuppel (Dekagon) um den römischen Bau.

Pfarrkirche St. Theodor *(rechts)*

Ort: Köln-Vingst
Bauzeit: 1999–2002
Baustil: Gegenwart

1997 gewann der Architekt Paul Böhm einen Wettbewerb mit 162 Teilnehmern um den Entwurf einer neuen Kirche. Einem runden, doppelschaligen Kirchraum hat er ein langrechteckiges Gebäude angegliedert, das den Gemeindeaktivitäten Platz bietet. Zu diesen Gebäudeteilen in warmem Ocker kontrastiert der hohe, eckige, graphitfarbene Kirchturm. Das Baumaterial des gesamten Komplexes ist Beton.

Dom *(oben)*

Ort: Erfurt
Bauzeit: 14., 15. Jh.
Baustil: Gotik

Die romanische Basilika von 1154 wurde in zwei Etappen zur gotischen Hallenkirche umgebaut: Zunächst wurde 1349–1370 ein hochgotischer Chor angebaut, dessen farbige, spitze Glasfenster komplett erhalten sind. 1455–1465 wurde ein neues dreischiffiges Langhaus errichtet. Aus dem romanischen Bau stammen noch eine Madonna und ein figürlicher Leuchter, während das Chorgestühl in der Hochgotik und der Altar im Barock entstand.

Predigerkirche *(links unten)*

Ort: Erfurt
Bauzeit: 13., 14. Jh.
Baustil: Gotik

Die Kirche des Dominikaner- oder Predigerklosters gehört zu den wichtigsten des Bettelordens. Die dreischiffige Basilika mit Kreuzrippengewölbe ist insgesamt sehr einheitlich gestaltet. Kunsthistorisch herausragend sind der Lettner mit der Verkündigungsgruppe sowie die Chorschranken. Kloster und Kirche erlangten auch Berühmtheit, weil sie die Wirkungsstätten des Mystikers Meister Eckhart (um 1260–1328) waren.

Herderkirche *(rechts unten)*

Ort: Weimar
Bauzeit: 1498–1500
Baustil: Gotik

Eigentlich heißt die dreischiffige Stadtkirche St. Peter und Paul, aber weil Johann Gottfried Herder als Oberhofprediger hier wirkte, ist sie unter seinem Namen bekannter. Der 60 m hohe Turm geht auf eine der beiden früheren Kirchbauten zurück, während das Innere 1735–1745 barock umgebaut wurde. Mit dem weltberühmten Cranach-Altar beherbergt die Kirche einen Kunstschatz ersten Ranges.

Schlosskirche *(rechte Seite links unten)*

Ort: Altenburg
Bauzeit: 15. Jh.
Baustil: Gotik

Während die Wohngebäude des Altenburger Schlosses im 17. und 18. Jahrhundert grundlegend erneuert wurden, blieb die Kirche erhalten. Sie war nach einem Feuer bereits 1444 in schönstem spätgotischem Stil mit Netzgewölben im Chor modernisiert worden, erhielt aber ebenfalls im 17. Jahrhundert eine Barockeinrichtung. Dazu gehört eine Orgel, auf der auch Johann Sebastian Bach gespielt hat.

Schlosskirche *(oben)*

Ort: Eisenberg
Bauzeit: 1679–1687
Baustil: Barock

Die Kirche von Schloss Christianenburg zählt zu den schönsten Barockbauten in Thüringen. Stuckateure aus Oberitalien haben hier ihr Können in wunderbarem Formenreichtum und farbigen Wand- und Deckengemälden bewiesen. Die Emporen, die an drei Seiten des Innenraums verlaufen, bilden mit Altar, Orgel und Kanzel eine stilistische Einheit zur Lobpreisung Gottes.

Schlosskirche *(Mitte unten)*

Ort: Chemnitz
Bauzeit: 1499–1525
Baustil: Spätgotik

Vorbild für diese dreischiffige Hallenkirche war vermutlich die Annakirche in Annaberg-Buchholz. Künstlerisch einzigartig und ein herausragendes Beispiel für die ausgefeilten Dekorkünste der sehr späten Gotik ist das Nordportal. Es wirkt wie ein verwunschenes Gartenspalier, in dem die Stifter der Kirche als sehr lebendige Skulpturen an exponierten Stellen ihren Platz haben.

St. Marien *(rechts unten)*

Ort: Pirna
Bauzeit: 1502–1546
Baustil: Gotik

Diese spätgotische Hallenkirche bezaubert vor allem durch ihre wunderbaren Gewölbe: Im breiten Mittelschiff ist es ein Netzgewölbe, in den beiden schmaleren Seitenschiffen sind es Sterngewölbe — und alle sind noch mit den originalen Malereien verziert. Der wertvolle Hochaltar stammt bereits aus der Renaissance, während die Kanzel noch während der Bauzeit entstand.

St. Pius *(links oben)*

Ort: Hohenstein-Ernstthal
Bauzeit: 2000/2001
Baustil: Gegenwart

Rot gefärbter Beton und viel Glas prägen das Gesicht der Piuskirche, die Peter Böhm und Christopher Schroeer-Heiermann entworfen haben.

Freiberger Dom *(links Mitte)*

Ort: Freiberg
Bauzeit: 1490–1512
Baustil: Spätgotik

Als eine der ersten spätgotischen Hallenkirchen prunkt der Freiberger Dom von außen lediglich mit der Goldenen Pforte, die aber noch vom romanischen Vorgängerbau stammt. Dafür bietet sich im Innern neben einem großzügigen Raumeindruck eine kostbare Ausstattung. Neben zwei Kanzeln, die den Silberbergbau der Region zum Thema haben, gibt es eine große Silbermannorgel aus dem Jahr 1714 mit einem barocken Prospekt von Elias Lindner.

Gotteshilfkirche *(linke Seite links unten)*

Ort: Waltershausen
Bauzeit: 1719–1723
Baustil: Barock

Ein Theater zum Lobe Gottes – selten wurde dieses Attribut von so mancher Barockkirche so plastisch umgesetzt wie bei der Stadtkirche von Waltershausen bei Gotha. Der leicht elliptische Zentralbau besitzt drei Ränge bzw. Emporen, von denen das liturgische Geschehen verfolgt werden kann. Rosa abgesetzte Wandpfeiler im sonst weißen Innenraum lenken den Blick nach oben zum Deckenfresko von Johann Heinrich Richter.

Aachener Dom *(linke Seite rechts)*

Ort: Aachen
Bauzeit: 786–805, erweitert 1355–1414
Baustil: karolingische Architektur

Die Aachener Pfalzkapelle, der heutige Dom, ist ein herausragendes – und ein gut erhaltenes – Beispiel der Baukunst aus der Zeit Karls des Großen. Mit Orientierung an San Vitale in Ravenna entstand ein achteckiger Zentralbau mit 16-eckigem Umgang. Im 14. Jh. wurde die Kapelle im Stil der Zeit, der Gotik, um eine Chorhalle und einen Kapellenkranz erweitert, um die Pilgerströme aufnehmen zu können, die dem Domschatz huldigen wollten.

St. Nikolaus *(links oben)*

Ort: Aachen
Bauzeit: 14. Jh.
Baustil: Gotik

Diese Pfarrkirche ist das einzige Gebäude, das vom Franziskanerkloster des 13. Jahrhunderts erhalten blieb. Sie wurde 1327 geweiht und später im Chor noch verlängert. Die dreischiffige Hallenkirche besitzt weitgehend ihre Gestaltung aus der Entstehungszeit, denn spätere Veränderungen wurden wieder rückgängig gemacht. Lediglich die Altäre stammen aus dem Barock und blieben erhalten.

Fronleichnamskirche *(rechts oben)*

Ort: Aachen
Bauzeit: 1928–1930
Baustil: Moderne

Rudolf Schwarz (1897–1961) ist einer der bedeutendsten Kirchenarchitekten der Moderne und suchte in seinen Werken Gebäude und Liturgie in zeitgemäßen Einklang zu bringen und eine symbolische Form zu finden. Hier symbolisiert die Kirche – ein schlichter lang gestreckter Bau zum Altar orientiert – den Weg. Zum Himmel reckt sich ein schlanker 40 m hoher, im Grundriss quadratischer Turm. Im Innern symbolisieren schwarzer Marmor das Irdische und weißer Putz das, „was von ihr fortstrebt".

St. Johann Baptist *(rechts unten)*

Ort: Aachen-Burtscheid
Bauzeit: 18. Jh.
Baustil: Barock

Die ehemalige gotische Abteikirche eines ursprünglich benediktinischen Klosters, das im 13. Jahrhundert an die Zisterzienserinnen ging, wurde im 18. Jahrhundert abgerissen und von Johann Joseph Couven neu gebaut. Die einschiffige Kirche ist zwar noch im barocken Stil gehalten, aber doch bereits sehr zurückhaltend statt überschwänglich und schon mit der klaren Linienführung des Klassizismus.

Klosterruine *(oben)*

Ort: Bad Hersfeld
Bauzeit: 1038–1144
Baustil: Romanik

Die bereits 769 gegründete Benediktinerabtei, die 775 in den Rang der Reichsabtei versetzt wurde, war die Keimzelle der Stadt Bad Hersfeld. Die Klosterkirche mit den imposanten Maßen 103,5 m Länge und 31 m Breite gilt als eines der Hauptwerke salischer Baukunst. 1761 wurde sie von den Franzosen im Siebenjährigen Krieg niedergebrannt. Doch auch als Ruine ist sie noch eindrucksvoll und dient heute als Festspielort.

Elisabethkirche *(unten)*

Ort: Marburg
Bauzeit: 1235–1283
Baustil: Gotik

Stilistisch verwandt mit der Trierer Liebfrauenkirche, ist dieses Gotteshaus das erste auf deutschem Boden, das als dreischiffige Hallenkirche auch dem religiösen Konzept der Gotik entspricht. Denn der Weg von Westen durch das Längsschiff nach Osten sollte den Weg der Gläubigen zu Gott symbolisieren. Die Elisabethkirche besitzt neben dem Hauptchor im Osten auch je einen Chor an den Querschiffsenden.

Dom St. Marien *(rechte Seite links oben)*

Ort: Zwickau
Bauzeit: 1452–1565
Baustil: Gotik

Der Zwickauer Dom ist ein schönes Beispiel dafür, wie in der deutschen Spätgotik das ursprüngliche Streben nach Länge und Höhe verloren geht: Die Seitenschiffe, wie hier das nördliche, sind fast so breit wie das Mittelschiff und alle drei sind so kurz, dass der Langhausgrundriss fast quadratisch wird. Dafür ist die Ausstattung umso prächtiger. Ihr Höhepunkt ist der 7 m breite und 2,5 m hohe Flügelaltar.

Bachkirche *(oben Mitte)*

Ort: Arnstadt
Bauzeit: 1683 geweiht
Baustil: Barock/Übergang zum Klassizissmus

Von 1703 bis 1707 war Johann Sebatian Bach, dessen Familie über mehrere Generationen mit Arnstadt verbunden war, Organist in der neuen Kirche, wie die Bachkirche damals noch genannt wurde. In dem einfachen Gotteshaus mit nur einem Schiff sind die Wender-Orgel, auf der Bach gespielt hat, und die Steinmeyer-Orgel die Attraktionen, mit denen bei Konzerten die gesamte Klangpalette vom Barock bis zur Moderne gespielt werden kann.

St. Marien *(rechts oben)*

Ort: Marburg
Bauzeit: 14.–15. Jh.
Baustil: Gotik

Um 1290 mit dem Chor beginnend wurde die romanische Stadtkirche schrittweise abgerissen und durch einen neuen gotischen Bau ersetzt. Auf diese Weise konnte weiterhin der Gottesdienst abgehalten werden. Da sich die Kirche am Hang befindet, wurde als Schauseite die Südseite des dreischiffigen Langhauses mit dem Hauptportal betont. Im Inneren ist die Kirche nach alten Vorlagen komplett ausgemalt, besitzt aber auch noch eine alte Wandmalerei von 1297.

Kreuzberg *(links)*

Ort: Bonn-Poppelsdorf
Bauzeit: 1627–1637
Baustil: Barock

Alle Wallfahrtswege auf den Kreuzberg zur Wallfahrtskirche enden bei der „Heiligen Stiege". Diese berühmte marmorne Treppe mit Dach und Fenstern von Balthasar Neumann entstand 1746–1751 und führt von Osten hinauf zur Kirche, die zur selben Zeit kostbar ausgestattet wurde. Die Wallfahrtskirche ist der Verehrung des Leidens Christi und der Schmerzreichen Mutter geweiht. Für die Servitenmönche wurde am Westturm der Kirche ein kleines Klostergebäude errichtet.

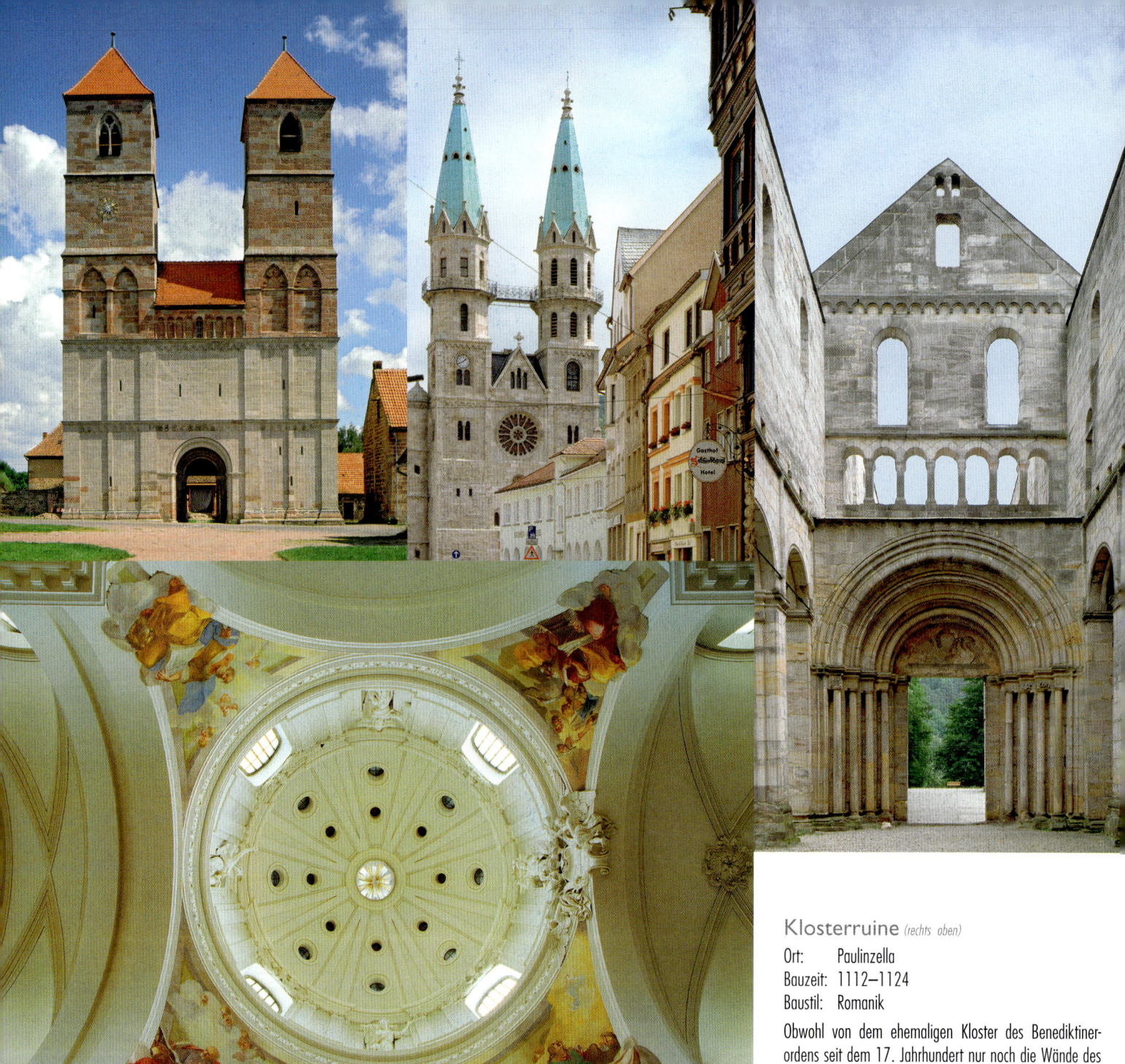

Klosterruine (rechts oben)

Ort: Paulinzella
Bauzeit: 1112–1124
Baustil: Romanik

Obwohl von dem ehemaligen Kloster des Benediktinerordens seit dem 17. Jahrhundert nur noch die Wände des
Langhauses und ein Turmfragment erhalten sind, lässt sich
die Romanik der Hirsauer Reformbewegung daran gut stu-
dieren. Gerade Linienführung und sparsame Dekoration, die
sich im Wesentlichen auf die Würfelkapitelle der Säulen
beschränkt, sind die Kennzeichen der ehemals dreischiffigen Basilika mit drei runden Apsiden am Chor.

Klosterkirche Veßra (links oben)

Ort: Veßra
Bauzeit: 1131–1138
Baustil: Romanik

Das ehemalige Prämonstratenserkloster mit seinen romanischen und gotischen Kloster- sowie Wirtschaftsgebäuden
dient heute als Museum. Die dreischiffige Kirche mit
Querhaus fiel 1201 einem Brand zum Opfer. Das doppeltürmige Westwerk wurde danach in den oberen
Geschossen im Übergangsstil zur Gotik wiederaufgebaut,
der sich in den Maßwerkfenstern spiegelt. Im Inneren sind
noch gotische Fresken von 1485 erhalten.

Stadtkirche (Mitte oben)

Ort: Meiningen
Bauzeit: 1884–1889
Baustil: Neogotik

Wenn eine Kirche so schmuck erscheint wie die Meininger
Stadtkirche, ist sie oft ein Werk des 19. Jahrhunderts, als
man sich rückbesann auf vergangene Werte und Formen.
In diesem Fall hat man die Formen der Romanik und der
Gotik gemischt und ergänzt. Dabei wurden vom
Ursprungsbau der romanische Nordturm und der gotische
Chor mit seinem schönen Sterngewölbe in den Neubau
integriert.

Dom (links unten)

Ort: Fulda
Bauzeit: 1704–1712
Baustil: Barock

Inspiriert durch eine Reise nach Rom entwarf Johann
Dientzenhofer den Dom zu Fulda. Dabei bezog er Grundriss
– die Kirche ist nach Westen statt nach Osten ausgerichtet
– und Teile der vorherigen karolingischen Basilika mit ein.
So wurden beispielsweise die runden Türme nur barock
ummantelt. Im Inneren, das auf die zentrale Kuppel ausgerichtet ist, besticht der Kontrast zwischen dunklen
Ausstattungsstücken und den weißen Wänden und
Stuckaturen.

St. Annenkirche (oben)

Ort: Annaberg-Buchholz
Bauzeit: 1499–1525
Baustil: Spätgotik

Wie der Freiberger Dom entstand auch diese Kirche aus dem Reichtum der Region durch den Silberbergbau. Die außen schlichte Hallenkirche ruft im Innern vor allem mit ihren reichen Schlingrippen- und Schleifensterngewölben Bewunderung hervor – die Spätgotik zeigt sich hier auf einem Höhepunkt. Die Halle wird nach oben durch eine Empore gegliedert, die mit hundert Relieftafeln geschmückt ist.

Kloster Maria Laach (unten)

Ort: Maria Laach
Bauzeit: 1093–1230
Baustil: Romanik

Auch heute wieder folgen Benediktinermönche in dieser Abtei den Regeln des Heiligen Benedikt und dabei steht die Abteikirche im Mittelpunkt. Beeinflusst von den Domen in Speyer und Mainz, besitzt auch sie im Osten und im Westen je eine Gruppe aus drei Türmen. Der Innenraum und das Atrium vor dem Westchor (Brunnenhof) wird durch den gezielten Einsatz von Baumaterial mit unterschiedlichen Farben gekennzeichnet, nämlich Basalt, Tuff- und Kalkstein.

Dom St. Georg und St. Nikolaus
(linke Seite)

Ort: Limburg an der Lahn
Bauzeit: um 1215 – um 1250
Baustil: Spätromanik

Auf einem Felsplateau über der Lahn thront dieser Dom als eines der schönsten Bauwerke der Spätromanik. Denn durch die kurze Bauzeit konnte er ohne Stilwechsel als harmonische Einheit beendet werden. Durch die sieben Türme und die Blendarkaden, die das Streben zum Himmel betonen, wird die Gotik bereits vorweg genommen. Die rotweiße Bemalung entspricht jener aus dem 13. Jahrhundert.

Stiftskirche *(links oben)*

Ort: Hirzenhain
Bauzeit: 14., 15. Jh.
Baustil: Gotik

Lediglich etwa hundert Jahre hatte das 1439 gegründete Augustinerkloster Bestand, doch seine Stiftskirche hat bis heute überdauert. Ihr Chor war ursprünglich die Kapelle der Marienwallfahrten. Daran wurde eine dreischiffige Halle angebaut. Den Übergang von einem Bauteil in den anderen bildet ein Lettner mit drei Arkaden und Maßwerkbalustrade. Der mittlere Durchgang wird durch Christus am Kreuz betont.

St. Johannes *(Mitte oben)*

Ort: Kronach
Bauzeit: 14.–16. Jh.
Baustil: Gotik

Die katholische Stadtpfarrkirche ist eine dreischiffige Halle mit sogenanntem ausgeschiedenem Chor. Im Westen schließt an das Langhaus ein Hochschiff an, ein hallenartiger Bau, der höher als das Langhaus ist. Das 1498 entstandene Portal an seiner Nordseite mit dem schwungvoll auslaufenden Kielbogen, in dessen Zentrum eine Johannesfigur thront, ist besonders sehenswert.

Klosterkirche *(rechts oben)*

Ort: Niddatal-Ilbenstadt
Bauzeit: 1122– ca. 1149
Baustil: Romanik

Die Klosterkirche des Prämonstratenserklosters zählt zu den bedeutenden Bauten der Romanik in Deutschland. Sie wurde als dreischiffige Basilika mit einem geraden Chorschluss und großem Querhaus errichtet. Von außen dominiert der Westbau mit seinen beiden massigen Türmen. Die Innenausstattung wurde im Barock grundlegend geändert, allerdings inzwischen größtenteils wieder zurückgenommen.

St. Castor *(rechts Mitte)*

Ort: Koblenz
Bauzeit: 12. Jh.
Baustil: Romanik

Als die erste St.-Castor-Kirche, die 836 geweiht wurde, erbaut wurde, lag sie noch außerhalb der Stadt. Sie ist von historischer Bedeutung, weil in ihren Räumen im Jahre 843 der Vertag von Verdun-sur-Meuse entwickelt wurde, der die Teilung des Reichs der Karolinger zur Folge hatte. Der Neubau im Stil der Hochromanik wurde 1208 geweiht und erhielt Ende des 15. Jahrhunderts ein Gewölbe im Stil der Spätgotik.

Pfarrkirche Unserer Lieben Frau
(rechts unten)

Ort: Oberwesel
Bauzeit: 1308–1331
Baustil: Gotik

Vom Rhein aus betrachtet ragt die Kirche vor dem grünen Talhang auf – eine gotische Basilika mit besonders hohem Mittelschiff. Der Chor wird durch einen steinernen Maßwerklettner vom Langhaus getrennt, wobei fünf Arkaden den Durchblick auf das liturgische Geschehen ermöglichen. Neben der kostbaren Orgel aus der Zeit des Barock ist besonders der gotische Flügelaltar zu beachten.

Wallonisch-niederländische Kirche *(oben)*

Ort: Hanau
Bauzeit: 1600–1608
Baustil: Renaissance

Ein Sakralbau besonderer Art ist diese Doppelkirche: Sie wurde für die wegen ihrer Religionszugehörigkeit vertriebenen Flamen und Wallonen errichtet und besteht aus einer größeren wallonischen Kirche und einer kleineren niederländischen. Beide sind Zentralbauten und durch eine gemeinsame Mauer mit Glockenturm verbunden. Nach dem Zweiten Weltkrieg wurde nur die kleine Kirche wiederaufgebaut, die Ruine der anderen gemahnt an den Krieg.

Dom *(rechts)*

Ort: Frankfurt am Main
Bauzeit: 13.–15. Jh.
Baustil: im Wesentlichen Gotik

Die Stiftskirche St. Bartholomäus, allgemein nur Dom genannt, ist geprägt durch ständige Um- und Anbauten, durch die der karolingische Vorgängerbau aus dem 9. Jahrhundert nach und nach ersetzt wurde. Das Ergebnis ist ein Grundriss, der absolut unüblich für gotische Sakralbauten ist: Der Chor ist breiter und länger als das Langhaus und das Querschiff ist länger als Langhaus und Chor zusammen.

Paulskirche *(rechte Seite links oben)*

Ort: Frankfurt am Main
Bauzeit: 1789–1833
Baustil: Klassizismus

Die ehemalige evangelische Kirche ist ein elliptischer Zentralbau, dessen zwanzig Säulen Emporen tragen. Als Tagungsort der Frankfurter Nationalversammlung 1848/49, dem ersten gesamtdeutschen verfassunggebenden Parlament, gilt die Kirche seitdem in Deutschland als Symbol für Demokratie und Freiheit. Sie wird heute als Versammlungsort für festliche Anlässe wie die Verleihung des Friedenspreises des deutschen Buchhandels genutzt.

Kloster Banz *(rechte Seite links unten)*

Ort: Banz
Bauzeit: 1698–1772
Baustil: Barock

Nach einem wechselvollen Schicksal des bereits 1069 gegründeten Klosters wurde im 18. Jahrhundert ein kompletter Neubau errichtet, an dem die Dientzenhofers, Balthasar Neumann und Johann Küchel beteiligt waren. Während die Klosterbauten sehr geradlinig und mächtig wirken, überrascht die Kirche im Inneren mit ihren schwungvollen Kurven. Der Grundriss des Langhauses besteht aus aneinander gereihten Ellipsen.

Einhardsbasilika *(rechte Seite rechts oben)*

Ort: Seligenstadt
Bauzeit: ca. 831–840
Baustil: karolingische Architektur

Nach ihrem Bauherren Einhard, dem Biografen Karls des Großen, benannt, ist die Benediktinerkirche nach Hersfeld die größte karolingische Basilika nördlich der Alpen. Umbauten des 13. Jahrhunderts – mit spitzbogiger Vierung, Vierungsturm und Chor mit Flankentürmen –, des Barocks (Turmhaube) und des Historismus (Westbau) haben den Gesamteindruck der dreischiffigen Kirche verändert, aber nicht zerstört.

Vierzehnheiligen (rechts unten)

Ort: Bei Staffelstein (Franken)
Bauzeit: 1743–1772
Baustil: Barock

Die Wallfahrtskirche Vierzehnheiligen des Klosters Langheim in Franken gilt als einer der Höhepunkte des deutschen Barocks. Sie wurde nach Plänen Balthasar Neumanns (1687–1753) erbaut und erinnert an eine Erscheinung des Jesuskinds, begleitet von 14 Kindern. Der Gnadenaltar der Kirche wurde am Platz der Erscheinung errichtet und zeigt in schönstem Rokoko das Jesuskind umgeben von den 14 Nothelfern.

Autobahnkirche St. Christophorus

(links oben)

Ort: Himmelkron

Bauzeit: 1998 geweiht

Baustil: Gegenwartsarchitektur

An der A 9 von München nach Berlin, der B 303 und der E 48 nach Tschechien reckt sich diese Kirche 36 m hoch wie ein Pfeil in den Himmel und verkündet Ruhe inmitten tosenden Verkehrs. Und auch der Grundriss weist pfeilförmig Richtung Osten. Im Inneren wölbt sich die Decke zum Altar hin nach oben, dorthin, von wo auch das Licht einfällt.

St. Peter *(Mitte oben)*

Ort: Bacharach

Bauzeit: 12.–13. Jh.

Baustil: Romanik

In Weiß mit roten und grauen Absetzungen präsentiert sich die dreischiffige Basilika nicht nur von innen, sondern auch von außen sehr einladend. Aufgrund des begrenzten Platzes im engen Tal des Mittelrheins ist sie recht kurz und ihr Grundriss nicht so regelmäßig wie es die Kirchbaumeister bevorzugen. Stilistisch steht sie am Übergang von der Spätromanik zur Frühgotik, wobei die Romanik mit ihren breiten Rundungen vorherrscht.

St. Dionysius und Valentinus *(rechts oben)*

Ort: Kiedrich

Bauzeit: 14.–15. Jh.

Baustil: Gotik

In Etappen entstand diese dreischiffige Pfarrkirche. 1380 begann man mit dem Langhaus. Man errichtete dann den Turm, mit Ausnahme des letzten Geschosses, das erst um 1860 nachträglich angefügt wurde. Danach wurde der spätgotische Chor deutlich höher als das Langhaus gebaut und, weil die finanzielle Lage es ermöglichte, erweiterte man dann auch noch das Langhaus — so schließt sich der Kreis.

Zisterzienserkloster Eberbach *(unten)*

Ort: Eltville am Rhein

Bauzeit: 1136– 14. Jh.

Baustil: Romanik, Frühgotik

Bereits 1136 gegründet, entstand 1145–1186 die romanische Basilika, deren barocker Dachreiter im Kontrast zu ihrem schlichten Bau steht. Nördlich davon liegen die Klausurgebäude mit dem Kreuzgang und dem Brunnenhaus. Bereits im Mittelalter war das Kloster ein florierendes Weinhandelsunternehmen — bis zur Säkularisation um 1800. Heute ist es wieder Pilgerziel der Weinliebhaber.

Augustinerkirche *(links oben)*

Ort: Mainz
Bauzeit: 1768–1776
Baustil: Barock

Mitten in der Mainzer Altstadt, integriert in die Häuserzeile der Augustinerstraße, überragt die zweigeschossige Barockfassade der Kirche die umliegenden Häuser nur wenig. Sie wurde für das angrenzende Kloster der Augustiner-Eremiten gebaut und dient heute als Kirche des Priesterseminars – entsprechend wird sie oft nur Seminarkirche genannt. Das Innere wirkt groß, weil Langhaus und Chor direkt ineinander übergehen, und ist reich stuckiert und ausgemalt.

Dom St. Martin und St. Stephan *(links unten)*

Ort: Mainz
Bauzeit: 1081–1137/1239
Baustil: Romanik

Mit den Domen von Speyer und Worms gehört Mainz zu den drei Kaiserdomen und damit zu den Höhepunkten der deutschen Romanik. Der abgebrannte ottonische Vorgängerbau (1009–1036), von dem nur die Osttürme und Ostwand erhalten blieben, wurde zu einer romanischen Pfeilerbasilika mit zwei Vierungs- und vier Chorflankentürmen ausgebaut. Seine Zwerggalerie, ein geöffneter Bogengang an der Ostapsis, ist vermutlich die erste im Sakralbau.

St. Peter *(rechts)*

Ort: Mainz
Bauzeit: 1748–1756
Baustil: Barock

Die ehemalige Stiftskirche des Deutschordens, die heute Pfarrkirche ist, hat als spätbarocker Bau bereits die schwungvollen Kurven des Hochbarocks zu Gunsten einer klareren, geraden Linienführung überwunden. Während das Äußere der Kirche also bereits deutlich klassizistisch geprägt ist, bestimmt die Detail- und Schmuckfreude des Rokoko mit Stuck, Malereien und Gold das Innere.

St. Cäcilia und St. Barbara *(links oben)*

Ort: Heusenstamm
Bauzeit: 1739–1744
Baustil: Barock

Die kleine hessische Stadt Heusenstamm besitzt mit dieser Pfarrkirche, die von Balthasar Neumann errichtet wurde, ein barockes Kleinod. Als ihre zukünftige Grabstätte von der Gräfin von Schönborn in Auftrag gegeben, entwarf Neumann ein Langhaus mit zwei Jochen und Querhaus. Die Innenausstattung stammt auch von einem berühmten Künstler: Johann Wolfgang von der Auwera schuf Hochaltar, Kanzel sowie Skulpturen am Außenbau.

St. Johannis *(links Mitte)*

Ort: Schweinfurt
Bauzeit: 12.–14. Jh.
Baustil: im Ursprung Romanik

Viele Teile der evangelischen Johanniskirche tragen gotische Züge wie die Südwestansicht mit Querhaus und die Taufkapelle mit ihren spitzen Maßwerkfenstern. Trotzdem ist die Kirche vor allem für ihre romanische Bauplastik bekannt. Denn trotz Reformation ist viel davon erhalten geblieben. Ob das älteste Gebäude in Schweinfurt gar bis ins 11. Jahrhundert zurückreicht, ist nicht abschließend geklärt.

St. Lukas *(links unten)*

Ort: Schweinfurt
Bauzeit: 1966–1969
Baustil: Nachkriegsmoderne

Die jüngste evangelische Kirche von Schweinfurt entwarf Gerhard Weber. Er beschränkte sich auf ein steil aufragendes, zeltartiges Gebäude mit komplett verglaster südlicher Giebelwand, dem im Südwesten – wie zur Erdung – ein niedriger, langer Querriegel untergebaut ist. Auf einen Kirchturm wurde verzichtet, nicht aber auf die Glocken. Sie hängen unterhalb des großen Kreuzes in einer offenen Kammer.

Rochuskapelle *(rechts oben)*

Ort: Bingen
Bauzeit: 19. Jh.
Baustil: Neogotik

Die erste Rochuskapelle, 1677 geweiht, war die Einlösung eines Gelöbnisses für den Fall, dass die Pest die Stadt wieder verlassen würde. Dieser barocke Bau wurde in der Folgezeit durch Plünderung und Blitzschlag mehrmals verwüstet und immer wieder aufgebaut. Erst nachdem der Blitz 1889 einschlug, entschloss man sich zum kompletten Neubau einer dreischiffigen Basilika im neogotischen Stil.

Dom *(links oben)*

Ort: Trier
Bauzeit: 4., 11.,12. Jh., 18. Jh. umgebaut
Baustil: Romanik

Der Kern des Doms stammt noch aus römischer Zeit (4. Jh.). Diesem quadratischen Bau wurden im 11. Jahrhundert nach Westen ein schmales und ein großes Joch mit Chor und zwei Flankentürmen angefügt sowie später nach Osten ein großer Chor. Dort ruhte lange die Reliquie des heiligen Rocks. Dabei soll es sich um die Tunika Jesu handeln, um die die Soldaten nach seiner Kreuzigung gespielt haben.

Liebfrauenkirche *(rechts oben)*

Ort: Trier
Bauzeit: 1235–1260
Baustil: Gotik

Diese direkt neben dem Dom von Trier gelegene Dompfarrkirche gilt als die erste gotische Kirche Deutschlands. Da sie auf dem Platz der zuvor abgerissenen Südkirche entstand, konnte ausschließlich ein Zentralbau errichtet werden, obwohl das religiöse Konzept und die Formensprache der Gotik ein Langhaus fordern. Damit ist die Liebfrauenkirche eine gotische Sonderform.

Konstantinbasilika *(links unten)*

Ort: Trier
Bauzeit: 306–312
Baustil: Byzantinismus

Konstantin der Große ließ diesen mit 73 x 28,5 m großen und 33 m hohen Saal als Aula oder Thronsaal errichten, der auch als Aula Palatina oder Palastaula bekannt ist. Der Außenbau wird in Arkaden durch zwei übereinander liegende Fensterreihen gegliedert, denen Außengalerien vorgesetzt waren. Erst im Jahre 1856 wurde der Backsteinbau mit halbkreisförmiger Apsis im Norden zur evangelischen Kirche umgewidmet.

Katharinenkirche (links oben)

Ort: Oppenheim
Bauzeit: 1262–1360, später erweitert
Baustil: Gotik

Dieser Sakralbau gehört zu den am aufwändigsten dekorierten der Gotik überhaupt. Dass die Süd- und nicht wie üblich die Westseite den überbordenden Maßwerkschmuck besitzt, erstaunt zunächst. Doch die Kirche wurde auf einem Weinberg errichtet und die Südfassade ist zur Stadt gewandt. Als Schauseite ist sie also üppiger dekoriert als die Nordfassade. Die fantastischen Fenster stechen besonders hervor.

Russische Kapelle (rechts oben)

Ort: Darmstadt
Bauzeit: 1897–1899
Baustil: Historismus

Zwischen all den Jugendstilgebäuden der Darmstädter Mathildenhöhe wirkt die Kapelle mit ihren goldenen Kuppeln und bunten Kacheln wie ein Fremdkörper. Sie wurde im Stil russischer Kirchen des 16. Jahrhunderts für Zar Nikolaus II. erbaut. Er hatte die Darmstädter Prinzessin Alexandra geheiratet und wollte bei seinen Besuchen in Darmstadt ein angemessenes Gebäude für seinen orthodoxen Gottesdienst zur Verfügung haben.

Bamberger Dom (rechts Mitte und unten)

Ort: Bamberg
Bauzeit: Anfang 13. Jh.
Baustil: Frühgotik

1237 wurde dieses Gotteshaus geweiht. Die recht schmucklose und ungegliederte Außenfassade zeugt noch von der Strenge der romanischen Architektur, während das Innere mit seinem reichen Skulpturenschmuck eindeutig eine Antwort auf die nordfranzösische Gotik ist. Das berühmteste Kunstwerk im Dom ist der Bamberger Reiter, die Darstellung eines Ritters aus der Stauferzeit. Vom selben Künstler stammen auch die Figuren Maria und Elisabeth.

St. Martin (ganz rechts unten)

Ort: Bamberg
Bauzeit: 1686–1696
Baustil: Barock

Die berühmten Brüder Dientzenhofer errichteten diesen Wandpfeilerbau mit einer hohen Empore, die um das Langhaus läuft. Genau wie die Außenfassade mit Lisenen, Säulen und Dreiecksgiebel eher klar als schwungvoll gebaut ist, präsentiert sich das Innere zurückhaltend in der Linienführung und harmonisch einheitlich – die Renaissance wirkt noch nach.

Kloster St. Michael *(rechts)*

Ort: Bamberg
Bauzeit: 18. Jh.
Baustil: Barock

Das Benediktinerkloster war 1015 gegründet und in den folgenden Jahrhunderten mehrfach zerstört und wieder aufgebaut worden. Ende des 17. Jahrhunderts begann Leonhard Dientzenhofer mit einem grundlegenden Neubau der Konventsgebäude im Stil des Barocks. Der Kirche wurde eine barocke Fassade vorgesetzt, im Innern gibt es romanische, gotische und barocke Elemente. Wohl einmalig ist die „Kräuterdecke": Das ganze Gewölbe ist mit detailgetreuen Pflanzendarstellungen überzogen.

Einhardsbasilika *(links oben)*

Ort: Michelstadt-Steinbach
Bauzeit: um 827
Baustil: karolingische Architektur

Die schlichte Kirche, die sich der Biograf Karls des Großen, Einhard, errichtet hat, gehört zu den ältesten in Deutschland und ist relativ vollständig erhalten. Von dem karolingischen Bau sind noch das Mittelschiff, die Krypta und der Nebenchor im Norden übrig. Interessant ist die Krypta, die aus drei Längsgängen besteht und deshalb oft als Gangkrypta bezeichnet wird.

Heiligkreuzkapelle *(links Mitte)*

Ort: Kitzingen-Etwashausen
Bauzeit: 1741–1745
Baustil: Barock

Um seine Macht als Fürstbischof zu betonen, beauftragte Friedrich Karl von Schönborn Balthasar Neumann mit dem Neubau einer katholischen Kirche. Das alte, bis dahin von beiden Konfessionen genutzte, marode Gebäude von St. Michael überließ er großzügig den Protestanten. Die Katholiken dagegen konnten das Portal in der geschwungenen und doch geradlinig nach oben zum Turm strebenden Fassade durchschreiten und im barocken Kirchraum ihren Gottesdienst feiern.

Herz-Jesu-Kirche *(links unten)*

Ort: Würzburg
Bauzeit: 1927–1928
Baustil: Moderne

Als Pendant zur Feste Marienberg entwarf Albert Boßlet 1926 auf dem Hügel gegenüber das Ensemble aus Kirche, Seminargebäude und Missionsärztlichem Institut für den Orden der Marianhiller Missionare. Im Spiel mit historischen Formen der Romanik und Gotik entstand eine massiv wirkende Kirche mit klarer Linienführung, deren Inneres großzügig und nicht übertrieben sachlich wirkt.

Wallfahrtskirche Mariä Heimsuchung – Käppele *(rechts oben)*

Ort: Würzburg
Bauzeit: 1748–1750
Baustil: Barock

Die Würzburger nennen die Wallfahrtskirche auf dem Nikolausberg nur liebevoll das „Käpelle", das kein geringerer als der berühmte Barockbaumeister Balthasar Neumann (1687–1753) entworfen hat. Der Zentralbau wurde um eine ältere Gnadenkapelle errichtet, die für die Besucherströme zu klein geworden war. Die Deckenfresken und Stuckaturen betonen den harmonischen Schwung des Innenraums.

Jakobskirche *(links oben)*

Ort: Urphar
Bauzeit: unbekannt
Baustil: im Ursprung gotisch

Die Kirche des kleinen baden-württembergischen Dorfes wirkt von außen schlicht, unspektakulär und trutzig – ein Ort, der nicht nur der Andacht, sondern auch dem Schutz diente. Im Innern beeindruckt die Atmosphäre von ursprünglicher Frömmigkeit. Der Chorraum als ältester Teil der Kirche besitzt noch sein mittelalterliches Chorgestühl und darüber gotische Fresken an der Wand. Die zeit- und altersbedingten Veränderungen fügen sich zu einem harmonischen Gesamtbild.

Wallfahrtskirche Zur Heiligsten Dreifaltigkeit *(rechts oben)*

Ort: Gössweinstein
Bauzeit: 1730–1743
Baustil: Barock

Balthasar Neumanns zweiter großer Kirchenbau beherrscht mit seiner doppeltürmigen Westfassade den Stadtkern. Der Grundriss des lateinischen Kreuzes tritt zurück hinter den Zentralgedanken, denn die Querhäuser sind nur noch angedeutet und das Tonnengewölbe des Raums verbindet seine Teile. Der dreigeschossige Hochaltar stammt von Michael Küchel und Peter Benkert.

Benediktinerabtei Lorsch *(rechts unten)*

Ort: Lorsch
Bauzeit: ab 8. Jh.
Baustil: karolingische Architektur

Bereits 764 wurde das Kloster gegründet und wuchs danach stetig. Nach einem Brand im Jahre 1621 wurde fast das ganze Kloster zerstört. Nur die Torhalle, die sog. Königshalle, spiegelt bis heute etwas von der Blütezeit des Benediktinerstifts wider, dessen Reste in die Liste des UNESCO-Weltkulturerbes aufgenommen wurden. Die Fassade des Obergeschosses besticht durch ihr Muster aus roten Sechs- und weißen Dreiecken und die eingelassenen Arkaden mit Dreiecksgiebeln. Im Hintergrund ist die ehemalige Klosterkirche zu sehen.

St. Andres (links unten)

Ort: Ochsenfurt
Bauzeit: 14.–15. Jh.
Baustil: Gotik

Von der 1288 geweihten Vorgängerkirche zeugt nur noch der spätromanische Turm. Chor und dreischiffiges Langhaus dagegen wurden in der zweiten Hälfte des 14. Jahrhunderts neu errichtet und 1471 die Seitenkapellen – alles im Stil der Gotik. Zur Ausstattung der Basilika gehört eine Figur aus Lindenholz von Tilman Riemenschneider (um 1500) sowie der Hochaltar (1610/12) von Georg Brenck d. Ä.

Wormser Dom (rechts)

Ort: Worms
Bauzeit: 1125 – um 1220
Baustil: Romanik

Der Wormser Dom ist neben Speyer und Mainz der dritte sog. Kaiserdom in Deutschland. Auch er wurde doppelchörig mit vier runden Seiten- und zwei achteckigen Vierungstürmen gebaut. Während jedoch der Ostchor, also die Seite des Klerus, bereits 1140 geweiht werden konnte, war die Westseite, der Platz der Herrscher, erst etwa acht Jahrzehnte später fertig. Dazwischen liegt das Langhaus mit fünf Jochen, das um 1160 geweiht wurde.

Bergkirche St. Peter (rechts unten)

Ort: Worms-Hochheim
Bauzeit: 11.–12. Jh.
Baustil: Romanik

Die kleine Dorfkirche, deren spitzes Satteldach fast bis zur Turmspitze aufragt, besitzt mit ihrer Krypta von etwa 1020 ein architektonisches Kleinod – einen Vorläufer der großen Krypta in Speyer. Der Turm mit seinem breiteren Erdgeschoss entstand 1180–1200, während das heutige Langhaus von 1609 stammt – es ersetzte in breiterer Form das abgebrannte alte – und 1964/65 verlängert wurde.

Klosterkirche Münchaurach *(links oben)*

Ort: Münchaurach
Bauzeit: 1123–1139
Baustil: Romanik

Den Aposteln Peter und Paul geweiht, wurde die Kirche als Teil eines Benediktinerklosters gebaut, von dem aber nur noch ein Konventsgebäude vorhanden ist, das heute als Pfarrhaus dient. Während das dreischiffige Langhaus bis heute weitgehend unverändert blieb, wurden Chor und Querschiff im 15. Jahrhundert im gotischen Stil umgebaut. Die barocken Veränderungen des Innenraums wurden Ende des 19. Jahrhunderts wieder entfernt.

Mariä Verkündigung *(links unten)*

Ort: Hirschhorn
Bauzeit: um 1400– ca. 1411
Baustil: Gotik/Neogotik

Die ehemalige Kirche des Karmeliterklosters, die heute als katholische Pfarrkirche dient, war im 19. Jahrhundert so heruntergekommen, dass sie von Grund auf erneuert wurde. Die Innenausstattung folgte zu Beginn des 20. Jahrhunderts. Und so finden sich heute im Langhaus eine Empore, in die Teile eines alten Lettners eingearbeitet sind, und im Chor ein neogotischer Altar von 1910.

Evangelische Stadtkirche *(rechts unten)*

Ort: Schönau
Bauzeit: 12. Jh.
Baustil: Gotik

Als Ableger des Klosters Eberbach wurde 1145 eine Zisterzienserabtei gegründet und entwickelte sich zum Hauskloster der Pfalzgrafen bei Rhein. Neben dem Refektorium, dem Speisesaal der Mönche, ist nur noch die Kirche erhalten. Sie zeichnet sich durch die typische zisterziensische Schlichtheit aus und besitzt daher auch keinen Turm, sondern „nur" einen Dachreiter.

Pfarrkirche *(links oben)*

Ort:	Neukirchen
Bauzeit:	17.–18. Jh.
Baustil:	Barock

Mit der Erhebung der Wallfahrtskirche, die nach einem Hostienfund um 1400 errichtet worden war, zur Pfarrkirche begann schrittweise ein grundlegender Um- und Neubau. Die Hallenkirche über dem Grundriss des lateinischen Kreuzes besitzt halbrunde Kapellen und ist im Chor mit der angrenzenden Klosterkirche der Franziskaner verbunden. Der kostbar vergoldete Hochaltar ist zweiseitig konstruiert.

St. Martin *(links unten)*

Ort:	Amberg
Bauzeit:	15. Jh.
Baustil:	Gotik

Obwohl Amberg seit 1415 kein Bistum mehr war, bauten sich die Bürger der Stadt eine mit 72 m Länge und drei insgesamt 20,5 m breiten, gleich hohen Schiffen eine imposante Hallenkirche. Durch den Umgangschor eignet sie sich auch für Prozessionen. 19 Kapellen laufen um die Kirche herum. Aufgrund der Reformation ist von der ursprünglichen Ausstattung nicht mehr viele übrig.

Lorenzkirche *(rechts)*

Ort:	Nürnberg
Bauzeit:	13.–15. Jh.
Baustil:	Gotik

Am Außenbau besticht vor allem die Westfassade. Ihre eher schlichten, nicht sonderlich hohen Türme flankieren einen fantastischen Mittelbau: Über dem abgetreppten zweitürigen Portal prangt eine Fensterrose, die durch einen Maßwerkkranz betont wird. Darüber erhebt sich der vielfach durchbrochene Giebel. Zu den Kunstschätzen im Inneren gehören Veit Stoß' „Engelsgruß" sein Kreuz am Hauptaltar und das Chorgewölbe.

Dom St. Maria und St. Stephan *(ganz rechts)*

Ort:	Speyer
Bauzeit:	1030–1061, 1082–1106 erweitert
Baustil:	Romanik

Diese größte noch erhaltene romanische Kirche der Welt besticht von außen durch ihre imposanten und gleichzeitig schlichten Proportionen. Dazu passt das schlichte Innere. Der fantastische Raumeindruck entsteht nicht durch schmückende Elemente, sondern durch die Höhe und Länge (134 m) des Kirchenschiffs. Es wird von einem einfachen Kreuzgratgewölbe bedeckt und durch den Rhythmus der Pfeiler gegliedert.

Liebfrauenmünster *(links oben)*

Ort: Wolframs-Eschenbach
Bauzeit: 13.–15. Jh.
Baustil: Gotik

Ein Blickfang der Kirche ist der Turm, dessen spitzer Helm mit einem Fayenceziegeldach gedeckt ist. Neben ornamentalen Mustern sind dort auch Wappen mit bunten Ziegeln dargestellt. Die gotische Hallenkirche entstand schrittweise, indem Zug um Zug der alte Vorgängerbau abgerissen wurde. Nach einer Barockisierung ab 1713 wurde die dreischiffige Halle regotisiert und mit einer flachen Kassettendecke ausgestattet.

Mariä Himmelfahrt *(rechts oben)*

Ort: Chammünster
Bauzeit: 15. Jh.
Baustil: im Wesentlichen Gotik

Diese dreischiffige Kirche ziert mit ihren Doppeltürmen das Wappen des Landkreises Cham, denn sie ist die Urpfarreikirche des Bayerischen Waldes. Von der alten romanischen Kirche wurden Teile in den gotischen Bau einbezogen. Dieser ist, obwohl erst in der zweiten Hälfte des 15. Jahrhunderts errichtet, konsequent in frühgotischen Formen ausgeführt. 1760–1770 wurde die gesamte Innenausstattung im barocken Stil erneuert.

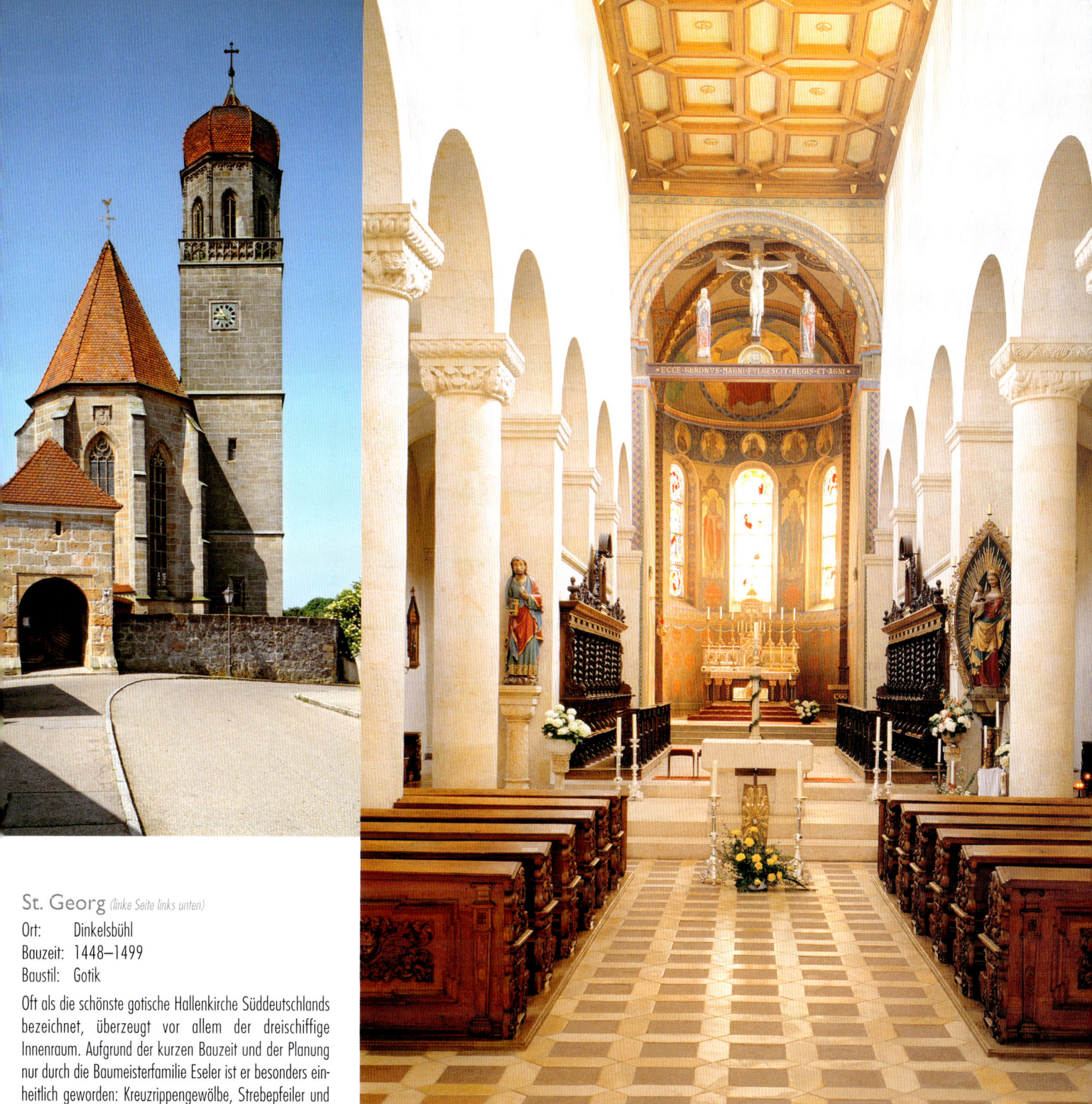

St. Georg *(linke Seite links unten)*

Ort: Dinkelsbühl
Bauzeit: 1448–1499
Baustil: Gotik

Oft als die schönste gotische Hallenkirche Süddeutschlands bezeichnet, überzeugt vor allem der dreischiffige Innenraum. Aufgrund der kurzen Bauzeit und der Planung nur durch die Baumeisterfamilie Eseler ist er besonders einheitlich geworden: Kreuzrippengewölbe, Strebepfeiler und Bauskulptur – alles fügt sich harmonisch ineinander. Am Außenbau irritiert, dass der Dachfirst fast bis zur Aussichtsplattform am Turm reicht.

Wallfahrtskirche *(linke Seite rechts unten)*

Ort: Hessenthal
Bauzeit: ab 1439
Baustil: im Ursprung Gotik

Der Begriff Kirchenburg passt für diesen Gebäudekomplex besser als Wallfahrtskirche, denn sie besteht gleich aus drei Gotteshäusern, deren Kirchhof von einer Wehrmauer umgeben ist: Gnadenkapelle (1454), alte (1439) und neue Wallfahrtskirche – letztere ist die größte und dient auch als Pfarrkirche. Sie entstand erst 1955/55 als Ersatz für die zu klein gewordene Hochkreuzkapelle. Denn die Marienwallfahrt zieht hier nach wie vor viele Pilger an.

Beatae Mariae Virginis *(links)*

Ort: Großlellenfeld
Bauzeit: 1446–1468
Baustil: Gotik

Auch wenn die barocke Haube, die 1610 den spitzen gotischen Turmhelm ersetzte, zunächst ein wenig irritiert, zeichnet sich die Pfarrkirche doch auf Anhieb als Werk der Spätgotik aus: Strebebogen, Maßwerkfassade und die profilierten Spitzbogenfenster mit ihrem reichen Maßwerk sind unverkennbar. Im Inneren ist nur wenig von der spätgotischen Ausstattung erhalten, das meiste stammt aus der Neogotik.

St. Jakob *(rechts)*

Ort: Regensburg
Bauzeit: 12. Jh.
Baustil: Romanik

Irische Mönche, die im Volksmund fälschlicherweise „Schotten" genannt wurden, errichteten 1090 den ersten Bau dieser Kirche, die unter dem Namen Schottenkirche bekannter ist als unter ihrer richtigen Bezeichnung. Beim Neubau um 1156 bis etwa 1185 wurde St. Jakob I in die dreischiffige Basilika ohne Querhaus integriert. Das reich geschmückte Nordportal besitzt ungewöhnliche Tierornamente.

Dom St. Peter *(oben)*

Ort: Regensburg
Bauzeit: 1250–15. Jh.
Baustil: Gotik

Auf den ersten Blick ist zu erkennen, dass sich die Baumeister dieses Doms an der französischen Kathedralgotik orientiert haben – und auch jene, die ab 1835 an der Restaurierung arbeiteten. Der Außenbau mit der westlichen Doppelturmfassade ist reich verziert mit Skulpturen, Kreuzblumen, Fialen, Wimpergen und Maßwerkfenstern. Letztere tauchen den Innenraum in mystisches Licht, wie es das Programm der Gotik erforderte.

St. Emmeram *(links unten)*

Ort: Regensburg
Bauzeit: 8.–12. Jh.
Baustil: im Ursprung Romanik

Als Klosterkirche der Benediktiner entstand die dreischiffige Pfeilerbasilika bereits im 8. Jahrhundert und wurde in der Folgezeit erweitert. Grundlegend war jedoch erst der Eingriff von Johann Michael Prunner und den Asam-Brüdern: Sie gaben der Kirche 1731–1733 im Inneren ein barockes Gesicht. Neben dem großen Deckenfresko von Cosmas Damian Asam sind auch die Grabmale aus dem 12.–15. Jahrhundert sehenswert.

Kloster Maulbronn *(rechts unten)*

Ort: Maulbronn
Bauzeit: 1147
Baustil: zisterziensische Frühgotik

Die zisterziensische Frühgotik ist eine Sonderform der Gotik, bei der Maßwerk, Fialen und andere typische gotische Ornamente nur sehr sparsam eingesetzt werden. Denn die Mönche des Klosters sollten durch nichts von der Kontemplation abgelenkt werden. Das Kloster Maulbronn ist die besterhaltene mittelalterliche Klosteranlage Deutschlands und wird heute als evangelische Klosterschule genutzt.

St. Veit *(rechte Seite links oben)*

Ort: Ellwangen
Bauzeit: 1182–1233
Baustil: Romanik

Außen ist die dreischiffige, kreuzförmige Stiftskirche ohne weiteres als Bauwerk der Romanik zu erkennen, im Inneren der Basilika sind jedoch nur drei Räume aus der Entstehungszeit erhalten: Westvorhalle, Michaelskapelle und Krypta. Der Rest wurde 1737–1740 barock umgestaltet. Der 1468–1473 errichtete Kreuzgang dagegen präsentiert sich im gotischen Stil mit wunderbaren Fischblasenmaßwerkfenstern.

St. Cyriakus *(rechts oben)*

Ort: Bönnigheim
Bauzeit: 1280 – ca. 1400
Baustil: Gotik

Die dreischiffige Stadtkirche entstand in mehreren Phasen, und zwar in der Reihenfolge Turm, Kirchenschiff und Chor, also umgekehrt als sonst üblich. Vierzig Jahre nach dem Chor wurde der Lettner aus Stein errichtet, mit Spitzbogenarkaden als Durchgängen. Er gehört damit zu den wenigen noch erhaltenen seiner Art – die meisten wurden nach der Reformation abgerissen, damit die Gemeinde der Liturgie besser folgen konnte.

St. Walburg *(unten)*

Ort: Eichstätt
Bauzeit: 1629–1631
Baustil: Barock

Als Klosterkirche der Benediktinerinnen entstand dieser einschiffige Saalbau, der auch als Pfarrkirche dient. Als erstes fällt das ungewöhnliche Dach des Kirchturms auf: Wie auf einer riesigen zugedeckten Suppenschüssel thront eine lebensgroße vergoldete Walburga-Statue. Im Inneren ziehen der Chor mit seinem monumentalen Altargemälde sowie gegenüber im Westen der verglaste vorgewölbte Nonnenchor die Blicke auf sich. Einen Besuch lohnt die untere Walburgisgruft.

Klosterkirche Weltenburg *(links)*

Ort: Weltenburg
Bauzeit: 1716–1736
Baustil: Spätbarock/Rokoko

In der Klosterkirche der Benediktinerabtei durften die beiden Rokokobaumeister Cosmas Damian und Egid Quirin
Asam ihre Vorstellungen einer Kirche verwirklichen. Sie
wählten viel Gold und Marmor in Kombination mit nur
wenigen Lichtquellen. Die beleuchteten Szenen wirken dadurch lebendiger und wichtiger als in den hellen Kirchen der
Brüder, wo auf Wunsch der Auftraggeber Weiß dominiert.

St. Ottilia *(ganz rechts)*

Ort: Hellring
Bauzeit: 1720–35
Baustil: Rokoko

Auf den ersten Blick „nur" eine in Bayern typische regionale
Wallfahrtskirche, zeigt St. Ottilia bei genauerem Hinsehen
ihre überregionale Bedeutung. Denn der Hochaltar von
Martin Bader kann die Einflüsse der Asambrüder ebenso
wenig verhehlen wie die Deckengemälde von Otto Gebhard.
Diese Rokoko-Innenausstattung des tonnengewölbten
Chors und Langhauses entstand 1735.

St. Jakob *(rechts)*

Ort: Straubing
Bauzeit: 15.–16. Jh.
Baustil: Gotik

Diese dreischiffige Basilika ohne Querhaus, aber mit Umgangschor und Kapellenkranz ist ein eindrucksvolles Zeugnis der Backsteingotik in Bayern. Sie ist 91 m lang, 26 m
breit und der vorgebaute einzelne Turm ist 89 m hoch. Die
24 m hohen Gewölbe vermitteln gemeinsam mit den
schlanken Säulen und den großen Fenstern mit ihren wunderbaren Malereien einen großzügigen Raumeindruck.

S. OTHILIA

Heilig-Kreuz-Kirche *(links)*

Ort: Schwäbisch Gmünd
Bauzeit: ab ca. 1320
Baustil: Gotik

Die dreischiffige Hallenkirche zeichnet sich durch den wunderbar weitläufigen Eindruck des Innenraums aus. Die Schiffe sind gleich hoch und haben ein gemeinsames Dach, die Pfeiler sind schlank, ohne Kapitelle und alles wird von einem komplizierten Netzgewölbe überdeckt. Heinrich Parler d. Ä. schuf damit einen wegweisenden Bau für die deutsche Spätgotik.

St. Dionys *(rechts oben)*

Ort: Esslingen am Neckar
Bauzeit: 13.–14. Jh.
Baustil: Gotik

Die evangelische Pfarrkirche entstand über den Resten ihrer Vorgänger St. Vitalis I und II aus dem 8. bzw. 9. Jahrhundert, die bei Ausgrabungen freigelegt wurden. Ab 1220 entstand nach und nach St. Dionys – beginnend und endend beim Chor, denn der erste Umbau entsprach 1297 bereits nicht mehr den Vorstellungen der Zeit: Er sollte noch länger, breiter und höher sein, worauf wiederum die Türme aufgestockt werden mussten.

Liebfrauenmünster *(rechts unten)*

Ort: Ingolstadt
Bauzeit: 1425–1536
Baustil: Gotik

Außen fallen sofort die im Vergleich zum Dachfirst des Langhauses recht niedrigen Türme auf: Nicht nur wegen ihrer seltsamen Dächer, vor allem weil sie nicht gerade in der Westfassade stehen, sondern im 45-Grad-Winkel gedreht. Im Inneren der dreischiffigen Kirche mit Langhaus, Umgangschor und Kappellenkranz verdienen vor allem die filigranen Ziergewölbe in den Seitenkapellen Aufmerksamkeit.

Klosterkirche Heilig Kreuz *(links)*

Ort: Neresheim
Bauzeit: 1750–1792
Baustil: Barock

Dieses Spätwerk des großen Barockbaumeisters Balthasar Neumann (1687–1753) gehört zu den bedeutenden Barockbauten in Europa. All seine Erfahrungen, Kenntnisse und Kreativität fügte er zu einer einzigen fantastischen Raumfantasie zusammen, getragen von Leichtigkeit, Licht und Schwung. Dieses Raumerlebnis wird unterstützt von den Deckenfresken, die zu den schönsten des 18. Jahrhunderts zählen.

Liebfrauenkirche *(rechts oben)*

Ort: Gernsbach
Bauzeit: 14., 19 Jh.
Baustil: Gotik, Neogotik

Ältester Teil der dreischiffigen Basilika ist der Turm aus dem 13. Jahrhundert. Dass er für eine gotische Kirche etwas zu massiv wirkt, mag daran liegen, dass er vor dem Kirchbau zur Stadtbefestigung gehörte. Um 1388 entstand das Langhaus mit vier Jochen im Westen, an die 1833 Richtung Osten drei weitere Joche angebaut wurden. Sie sind an den kleineren Schlusssteinen zu erkennen.

Klosterruine *(rechts unten)*

Ort: Hirsau
Bauzeit: 11. Jh.
Baustil: Romanik

Vom 1059 gegründeten Benediktinerkloster gingen wichtige religiöse und künstlerische Impulse aus. Die 1082–1091 erbaute, dreischiffige Klosterkirche St. Peter und Paul wurde Vorbild für etwa 200 benediktinische Bauten. Diese sog. Hirsauer Bauschule kennzeichnet die Trennung der Vierung und des vorgelagerten Langhausjochs in einen Bereich für die Mönche und einen für die Laienbrüder.

Maria Hilf (oben)

Ort: Passau
Bauzeit: 1627
Baustil: Barock

Diese kleine, eher schlichte Wallfahrtskirche bildet den Ausgangspunkt der Mariahilfverehrung in Europa. Francesco Garbanino entwarf die Kirche und die zugehörigen Klosterbauten, in denen sich Kapuzinermönche um die Wallfahrtsseelsorge kümmerten. Eine von Kaiser Leopold 1676 gestiftete Prunkampel mit Engeln, Adlern und Herrschaftsinsignien gilt als künstlerischer Schatz der Kirche.

Peterskirche (links Mitte)

Ort: Weilheim an der Teck
Bauzeit: 1489–1499
Baustil: Gotik

An den eher niedrigen Turm, der bis ins 18. Jahrhundert hinein als Wachturm diente, schließt sich ein hohes, spitzes Satteldach an. Darunter befindet sich eine dreischiffige Halle mit Holzemporen im Langhaus und anschließendem schmaleren Chor. Der Blick nach Osten fällt auf die Darstellung des Jüngsten Gerichts im Gewölbe sowie die bunten Spitzbogenfenster im Chor, die allerdings nicht aus der Bauzeit stammen.

Martinskirche (links unten)

Ort: Neckartailfingen
Bauzeit: um 1100
Baustil: Romanik

Während die nur 27 m lange und fast 12 m breite Kirche von außen durch den aufwändigen romanischen Quaderbau mit sehr reduziertem Schmuck besticht, überraschen im Inneren die Höhe – fast 12 m! – und die gotische Ausmalung. Diese kunsthistorisch bedeutenden Fresken demonstrieren, wie im Mittelalter die Kirchen ausgesehen haben. Bauliche Ergänzungen der Gotik sind Portal und Vorhalle am Südschiff, die Vergrößerung der Fenster und der Turm.

St. Amandus (rechte Seite links oben)

Ort: Bad Urach
Bauzeit: 1475–1501
Baustil: Gotik

Auf dem Grundriss der romanischen Basilika von 1100 entstand fast 400 Jahre später diese dreischiffige Pfeilerbasilika der Spätgotik mit Kapellenkranz. Im Inneren verdient das Gewölbe im Chor besondere Aufmerksamkeit: Es ist dezent ausgemalt, wobei jeder Schlussstein ein anderes Motiv zeigt. Auch das Chorgestühl stammt noch aus der Entstehungszeit der Kirche.

Klosterkirche
Mariä Himmelfahrt (rechte Seite links unten)

Ort: Rohr
Bauzeit: 1717–1722
Baustil: Barock

Egid Quirin Asam (1692–1750), der jüngere der beiden hochbegabten Asam-Brüder, zeichnet für diese barocke Kirche des Augustinerchorherrenstifts verantwortlich. Außen schlicht, wird im Innern der Kirchraum zur göttliche Bühne: Lebensgroße Figuren der Apostel blicken zu Maria empor, die gen Himmel fährt, wo bereits die Engel auf sie warten. Der ganze Raum ist auf dieses Ereignis am Hochaltar ausgerichtet.

Dom St. Stephan (ganz rechts)

Ort: Passau
Bauzeit: 1407–1530, 1668–1678
Baustil: Gotik, Barock

Mit seinen beiden mächtigen, von barocken Hauben bekrönten Türmen wurde der Dom zum Wahrzeichen der Stadt. Sie flankieren das Ende des barocken Langhauses, das sich an den spätgotischen Ostbau mit Kuppel anschließt. Im Inneren fällt neben den barocken Stuckaturen und Fresken vor allem die Orgel auf. Sie gilt mit ihren 17 774 Pfeifen und fünf auf den Kirchraum verteilten Werken als eine der weltweit größten Kirchenorgeln.

St. Martin und Kastulus (oben)

Ort: Landshut
Bauzeit: 14.–15. Jh.
Baustil: Gotik

Die Stadtpfarr- und Stiftskirche entstand auf dem Grundriss eines romanischen Vorgängerbaus als dreischiffige Hallenkirche aus Backstein. Mit ihrem 130 m hohen Turm — er ist der höchste Backsteinturm der Welt! — und den schlanken 22 m hohen Pfeilern im Inneren ist sie der Stein gewordene Ausdruck des gotischen Ideals des Strebens zum Himmel und zu Gott. Das Gewölbe orientiert sich am Prager Veitsdom.

St. Leonhard (links unten)

Ort: Inchenhofen
Bauzeit: 1450–1457
Baustil: Gotik/Rokoko

Als spätgotischer Bau mit Anklängen an die Renaissance entstanden, prunkt die Wallfahrtskirche mit ihrer üppigen Innenausstattung, die nach mehreren Veränderungen im Rokokostil erhalten blieb. Im Mittelpunkt steht der Hochaltar mit dem Gnadenbild des Heiligen Leonhard. Die Entwürfe dafür stammen vermutlich von Egid Quirin Asam, während Ignaz Baldau das große Deckenfresko im Langhaus schuf.

Klosterkirche Unserer Lieben Frau
(rechts unten und rechte Seite links)

Ort: Zwiefalten
Bauzeit: 1741–1750
Baustil: Spätbarock

Diese Abteikirche, entworfen von Michael Fischer (1692–1766), gilt als ein Hauptwerk des deutschen Spätbarock. Schon die Fassade ist rhythmisch gegliedert durch bewegte Schwingung und geradlinige Säulen. Dieses Prinzip setzt sich im Inneren durch die Raumformen und die kolossalen Säulen fort und zieht Blick und Schritt in Richtung Osten zum Altar.

Münster Unserer Lieben Frau *(rechts oben)*

Ort: Ulm
Bauzeit: 1377–1543, 1844–1890
Baustil: Spätgotik

Auch wenn es mit seinen 124 m Länge und seinem 161 m hohen Turm wie eine Kathedrale oder ein Dom aussieht – das Ulmer Münster ist „nur" eine Pfarrkirche, aber die größte und höchste in Deutschland. Der Bau zog sich durch mehrfache Umbauten und Unterbrechungen lange hin und wurde nach der Reformation eingestellt. Erst Ende des 19. Jahrhunderts wurde wieder eine Bauhütte zur Restaurierung und Fertigstellung der Kirche gegründet.

Benediktinerabtei *(rechts unten)*

Ort: Scheyern
Bauzeit: Im Kern 12. Jh.
Baustil: im Ursprung Romanik

Was für eine imposante Anlage dieses Kloster im Landkreis Pfaffenhofen ist, lässt sich am besten aus der Luft erkennen: Die ursprünglich romanische Abtei mit Basilika, Königskapelle, Kreuzgang, Vortragsraum, Küche und Speisesaal wurde später durch Bibliothek, Wohntrakt, Pforte und Johanneskirche ergänzt. 508 wurde sie übrigens als Stammburg derer von Schreyern, den Vorfahren der Wittelsbacher, errichtet.

St. Sebastian *(oben)*

Ort: Augsburg
Bauzeit: 1906–1908
Baustil: Neoromanik

Seit 1600 gibt es die Kapuzinermönche in Augsburg. Damals waren sie von Markus Fugger zur Stärkung des Katholizismus in der Stadt aus Graz geholt worden. Nach einer Blütezeit im 17. Jh. begann der langsame Niedergang, gipfelnd in der Säkularisation des Klosters 1802. Die Kirche wurde aufgrund von Bürgerprotesten 1814 wieder geöffnet und 40 Jahre später kamen die Kapuziner zurück. Sie errichteten 60 Jahre später eine neue Kirche.

Wallfahrtskapelle St. Maria *(unten)*

Ort: Altötting
Bauzeit: um 750
Baustil: karolingische Architektur

Auch Gnadenkapelle oder Heilige Kapelle genannt, beherbergt sie mit der schwarzen Madonna aus Lindenholz das bedeutendste Pilgerziel Deutschlands: Alljährlich kommen über eine Millionen Pilger, besonders viele am Dienstag nach Christi Himmelfahrt und am Pfingstsamstag. Während die innere Kapelle mit der Maria noch aus karolingischer Zeit stammt, wurde die äußere Kapelle 1494 angefügt und später im Stil des Barock umgestaltet.

St. Johannes Nepomuk – Asamkirche *(links oben)*

Ort: München
Bauzeit: Mitte 18. Jh.
Baustil: Rokoko

Mit dieser kleinen, aber exquisiten Kirche voller Gold und Marmor haben sich zwei Kirchenbauer selbst ein Gotteshaus ganz nach ihren Vorstellungen erbaut: Die beiden Brüder Cosmas Damian (1686–1739) und Egid Quirin (1692–1750) Asam. Dazu gönnte sich Egid Quirin noch einen Doppelaltar, den er von seinem Schlafzimmer aus sehen und von der Wohnung erreichen konnte.

Frauenkirche *(rechts oben)*

Ort: München
Bauzeit: 1468–1488
Baustil: Spätgotik

Bereits am Übergang zur Renaissance entstand diese größte Hallenkirche Süddeutschlands am Platz einer früheren Pfeilerbasilika. Sie ist mit ihren beiden Türmen, die ihre welschen Hauben in den Münchener Himmel recken, zum Wahrzeichen der Stadt geworden. Im Innern beeindrucken vor allem die Glasfenster, die zum Teil trotz der Kriegsschäden noch im Original erhalten geblieben sind.

Herz-Jesu-Kirche *(unten)*

Ort: München
Bauzeit: 1996–1998
Baustil: Gegenwart

Als großer, durchlässiger Glaswürfel präsentiert sich dieser Kirchenneubau am Übergang vom 20. zum 21. Jahrhundert von außen. Im Inneren dagegen ist es ein großer Holzwürfel, der wie ein Schrein den Kirchraum als spirituellen Ort zu schützen scheint. Die Wand hinter dem Altar ist von einem Gewebe aus einer schimmernden Messing-Kupfer-Legierung verhängt, in das ein Kreuz eingewebt ist.

Theatinerkirche St. Cajetan *(oben)*

Ort: München
Bauzeit: 1663–90
Baustil: Barock

Sie ist die erste Kirche in Süddeutschland, die nach dem Vorbild der barocken Jesuitenkirchen in Italien wie Il Gesù in Rom entstand. Entsprechend besitzt sie eine zentrale Kuppel über der Vierung und eine symmetrische, sich nach oben verjüngende Fassade mit Mittelgiebel und zwei flankierenden Türmen. Die Entwürfe stammen von den Baumeistern Agostino Barelli und Enrico Zuccali.

Münster Unserer Lieben Frau *(unten)*

Ort: Freiburg im Breisgau
Bauzeit: ca. 1200 bis 14. Jh.
Baustil: Gotik

Zwar wurde das Freiburger Münster noch im Stil der Romanik begonnen, aber alle romanischen Gebäudeteile wie die sog. Hahnentürme und der Chor wurden später gotisiert. So gilt der Sakralbau als einzige große gotische Kirche Deutschlands, die nicht nur im Mittelalter begonnen, sondern auch vollendet wurde. Wahrzeichen der Stadt ist der hohe Turm, dessen 43 m hohe Helm kein schützendes Dach ist, sondern reiner Schmuck aus durchbrochenem Maßwerk.

Mariä Himmelfahrt *(rechts oben)*

Ort: Diessen
Bauzeit: 1732–1739
Baustil: Barock

Zur 600-Jahr-Feier gönnten sich die Augustinerchorherren des 1132 gegründeten Stifts eine neue Kirche und beauftragten mit Johann Michael Fischer einen der besten Barockbaumeister Bayerns. Ihm gelang es, Schwung und Harmonie der Fassade mit Fresken, Stuck und Gold auch ins Innere der Kirche zu übertragen, obwohl er sich nach Vorgaben eines früheren Baus richten musste.

Wallfahrtskirche St. Johann auf Heiligstätten *(rechts unten)*

Ort: Raisting
Baustil: Barock

Selten sind Glaube und moderne Technik so in ihrer Ausrichtung gen Himmel vereint wie auf diesem Hügel bei Raisting: Wo schon im 4. Jahrhundert eine Kapelle über einer Quelle gestanden haben soll, entdeckte 1965 die Deutsche Bundespost diesen Platz als ideal für ihre Erdfunkstation. So entstanden in direkter Nachbarschaft zur Wallfahrtskirche riesige Schüsseln für den Funkverkehr.

Wallfahrtskirche *(oben)*

Ort: Steinhausen (zu Bad Schussenried)
Bauzeit: 1728–1733
Baustil: Barock

Hell und freundlich, mit einem kurvigen, aber trotzdem nach
oben strebenden Äußeren lädt die Kirche zur Huldigung der
Mutter Gottes ein. Im Inneren nehmen die Deckenmale-
reien von Johann Baptist Zimmermann dieses Thema auf:
Im Umgang, der durch Pfeiler vom zentralen Raum ge-
trennt wird, stellen sie das Leben Marias dar. Das große
Fresko am Hauptgewölbe zeigt Mariä im Himmel zwischen
Engeln und Heiligen.

St. Marinus und Anianus *(unten)*

Ort: Wilparting/Irschenberg
Bauzeit: 1697
Baustil: Barock

So wie sich die Wallfahrtskirche mit ihrem Zwiebelturm und
der benachbarten St. Vitus Kapelle auf ihrem grünen Hügel
vor der fantastischen Bergkulisse abhebt, stellen sich Ro-
mantiker Bayern vor. Diesem äußeren Eindruck entspricht
das harmonische Innere des Saalbaus: Deckenfresken und
Stuck bilden das feierliche Ambiente für das Grabmal der
beiden Heiligen, die auf diesem Hügel vierzig Jahre als
Einsiedler gelebt haben.

Kloster Frauenchiemsee (oben)

Ort: Frauenchiemsee
Bauzeit: 8., 11., 14., 18. Jh.
Baustil: im Ursprung karolingisch

Bereits 766 wurde das Kloster der Benediktinerinnen gegründet, im 10. Jahrhundert stark verwüstet und danach in seiner Blütezeit ausgebaut. Während die Torhalle noch aus karolingischer Zeit stammt, entstand die Abteikirche mit ihren sehenswerten Fresken in der Frühromanik und wurde später gotisch erweitert. Die Konventsgebäude wurden von Martin Pöllner 1728–1732, zur Zeit des Barock, komplett neu errichtet.

Benediktinerabtei Ottobeuren
(rechts unten)

Ort: Ottobeuren
Bauzeit: 1711–1731, 1737–1758
Baustil: Barock

Sieht man das Kloster von oben, wird sofort klar, warum es auch „schwäbisches Escorial" genannt wird: Die rechtwinklig um Innenhöfe angeordneten Konventsgebäude erinnern an die Gitterstruktur der spanischen Anlage. Auch die Klosterkirche mit ihrer Doppelturmfassade ist symmetrisch zur Hauptachse gebaut. Das ganze Ensemble gehört zu den bedeutendsten Barockanlagen Europas.

St. Leonhard am Wonneberg (links unten)

Ort: bei Waging
Bauzeit: um 1496
Baustil: Gotik

Alljährlich am 6. November ist die Wallfahrtskirche am Waginger See Ziel des Leonhardiritts – zu Ehren des Viehpatrons, des Heiligen Leonhard. Der einschiffige spätgotische Bau mit seinen dezenten frühbarocken Gewölbemalereien birgt mit den spätgotischen Altarflügeln einzigartige Kunstwerke. Die Bilder von 1511/13 zeigen die Passion und wurden in einen neueren Altar integriert.

Kreuzkirche *(oben)*

Ort: Bad Tölz
Bauzeit: 1723–1726
Baustil: Barock

Die Kreuzkirche auf dem Kalvarienberg mit ihren beiden erst 1732 angebauten seitlichen Türmen ist das Ziel des Kreuzwegs auf dem Hechen-/Höhenberg. Ihre Heilige Stiege entstand bereits 1718 und wurde nachträglich umbaut und mit den seitlichen Treppen versehen, denn in der Mitte ist nur der knieende Aufstieg erlaubt. Unter der Stiege wurde eine Kapelle als Grablege für den Stifter der Anlage eingerichtet.

Maria Himmelfahrt *(rechte Seite rechts oben)*

Ort: Bad Tölz
Bauzeit: 1453–1490
Baustil: Gotik

Nach einem großen Brand wurde die Stadtpfarrkirche, ursprünglich eine Basilika, als dreischiffige Hallenkirche neu gebaut. Ihr breites Mittelschiff mündet in ein zweischiffiges Querhaus, an das sich der kurze, breite Chor mit der Winzerer-Kapelle aus dem 16. und der Sakristei aus dem 19. Jahrhundert anschließt. Die Inneneinrichtung stammt teilweise aus der Frührenaissance.

Wallfahrtskirche St. Maria *(rechte Seite links oben)*

Ort: Birnau
Bauzeit: 1747–1750
Baustil: Barock

In den Weinbergen über dem Bodensee liegt dieses Kleinod der Barockarchitektur und weist mit seinem Turm den Pilgern den Weg. Mit Baumeister Peter Thumb (1681–1766), Stuckateur Josef Anton Feuchtmayer (1696–1770) und Gottfried Bernhard Götz (1708–1784) als Freskenmaler schufen drei Meister ihres Fachs ein Gesamtkunstwerk aus Dynamik und Energie, Form und Farbe, Prunk und Pracht.

Kloster Reichenau (links Mitte)

Ort: Reichenau
Bauzeit: 8.–11. Jh.
Baustil: Romanik

Das Benediktinerkloster auf der Bodenseeinsel wurde bereits 724 gegründet und hatte als Zentrum ottonischer Kultur und Wissenschaft seine Blütezeit im 9. und 10. Jahrhundert. In Mittelzell, Niederzell und Oberzell sind noch drei romanische Abteikirchen erhalten, die zum Teil mit kostbaren alten Fresken ausgestattet sind. Außerdem beherbergt das Kloster noch seltene Handschriften aus ottonischer Zeit.

Wies (links unten)

Ort: bei Steingaden
Bauzeit: 1745–1754
Baustil: Rokoko

Von der UNESCO zum Weltkulturerbe erklärt, gehört die Wieskirche zu den wichtigsten Werken des Rokoko in Europa. Dominikus Zimmermann (1685–1766), der bedeutendste Rokoko-Baumeister, schuf mit dieser Wallfahrtskirche, bei der Kirchenschiff und Chor zu einem Raum verschmelzen, sein Meisterwerk. Plastik, Malerei und Stuckatur bilden eine Einheit mit der Architektur.

St. Bartholomä *(links oben)*

Ort: im Königssee
Bauzeit: 1697
Baustil: Barock

Der müde Pilger kann sich nach anstrengender Wanderung bei der Bootsfahrt über den Königssee ausruhen und den Anblick genießen: Wie die Kirche mit ihren roten Kuppeln und den weißen Wänden aus dem Wasser zu ragen scheint, darüber der imposante Watzmann – diese fantastische Harmonie zwischen Natur und Kultur ist selbst schon fast ein religiöses Erlebnis und stimmt auf die spätere Andacht in der Kirche ein.

Kloster Ettal *(links unten)*

Ort: Ettal
Bauzeit: ab 1330, ab 1709 umgebaut
Baustil: Barock

Nachdem sich die Benediktinerabtei, ursprünglich im Stil der Gotik erbaut, eines stetig zunehmenden Zustroms von Pilgern erfreute, wurde sie ab 1709 von Enrico Zuccalli (1642–1726) grundlegend umgebaut. Dabei stand der Louvre Pate. Zentrum des Klosters ist die als Zentralbau angelegte Kirche mit einer doppelschaligen Kuppel. Sie ziert ein hervorragendes Fresko von Johann Jakob Zeiller.

St. Fabian und Sebastian *(oben)*

Ort: Ramsau
Bauzeit: 1512, 1692
Baustil: im Ursprung Gotik

Schon die fantastische Lage der Ramsauer Pfarrkirche vor der Reiteralpe ist geeignet, um Gottesfurcht zu lehren. Aber auch die Kirche selbst: Sie wurde im Stil der Spätgotik 1512 erbaut und knapp zweihundert Jahre später im barocken Stil erneuert und vergrößert. Trotzdem haben die älteren geschnitzten gotischen Holzskulpturen von 1420 an der Empore weiterhin ihren Platz.

Niederlande

Der Kirchenbau in den Niederlanden wurde im Wesentlichen von Deutschland beeinflusst. Die Mischung von Back- und Haustein, von Elementen der Gotik mit solchen der Renaissance führte jedoch im 16. Jahrhundert zu einem eigenen niederländischen Stil.

Hervormde Kerk *(links)*

Ort: Den Hoorn auf Texel
Bauzeit: 15. Jh.
Baustil: Gotik

Zu den schönsten Motiven der Insel Texel gehört die nieder-
ländisch-reformierte Kirche aus dem 15. Jahrhundert. Sie
ist mit ihrem schmalen weißen Turm, der den Seeleuten zur
Orientierung diente und noch heute mit drei Scheinwerfern
aufs Meer hinaus leuchtet, malerisch in die Landschaft eingebettet. Ein wahres Schmuckstück ist ihre wunderbar ver-
zierte Orgel von 1857, die 1958 und 1998 restauriert
wurde.

Hervormde Kerk *(unten)*

Ort: Oldenzijl
Bauzeit: 13. Jh.
Baustil: romanischer Stil

Die kleine, malerisch auf einer Warft gelegene Kirche ist ein
wahres Schmuckstück romanischer Baukunst. Vor allem der
halbrunde Chor mit seinen Blendarkaden ist sehenswert.
Erbaut wurde die Kirche aus Backsteinen. Neben den her-
kömmlichen Fenstern besitzt sie einige Rundfenster, einge-
fasst durch sogenannte Tori (Wülste). Über alldem erhebt
sich ein zierliches Türmchen, das sich in den Rest des Baus
einfügt.

Martinikerk *(rechts)*

Ort: Groningen
Bauzeit: 13. und 15. Jh.
Baustil: Romanik, Gotik

Ende des 15. Jahrhunderts wurde der sechsgeschossige
Turm dieser prächtigen Kirche fertig gestellt, der heute das
Wahrzeichen der Stadt Groningen ist. Auf seiner Spitze
befindet sich das Ross von St. Martin. Im Inneren der
Kirche steht eine der größten Barockorgeln der Niederlande. Sie wurde von Rudolf Agricola im Jahr 1480 gebaut.
Besonders interessant ist auch die Mischung aus romani-
schem und spätgotischem Baustil, wobei Letzterer überwiegt.

Kirche (links oben)

Ort: Zweeloo
Bauzeit: unbekannt
Baustil: Romanik

In der Provinz Drente im Nordosten der Niederlande, einer weitgehend flachen Region mit einer Kette von bis zu 35 m hohen Hügeln, liegt der kleine Ort Zweeloo. Seine schmucke romanische Kirche ist nur eine kleine, einfache Dorfkirche mit Dachreiter. Sie besitzt aber mit ihren abgestuften Rundbogenfenstern, roten Backsteinen und den weißen Fugen genügend Charme, um die Touristen zu bezaubern.

Grote of Sint Bavokerk *(linke Seite rechts oben)*

Ort: Haarlem
Bauzeit: 14., 15. Jh.
Baustil: Gotik

Den Stolz und Wohlstand der Haarlemer Bürger sollte diese Kirche repräsentieren. Das ist wohl gelungen, denn viele Maler liebten den Innenraum als Motiv – darunter auch Pieter Saenredam, dessen Grabplatte im Fußboden der Kirche liegt. Das Deckengewölbe aus Zedernholz ist ebenso sehenswert wie die Malereien an den Säulen und die Müller-Orgel. Als eine der besten Orgeln der Welt ist sie aber vor allem hörenswert.

Oude Kerk *(linke Seite rechts unten)*

Ort: Amsterdam
Bauzeit: 14., 16. Jh.
Baustil: Gotik

Da die Hallenkirche beim großen Stadtbrand 1452 verschont wurde, ist sie die älteste Kirche Amsterdams. Im 16. Jahrhundert wurde das Mittelschiff erhöht, ein Vierungsturm angebaut und der Kirchturm durch einen achteckigen Aufsatz ergänzt, um den Seefahrern Orientierung zu geben. Er ist nicht nur von Weitem gut zu sehen, sondern bietet auch seinerseits einen guten Blick auf das verschachtelte Kirchdach und über die Amsterdamer Innenstadt.

Westerkerk *(oben)*

Ort: Amsterdam
Bauzeit: 1620–1639
Baustil: Manierismus

Die Kirche ist eines der Meisterwerke des niederländischen Architekten Hendrik de Keyser. Ihr 85 m hoher Turm mitsamt seines Glockenspiels und der Kaiserkrone Maximilians I. in der Turmspitze gilt als Wahrzeichen Amsterdams. Der Grundriss der Kirche in Form eines griechischen Kreuzes war Vorbild für viele weitere protestantische Kirchen im 17. Jahrhundert. Auch das Grab Rembrandts soll sich in der Kirche befinden, wurde aber bislang noch nicht entdeckt.

Marekerk *(unten)*

Ort: Leiden
Bauzeit: 1639–1650
Baustil: niederländischer Klassizismus

Der Baumeister der Stadt Leiden, Arent van 's Gravesande, ließ diese wundervolle Kirche errichten. Sie zeichnet sich vor allem durch ihren achteckigen Grundriss und ihre attraktive Kuppel aus. Die Portale, die ionischen Säulen sowie Fensterrahmen und Dekorationen bestehen aus deutschem Sandstein. Im Inneren beherbergt die Kirche eine prächtige Kanzel aus dem 17. Jahrhundert und eine noch heute funktionierende Orgel von Anfang des 18. Jahrhunderts, in die die kleinere Chororgel der Pieterskerk von Leiden eingearbeitet wurde.

Bovenkerk (St. Nikolaaskerk)

(linke Seite links unten)

Ort: Kampen
Bauzeit: 1325–1500
Baustil: Gotik

Die Kreuzbasilika mit ihrem fünfschiffigen Langhaus beeindruckt auf den ersten Blick vor allem durch ihre imposante Größe. Doch auch ihre Ausstattung ist bemerkenswert: So finden sich im Inneren ein wunderbarer gotischer Chor, eine sehenswerte Chorschranke aus dem 16. Jahrhundert sowie eine Orgel mit 3200 Pfeifen aus dem 18. Jahrhundert. Auch das Anschauen der Kanzel, errichtet im spätgotischen Stil, lohnt den Besuch.

St. Nicolaas- oder Bergkerk *(links oben)*

Ort: Deventer
Bauzeit: 12. Jh. und 15. Jh.
Baustil: Romanik, Gotik

Die – wie ihr Name schon sagt – hoch gelegene Kirche, die das romantische Bergkwartier überragt, besitzt eine romanische Fassade aus dem 12. Jahrhundert. Die zwei quadratischen Ecktürme, die ebenfalls aus dieser Zeit stammen, wurden später erhöht und im gotischen Stil umgebaut. Im Inneren der Kirche befinden sich sehenswerte Wandmalereien aus dem 15. Jahrhundert. Hier finden häufig Kunstausstellungen statt.

St. Janskerk *(ganz links unten)*

Ort: Gouda
Bauzeit: 15., 16. Jh.
Baustil: Gotik

Trotz mehrerer Brände hat die Grote Kerk bei allen Wiederauf- und Neubauten immer wieder ein hölzernes Gewölbe bekommen. Heute ist sie vor allem wegen ihrer Glasmalereien berühmt: Zwar wurden 1666 während des Bildersturms viele zerstört, aber ein großer Teil blieb erhalten und auch die später entstandenen fügen sich gut ein in das Gesamtbild im Kircheninneren.

St. Joriskerk *(links)*

Ort: Amersfort
Bauzeit: 1243–1534
Baustil: Gotik

Mitten in der Altstadt erhebt sich die Sint Joriskerk, auch Grote Kerk genannt. In der dreischiffigen Halle befindet sich eine Naber-Orgel mit 39 Registern, deren Klang bei Konzerten zu bewundern ist. Sie bieten eine gute Gelegenheit, um auch den kunstvollen Lettner des 15. Jahrhunderts zu bestaunen oder das Grabmal Jacob van Campens, des Begründers des Klassizismus in den Niederlanden.

St. Walburgskerk oder Grote Kerk *(unten)*

Ort: Zutphen
Bauzeit: 13. bis 16. Jh.
Baustil: Gotik

Insbesondere durch ihre prachtvollen Fresken aus dem 15. und 16. Jahrhundert ist die Kirche über die Grenzen der Niederlande hinaus bekannt geworden. Im Kapitelsaal aus dem 16. Jahrhundert befindet sich eine Bibliothek mit zum Teil ausgesprochen wertvollen alten Schriften, von denen einige öffentlich auf Lesepulten ausgestellt sind. Die ältesten Teile der Kirche stammen aus dem 13. Jahrhundert und sind die Überreste eines Vorgängerbaus.

Nieuwe Kerk *(links oben)*

Ort: Delft
Bauzeit: um 1381 bis 1496
Baustil: Gotik

Die Grabkirche der Prinzen des Hauses Oranien ist im Inneren eher schlicht gehalten, was aber die Glasfenster aus dem 20. Jahrhundert besonders hervorhebt. Absolut sehenswert ist das Grab von Wilhelm dem Schweiger im Renaissancestil aus weißem Marmor vom Anfang des 17. Jahrhunderts. Eine Marmorliegefigur sowie eine Bronzestatue stellen den toten sowie den lebenden Wilhelm dar. Vom 108 m hohen Turm der Kirche hat man einen wunderbaren Ausblick über die Stadt.

Oude Kerk *(rechts oben)*

Ort: Delft
Bauzeit: um 1250, erweitert 16. Jh.
Baustil: vorwiegend Gotik

An dieser Kirche fällt zunächst vor allem der ein wenig geneigte Turm im Hauptschiff auf. Im Inneren findet sich ein sehenswertes Holzgewölbe aus der zweiten Hälfte des 16. Jahrhunderts. Prächtig ist zudem die geschnitzte Renaissancekanzel aus etwa der gleichen Zeit. Berühmt ist die Kirche aber auch für ihre Grabmäler: Unter anderem liegen hier der Admiral Piet Hein und der berühmte Maler Jan Vermeer begraben.

Grote Kerk oder St. Laurenskerk *(ganz rechts)*

Ort: Rotterdam
Bauzeit: 15. Jh.
Baustil: Spätgotik

Die Kreuzbasilika mit ihren Tonnengewölben aus Holz wurde während des Zweiten Weltkriegs fast völlig zerstört. Beim Wiederaufbau wurde auf größtmögliche Authentizität Wert gelegt, allein das vom italienischen Künstler Giacomo Manzù kreierte Bronzeportal wurde hinzugefügt. Besonders reizvoll sind aber vor allem die älteren Kunstgegenstände im Inneren wie das vergoldete Chorgitter aus dem 18. Jahrhundert und die Grabmäler berühmter Seefahrer aus dem 17. Jahrhundert.

Domkerk *(links oben)*

Ort: Utrecht
Bauzeit: 1254–1517
Baustil: Gotik

Zu den prächtigsten Kirchenbauten der Niederlande zählt ohne Zweifel der Utrechter Dom. Übrig geblieben sind jedoch nur noch der Chor, das Querschiff und zwei Seitenkapellen – der Rest der Kirche wurde durch das schwere Unwetter von 1674 zerstört und nie wieder aufgebaut. Das ist auch der Grund, warum der 112 m hohe Domturm aus dem 14. Jahrhundert völlig losgelöst von der Kirche in den Himmel ragt.

Janskerk *(ganz rechts Mitte rechts)*

Ort: Utrecht
Bauzeit: 11. Jh.
Baustil: im Ursprung Romanik

Die Janskerk, heute weitgehend in ihren ursprünglichen Zustand zurückversetzt, musste im Laufe der Zeit manche Veränderung über sich ergehen lassen. Als Säulenbasilika mit Holzgewölbe um 1050 im Zentrum von Utrecht entstanden, erhielt sie 1539 einen gotischen Chor und 1682 eine neue Fassade. Von 1584–1817 diente die Kirche sogar als Bibliothek.

Onze Lieve Frouwe Abdij *(Mitte oben)*

Ort: Middelburg
Bauzeit: karolingische Burg, umfunktioniert zur Abtei 1150
Baustil: im Ursprung karolingisch, zum Teil Gotik

Das ehemalige Kloster inmitten der Altstadt von Middelburg besticht vor allem durch seine zahlreichen Türme, an denen man noch gut erkennen kann, dass es vor seiner Zeit als Abtei als Burg diente. Besonders sehenswert ist eines der Tore, das Gistpoort im Südosten mit seinen gotischen Elementen. 1940 wurde nahezu die gesamte Abtei durch Bomben zerstört, nach dem Zweiten Weltkrieg wurde sie wieder aufgebaut.

Lieve Frouwkerk *(ganz rechts oben)*

Ort: Veere
Bauzeit: 15., 16. Jh.
Baustil: Gotik

Im 15. und 16. Jahrhundert blühte die Hafen- und Handelsstadt Veere wirtschaftlich auf und man leistete sich eine entsprechend repräsentative Kirche, die heute in dem 5000-Seelen-Ort überdimensioniert erscheint. Über kreuzförmigem Grundriss entstand eine spätgotische Basilika, die allerdings mit den Bauten der Backsteingotik an der Ostsee nicht konkurrieren kann. Ihr Turm wurde nicht viel weiter als über das Langhausdach hinaus ausgeführt.

St. Nicolaaskapel *(ganz rechts Mitte links)*

Ort: Nijmegen
Bauzeit: ca. 9. Jh., umgebaut vermutlich im 11. Jh.
Baustil: karolingischer Stil

Die architektonisch beachtenswerte Kapelle ist einer der wenigen Überreste der ehemaligen Kaiserpfalz Nijmegen, die von Karl dem Großen Ende des 8. Jahrhunderts gegründet worden war. Sie besitzt einen sechzehneckigen Grundriss. Im Kapelleninneren ist an der Anordnung der Pfeiler festzustellen, dass der Turm in Form eines Oktogons gebaut wurde. Vom Turm hat man einen schönen Ausblick auf den Fluss Waal.

St. Janskathedraal *(rechts unten)*

Ort: 'S-Hertogenbosch
Bauzeit: 1380–1530
Baustil: Gotik

Mit 115 m Länge und 62 m Breite ist die Johanneskathedrale die größte Kirche der Niederlande – und mit ihrem figürlichen Schmuck aus Menschen, Tieren, Fabelwesen und Dämonen wohl auch die dekorreichste. Sie ersetzt einen romanischen Vorgängerbau, von dem der Turm erhalten blieb, weil kein Geld mehr für einen neuen da war. Stattdessen erhielt der Turm nur eine gotische Spitze.

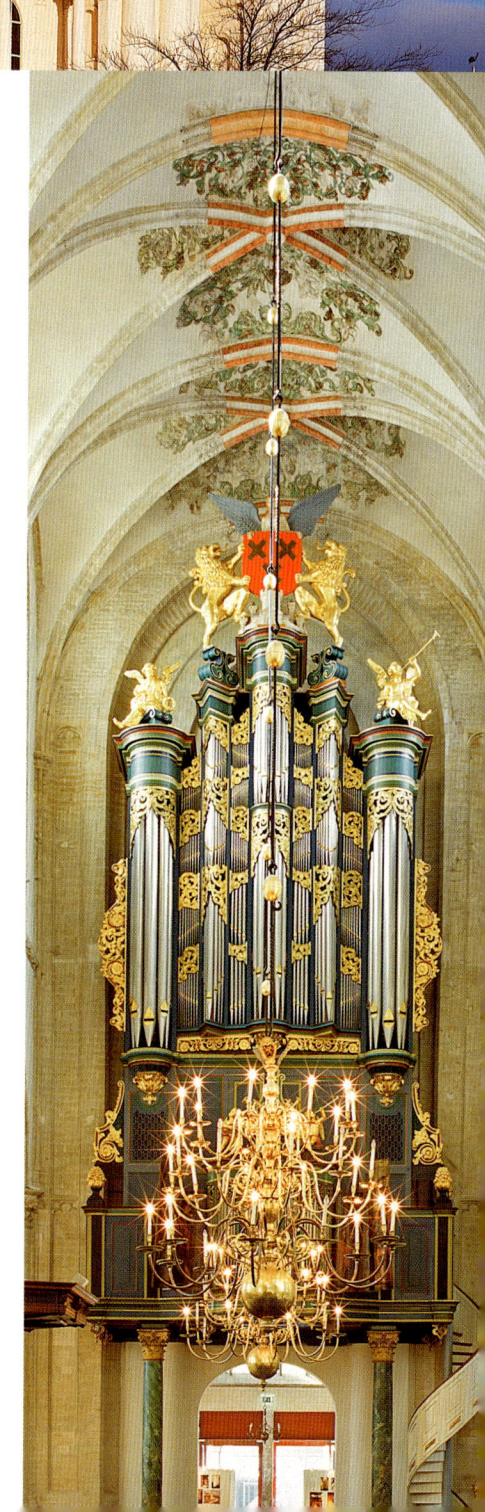

Abdijkerk *(links)*

Ort: Thorn
Bauzeit: 14. Jh.
Baustil: Gotik

Ein Fürstinnenchor im Südquerschiff – das ist nur eine der Besonderheiten dieser Kreuzbasilika, die durch die weiße Farbe ihres Innenraums hell, freundlich und edel wirkt. Die gotische Basilika wurde auf den Überresten einer romanischen Kirche errichtet, von der jedoch nur noch eine Krypta sowie zwei Treppentürme zeugen. Ein besonderer Kunstschatz ist der von F. X. Bader geschaffene Hochaltar aus der Mitte des 18. Jahrhunderts.

Grote Kerk (Onze Lieve Frouwkerk)
(rechts und ganz rechts)

Ort: Breda
Bauzeit: um 1410 bis 1566
Baustil: Brabanter Gotik (Spätgotik)

Das bedeutendste Baudenkmal Bredas besticht durch seine reiche Dekoration mit Blattornamenten und Maßwerk. Sie beherbergt das Renaissancegrab des Grafen Engelbrecht II. von Nassau und seiner Gemahlin mit aus Alabaster bestehenden Darstellungen der Verstorbenen. Die gewaltigen Wandgemälde aus dem 15. und von Anfang des 16. Jahrhunderts, die den heiligen Christopherus bzw. die Verkündigung zeigen, sind ebenfalls prächtig gestaltet.

Basiliek von de H. H. Agatha en Barbara *(oben)*

Ort: Oudenbosch
Bauzeit: 1867–1880
Baustil: Gotik

Der Petersdom in Rom stand Pate beim Bau dieser Basilika: Der berühmte Architekt Petrus J. H. Cuypers baute sie Ende des 19. Jahrhunderts nach dem Vorbild dieser wohl bekanntesten aller Kirchen – und zwar auf Geheiß der Zouaven, die den Kirchenstaat von Papst Pius IX. verteidigten. Auch wenn die Basilika naturgemäß kleiner ausfällt, besitzt die Kuppel doch einen imposanten Durchmesser von 68 m. Die Fassade hat ebenfalls ein berühmtes Vorbild: die der römischen Kirche San Giovanni in Laterano.

Onze Lieve Frouwebasiliek *(oben)*

Ort: Maastricht
Bauzeit: erste Kirche um 1000, erneuert 11., erweitert 13. und 15. Jh.
Baustil: hauptsächlich romanischer Stil, Spätgotik

Die Anfänge der gewaltige Kirche liegen um 1000, doch aus dieser Zeit sind nur noch Teile des Westbaus erhalten. Der Westbau wird von zwei runden Treppentürmen eingerahmt und ähnelt in seiner Massigkeit eher einer Festung als einer Kirche. Zu den schönsten Bauteilen der Basilika zählt der spätgotische Chor. Die Kapitelle der Säulen am Chorumgang sind mit einer Vielzahl von Skulpturen geschmückt.

St. Annakerk *(unten)*

Ort: Heerlen
Bauzeit: 1953
Baustil: Nachkriegsmoderne

Die erste aus Beton gebaute Kirche der Niederlande besitzt prächtige, in Beton eingelassene Fenster aus Buntglas. Auf ihnen sind unter anderem Mutter Theresa und Papst Johannes Paul II: verewigt worden. Auch ihr Altar aus dem Jahr 1998 ist ein schönes Beispiel für moderne niederländische Kunst. Die Kombination aus Naturstein und Glas passt sich dem Charakter der Kirche perfekt an. Hinter Glas sind in den Altar Figuren eingearbeitet.

Abdijkerk *(rechts oben)*

Ort: Rolduc
Bauzeit: 12. Jh., später mehrfach umgebaut und erweitert
Baustil: im Ursprung romanisch

Die Kirche der ehemaligen Augustinerabtei Rolduc, die im 19. Jahrhundert von dem niederländischen Architekten Petrus J. H. Cuypers umgebaut und restauriert wurde, zeichnet sich im Inneren vor allem durch ihre wunderschönen, mit den verschiedensten Motiven reich verzierten Kapitelle aus. Bemerkenswert ist auch die Krypta in Form eines Kleeblatts, zugleich der älteste erhaltene Teil der Kirche.

Onze Lieve Vrouwe Munsterkerk

(ganz rechts oben)

Ort: Roermond
Bauzeit: 1218–1224
Baustil: Spätromanik, Übergang zur Gotik

Die Westfassade der in ihrem Baustil in den Niederlanden ihresgleichen suchende Kirche fällt vor allem durch ihren massigen Portalvorbau auf. Die Dächer der Türme besitzen die für rheinische Kirchenbauten vom Anfang des 13. Jahrhunderts typische Form einer Mitra (Bischofsmütze). Der prächtige Brabanter Schnitzaltar vom Beginn des 16. Jahrhunderts gehört zu den größten Kunstschätzen der Liebfrauenkirche.

St. Servaasbasiliek *(unten)*

Ort: Maastricht
Bauzeit: um 1000, erweitert 12. und 13. Jh.
Baustil: romanischer Stil

Die frühere kaiserliche Reichskirche ist eine der ältesten niederländischen Kirchen überhaupt. Nicht nur die Architektur dieser Basilika ist bemerkenswert, sie beherbergt auch eine Schatzkammer mit Resten des ehemaligen Kirchenschatzes. So findet sich hier ein wundervoller spätromanischer Reliquienschrein, in dem Knochen des heiligen Servatius aufbewahrt werden und der mit figürlichen Darstellungen der Apostel, Jesus Christus und des heiligen Servatius geschmückt ist. Neben der Servaasbasiliek befindet sich die gotische St. Janskerk, gebaut zwischen 1300 und 1400.

Belgien

Die Herrscher in der Romanik wollten ihre Macht auch im Kirchenbau repräsentieren, so zum Beispiel auf belgischem Gebiet vor allem durch die Scheldegotik und die Brabanter Gotik, wie sie von den Zisterziensern überbracht wurde.

Liebfrauenkirche *(links oben)*

Ort: Damme
Bauzeit: ab 1230
Baustil: Gotik

Damme war der Hafen von Brügge, für dieses wichtige Handelszentrum also die Nabelschnur zur Welt. Aber die Reie, ein kleiner Fluss, der hier ins Meer fließt, versandete mit der Zeit und mit ihr die Anlegeplätze: Ab dem 15. Jahrhundert konnten keine Ladungen mehr gelöscht werden. Wuchtig, dreischiffig und querhauslos, überforderte die Kirche alsbald die Finanzkraft der kleinen Stadt.

Liebfrauenkirche *(rechts oben)*

Ort: Brügge
Bauzeit: 12./13. Jh.
Baustil: Gotik

In der Kirche warten herausragende Kunstwerke auf den Besucher, u.a. die Gräber von Karl dem Kühnen und Maria von Burgund, die in einer Seitenkapelle ihre letzte Ruhestätte gefunden haben, oder die „Brügger Madonna" von Michelangelo. Das Langhaus besteht aus fünf Schiffen, von denen die beiden äußeren im 14./15. Jahrhundert angebaut wurden. Der mächtige Turm (1297) ragt 122 m hoch auf.

St. Salvator *(links)*

Ort: Brügge
Bauzeit: 13.–16. Jh.
Baustil: Spätromanik

Seit 1834 Bischofskirche, ist die Kathedrale in verschiedenen Epochen entstanden. Die erste Backstein-Bauphase hat sich nur in den unteren Geschossen des Westturms erhalten, östliche Bauteile aus der Wende vom 13. zum 14. Jahrhundert haben den Brand von 1358 überstanden, das Langhaus musste erneuert werden. Der Umgang mit Kapellenkranz hinter dem Chor entstand um die Wende vom 15. zum 16. Jahrhundert.

St. Walburga *(rechts)*

Ort: Brügge
Bauzeit: 1619–1643
Baustil: Barock

Der Architekt war der Jesuitenbruder Pieter Huyssens aus Brügge und die Kirche blieb bis 1774 im Besitz der Societas Jesu. Sehenswerte Elemente im marmorüberladenen Inneren sind die Kommunionsbank, der Hochaltar und die Kanzel, die allesamt ebenfalls aus Marmor bildhauerisch gestaltet wurden. An Sommerabenden für das Publikum geöffnet, überzeugt die Kirche mit stimmungsvoller Pracht und ebensolchen Musikdarbietungen.

Kathedrale Unserer lieben Frau
(links)

Ort: Antwerpen
Bauzeit: 1352–1521
Baustil: Spätgotik

Gebaut nach den klassischen französischen Vorbildern der Kathedralgotik, aber mit den Mittel der Region – aus Brabanter Sandstein – ist diese Kathedrale eines der Hauptbeispiele der sogenannten Brabanter Gotik. Allerdings wurde nur der Nordturm vollendet. Zwar wurde die Originalausstattung durch Brände und die Reformation zerstört, doch gilt es dafür heute die Altarbilder von Peter Paul Rubens zu bewundern.

St.-Baafskathedraal *(rechte Seite links oben)*

Ort: Gent
Bauzeit: 14.–16. Jh.
Baustil: Gotik

Die Krypta ist der älteste Teil. Über ihr wurde bis 1353 ein Chor gebaut und ein halbes Jahrhundert später ein Chorumgang angefügt. Langhaus und Querschiff mussten weitere 50 Jahre bis zur Vollendung warten, während die Westfassade etwas früher fertig war. Der Wechsel zwischen Backstein und Granit sorgt für lebhaftes Farbenspiel. Das Wichtigste ist jedoch der berühmte Hochaltar der Brüder van Eyck.

Basilique Nationale du Sacré-Coeur/Basiliek van Koekelberg
(rechte Seite rechts unten)

Ort: Brüssel
Bauzeit: 1905–1970
Baustil: Neobarock

Die monumentale Basilika ist das Wahrzeichen des Brüsseler Stadtteils Koekelberg, der sich von einem ländlichen Weiler durch den Aufschwung der Brauereien im 19. Jahrhundert zu einem wohlhabenden Viertel entwickelte. Das Schiff ist 108 m lang, die Kuppel 90 m hoch und die Nationalbasilika ist damit die fünftgrößte Kirche der Welt. Geweiht wurde sie 1951, lange vor der Fertigstellung.

Notre-Dame de Laeken
(rechte Seite rechts oben)

Ort: Brüssel
Bauzeit: 1854–1872
Baustil: Neogotik

Nach dem Tod von Königin Marie Louise beschloss man den Bau einer neuen Kirche mit einer Krypta für die Gräber der „Royals". Den Wettbewerb gewann Paul du Bois (eigentlich Joseph Poelaert) vor 45 Mitbewerbern, vielleicht nicht nur zu seiner Freude: Die Bauzeit war von Streit und ständigen Unterbrechungen überschattet. In direkter Nachbarschaft befindet sich eine Wallfahrts-Madonna.

Kathedrale
St.-Michel-et-Ste.-Gudule *(links oben)*

Ort: Brüssel
Bauzeit: 13.–15. Jh.
Baustil: Gotik

Die Bauleute arbeiteten von Ost nach West: Der Chor entstand 1226–1276, um 1430 wurde das Langhaus und
1450–1490 die Westfassade angefügt, die Freitreppe zu
den Portalen kam erst 1861 hinzu. Im Inneren tragen
zwölf Rundpfeiler das Kreuzrippengewölbe des Hauptschiffs,
die Apostelfiguren davor stammen aus der Barockzeit. Im
Chor haben sich Glasfenster aus dem 16. Jahrhundert erhalten.

Notre-Dame-des-Victoires-au-
Sablon *(rechts oben)*

Ort: Brüssel
Bauzeit: 14.–16. Jh.
Baustil: Spätgotik

Sie war die Kirche der Armbrustschützen-Gilde, wurde
1304 gegründet und in den Hauptteilen Ende des 15.,
Anfang des 16. Jahrhunderts im sogenannten Flamboyant-
stil gebaut, der wegen der wie Flammen züngelnden Verzierungen so heißt. Statt eines Turms wird der Bau von
Fialen und Wimpergen überragt. Die barocke Innenausstattung wurde u.a. von Jérôme Duquesnoy und Gabriel de
Grupello geschaffen.

St. Michael *(rechts)*

Ort: Löwen
Bauzeit: 1650–1671
Baustil: Barock

Guilleaume Hesius lieferte die Pläne für dieses herausragende Beispiel belgischen Barocks, und Jan van den Steen entwickelte die Fassadengestaltung mit ihren drei Etagen,
dem krönenden Tympanon, der Treppe zum Portal und den
üppigen Reliefdetails. Die Kirche gehört dem Jesuitenorden
und wurde im Zweiten Weltkrieg schwer beschädigt.

St. Peter *(oben)*

Ort: Löwen
Bauzeit: 15. Jh.
Baustil: Hochgotik

Viele Baumeister planten an St. Peter: Sulpice van der Vorst baute den Chor, Jan II. Keldermans und Matthijs de Layens das Querschiff, J. Metsys die (unvollendeten) Türme an der Westfassade. Trotz der zeitlich versetzten Bauabschnitte – das östliche Langhaus ist älter als das westliche – besticht die Kirche durch ihre Harmonie und ihren hellen Innenraum. Ein Lettner trennt Chor und Langhaus voneinander.

Kathedrale Notre-Dame *(unten)*

Ort: Tournai
Bauzeit: 12.–14. Jh.
Baustil: Romanik, Gotik

Da sich an dieser Kathedrale hervorragend der Stilwechsel von der Romanik zur Gotik verfolgen lässt, hat sie die UNESCO im Jahr 2000 in die Liste des Weltkulturerbes aufgenommen. Das dreischiffige Langhaus ist mit den Rundbogenarkaden und den romanischen Skulpturen an den Portalen noch ganz der Romanik verpflichtet, während bereits im Querhaus die Gotik anklingt. Im Chor mit seinen schlanken Maßwerkfenstern ist sie dann voll ausgeprägt.

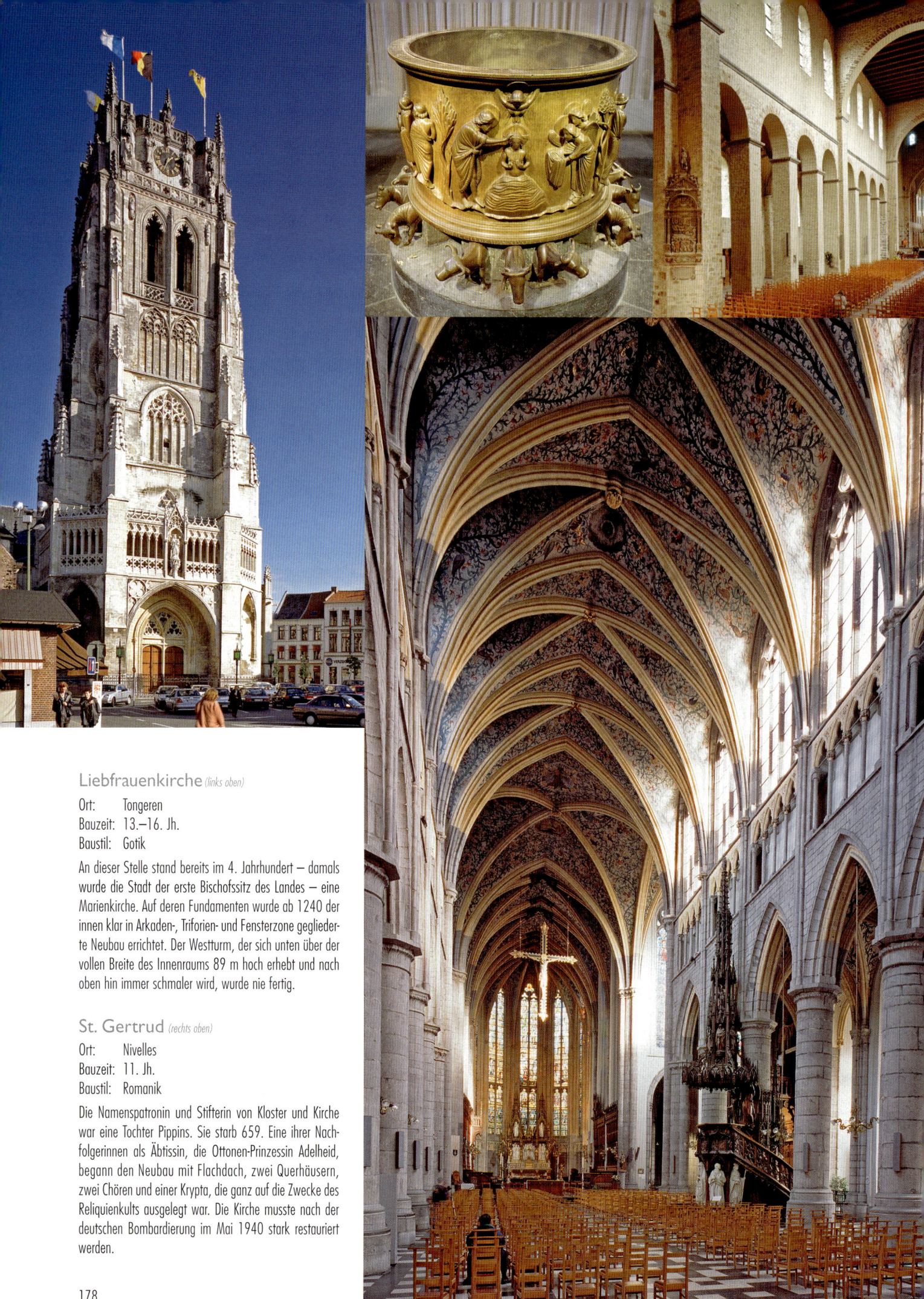

Liebfrauenkirche *(links oben)*

Ort: Tongeren
Bauzeit: 13.–16. Jh.
Baustil: Gotik

An dieser Stelle stand bereits im 4. Jahrhundert – damals wurde die Stadt der erste Bischofssitz des Landes – eine Marienkirche. Auf deren Fundamenten wurde ab 1240 der innen klar in Arkaden-, Triforien- und Fensterzone gegliederte Neubau errichtet. Der Westturm, der sich unten über der vollen Breite des Innenraums 89 m hoch erhebt und nach oben hin immer schmaler wird, wurde nie fertig.

St. Gertrud *(rechts oben)*

Ort: Nivelles
Bauzeit: 11. Jh.
Baustil: Romanik

Die Namenspatronin und Stifterin von Kloster und Kirche war eine Tochter Pippins. Sie starb 659. Eine ihrer Nachfolgerinnen als Äbtissin, die Ottonen-Prinzessin Adelheid, begann den Neubau mit Flachdach, zwei Querhäusern, zwei Chören und einer Krypta, die ganz auf die Zwecke des Reliquienkults ausgelegt war. Die Kirche musste nach der deutschen Bombardierung im Mai 1940 stark restauriert werden.

St. Bartholomäus (linke Seite Mitte oben)

Ort: Lüttich
Bauzeit: 11./12. Jh.
Baustil: Romanik

Eine Trutzburg des Glaubens war Notre-Dame-aux-Fonts, wie die dreischiffig gebaute mittelalterliche Kirche zur Entstehungszeit hieß. Sie beherbergt ein Taufbecken aus Messing, das Reiner von Huy um 1110 schuf und das für die Metallkunst im Maasland wegweisend wurde. Die Kirche wurde im 18. Jahrhundert um zwei Schiffe erweitert und mit barocken Elementen im Charakter völlig verändert.

St. Paul Kathedrale (linke Seite unten)

Ort: Lüttich
Bauzeit: hauptsächlich 13. Jh.
Baustil: Gotik

968 von einem Bischof gegründet, wurde St. Paul erst 1802 die Bischofskirche der Stadt. Die folgenden „Verschönerungen" nach dem Geschmack des Historismus haben der Kathedrale viel von ihrem ursprünglichen Reiz genommen. Trotzdem besticht das 85 m lange und 34 m hohe Langhaus mit kraftvoller Gliederung und – im südlichen Seitenschiff – Glasfenstern aus dem 16. Jahrhundert.

Jakobskirche (rechts)

Ort: Lüttich
Bauzeit: 12./16. Jh.
Baustil: Romanik/Spätgotik

Maßwerk an der Maas – hier findet man es in Vollendung. Das Netzgewölbe schwebt leicht über dem 1513–1538 gebauten Langhaus, die Ornamentik in und zwischen den Spitzbögen erinnert in ihrer Feinheit an Spitzendeckchen. In krassem Gegensatz dazu steht der ältere, wuchtige Vorbau. Dass die Renaissance spät nach Flandern kam, zeigt sich am 1558–1560 in diesem Stil gestalteten Nordportal.

St. Nikolaus (unten)

Ort: Eupen
Bauzeit: ab 1722
Baustil: Barock

Eupen war lange umkämpft. Der Frieden von Utrecht 1713 gewährte der Stadt eine Atempause unter den Habsburgern, in der sie prosperierte. Zahlreiche Gebäude stammen aus jener Zeit, auch St. Nikolaus. Architekt der Kirche ist Laurenz Mafferdatis, der im Aachener Raum viele Kirchen und Häuser gebaut hat. Der Hochaltar stammt von Johann Josef Couven, auch er ein bekannter Baumeister.

Frankreich

Religiöse Vorstellungen und architektonische Genialität verbanden sich in der französischen Kathedralgotik zu einem für ganz Europa vorbildlichen Konzept: Die Idee, sich durch einen langen mystisch beleuchteten Gang von Westen nach Osten zum Licht, zum Ort der Wiederkunft des Messias, zu bewegen, wurde in der klassischen gotischen Doppelturmkathedrale umgesetzt und weiterentwickelt, bis sich die Mauern fast in feinstem Maßwerk auflösten – das alles unterstützt von vielen Statuen und kostbaren Ausstattungsgegenständen.

Kloster La Trinité *(links)*

Ort: Fécamp
Bauzeit: 12., 13. Jh.
Baustil: Romanik

Die Dreifaltigkeitsabtei der Benediktiner wurde um 660 gegründet. Die heutige Klosterkirche ist die vierte an dieser Stelle und gilt als Musterbeispiel normannischer Architektur – und das Kloster als Geburtsort des berühmten Kräuterlikörs Bénédictine, den 1510 ein Mönch aus 27 Kräutern entwickelte. Eine der künstlerischen Kostbarkeiten ist der reliefgeschmückte Sarkophag des Guilleaume de Ros (12. Jh.).

Abteikirche *(rechts oben)*

Ort: Lessay
Bauzeit: 11. Jh.
Baustil: Romanik

Diese dreischiffige Klosterkirche besitzt eines der frühesten bekannten und erhaltenen Kreuzrippengewölbe und bietet damit eine Vorbereitung auf die Gotik. Während des Hundertjährigen Kriegs und des Zweiten Weltkriegs wurde die Kirche stark beschädigt und in den 1960er-Jahren wieder aufgebaut. Dabei wurde ein Grab aus dem Jahre 1098, vom Sohn des Gründers, gefunden.

Notre-Dame *(rechts unten)*

Ort: Amiens
Bauzeit: 1220– ca. 1300
Baustil: Gotik

Mit einer Gewölbehöhe von 42,30 m und einer Innenlänge von 133,50 m ist diese Kathedrale der größte Sakralbau Frankreichs – und mit ihrer spätgotischen Ausstattung auch einer der schönsten, zumal wenig zerstört wurde. Aus der prachtvollen Westfassade stechen neben den drei reich ornamentierten Portalen vor allem die Figuren hervor, die nicht nur durch ihre Vielzahl, sondern besonders durch ihre einheitliche Harmonie beeindrucken.

St.-Joseph *(ganz rechts)*

Ort: Le Havre
Bauzeit: 1951–1954
Baustil: Nachkriegsmoderne

Ganz aus Beton – wie viele Gebäude in der normannischen Hafenstadt – besteht diese katholische Kirche mitten im Zentrum. Sie wurde von Auguste Perret (1874–1954) entworfen, der als Pionier des Stahlbetonbaus die Stadt nach den schweren Zerstörungen des Zweiten Weltkriegs wiederaufgebaut hat. Dieser Zentralbau, der an einen Hochofen erinnert, war sein letztes Werk.

Notre-Dame (oben)

Ort: Caudebec-en-Caux
Bauzeit: 15., 16. Jh.
Baustil: Gotik

Die dreischiffige Basilika prunkt geradezu mit dem Zierrat der Spätgotik, und ihr freistehender Turm scheint sich im feinen Maßwerkhelm aufzulösen. Ähnliches gilt für die kunstvollen Flamboyantfenster im Inneren. Die Scheitelkapelle des Chors kann mit einem 4 m langen hängenden Schlussstein aufwarten, wie er vor allem aus den englischen Kathedralen der Spätgotik bekannt ist.

Kathedrale Notre-Dame (links)

Ort: Bayeux
Bauzeit: 1077 geweiht, später neu- und umgebaut
Baustil: im Ursprung normannisch

Gleichzeitig mit der Weihe der Kathedrale war auch der berühmte Teppich von Bayeux fertig. Dieser 70 m lange Teppich, der die Geschichte der Eroberung Englands durch die Normannen zeigt, wird jedes Jahr während der Reliquienfeiern im Chor gezeigt. Von der normannischen Architektur zeugen noch die mit geometrischen Mustern dekorierten Rundbögen im Mittelschiff, während die Gotisierung im 13. Jahrhundert die übrigen romanischen Gebäudeteile weitgehend ersetzt hat.

Kathedrale (rechts oben)

Ort: Coutance
Bauzeit: 1218–1581
Baustil: Gotik

Der romanische Bau aus dem 11. Jahrhundert, der schrittweise von Westen nach Osten ersetzt wurde, hat die Dimensionen und den Grundriss des gotischen Nachfolgers bestimmt. Langhaus und Langchor sind dreischiffig, umgeben von einem Kapellenkranz. Die Kapellen entstanden zwischen den Strebepfeilern, die außen nur noch als monumentale Bögen zu sehen, im Inneren aber mit feinstem Maßwerk gefüllt sind.

St.-Vigor (unten)

Ort: Cérisy-la-Forêt

Bauzeit: ca. 1070–1085

Baustil: Romanik

Obwohl die ehemalige Abteikirche der Benediktiner durch Zerstörungen erhebliche Teile ihres dreischiffigen Langhauses verloren hat, ist sie noch sehr ursprünglich und unverändert. Ebenso wie das Langhaus besitzt der Chor drei Geschosse, die fast gleich hoch sind, und eine durchfensterte Apsis. Als Vorbild diente St.-Etienne in Caen, zu dessen Priorat sie gehörte.

Kathedrale St.-Pierre (links oben)

Ort: Lisieux
Bauzeit: um 1170–13. Jh., später erweitert
Baustil: Gotik

Nach der Zerstörung der romanischen Kathedrale durch einen Blitz errichtete man in Lisieux eine gotische Kathedrale, die – vor allem aus Sparsamkeit – die romanischen Reste einbezog. So wurden die Türme gotisch verkleidet und die Vierungspfeiler mit Pfeilerbündeln ummantelt. Beim Wandaufbau orientierte man sich an der Kathedrale von Laon, verzichtete aber auf das Triforium.

St.-Fiacre (links unten)

Ort: Saint-Fiacre bei Le Faouët
Bauzeit: 1480
Baustil: Gotik

Die im Grunde recht schlichte bretonische Dorfkirche trumpft außen mit drei Türmen über der Eingangsfassade auf: Zwei achteckige Treppentürme flankieren einen viereckigen Glockenturm, der aus der Mitte des Giebels aufsteigt, und ermöglichen den Zugang zu seinem Balkon. Aber auch im Inneren bietet die Kapelle mit ihrem farbigen, reich skulpturierten Lettner einen Augenschmaus.

St.-Sulpice (ganz rechts oben)

Ort: Secqueville-en-Bessin
Bauzeit: Anfang 12. Jh.
Baustil: Romanik

Über dem Grundriss eines lateinischen Kreuzes wurde diese Kirche als dreischiffige Basilika errichtet. Die Außenfassade ist vor allem im Obergaden und im Vierungsturm durch vorgeblendete Rundbogenarkaden mit Doppelsäulen gegliedert. Im Inneren werden die schlichten Arkadenbögen durch Reliefs an den Kapitellen und teilweise durch Ornamentfriese geschmückt.

Ruine Notre-Dame (rechts)

Ort: Jumièges
Bauzeit: 1040–1066
Baustil: Romanik

Selbst als Ruine ist die ehemalige Klosterkirche, deren Fassade als die früheste erhaltene Doppelturmfassade gilt, noch sehenswert. Ihre Langhauswände zeigen einige Neuerungen in der romanischen Gestaltungsweise, so die konsequente Aufteilung in quadratische Joche, der Wechsel zwischen Säulen und Pfeilern sowie die Vorlagerung von Halbsäulen vor die Pfeiler. Dadurch wirkt der Raum stärker gegliedert.

Kathedrale Notre-Dame *(unten)*

Ort: Rouen

Bauzeit: 13.–16. Jahrhundert

Baustil: Gotik

Mit ihrem 151 m hohen Turm besitzt dieses Gotteshaus nicht nur den höchsten Turm von Frankreich, sondern es gilt auch als eines der schönsten und wurde durch die Gemälde des Impressionisten Claude Monet weltberühmt. Er ließ sich von der reichen Bauplastik bei unterschiedlichen Lichtstimmungen beeindrucken und inspirieren – genau das hatten die gotischen Baumeister mit ihren großen Kathedralen erreichen wollen.

St.-Ouen *(links oben)*

Ort: Rouen
Bauzeit: 1318–16. Jh.
Baustil: Gotik

Die Kirche der ehemaligen Benediktinerabtei ist länger und besitzt höhere Gewölbe als die Kathedrale von Rouen und bezeugt damit den damaligen Reichtum des Klosters. Ihr Vierungsturm mit seinem wunderbar detailreichen Maßwerk gehört zu den Meisterwerken spätgotischer Architektur. Im Innenraum sind es vor allem die Chorfenster des 14. Jahrhunderts, die mit ihrem Bildprogramm die Aufmerksamkeit auf sich ziehen.

Jeanne-d'Arc-Gedenkkirche *(links unten)*

Ort: Rouen
Bauzeit: 1979 geweiht
Baustil: internationale Moderne

1431 wurde Jeanne d'Arc auf dem Marktplatz in der heutigen Altstadt von Rouen als Hexe verbrannt. Im 20. Jahrhundert wurde zu ihrem Gedenken eine Kirche errichtet, die mit ihren modernen geschwungenen Formen zwischen den alten Kaufmanns- und Fachwerkhäusern ebenso exotisch wirkt, wie das mutige Bauernmädchen damals auf die Zeitgenossen gewirkt haben muss, als es sich für die Befreiung von Orléans einsetzte.

Klosterruine Notre-Dame *(Mitte)*

Ort: Hambye
Bauzeit: 1132–1150
Baustil: Gotik

Diese Benediktinerabtei in der Normandie diente seit 1810 den Bürgern von Hambye lange als Steinbruch. Doch auch wenn aus dem Westportal und Teilen des Kreuzgangs ein Schuppen wurde, ist vom Chor mit seinen schlank nach oben strebenden Arkaden noch Einiges zu sehen. Von den Klostergebäuden sind noch einige Räume, darunter der Kapitelsaal, recht gut erhalten. Sie werden teilweise als Museum genutzt.

St.-Etienne *(rechts oben)*

Ort: Caen

Bauzeit: ca. 1060–1120, später erweitert

Baustil: Romanik

Mit dieser ehemaligen Abteikirche und mit der „Schwesterkirche" Ste.-Trinité erreicht die normannische Architektur ihren Höhepunkt: Die Westfassade mit den drei Rundbogenportalen gliedert sich in den Türmen nach oben hin immer weiter auf. Ähnliches vollzieht sich im Wandaufriss, der dreizonig wird – mit Emporen und Stützenwechsel. Das Langhaus wird von einem sechsteiligen Rippengewölbe gedeckt.

Ste.-Trinité *(rechts unten)*

Ort: Caen

Bauzeit: ca. 1060–1130, später erweitert

Baustil: Romanik

Während St.-Etienne von Wilhelm dem Eroberer als Männerkloster gegründet wurde, stiftete seine Frau Mathilde zur selben Zeit dieses Frauenkloster: Anlass für beide Gründungen war die erfolgreiche Eheschließung der beiden gegen den Willen des Papstes. Außen nicht ganz so elegant wie die „Bruderkirche", zumal man die Türme nicht wiederaufgebaut hat, besitzt Ste.-Trinité im Langhaus keine Emporen, sondern Blendarkaden.

Abteikirche *(oben)*

Ort: Saint-Germer-de-Fly
Bauzeit: 1150–1160, Marienkapelle 1260–1265
Baustil: Romanik, Marienkapelle Gotik

Bei dieser ehemaligen Abteikirche präsentiert sich ein
Kontrast, wie er stärker kaum sein könnte: An die spätromanische, 63 m lange Kirche mit dreischiffigem Langhaus
und einschiffigem Querhaus sowie Umgangschor baute
man als Ersatz für die mittlere Chorkapelle eine gotische
Marienkapelle von 34 m als Grabkapelle an. Vorbild für das
durchfensterte Gebäude war Sainte-Chapelle in Paris.

Ste.-Cathérine *(Mitte)*

Ort: Honfleur
Bauzeit: 15., 16. Jh.
Baustil: Gotik

Der Holzbau war im Mittelalter in der Normandie weit verbreitet, wurde jedoch wegen der Brandgefahr selten für
Kirchen angewandt. So ist die Katharinenkirche nur aus
Zeit- und Finanzgründen nach der Zerstörung des Ur-
sprungsbaus durch die Engländer aus Holz errichtet worden. Das Provisorium wurde mit der Zeit zur dreischiffigen
Kirche ergänzt und besitzt ein bronzenes Lesepult aus dem
16. Jahrhundert.

St.-Georges *(unten)*

Ort: Saint-Martin-de-Boscherville
Bauzeit: 12. Jh.
Baustil: Romanik

Die ehemalige Benediktinerkirche, an deren nördlichem
Querhaus ein Kapitelhaus angebaut wurde, ist heute Pfarr-
kirche des kleinen Orts in der Normandie und gut erhalten.
Ihre schlanken Türmchen der Westfassade scheinen auf den
mächtigen Vierungsturm hinweisen zu wollen. Die schönen
Kapitelle der Säulen am Eingang zum Kapitelsaal sind zwar
nur Kopien, beweisen aber die Kunstfertigkeit der
Baumeister.

Notre-Dame *(ganz rechts)*

Ort: Les Andelys
Bauzeit: 13.–17. Jh.
Baustil: im Wesentlichen Gotik

Bis diese Kirche ihr heutiges Aussehen erhielt, vergingen
fast fünf Jahrhunderte, in denen gebaut und immer wieder
in den aktuellsten Formen nachgebessert wurde. Bei der
Erweiterung der Seitenschiffe findet der Übergang von der
Spätgotik zur Renaissance statt: Im Süden kommt noch
einmal das feine Flamboyantmaßwerk zum Einsatz, während auf der Nordseite klassische, antike Formen das Bild
bestimmen.

Notre-Dame de Quilinen *(links)*

Ort: bei Quimper
Bauzeit: 15. Jh.
Baustil: Gotik

An dieser Landkirche ist vor allem ihr Calvaire sehenswert, der bei der Kirche angelegte Steinaltar zur Kreuzigung Christi. Auf zwei übereinander liegenden Dreiecken, die als Sockel dienen, recken sich die Figuren der Apostel schlank am Kreuz nach oben. Die sehr ausdrucksstarke Steinmetzarbeit, deren Schöpfer nicht bekannt ist, wurde schon oft mit Werken El Grecos verglichen.

Kathedrale *(rechts)*

Ort: Laon
Bauzeit: 1155–1235
Baustil: Gotik

Diese frühgotische Kathedrale gilt als Sakralbau der Übergangszeit, denn sie besitzt noch romanische Details wie den vierzonigen Wandaufbau mit Empore, Rundbogen und massive Portalvorbauten. Dies wird kombiniert mit Spitzbogen im unteren Bereich, stärker rhythmisierter Fassade und weniger massiven Türmen. Leider fielen die meisten Skulpturen an der Fassade der Revolution zum Opfer.

St.-Pierre *(rechte Seite links oben)*

Ort: Beauvais
Bauzeit: 13. Jh., unvollendet
Baustil: Gotik

Die Kathedrale von Beauvais ist ein Zeugnis für das Scheitern großer Baupläne: Sie sollte die schönste und größte aller gotischen Kathedralen werden, doch Kämpfe unter den Bürgern der Stadt, Finanznöte, einstürzende Gebäudeteile und Kriege verhinderten, dass mehr als der Chor gebaut werden konnte. Dieser aber lässt die großen Pläne erahnen, denn er übertrifft mit einer Höhe von 48 m alle vergleichbaren Choranlagen und ist von feinsten Maßwerkfenstern durchlichtet.

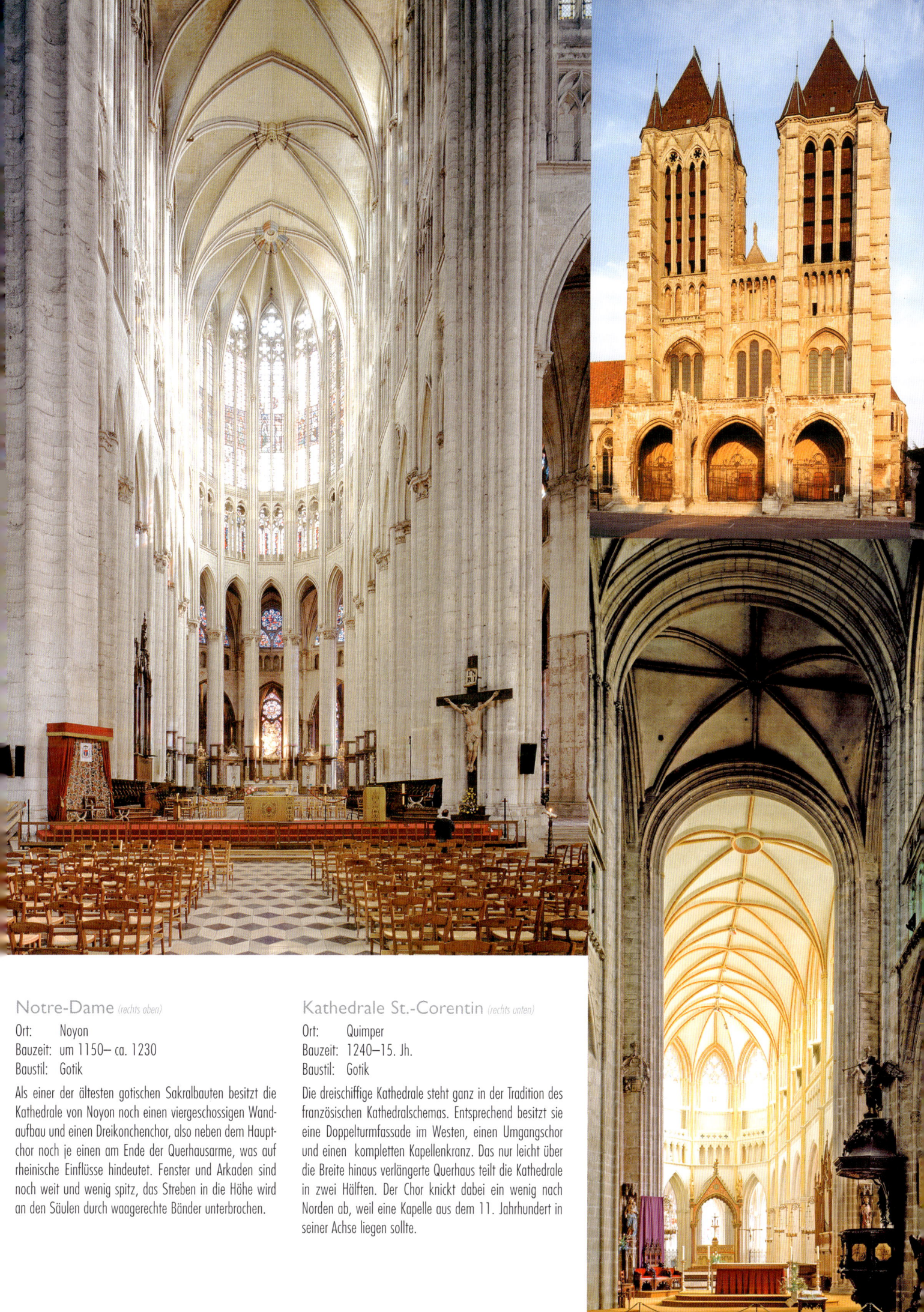

Notre-Dame *(rechts oben)*

Ort: Noyon
Bauzeit: um 1150– ca. 1230
Baustil: Gotik

Als einer der ältesten gotischen Sakralbauten besitzt die Kathedrale von Noyon noch einen viergeschossigen Wandaufbau und einen Dreikonchenchor, also neben dem Hauptchor noch je einen am Ende der Querhausarme, was auf rheinische Einflüsse hindeutet. Fenster und Arkaden sind noch weit und wenig spitz, das Streben in die Höhe wird an den Säulen durch waagerechte Bänder unterbrochen.

Kathedrale St.-Corentin *(rechts unten)*

Ort: Quimper
Bauzeit: 1240–15. Jh.
Baustil: Gotik

Die dreischiffige Kathedrale steht ganz in der Tradition des französischen Kathedralschemas. Entsprechend besitzt sie eine Doppelturmfassade im Westen, einen Umgangschor und einen kompletten Kapellenkranz. Das nur leicht über die Breite hinaus verlängerte Querhaus teilt die Kathedrale in zwei Hälften. Der Chor knickt dabei ein wenig nach Norden ab, weil eine Kapelle aus dem 11. Jahrhundert in seiner Achse liegen sollte.

Mont-Saint-Michel *(oben)*

Ort: Mont-Saint-Michel
Bauzeit: 11.–16. Jh.
Baustil: Romanik, Gotik

Als „das Wunder des Abendlands" betitelt, zieht die Klosterburg jedes Jahr aufs Neue die meisten Touristen aller Sehenswürdigkeiten in Frankreich an. Gegründet 966, als 30 Benediktiner das erste Kloster auf dem Granitfelsen mit 900 m Durchmesser errichteten, entwickelte sich daraus mit der Zeit diese imposante Klosterburg mit der Michaelskirche im Zentrum und an der Spitze. Sie war zwischen England und Frankreich hart umkämpft, wurde aber nie eingenommen.

Kathedrale *(unten)*

Ort: Evreux
Bauzeit: 13. Jh.
Baustil: Gotik

Der romanische Vorgängerbau war 1194 durch einen Brand schwer beschädigt worden und wurde im Stil der Gotik repariert. Dabei ist die um 1500 entstandene Fassade des Nordquerhauses mit ihrer überbordenden Maßwerkdekoration zu einem Höhepunkt geworden. Ungewöhnlicherweise besitzt die Kathedrale ein dreischiffiges Langhaus, das sich hinter der Vierung zu einem breiteren dreischiffigen Chor weitet.

Notre-Dame *(oben)*

Ort: Senlis
Bauzeit: 12., 13. Jh.
Baustil: Gotik

Die Weihe dieser dreischiffigen Kathedrale mit Umgangs-chor am 16. Juni 1191 war für viele anwesende Bischöfe der Anstoß, selbst mit dem Bau eines solch prächtigen Gebäudes zu beginnen, denn der frühgotische Bau ist zwar eher klein, aber sehr harmonisch ausgeführt. Neu ist das Thema der Marienkrönung an der Westfassade, die ebenso wie der Turm erst im 13. Jahrhundert errichtete wurde.

St.-Gervais-et-Protais *(unten)*

Ort: Soissons
Bauzeit: 1177– ca. 1180
Baustil: Gotik

Zur gleichen Zeit wie die berühmten Kathedralen in Bourges und Chartres entstand auch die Kathedrale von Soissons. Unter diesem Einfluss wurde der Plan einer Dreikonchen-anlage abgeändert, bei der auch das Querhaus an seinen Enden je einen Chor hat. Der schon fertige Südquerarm wurde wegen knapper Finanzen nicht mehr umgebaut. Während die Skulpturen der Westfassade zerstört wurden, sind die wertvollen Fenster des 13. Jahrhunderts noch erhalten.

St.-Denis (oben)

Ort: Saint-Denis
Bauzeit: um 1130
Baustil: Romanik

Diese Abteikirche ist eine der berühmtesten Kirchen in Frankreich und Europa, denn von hier gingen durch Abt Suger wesentliche Impulse für das Christentum aus. Außerdem ist die dreischiffige Basilika der bereits um 625 gegründeten Abtei die Grabstätte der Könige und der Ort, an dem die Zeichen königlicher Macht aufbewahrt wurden – die französischen Kroninsignien.

Notre-Dame (rechts unten)

Ort: Reims
Bauzeit: 1211–1311
Baustil: Gotik

Der Erzbischof von Reims orientierte sich beim Bau an der Kathedrale von Chartres, indem er die dort entwickelten gotischen Stilelemente perfektionieren ließ und – Chartres zu übertreffen suchte. Entstanden ist ein gotischer Sakralbau aus einem Guss mit wunderschönem Skulpturenschmuck. Passend zur Funktion als Krönungskirche der französischen Könige bildet eine Galerie der Könige den oberen Abschluss der Westfassade.

Klosterkirche St.-Rémi (links unten)

Ort: Reims
Bauzeit: 1005– ca. 1050
Baustil: Romanik

Ursprünglich war diese dreischiffige Basilika mit Querhaus flach gedeckt. Das Rippengewölbe ebenso wie der Umgangschor wurden erst mit der Gotik nachträglich angefügt. So auch die spitzen Blendbögen, die sich über den runden romanischen Arkaden des Obergadens etwas behäbig hochrecken. Die Fenster darüber und die Langhausarkaden ganz unten haben ebenso Rundbögen, so dass der romanische Eindruck überwiegt.

Sacré Cœur (oben)

Ort: Paris
Bauzeit: 1876–1910
Baustil: Neoromanik

Obwohl sie von Kunsthistorikern als „Zuckerbäckerkirche"
geschmäht wird, steht die Basilika Sacré Cœur bei den
Touristen in Paris ganz oben auf der Liste der Attraktionen.
Das weiße Marmorbauwerk auf dem Hügel des Vergnü-
gungsviertels Montmartre überragt mit seinen orientalisch
anmutenden Kuppeln große Teile der französischen Hauptstadt — und bietet einen fantastischen Blick auf diese
herab.

Kirche der Sorbonne (unten)

Ort: Paris
Bauzeit: 1626 begonnen
Baustil: Barock

Die Église de la Sorbonne, erbaut von Jacques Lemercier,
wurde wegweisend für den Barock in Frankreich. Sie wird
von einer großen Zentralkuppel beherrscht und besitzt mit
der Hof- und der Westfassade zwei sehr unterschiedliche
Eingangssituationen. Während die Westseite breit und aus-
ladend wirkt, strebt die schmalere Hofansicht über Säulen
und Mittelgiebel zur Kuppel empor.

Notre-Dame *(oben)*

Ort: Paris
Bauzeit: 1163–1270
Baustil: Gotik

Die Kathedrale von Paris besticht besonders durch ihre ausgewogene Westfassade mit den Doppeltürmen, die zum Vorbild für viele spätere gotische Kirchen wurde. Ihre waagerechten und senkrechten Gliederungsachsen treffen sich in der Fensterrosette. Die drei Spitzbogenportale sind reich mit erstklassigen Skulpturen verziert. Die restaurierten Chorschranken im Inneren gehören zu den wenigen erhaltenen mittelalterlichen Chorschranken.

Notre-Dame-du-Pentecôte *(ganz rechts oben)*

Ort: Paris
Bauzeit: 2001
Baustil: Gegenwartsarchitektur

Im modernen Pariser Stadtteil La Defense steht diese Kirche, deren Hauptwerkstoff opalfarbiges Verbundglas ist. Das Kreuz jedoch besteht aus durchsichtigem Glas, so dass Licht ungehindert einfallen und seine Wirkung entfalten kann. Der Architekt Franck Hammoutene sieht in dem 40 x 16 m großen Glasschirm eine Art Wegweiser in ein Gebäude, wo die Besucher auf geistige Reisen gehen können.

Notre-Dame-du-Travail *(rechts unten)*

Ort: Paris
Bauzeit: 1899–1901
Baustil: Ingenieurbauwerk

Der französische Architekt Jules Astruc (1862–1935) entwarf diesen Sakralbau als zeitgemäße Eisenskelettkonstruktion im Pariser Stadtteil Plaisance, wo vor allem Arbeiter und Angestellte der Eisenbahn des nahen Bahnhofs Montparnasse wohnten. Die Außenmauern der fünfschiffigen Basilika, die bewusst an eine Fabrikhalle erinnern soll, sind ebenso wie Chor und Fassade gemauert. Als Stützen dienen Industrieprofile.

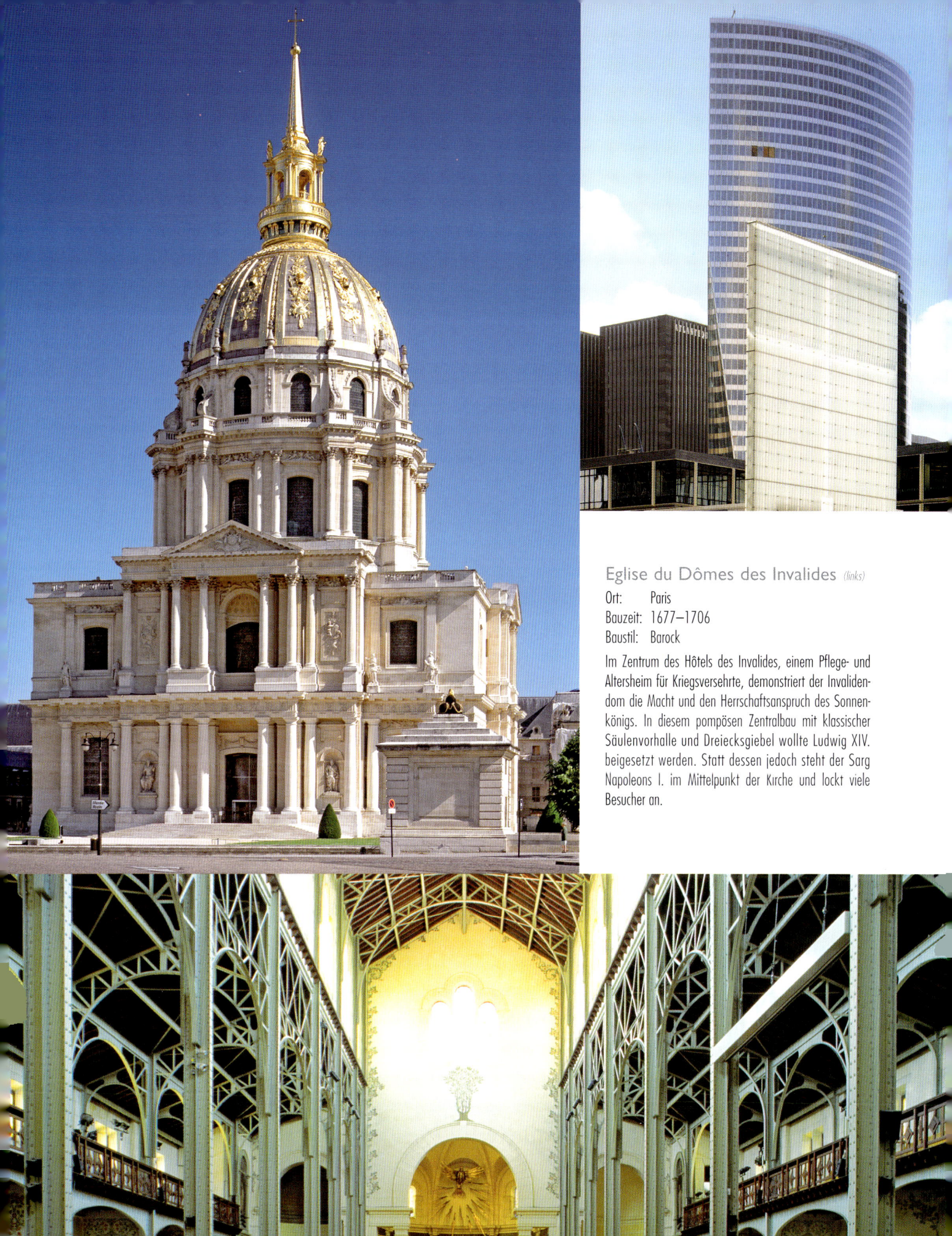

Eglise du Dômes des Invalides *(links)*

Ort: Paris
Bauzeit: 1677–1706
Baustil: Barock

Im Zentrum des Hôtels des Invalides, einem Pflege- und Altersheim für Kriegsversehrte, demonstriert der Invalidendom die Macht und den Herrschaftsanspruch des Sonnenkönigs. In diesem pompösen Zentralbau mit klassischer Säulenvorhalle und Dreiecksgiebel wollte Ludwig XIV. beigesetzt werden. Statt dessen jedoch steht der Sarg Napoleons I. im Mittelpunkt der Kirche und lockt viele Besucher an.

Ste.-Chapelle *(links)*

Ort: Paris
Bauzeit: 1245–1248
Baustil: Gotik

In dieser Kapelle, die sich König Louis IX. für kostbare Reliquien an seine Residenz bauen ließ, präsentiert sich die Hochgotik in ihrer schönsten Ausprägung: Das Mauerwerk ist fast vollständig aufgelöst in hohe Maßwerkfenster, die den Raum in buntes Licht tauchen. In der Oberkirche wohnten der König und seine Familie der Andacht bei, in der Unterkirche die Bediensteten.

St.-Sulpice *(ganz rechts oben)*

Ort: Paris
Bauzeit: 1646–1766
Baustil: Klassizismus

Auch wenn der Grundentwurf für die Kirche von Le Vau, einem der führenden Architekten des französischen Hochbarocks, stammt, wurde sie durch die lange Bauzeit zum Sakralbau des Klassizismus. Vor allem ihre Fassade von Servandoni und Chalgrin mit der zweigeschossigen Vorhalle und der am Altertum orientierten Säulenfolge wurde vielerorts nachgeahmt. Eine ihrer Kapellen ist mit einem Fresko von Eugène Delacroix ausgestattet.

Panthéon – Ste.-Geneviève
(rechts oben)

Ort: Paris
Bauzeit: 1764–1790
Baustil: Klassizismus

Bereits ein Jahr nach Vollendung der Kirche widmete der Revolutionsrat sie um als Mausoleum für große französische Persönlichkeiten. Dafür wurden die Fenster vermauert und die beiden Glockentürme neben dem Chor entfernt. Dadurch wich der Eindruck leichter Eleganz dem massiver Erhabenheit, denn nun wird die Dominanz des Säulenportikus und der Tambourkuppel mit Säulenumgang nicht mehr relativiert.

Val-de-Grâce *(ganz rechts unten)*

Ort: Paris
Bauzeit: 1645–1667
Baustil: Barock

Die Kirche des ehemaligen Benediktinerinnenklosters – entstanden als Dank für die Geburt von Ludwig XIV. – wurde mit ihrem doppelsäuligen Portikus mit Dreiecksgiebel stilbildend für viele barocke französische Kirchen. Dahinter erhebt sich die 40 m hohe Kuppel, die mit prächtigen Fresken ausgemalt ist. Der Baldachin des Altars hat sein Vorbild im Bernini-Altar der Peterskirche in Rom.

St.-Eugène (oben)

Ort: Paris
Bauzeit: 1854–1855
Baustil: Neogotik

Die Kirche St. Eugène ist ein Werk von Louis August Boileau
(1812–1896), der mit Gustave Eiffel zusammenarbeitete
und als einer der ersten Architekten überhaupt Eisenkon-
struktionen im Kirchenbau einsetzte. In St. Eugène, einer
dreischiffigen Hallenkirche, setze er Eisen zur Nachahmung
von gotischen Spitzbogenrippen ein. Die dazwischen ent-
stehenden Gewölbefelder konnten dekoriert werden.

St.-Etienne-du-Mont *(links oben)*

Ort: Paris
Bauzeit: 1492–1626
Baustil: im Ursprung Gotik

Diese Kirche am Place Sainte-Geneviève entstand in der Übergangszeit von der Gotik zur Renaissance, was besonders an der Fassade deutlich wird: Halbsäulen mit Dreiecksgiebel leiten über zur Maßwerkrosette unter einem Rundgiebel. Der Turm besitzt eine Renaissance-Haube auf einer Laterne. Der Lettner ist der einzige in Paris, der die Umgestaltung der Kirchräume zu Gunsten einer besseren Sicht auf den Chor überlebt hat.

St.-Jean-l'Evangeliste *(inks unten)*

Ort: Paris
Bauzeit: 1894–1904
Baustil: Jugendstil

Die dreischiffige Kirche, entworfen von Anatole de Baudot, wurde im Wesentlichen aus Zement und Eisen errichtet. Die Fassade jedoch besteht aus rotem Backstein und grünen Ornamenten. Zwischen zwei Treppentürmen, die den Mittelgiebel nicht überragen, ist die Portalzone der Kirche durch das ebenso große Fenster darüber und die Jugendstilornamente besonders betont.

Chapelle Royale *(oben)*

Ort: Versailles
Bauzeit: Barock
Baustil: 1699–1710

Die Schlosskapelle von Versaille ist am südlichen Ende des Nordflügels im Schloss untergebracht. Damit lag sie nah an den königlichen Gemächern, so dass die Herrscher sie schnell erreichen konnten, wenn sie Gottes Rat oder Trost brauchten. Dazu suchten sie in der Regel die hohe Empore mit den korinthischen Säulen und der vergoldeten Balustrade auf. Auf die untere Ebene des Altars begaben sie sich nur, wenn ein Bischof die Messe las.

St.-Quiriace *(links oben)*

Ort: Provins
Bauzeit: 12. Jh.
Baustil: Gotik

Henri le Libéral veranlasste im 12. Jahrhundert den Bau dieser Kollegiatskirche, die jeden Abend von 1000 Lichtern beleuchtet wird. Aufgrund von finanziellen Schwierigkeiten wurde sie nie fertig gestellt. Das erklärt ihre gedrungen wirkende Gebäudeform, denn hier handelt es sich im Wesentlichen um den Chor. An den Kapitellen in seinem Inneren lässt sich noch die Verbindung zur Romanik ablesen.

Notre-Dame-en-Vaux *(links unten)*

Ort: Châlons-en-Champagne
(bis 1997: Châlons-sur-Marne)
Bauzeit: 12., 13. Jh.
Baustil: im Wesentlichen Gotik

Schon für 850 wird eine der Heiligen Jungfrau geweihte Kapelle erwähnt, die später zur Stiftskirche wird. Obwohl die heutige Kirche vor 1157 im so genannten Übergangsstil (von der Romanik zur Gotik) begonnen wurde, repräsentieren ihre wesentlichen Teile die Frühgotik. Im Westen besitzt sie eine klassische Doppelturmfassade mit Fensterrose. Im Osten flankieren zwei romanische Türme den hochgotische Chor.

Auferstehungskathedrale *(oben)*

Ort: Evry
Bauzeit: 1992–1995
Baustil: Gegenwart

Mit der runden Form der Kirche und dem Licht, das von oben durch bogenförmige Fenster einfällt, als Gestaltungskomponenten nimmt der Schweizer Architekt Mario Botta (*1943) sehr alte Themen der Sakralarchitektur auf und gibt ihnen ein modernes Gesicht. Indem er auf den mächtigen Backsteinbau einen Baumkranz setzte, verdeutlicht er die Position des Menschen als Teil der Natur. Zugleich werden Lebensbaum und Wiedergeburt symbolisch dargestellt.

Kathedrale Notre-Dame *(links oben)*

Ort: Sées
Bauzeit: Ende 12.– Anfang 14. Jh.
Baustil: Gotik

Dass der nur 4500 Einwohner zählende Ort im Mittelalter weitaus bedeutender gewesen sein muss als heutzutage, beweist die große gotische Kathedrale. Tatsächlich war Sées bereits im Jahre 400 Bischofssitz. Der dreischiffige Sakralbau mit einschiffigem Querhaus und Umgangschor besitzt noch Fenster aus dem 14. und 15. Jahrhundert sowie schöne Fensterrosen, Grabmale und Altäre.

St.-Etienne *(links unten)*

Ort: Metz
Bauzeit: 12220–1520
Baustil: Gotik

Diese Kathedrale zieht die Besucher vor allem wegen ihrer Fenster an: 6500 m² Fensterfläche versorgen das über 40 m hohe Kirchenschiff mit farbigem Licht. Anziehungspunkt sind einerseits die wertvollen mittelalterlichen Glasmalereien aus dem 13. und 16. Jahrhundert und andererseits jene aus dem 20. Jahrhundert. Sie stammen von Valentin Bousch, Jacques Villon und Marc Chagall

Kathedrale Notre-Dame *(Mitte)*

Ort: Chartres
Bauzeit: 1194–1260
Baustil: Gotik

Als Prototyp der gotischen Kathedrale ist Notre-Dame der erste gotisch durchgeformte Sakralbau und richtungsweisend für spätere Bauten. Hier wurden in den wunderbaren Fensterrosetten, die vor allem durch ihr Chartres-Blau faszinieren, das Maßwerk entwickelt, außen doppelte Strebebögen, Bündelpfeiler im Inneren. In der Bauplastik lösen sich die Skulpturen aus dem Mauerrelief, und der Innenraum ist dreigeschossig.

St.-Julien *(linke Seite links unten)*

Ort: Le Mans
Bauzeit: 11., 12. Jh.
Baustil: Gotik

Die Kathedrale von Le Mans ist ein exzellentes Beispiel für die Anpassung und Integration der Romanik, des alten Stils, an die Neuerungen der Gotik. Statt alte Gebäudeteile abzureißen, wurde umgebaut: Bei den Arkaden des Mittelschiffs wurden lediglich die Rundstützen ersetzt, dafür wurde der Obergaden neu gebaut und das Schiff eingewölbt. Der komplizierte Umbau verbindet alt und neu auf ästhetische Weise.

St.-Étienne *(linke Seite rechts unten)*

Ort: Sens
Bauzeit: 1143–1163
Baustil: Frühgotik

Die Kathedrale von Sens wurde zukunftsweisend für die großen Sakralbauten des 13. Jahrhunderts, weil hier zum ersten Mal der vierzonige Wandaufbau durch einen dreiteiligen ersetzt wird: Es gibt nur noch Arkade, Triforium und Obergaden, die früher übliche Empore entfiel. Dadurch wird statt der Waagerechten die Senkrechte vermehrt betont — ein wichtiger Aspekt in der Gotik.

St.-Pierre-et-St.Paul *(oben)*

Ort: Troyes
Bauzeit: 1208–1640
Baustil: Gotik

Durch die lange Bauphase hat zwar auch der Barock seine Spuren hinterlassen, aber doch in einer sich harmonisch einfügenden Weise. Das Mauerwerk der Westfassade, von der nur ein Turm ausgeführt wurde, scheint sich im spätgotischen Maßwerk und Dekor, spätestens in der Fensterrose, aufzulösen. Im Inneren bezaubert das mystische Licht der bunten Fenster, die sorgfältig restauriert wurden.

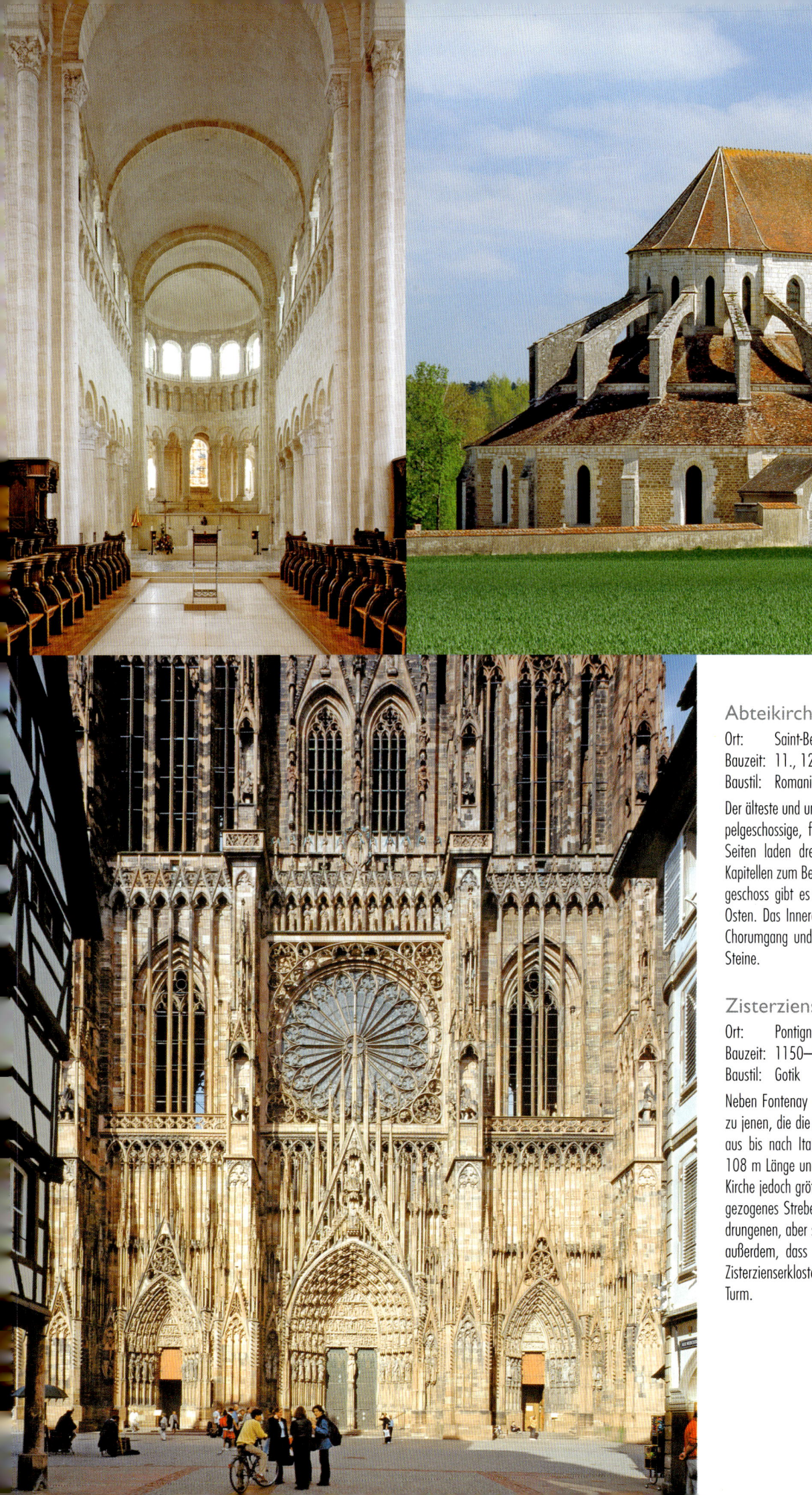

Abteikirche *(links oben)*

Ort: Saint-Benoit-sur-Loire
Bauzeit: 11., 12. Jh.
Baustil: Romanik

Der älteste und ungewöhnlichste Teil der Kirche ist der doppelgeschossige, fast würfelförmige Eingangsbau: An drei Seiten laden dreibögige Arkaden mit reich dekorierten Kapitellen zum Besuch der Kirche ein, und im höheren Obergeschoss gibt es einen Raum mit drei Altarnischen nach Osten. Das Innere der dreischiffigen Kirche mit Langchor, Chorumgang und Chorkapellen ist hell durch die weißen Steine.

Zisterzienserabtei *(Mitte)*

Ort: Pontigny
Bauzeit: 1150–1180
Baustil: Gotik

Neben Fontenay gehörte dieses 1114 gegründete Kloster zu jenen, die die Baukunst der Zisterzienser vom Burgund aus bis nach Italien und Skandinavien verbreiteten. Mit 108 m Länge und 52 m Breite ist die später entstandene Kirche jedoch größer als die von Fontenay. Ihr nach außen gezogenes Strebewerk am Chor sowie die zwar noch gedrungenen, aber schon spitzen Arkaden im Inneren zeigen außerdem, dass sie bereits zur Frühgotik gehört – als Zisterzienserkloster jedoch nach wie vor schlicht und ohne Turm.

Notre-Dame *(ganz links unten)*

Ort: Straßburg
Bauzeit: 12.–15. Jh.
Baustil: Gotik

Auf dem Platz einer abgebrannten ottonischen Basilika, von der die Krypta erhalten ist, orientiert sich der Grundriss des Liebfrauenmünsters am Vorgängerbau und wirkt so etwas großzügiger als bei manch anderen gotischen Kathedralen. Die erst im 15. Jahrhundert vollendete Westfassade gehört mit ihren gestaffelten Portalen und der Fensterrose zu den herausragenden Werken der Gotik.

Hubertus-Kapelle *(rechts oben)*

Ort: Amboise
Bauzeit: 15. Jh.
Baustil: Gotik

Klein, aber fein präsentiert sich die Kapelle von Schloss Amboise, das zu den schönsten Schlössern der Loire zählt. Angegliedert an die Gemächer der Königin ist das Kirchlein außen und vor allem innen mit feinstem spätgotischen Dekor ausgestattet. Neben dem fantastisch detailliert gearbeiteten Hubertus-Relief am Eingangsportal beeindruckt im Inneren vor allem das elegante Gewölbe mit den schönen Schlusssteinen.

Kloster Fontenay *(unten)*

Ort: Fontenay (Burgund)
Bauzeit: 1119–1147
Baustil: Romanik

Das Zisterzienserkloster wurde vom Mönch Bernhard von Clairvaux (1091–1153), dem Begründer des Zisterzienserordens, gegründet und geweiht. Es gilt als architektonischer Prototyp des Ordens, der sich der Abgeschiedenheit, Bescheidenheit und Arbeit verschrieben hatte. Diese Schlichtheit spiegelt sich in der strengen Linienführung mit ihren rechten Winkeln und dem Verzicht auf dekorative Elemente wieder.

Kloster Fontevrault *(links oben)*

Ort: Fontevrault-l'Abbaye
Bauzeit: 12. Jh., später erweitert und erneuert
Baustil: im Ursprung Romanik

Obwohl ein Teil der Klosteranlage zerstört ist, gehört diese Abtei immer noch zu den größten in Frankreich. Die romanischen Klostergebäude wurden größtenteils im 16. Jahrhundert erneuert und ersetzt, aber die Kirche mit ihrem überkuppelten Mittelschiff gehört zu den besten der Romanik. Sie beherbergt die Grabmale Heinrichs II. (Plantagenet) von England, seiner Frau Eleonore von Aquitanien und beider Sohn Richard Löwenherz.

Ste.-Madeleine *(ganz links und links unten)*

Ort: Vézelay
Bauzeit: 1096–1215
Baustil: Spätromanik

Im Mittelalter pilgerten die Menschen zu Tausenden nach Vézelay – das damals 10 000 Einwohner hatte –, um die Reliquien der heiligen Magdalena zu besuchen. Heute kommen sie zu Tausenden in das 600-Seelen-Dorf, um eine der schönsten Kirchen der Spätromanik in Europa zu besuchen. Vor allem der Skulpturen- und Reliefschmuck an den Portalen und den Kapitellen gelten als meisterhaft.

St.-Lazare *(rechts oben)*

Ort: Autun
Bauzeit: 1120–1140
Baustil: im Ursprung Romanik

In sehr kurzer Zeit ist diese dreischiffige Basilika mit Staffelchor über kreuzförmigem Grundriss entstanden – lediglich der Vierungsturm stammt aus der Spätgotik. Vom Vierungsquadrat leiten sich alle anderen Maße ab: die rechteckigen Joche des Tonnengewölbes im Mittelschiff ebenso wie die quadratischen Felder der Seitenschiffe. Meister Gislebertus schuf das fantastische Westportal mit dem Weltgericht sowie viele Kapitelle im Inneren.

Klosterkirche Ste.-Croix-Notre-Dame *(rechts unten)*

Ort: La Charité-sur-Loire
Bauzeit: 1056–1107, bis 1135 erweitert
Baustil: Romanik

Diese leider nicht vollständig erhaltene Abteikirche der Benediktiner entstand nach dem Vorbild der zweiten Kirche von Cluny und versuchte zugleich, sie zu übertreffen. So entstand eine fünfschiffige Basilika mit einem abgetreppten siebenteiligen Chor, einem sogenannten Staffelchor. In der zweiten Bauphase wurde dieser in einen Umgangschor mit Kapellen verwandelt, außerdem erhielt die Kirche einen reichen Figurenschmuck.

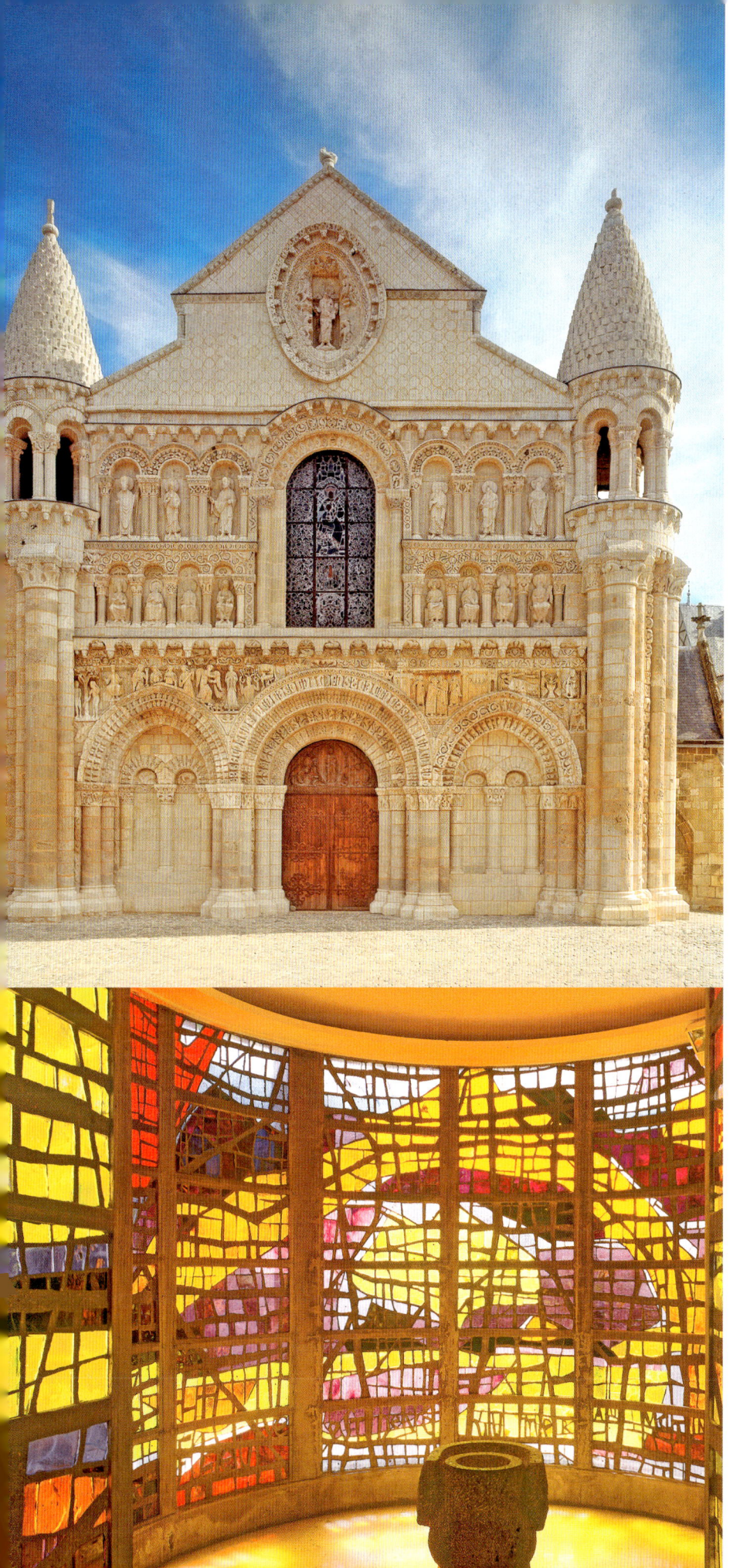

Notre-Dame-Du-Haut *(links oben)*

Ort: Ronchamp
Bauzeit: 1950–1954
Baustil: plastischer Stil

Diese Wallfahrtskirche des schweizerisch-französischen Architekten Le Corbusier (1887–1965) erregte großes Aufsehen bei ihrer Einweihung und ist inzwischen zu einem Klassiker der modernen Architektur geworden. Das kleine Gebäude aus geschwungenem Stahlbeton ist so konzipiert, dass in seinem Inneren kleinere Gottesdienste und einzelne Pilger ihren Platz zur Andacht finden und außen Gottesdienste für große Pilgerscharen abgehalten werden können.

St.-Etienne *(links unten)*

Ort: Bourges
Bauzeit: 13. Jh.
Baustil: Gotik

Nach dem klassischen französischen Kathedralschema als fünfschiffige Basilika mit Umgangschor erbaut, gehört St.-Etienne zu den großen Kathedralen Frankreichs, die in der Nachfolge von St.-Denis entstanden. Die Kapellen und die westliche Rose über dem Portal entstanden vom 14. bis zum 16. Jahrhundert. Besonders bemerkenswert sind Fenster im Chor, die noch aus der Bauzeit der Kathedrale stammen.

Notre-Dame-la-Grande *(rechts oben)*

Ort: Poitiers
Bauzeit: Ende 11. Jh. – 1. Hälfte 12. Jh.
Baustil: Romanik

Die ehemalige Kollegiatkirche ist berühmt für ihre Fassade, die auch nach außen den inneren Aufbau als dreischiffige Hallenkirche widerspiegelt. Während die Senkrechte durch die Linie Mittelportal, Fenster und Mandorla einerseits sowie die beiden Ecktürme andererseits betont wird, bilden die Blendarkaden unten und die Arkaden mit Heiligenskulpturen darüber den waagerechten Ausgleich.

Sacré Coeur *(rechts unten)*

Ort: Audincourt
Bauzeit: 1949–1951
Baustil: Nachkriegsmoderne

Dieser Kirchenneubau der Nachkriegszeit scheint eine Antwort auf die Schrecken des Krieges zu geben: Die Künstler Jean Bazine und Fernand Léger schufen mit ihren Glasmalereien einen Raum aus einzigartigem Licht, in dem die Hoffnung auf ein besseres, friedlicheres Leben schwingt. Die Fresken am Eingang und in der Taufkapelle stammen von Bazin, die 17 Glasfenster des Schiffes und die Tapisserie hinter dem Altar von Léger.

St.-Barthélemy *(links oben)*

Ort: Bénévent l'Abbaye
Bauzeit: um 1150
Baustil: Romanik

Das bereits 1028 gegründete Augustinerkloster wurde gut besucht, weil es am Pilgerweg nach Santiago de Compostela liegt und später auch Reliquien des Apostels Bartholomäus besaß. Deshalb konnte die dreischiffige Kirche mit Querhaus zügig gebaut werden. Sie besitzt eine Kuppel im Westen und einen achteckigen Turm über der Vierung. Die Kapitelle der stützenden Säulen sowie am Portal sind reich verziert in der Tradition des Limousin.

St.-Pierre *(rechts oben)*

Ort: Angoulême
Bauzeit: um 1120/1130
Baustil: Romanik

Diese Kirche gehört zu einer Gruppe von Kuppelkirchen, die Anfang des 12. Jahrhunderts in Westfrankreich entstand und vermutlich von der Markuskirche in Venedig (ca. 1063–1094) inspiriert worden ist. Ihre Westfassade wird durch Halbsäulen in fünf horizontale Bereiche gegliedert, die mit Blendbögen und Skulpturen geschmückt sind. Dabei ist die mittlere Zone mit dem Portal die größte.

Kathedrale St.-Etienne *(unten)*

Ort: Limoges
Bauzeit: 1273–1888
Baustil: Gotik

Der seltene Glücksfall, dass trotz langer Bauzeit bis zum Schluss nach den ursprünglichen Plänen weitergebaut wurde, hat Limoges eine sehr einheitliche gotische Kathedrale beschert. Da zuerst der dreischiffige Chor mit Kapellenkranz entstand, dann das Querschiff, danach das Langhaus und der Rest, ist das Nordportal am Querschiff das Hauptportal geblieben. Das feine, wie Flammen nach oben gelängte Maßwerk der Spätgotik, der sogenannte Flamboyantstil, bestimmt sein Aussehen.

St.-Philibert *(rechts unten)*

Ort: Tournus
Bauzeit: 1000–1019
Baustil: Romanik

Für den berühmten Abt von Jumièges wurde diese imposante Klosterkirche postum errichtet. Das dreischiffige Langhaus der Basilika liegt zwischen einer ebenfalls dreischiffigen Vorhalle und dem Querhaus sowie dem Umgangschor — beide etwa so lang wie die Vorhalle. Über der Vorhalle befindet sich die Michaelskapelle und an den Chor schliessen sich nach Osten drei rechteckige Kapellen an.

Notre-Dame *(oben)*

Ort: Paray-le-Monial
Bauzeit: 1090–1110
Baustil: Romanik

Die ehemalige Klosterkirche der Benediktiner wurde von Abt Hugo von Cluny errichtet und ähnelt daher der dritten Kirche des Mutterklosters, ist aber deutlich kleiner. Das breite dreischiffige Langhaus wird von einem Querhaus mit zwei Kapellen gekreuzt und mündet in einen etwas schmaleren Umgangschor mit drei Kranzkapellen. Der Übergang zur Gotik deutet sich an in den erstmalig benutzten Spitzbogen an den Arkaden.

Benediktinerabtei *(links unten)*

Ort: Cluny
Bauzeit: 11.,12. Jh. (Cluny III)
Baustil: Romanik

Was vom einst so mächtigen Kloster noch zu sehen ist, sind entweder Rekonstruktionen oder Ruinenreste. Denn nach der Schließung 1789 diente es als Steinbruch und wurde komplett zerstört. Dabei waren sowohl die zweite frühromanische Kirche (981 geweiht) mit ihrer strengen Linienführung als auch das dritte Gotteshaus mit seiner zur Gotik überleitenden Pracht wegweisend für die Sakralarchitektur — ebenso wie die religiöse Reformbewegung, die im 11. Jahrhundert von hier ausging.

St.-Savin-sur-Gartempe *(rechts oben)*

Ort: Saint-Savin
Bauzeit: 11.–12. Jh.
Baustil: Romanik

Bekannt als die Sixtinische Kapelle der Romanik, besitzt die dreischiffige Hallenkirche viele wertvolle Wandmalereien, die noch gut erhalten sind. Besonders berühmt ist der Zyklus mit Motiven aus dem Alten Testament. Die Kirche über dem Grundriss eines lateinischen Kreuzes besitzt einen Säulenumgangschor, an den sich fünf runde Kapellen anschließen. Zur Achskapelle hin werden sie symmetrisch ein wenig größer.

Zisterzienserkloster *(links oben)*

Ort: Aubazine
Bauzeit: 1156–1176
Baustil: Romanik

Obwohl der Kreuzgang nicht mehr existiert, Schlafsaal und Refektorium teilweise und von der Klosterkirche ein großer Teil des Langhauses zerstört sind, ist die Zisterzienserabtei sehenswert. Sie beherbergt mit dem Grab ihres Gründers, des heiligen Etienne, eines der wichtigsten frühgotischen Kunstwerke. Die Reliefszenen mit Maria und Etienne sind nicht nur sehr reich dekoriert, sondern auch besonders fein gearbeitet.

Kloster La Tourette *(unten)*

Ort: Eveux-sur-Arbresle
Bauzeit: 1953–1960
Baustil: Nachkriegsmoderne

Aus Sichtbeton baute der französisch-schweizerische Architekt Le Corbusier (1887–1965) dieses Dominikanerkloster in der Nähe von Lyon. Die Klostergebäude mit 100 Zimmern für Studenten und Professoren sowie Hörsälen, Bibliothek, Speisesaal und Kapelle bilden einen rechteckigen Innenhof. Die zum Hof gelegenen Korridore werden nur durch spaltartige Öffnungen belichtet und dienen auch als Kreuzgang.

St.-Paul (links)

Ort: Issoire
Bauzeit: 12. Jh.
Baustil: Romanik

Diese Kirche gehört zu einer Gruppe von Abteikirchen der Auvergne, die alle nach dem gleichen Schema errichtet wurden: als dreischiffige Basilika mit einschiffigem Querhaus, Umgangschor und vier mehreckigen Chorkapellen. Von außen ist zu erkennen, dass das Querhaus über den Seitenschiffen höher wird, um dann im Vierungsturm zu münden. Bemerkenswert ist der schöne intarsienartige Steindekor am Chor.

St.-Pierre (rechts oben)

Ort: Collonges-la-Rouge
Bauzeit: 11. Jh., im 16. Jh. umgestaltet
Baustil: im Ursprung Romanik

Diese Kirche, die in einem der schönsten Orte Frankreichs steht, ist nicht nur wegen des roten Sandsteins als Baumaterial ungewöhnlich. Sie fällt auch durch den Wachturm und ihre beiden Längsschiffe auf, die unterschiedlich lang sind. Von der romanischen Kirche sind noch der Glockenturm im Limousinstil und das Tympanon erhalten. Während der Religionskriege (16. Jh.) wurde die Kirche gegen Angreifer befestigt.

St.-Pierre (rechts unten)

Ort: Beaulieu-sur-Dordogne
Bauzeit: 12. Jh., später erweitert
Baustil: Romanik

Von dem einst blühenden Benediktinerkloster ist heute nur noch die dreischiffige, über einem lateinischen Kreuz errichtete Kirche erhalten. Sie jedoch besitzt mit ihrem Südportal (um 1125) ein Meisterwerk der romanischen Skulpturenkunst: Reliefs von Paulus und Petrus an den Außenseiten sehen zum Mittelpfeiler, dem vier Figuren entwachsen. Sie tragen zwei Skulpturenfriese mit dämonischen Darstellungen über denen im Tympanon das Jüngste Gericht gezeigt wird.

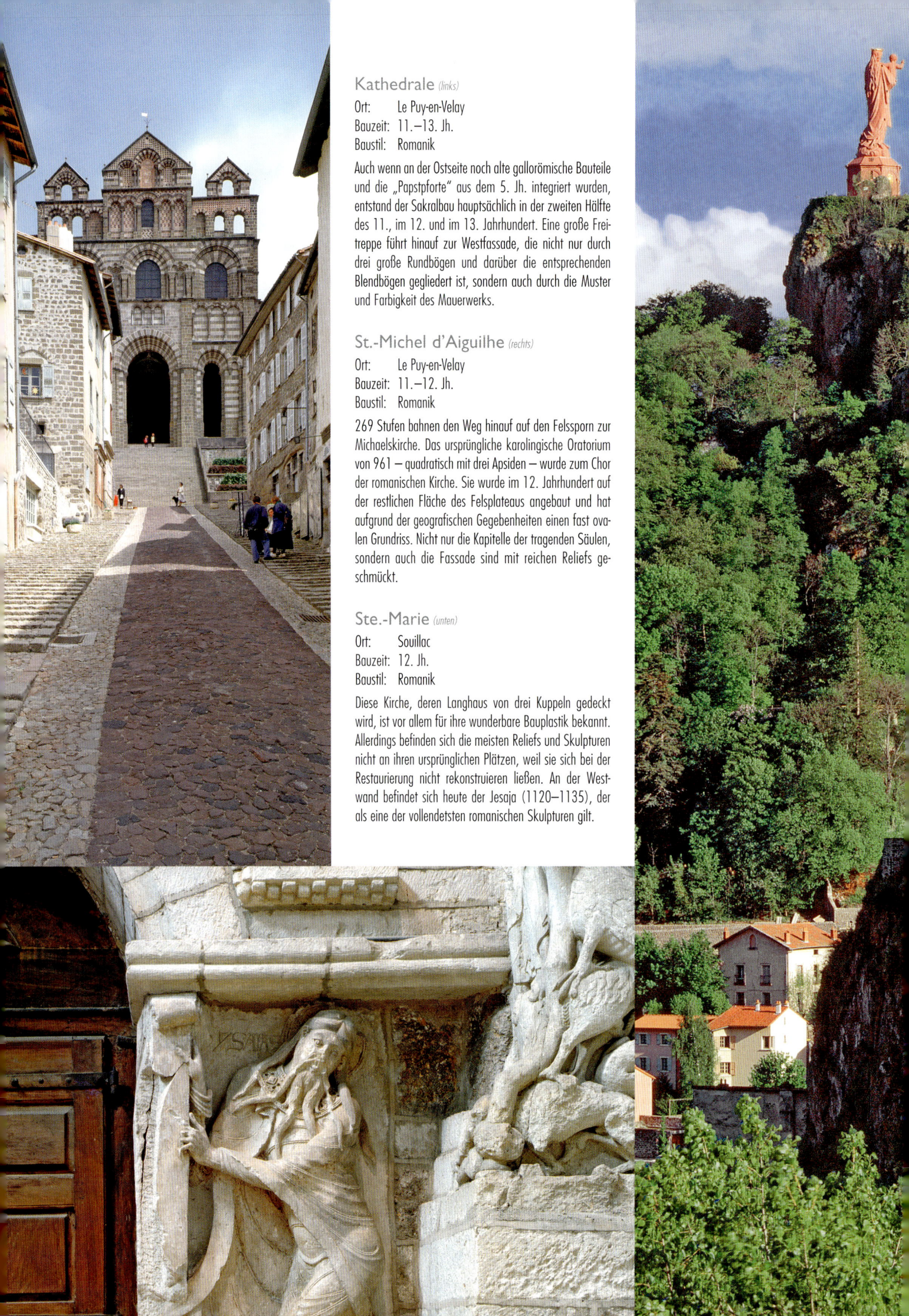

Kathedrale *(links)*

Ort: Le Puy-en-Velay
Bauzeit: 11.–13. Jh.
Baustil: Romanik

Auch wenn an der Ostseite noch alte gallorömische Bauteile und die „Papstpforte" aus dem 5. Jh. integriert wurden, entstand der Sakralbau hauptsächlich in der zweiten Hälfte des 11., im 12. und im 13. Jahrhundert. Eine große Freitreppe führt hinauf zur Westfassade, die nicht nur durch drei große Rundbögen und darüber die entsprechenden Blendbögen gegliedert ist, sondern auch durch die Muster und Farbigkeit des Mauerwerks.

St.-Michel d'Aiguilhe *(rechts)*

Ort: Le Puy-en-Velay
Bauzeit: 11.–12. Jh.
Baustil: Romanik

269 Stufen bahnen den Weg hinauf auf den Felssporn zur Michaelskirche. Das ursprüngliche karolingische Oratorium von 961 – quadratisch mit drei Apsiden – wurde zum Chor der romanischen Kirche. Sie wurde im 12. Jahrhundert auf der restlichen Fläche des Felsplateaus angebaut und hat aufgrund der geografischen Gegebenheiten einen fast ovalen Grundriss. Nicht nur die Kapitelle der tragenden Säulen, sondern auch die Fassade sind mit reichen Reliefs geschmückt.

Ste.-Marie *(unten)*

Ort: Souillac
Bauzeit: 12. Jh.
Baustil: Romanik

Diese Kirche, deren Langhaus von drei Kuppeln gedeckt wird, ist vor allem für ihre wunderbare Bauplastik bekannt. Allerdings befinden sich die meisten Reliefs und Skulpturen nicht an ihren ursprünglichen Plätzen, weil sie sich bei der Restaurierung nicht rekonstruieren ließen. An der Westwand befindet sich heute der Jesaja (1120–1135), der als eine der vollendetsten romanischen Skulpturen gilt.

Benediktinerabtei St.-Pierre *(ganz links oben)*

Ort: Moissac
Bauzeit: 11., 12. Jh.
Baustil: Romanik

Das Südportal der ehemaligen Benediktinerabtei zählt mit seinem großartigen Tympanon zur wichtigsten Bauplastik der Romanik. Christus, der Weltenrichter, inmitten der Ältesten ist ebenso virtuos ausgeführt wie die tragenden Pfeiler und die Kapitelle im Kreuzgang von 1100, der mit seinen 88 Säulen als der größte der Romanik in Frankreich gilt. Seine Reliefs waren früher farbig.

Kathedrale *(links oben)*

Ort: Rodez
Bauzeit: 13.–16. Jh.
Baustil: Gotik

Diese dreischiffige Kathedrale, deren Chor etwa so lang ist wie das Langhaus, verdeutlicht in ihrem Außenbau die Sonderform der südfranzösischen Gotik: Während Westfassade und Glockenturm im unteren Bereich völlig ungestaltet sind und mit ihren schießschartenähnlichen Öffnungen sehr wehrhaft wirken, ist der obere Teil mit feinstem Flamboyant-Maßwerk dekoriert. Diese Bauweise ist eine Antwort auf die Anfeindungen gegen die Bischöfe im eroberten Südfrankreich.

Ste.-Foy *(ganz links Mitte)*

Ort: Conques
Bauzeit: 11., 12. Jh.
Baustil: Romanik

Diese Abteikirche der Benediktiner gilt als ein Hauptwerk der südfranzösischen Romanik. Ihr Tympanon über dem Westportal ist ein Meisterwerk der Bauplastik und zeigt zum Teil noch die ursprüngliche Farbgebung. Wegen ihrer abgeschiedenen Lage im Zentralmassiv blieb sie während der Religionskriege von Plünderungen weitgehend verschont und besitzt daher noch ihre Schätze, darunter eine Figur der Heiligen Fides aus Holz, vergoldet und dekoriert mit Edelsteinen.

Ste.-Cecile *(ganz links unten)*

Ort: Albi
Bauzeit: 1282–1390
Baustil: Gotik

Für den Laien ist die Kathedrale von Albi nicht auf Anhieb als gotisches Bauwerk zu erkennen, denn Spitzbogen und Maßwerk fehlen am Außenbau. Das typische Strebewerk ist nach innen gezogen und tritt am Außenbau nur als wehrhafte Rundstützen in Erscheinung. Nach den Albigenserkriegen (1209–1229) gab es immer noch Auseinandersetzungen um die Religion, und die Kathedrale wurde als Festungskirche geplant. Im Inneren ist sie dafür fast überall mit Fresken geschmückt.

St.-Sernin *(links unten)*

Ort: Toulouse
Bauzeit: um 1080–1135
Baustil: Romanik

Um dem größten Reliquienschatz Frankreichs und den Pilgerströmen einen angemessenen Ort zu bieten, entstand eine fünfschiffige Staffelhalle mit Emporen und dreischiffigem Querhaus mit Kapellen sowie einem Chorumgang mit Kapellenkranz. Der Altartisch stammt noch von der Weihe des ersten Bauabschnitts 1096, und auch die berühmten, großen Flachreliefs im Chorumgang datieren um diese Zeit.

Basilique du Rosaire *(oben)*

Ort: Lourdes
Bauzeit: 1867–1889
Baustil: Historismus

Mit über fünf Millionen Pilgern im Jahr ist Lourdes einer der meistbesuchten Wallfahrtsorte der Welt. Sie besuchen die Grotte, wo Bernadette Soubirous die Jungfrau Maria erschienen war und später eine heilende Quelle entsprang. Die Wunderheilungen zogen so viele Kranke an, dass zusätzlich zur neobyzantinischen Wallfahrtskirche 1958 – hundert Jahre nach den Erscheinungen – die unterirdische Basilika St.-Pie X geweiht wurde, die 20 000 Gläubige fasst.

Kapelle St.-Nicolas (oben)

Ort: Avignon
Bauzeit: 2. Hälfte des 12. Jh.
Baustil: Romanik

Die wohl bekannteste noch teilweise erhaltene Brücke der Romanik in Frankreich ist die bekannte Pont-Saint-Bénézet in Avignon. Ob sie wirklich vom Heiligen Benedikt begonnen wurde, ist nicht nachweisbar, aber er wurde in der kleinen Kapelle auf dem zweiten Brückenpfeiler beigesetzt. Sie ist zweigeschossig mit einem Tonnengewölbe versehen und besitzt einen polygonalen Chor.

Notre-Dame-des-Doms (Mitte)

Ort: Avignon
Bauzeit: 12. Jh.
Baustil: Romanik

Der Dom neben dem Papstpalast in Avignon wurde mehrfach umgebaut, so dass der romanische Stil von seiner schlichten Schönheit eingebüßt hat. Auch der ehemalige romanische Hauptaltar wurde in eine Seitenkapelle verbannt. Zu den kostbaren Ausstattungsgegenständen gehört der berühmte weiße, marmorne Bischofsstuhl sowie das Grab von Johannes XXII. Einige Kapellen sind mit wunderbaren Fresken geschmückt.

Kloster Sénanque (unten)

Ort: bei Gordes
Bauzeit: 1148–1200
Baustil: Romanik

Im Tal des Flüsschens Sénancole liegt dieses bedeutende Zisterzienserkloster der Provence. Die dreischiffige Kirche (1160–1180) ist ungewöhnlicherweise nach Norden ausgerichtet. Daran schließen sich nach Westen am Langhaus der Kreuzgang an und am Querhaus der Kapitelsaal, der durch sein später eingezogenes Kreuzrippengewölbe mit den reich dekorierten Kapitellen nicht so schlicht ist wie die übrigen Klostergebäude. Sie entstanden 1190–1200.

St.-Just-de-Valcabrère *(unten)*

Ort: bei Saint-Bertrand-de-Comminges
Bauzeit: 11., 12. Jh.
Baustil: Romanik

Diese kleine Kirche steht auf einem Gelände, auf dem sich in der Antike eine römische Stadt befand, und der Friedhof der Kirche war ehemals die Nekropole der Stadt. Und so benutzte man als Baumaterial auch den Marmor der antiken Särge. Entstanden ist eine dreischiffige Hallenkirche ohne Querhaus, aber mit drei Apsiden. Das Nordportal überrascht mit reicher spätromanischer Bauplastik.

St.-Gilles *(links)*

Ort: Saint-Gilles-du-Gard
Bauzeit: 12. Jh.
Baustil: Romanik

Die Kirche des Benediktinerklosters hat die wohl ungewöhnlichste Fassade der Romanik: Zwischen zwei Ecktürmen verteilen sich über eine relativ breite Fläche drei Portale. Sie liegen weit auseinander, sind jedoch durch Säulen und Reliefs sowie durch eine breite Freitreppe verbunden. Die Reliefs zeigen den ersten vollständigen Passionszyklus des Mittelalter, der als der größte gilt.

Kathedrale St.-Nazaire (links)

Ort: Béziers
Bauzeit: 13.–15. Jh.
Baustil: Gotik

Vom ursprünglichen romanischen Bau, der während der Albigenserkriege zerstört wurde, sind lediglich die Krypta und einige schöne Kapitelle mit Skulpturen erhalten. Das gotische Gotteshaus imponiert vor allem durch die großen Skulpturen über dem Wimperg des Westportals und die darüber erblühende Fensterrose aus Maßwerk.

Chapelle St.-Croix (oben)

Ort: Montmajour
Bauzeit: ca. 1140–1190
Baustil: Romanik

Malerisch liegt die Ruine des ehemaligen Zisterzienserklosters auf einem Berg in der Provence, der früher von Sumpf umgeben war und den Mönchen die nötige Abgeschiedenheit lieferte. Als typische Saalkirche der Region bestand die spätromanische Klosterkirche aus einer Krypta und einer Oberkirche. Das Langhaus und die Apsis waren höher als das Querhaus und tonnengewölbt – die beliebteste Gewölbeform der Romanik im südlichen Frankreich.

St.-Trophime (unten)

Ort: Arles
Bauzeit: 12. Jh.
Baustil: im Wesentlichen Romanik

In Arles, einer der ältesten Städte Frankreichs, sind die Spuren des Altertums heute noch lebendig, und auch die romanische Kathedrale zitiert diese Vergangenheit. Denn die Skulpturen an der prachtvollen Westfassade könnten ebenso wie die Figuren im später entstandenen Kreuzgang ihrem Stil nach auch aus dem Altertum stammen. Davon hebt sich der gotische Umgangschor von 1451–1465 deutlich ab.

Les Saintes-Marie-de-la-Mer *(oben)*

Ort: Saintes-Marie-de-la-Mer
Bauzeit: ca. 1170–1200
Baustil: Romanik

Diese Wallfahrtskirche wurde um 1200 zur Wehrkirche umgebaut. Dazu wurden eine Art Wachturm über dem Chor errichtet, die Fenster des Chors geschlossen, rund um die Kirche Wehrgänge mit Zinnen angebaut und im Inneren ein Brunnen installiert, der die Wasserversorgung bei einer Belagerung sichern sollte. Einziger Schmuck außen sind die Blendbögen an der Apsis. In der Apsis und der Krypta werden die Reliquien aufbewahrt.

St.-Just *(unten)*

Ort: Narbonne
Bauzeit: 1272–14. Jh.
Baustil: Gotik

Obwohl bei der Kathedrale von Narbonne nur der Chor vollendet wurde, lassen sich an ihr Charakteristika der südfranzösischen Interpretation der aus Nordfrankreich stammenden Kathedralgotik aufzeigen: Die Strebebogen enden in kleinen Wehrtürmen mit Zinnen, die der gotischen Leichtigkeit und ihrem Aufwärtsstreben entgegenstehen. Auch im Inneren wirken die Rundpfeiler eher massiv als elegant.

Kloster *(rechts oben)*

Ort: Fontfroide
Bauzeit: 12., 13. Jh.
Baustil: Romanik

Dieses bedeutendste Kloster der Zisterzienser im Süden Frankreichs ist auch eines der am besten erhaltenen. Die Anlage mitten in den Bergen der Corbières orientiert sich an der von Fontenay, wurde aber in Details weiterentwickelt. So besitzen beispielsweise die Kapitelle des Kreuzgangs feinere Reliefs und die Rundungen der Bögen Profile. Außerdem wurde im 17. Jahrhundert ein klassizistisches Portal errichtet.

St.-Sauveur *(links oben)*

Ort: Aix-en-Provence
Bauzeit: im Wesentlichen 12.–15. Jh.
Baustil: Byzantinismus bis zur späten Renaissance

Kern der Kathedrale ist das Baptisterium aus dem 5. Jahrhundert mit seinen korinthischen Säulen. Um diese achteckige Taufkapelle entstand im Laufe der Jahrhunderte der Sakralbau. Er vereint in seiner heutigen Gestalt in sich alle Stilepochen vom Byzantinismus bis zur späten Renaissance. Direkt an die Kathedrale schließt sich ein Kreuzgang aus dem 12. Jahrhundert an.

Ruine Ste.-Marie *(unten)*

Ort: Alet-les-Bains
Bauzeit: 12. Jh.
Baustil: Romanik

Diese Kirchenruine einer ehemaligen Benediktinerabtei besteht nur noch aus Teilen des Langhauses mit seinen Arkaden und Emporen, des Mittelschiffs sowie der Apsis. Doch gerade letztere ist sehr prachtvoll, denn innen besitzt sie fünf kleine Nischen und drei Fenster im oberen Bereich. Außen ist sie durch Blendarkaden und die vorspringenden Nischen gegliedert.

St.-Michel-de-Cuxa *(oben)*

Ort: am Mont Canigou
Bauzeit: 11. Jh.
Baustil: Romanik

Obwohl Teile der Kirche zerstört und rekonstruiert wurden, ist sie immer noch ein imposanter Bau. Die dreischiffige Basilika mit ihren Doppeltürmen im mozarabischen Stil, also jener von maurischen Gestaltungselementen durchsetzten Romanik, beeinflusste viele katalanische Klöster in den Pyrenäen, darunter auch St.-Martin-du-Canigou. Der Kreuzgang besteht aus rosafarbenem Marmor.

Kloster und ehem. Kathedrale *(links)*

Ort: Elne
Bauzeit: Kathedrale 11. Jh., Kloster 12.–14. Jh.
Baustil: im Wesentlichen Romanik

An einem Übergang über die Pyrenäen gelegen, war Elne im Mittelalter ein wichtiger Ort und 568–1602 Bischofssitz. Während die ehemalige Kathedrale Ste.-Elne wunderbare romanische Kapitelle besitzt, ist im Kloster, das teilweise aus hellem Marmor mit blauen Äderungen erbaut wurde, an den Kapitellen die Entwicklung von der Romanik zur Gotik abzulesen.

St.-Martin-du-Canigou *(rechts oben)*

Ort: am Pic du Canigou (Pyrenäen)
Bauzeit: 11. Jh.
Baustil: Romanik

Mit ihrer spektakulären Lage auf einem Felssporn direkt unter dem 2784 m hohen Canigou, einem Granitbergstock in den östlichen Pyrenäen, stellt diese Abtei manche imposante Kathedrale in den Schatten. Die Benediktiner errichteten eine dreischiffige Unterkirche mit Tonnengewölbe und darüber ein wenig mehr Richtung Osten eine ebenso konstruierte Oberkirche. Der Glockenturm mit seinem wehrhaften Zinnen steht an der Nordostecke der Kirche.

St.-André-de-Sorède *(rechts unten)*

Ort: Sorède
Bauzeit: 11. Jh.
Baustil: Romanik

Bei Kennern der Romanik ist die Abteikirche berühmt für ihren Türsturz, dessen Relief als bedeutende Entwicklungsstufe in der Bauplastik der Romanik gilt. Christus in der Mandorla ist – wie auf anderen Türstürzen auch – umgeben von Aposteln und Engeln. Die ausgewogene Komposition zeigt aber bereits Züge einer naturalistischen Darstellung, die Figuren gewinnen an Körperlichkeit und zeigen Gesten.

Luxemburg

Die heutigen Beneluxstaaten existierten im Mittelalter noch nicht, sondern waren Teile von Kaiserreichen, und so finden sich auch in der Luxemburger Kirchenarchitektur viele Einflüsse der Nachbarregionen wieder.

Benediktinerabtei (links)

Ort: Echternach
Bauzeit: vor 1031, später umgebaut und erneuert
Baustil: im Ursprung Romanik

Bereits im Jahre 698 wurde das Kloster von Willibrord gegründet. Während die romanische Abteikirche 1250 im Übergangsstil gotisiert wurde, ist die alte Krypta mit den Willibrord-Reliquien unberührt geblieben. Das Konventsgebäude, in dem heute ein Gymnasium untergebracht ist, wurde 1728–1731 neu gebaut. Aus der Buchmalerschule der Abtei sind kunsthistorisch wertvolle Faksimiles erhalten.

St. Peter und Paul (rechts oben)

Ort: Wiltz
Bauzeit: Langhaus um 1510
Baustil: im Wesentlichen Gotik

Die Dekanatskirche im Stadtteil Niederwiltz geht mit ihrem Turm auf die Romanik zurück, ist aber im Übrigen ein spätgotisches Bauwerk. Ihre beiden prächtigen Altäre aus den Jahren 1720 und 1722 sowie die historischen Grabmale wurden von den Zünften gestiftet und bilden in dieser Kombination ein einzigartiges Ensemble. Auf der klangvollen Eisenbarth-Orgel finden regelmäßig Konzerte statt.

St. Michael (rechts unten)

Ort: Luxemburg
Bauzeit: 987–1519
Baustil: Gotik

Die Ursprünge der Michaelskirche reichen zurück bis in das Jahr 987. Doch während der Belagerungen der festungsartigen Oberstadt gab es in den folgenden Jahrhunderten immer wieder Zerstörungen, so dass die Kirche ständig renoviert und dabei auch gleich vergrößert wurde. Ihr heutiges spätgotisches Aussehen erhielt die Kirche 1519. Der Hochaltar dagegen stammt aus dem Barock.

Tschechien

Böhmen, Mähren und Mährisch-Schlesien hießen im Mittelalter die Gebiete, die heute die Tschechische Republik ausmachen. Sowohl die kleinen Dorfkirchen als auch die monumentalen Kathedralen unterscheiden sich nicht von jenen in Mitteleuropa. Allerdings setzt die Renaissance in Tschechien deutlich früher ein als in anderen mitteleuropäischen Regionen. Die Barbarakirche in Kuttenberg leitet als eine der ersten von der Gotik zu diesem schlichteren Stil über.

Klosterkirche der Benediktiner
(ganz oben)

Ort: Brevnov/Breunau (bei Prag)
Bauzeit: Anfang 18. Jh.
Baustil: Barock

Das Kloster Brevnov in dem gleichnamigen Vorort von Prag wurde 993 gegründet, 1040 wurde die Klosterkirche geweiht, Ende des 13. Jahrhunderts im gotischen Stil und am Anfang des 18. Jahrhunderts noch einmal im Barockstil neu gebaut. Die Pläne lieferte Christoph, der einzige der Dientzenhofer-Brüder, der in Prag geblieben war. Sein Sohn Kilian Ignaz zeichnet für die Innengestaltung verantwortlich.

Bethlehemskapelle *(links oben)*

Ort: Praha/Prag
Bauzeit: nach 1391/1948–1954
Baustil: Gotik

Der Stifter wollte ein Gotteshaus, in dem tschechisch gepredigt wurde. Wenig später war es Ausgangspunkt einer tschechischen Revolution: Durch Jan Hus wurde die Kapelle zum Zentrum der Hussiten. Ein Jahrhundert später predigte hier Thomas Münzer, danach ging das zweigiebelige Kirchlein in den Besitz der Jesuiten über, wurde 1773 säkularisiert und 1786 abgebrochen. Nach dem Zweiten Weltkrieg wurde die Kapelle rekonstruiert.

St. Franziskus, Salvatorkirche
(Rásnovka/Agneskloster) *(rechts oben)*

Ort: Praha/Prag
Bauzeit: 1231–1245, 1275–1280
Baustil: Gotik

Agnes, Schwester von Wenzel I., gründete ein Klarissinnen- und ein Minoritenkloster. Für die Nonnen wurde in der ersten Phase die St.-Franziskus-Kirche gebaut. Die Salvatorkirche für die Mönche war auch Grabkirche der Herrscherdynastie. Nach der Säkularisierung 1782 dienten die Klostergebäude als Lager und Armenwohnraum. Die Halle der Franziskus-Kirche stürzte ein, bevor sich 1892 ein Verein zur Rettung des Agnesklosters gründete.

Dom St. Veit *(ganz rechts)*

Ort: Praha/Prag
Bauzeit: 1344–1385
Baustil: Gotik

Nach dem Vorbild der Kathedrale von Narbonne errichtet, gilt der Veitsdom als eine der bedeutendsten gotischen Kirchen. Das verdankt er vor allem dem zweiten Dombaumeister Peter Parler (1330/34–1399), der auch den Kölner Dom maßgeblich mitgestaltet hat. In Prag verwirklichte er das erste monumentale Netzgewölbe sowie neue, detailreiche Formen des Maßwerks (das sogenannte Fischblasenmaßwerk) und entwarf die berühmte Goldene Pforte sowie die Wenzelskapelle.

St. Maria Himmelfahrt
im Kloster Strahov *(ganz links oben)*

Ort: Praha/Prag
Bauzeit: 1140–1182/1743–1752
Baustil: Romanik/Barock

Die Kirche auf dem Hradschin war die Abteikirche der Prämonstratenser; sie wurde mehrfach umgebaut, nicht zuletzt, um Schäden durch Kriegseinwirkung oder Feuer zu beseitigen. So erhielt sie nach dem Brand 1258–1263 ein gotisches Aussehen. Anfang des 17. Jahrhunderts wurde der westliche Teil erweitert und eine neue Fassade vorgesetzt, beides im Renaissancestil, der jedoch bald dem Barock weichen musste.

Loretoheiligtum *(ganz links unten)*

Ort: Praha/Prag
Bauzeit: 1626–1750
Baustil: Barock

Loreto – von laureatum, Lorbeerhain – liegt bei Ancona. Der Legende nach trugen Engel das Haus von Maria, Joseph und Jesus (die casa santa) dorthin, und diese Legende wurde auch im Kirchenbau immer wieder aufgegriffen. In Böhmen gab es gut 50 solcher Heiligtümer, in Prag steht das größte und berühmteste. Es wurde von einer Fürstin gestiftet und überwiegend von italienischen Fachkräften ausgestaltet.

St. Rochus im Kloster Strahov
(links unten)

Ort: Praha/Prag
Bauzeit: 1603–1617
Baustil: Gotik/Renaissance

Kaiser Rudolf II. stiftete die Kapelle, weil die Pest Prag verschont hatte. Die Portale wurden von Giovanni di Bossi in manieristischer Manier gemeißelt, also im üppigen, dekorativen Übergangsstil zwischen Gotik und Renaissance. 1784–1882 wurde St. Rochus nicht für Gottesdienste genutzt und verfiel. Seit 1950 dient sie dem im Kloster untergebrachten tschechischen Literaturmuseum als Ausstellungshalle.

St. Nikolaus
(Mitte oben)

Ort: Praha/Prag (Malá Strana/Kleinseite)
Bauzeit: um 1283/1703–1752
Baustil: Barock

Der im Kern gotische Bau ging 1625 in jesuitischen Besitz über, und nachdem das Schulhaus nebenan fertig war, erteilten die Mönche erst Vater Christian und später Sohn Kilian Dientzenhofer den Auftrag zur Modernisierung der Kirche. Den Turm – ein von den Blickachsen her genialer Schachzug, denn eine Doppelturmfassade hätte sich für nur eine Richtung entscheiden können – baute Kilians Schwiegersohn Anselmo Lurago 1755.

St. Niklas, auch Nikolaikirche
(rechts oben)

Ort: Praha/Prag (Staré Mesto/Altstadt)
Bauzeit: 1732–1737
Baustil: Barock

Kilian Ignaz Dientzenhofer plante für die Benediktiner, die die einst von deutschen Kaufleuten und später von den Hussiten genutzte gotische Kirche übernommen hatten, einen imposanten Kuppelbau nach französischen Vorbildern. Seine Handschrift zeigt sich u.a. an den Innenbalkonen. Die Stuckarbeiten sind von Bernardo Spinelli. Die zweitürmige Hauptfassade ist die Südseite, für die Anton Braun die Skulpturen schuf.

St. Gallus *(links oben)*

Ort: Praha/Prag
Bauzeit: 11. Jh./14. Jh./17. Jh.
Baustil: Romanik/Gotik/Barock

Der heilige Gallus – tschechisch Havel – missionierte die Alemannen. Wo seine Klause stand, stand später St. Gallen, und von dort gelangte seine Kopf-Reliquie nach Prag, woraufhin die Gallus-Kirche hochgotisch umgebaut wurde. 1404 stand hier Jan Hus auf der Kanzel. Giovanni D. Orsi und Giovanni B. Santini-Aichel gaben der Kirche schließlich ihr barockes Aussehen.

Martinsrotunde *(unten)*

Ort: Praha/Prag
Bauzeit: Ende 11. Jh.
Baustil: Romanik

Die Kirche ist das älteste erhaltene Bauwerk auf dem Vysehrad, der zweiten Prager Burg des Herrschergeschlechts der Premysliden, die damals vorübergehend von hier aus regierten. Die Rotunde blieb erhalten, weil die für den Vysegrad zuständigen Kleriker 1878 die Renovierung veranlassten und A. Baum mit der Ausführung beauftragten. Dabei wurde ein Portal zugemauert und an anderer Stelle ein neogotisches eingebaut.

St. Jakob *(rechts oben)*

Ort: Praha/Prag
Bauzeit: 1319–1374, umgestaltet 1690–1702 und 1736–1739
Baustil: Gotik/Barock

Die Basilika ist sehr lang, fast so lang wie der Veitsdom. 1689 vernichtete Feuer die Inneneinrichtung – und schuf dem neuen Zeitgeist neues Terrain. Jan Simon Pánek, der sich auch Panetius nannte, leitete die frühbarocke Renovierung, wenig später hielt dann der Hochbarock Einzug: Christian Schatzmann entwarf Pilaster, Abondio Bolla Stuckaturen, Franz Guido Voget Fresken, Ferdinand Drack Vasen für die Emporengeländer.

Teynkirche *(rechte Seite rechts oben)*

Ort: Praha/Prag
Bauzeit: 1339–1516
Baustil: Gotik

Der Teynhof, ein Wohnhaus für ausländische Kaufleute, gab der „Kirche der Jungfrau Maria vor dem Teyn" ihren (Kurz-) Namen. Die erste Kirche an dieser Stelle gehörte zu dem Spital, in dem sie im Krankheitsfall behandelt wurden. Wahrscheinlich hat Peter Parler, der sich im Prager Veitsdom verewigt hat, auch hier mitgearbeitet. 1419 wurde der Bau unterbrochen und nach den Hussitenkriegen 1471 wieder aufgenommen.

Wallfahrtskirche Maria vom Siege (auch: de Victoria) *(links oben)*

Ort: Praha/Prag (Bílá Hora/Weißen Berg)
Bauzeit: 1704–1714
Baustil: Barock

„Maria hilf!", war der Schlachtruf der Soldaten Tillys, ein von den Protestanten zerstörtes Marienbild wurde 1620 bei der Schlacht am Weißen Berg vorangetragen, und nachdem die Katholiken gesiegt hatten, wurde an Ort und Stelle eine Kapelle errichtet und knapp ein Jahrhundert später durch eine Kreuzkuppelkirche ersetzt, die von V. Reiner, J. Schöpf und C. Asam mit zahlreichen Marienmotiven ausgemalt ist.

St. Thomas *(unten)*

Ort: Praha/Prag
Bauzeit: 1285–1316/18. Jh.
Baustil: Gotik/Barock

Nebenan brauen die Mönche ein dunkles Bier, das vielleicht berühmter ist als die Abteikirche ihres 1285 von Wenzel II. gegründeten Klosters. Wie bei vielen Bauwerken aus gotischer Zeit ist der mittelalterliche Ursprung hinter dem barocken Prunk kaum mehr zu ahnen. Auch hier war Kilian Ignaz Dientzenhofer 1727–1731 am Werk. Szenen aus dem Leben des Namenspatrons sind in der Kuppel und auf dem Hauptaltarbild dargestellt.

Mariä Himmelfahrt (ganz links oben)

Ort: Opava/Troppau
Bauzeit: um 1365
Baustil: Gotik

Die norddeutsche Backsteingotik stand Pate beim Bau der Pfarrkirche in der alten schlesischen Residenzstadt. Von den beiden Türmen der Westfassade blieb der eine unvollendet, während der andere eine Haube im Renaissancestil mit Platz für die Glocken aufgesetzt bekam. In die ursprüngliche, aufwärts strebende Raumordnung wurde im 17./18. Jahrhundert eine barocke Inneneinrichtung eingepasst.

Jesuitenkirche (links oben)

Ort: Opava/Troppau
Bauzeit: ab 1675
Baustil: Barock

Wie meistens steht die Kirche der Jesuiten direkt neben ihrem Kolleg, durch das Generationen von Schülern ihre Bildung erhielten. Und wie häufig orientierte sich ihre Kirchenarchitektur am Vorbild von Il Gesù in Rom, die G. da Vignola 1568 entworfen und Giacomo della Porta weitergeführt hatte. Diese Architekturauffassung verbindet gern eine relativ nüchterne Fassade mit prunkvollen Innenräumen.

Klosterkirche (ganz links unten)

Ort: Sternberk/Sternberg
Bauzeit: 18. Jh.
Baustil: Barock

Das Augustiner-Chorherrenstift wurde 1371 für gegründet erklärt, mit dem Bau der Anlage hatte man wahrscheinlich schon vorher begonnen. 1627 verbrannte alles in den Wirren des 30-jährigen Krieges, die Dänen besetzten den Ort. Später baute man das Kloster wieder auf, die Kirche entstand zuletzt. Kurz darauf wurden die Klöster säkularisiert, im Stift wurden Soldaten, später die deutsche Schule untergebracht.

Wallfahrtskirche auf dem Heiligen Berg (links unten)

Ort: Olomouc/Olmütz
Bauzeit: 1669–1679
Baustil: Barock

Die Prämonstratenser gaben bei Giovanni Pietro Tencalla einen barocken Saalbau mit Emporen und vier Seitenkapellen in Auftrag, der eine im 30-jährigen Krieg gebaute Kapelle ersetzte und der Jungfrau Maria geweiht wurde. Die Kuppel über der Vierung ist von innen mit Stuck geschmückt, die Fresken in den Medaillons wurden teilweise 1731 übermalt. Säulen und Hauptaltar sind in Kunstmarmor gehüllt.

St. Maria-Schnee (oben)

Ort: Olomouc/Olmütz
Bauzeit: 1712–1719
Baustil: Barock

Baumeister Johann Pirner errichtete diese Kirche für den Orden der Jesuiten als Ersatz für einen älteren Sakralbau. Besonders prunkvoll ist das Portal. Es wird flankiert von geraden und kannelierten Säulen mit korinthischen Kapitellen, die einen Balkon mit Balustrade tragen, und Heiligenfiguren. Die Jesuiten waren 1566 vom Bischof zur Unterstützung der Gegenreformation in die Stadt gerufen worden.

Wallfahrtskirche Mariä Reinigung

(links oben)

Ort: Dub nad Moravou
Bauzeit: 1734–1756
Baustil: Barock

1848, 900 Jahre nach der ersten urkundlichen Erwähnung 1141, wurde Dub nad Moravou eine Stadt mit dem Recht, Märkte abzuhalten. 1999 legte sich die Gemeinde dann auch eine eigene Fahne und ein Wappen zu. Die Marienkirche zeichnet sich durch eine hervorragende Akustik aus und beherbergt drei qualitätvolle Steinskulpturen aus der Entstehungszeit, die die Heiligen Florian, Johann von Nepomuk und Joseph darstellen.

Wallfahrtskapelle
Johannes von Nepomuk *(linke Seite links unten)*

Ort: Zelena Hora/Grüner Berg in Ödʼár nad Sázavou
Bauzeit: ab 1719
Baustil: Barock

Giovanni Blasius Santini-Aichel lebte als Italiener der dritten Generation 1667–1723 zumeist in Prag. Als Künstler verfolgte er immer wieder die Idee des Zentralraums, und die symbolische Qualität dieses Gedankens erreicht mit dem Sternmotiv im Grundriss dieser Wallfahrtskapelle einen Höhepunkt – ebenso wie der Kult des Schutzherrn von Böhmen, Johannes von Nepomuk (um 1350–1393).

St. Jakob *(Mitte)*

Ort: Brno/Brünn
Bauzeit: ab 1220/16. Jh.
Baustil: Gotik

1502 war die Nordseite der Hallenkirche endlich fertig gestellt, 1510 die Sakristei angebaut worden, da fiel die gesamte Pracht, die Glasfenster und praktisch die gesamte Innenausstattung, 1515 einem Feuer zum Opfer. 1520 begann man mit dem Wiederaufbau, der sich über ein halbes Jahrhundert hinzog. Ein hölzerner Turm aus dem Jahr 1590 wurde erst 1901 durch einen eisernen ersetzt.

St. Ignaz *(unten)*

Ort: Jihlava/Iglau
Bauzeit: 1680–1689
Baustil: Barock

Giovanni Jacopo Brasca baute für die Jesuiten nach italienischen Vorbildern eine Kirche auf Grundstücken, die man 23 Protestanten weggenommen und im Zuge der Gegenreformation dem Orden zugesprochen hatte. Für die Ausmalung verpflichtete man Karl Töpper, der die Fresken 1717 vollendete. Der Bau fällt in eine Zeit der Stagnation, weil sich die Stadt noch nicht von den Folgen des 30-jährigen Krieges erholt hatte.

SVB PATROCINIO
NATIVITATIS SANCTE DEIPARAEQ.
VIRGINIS MARIAE

Dominikanerkirche St. Michael
(links unten)

Ort: Brno/Brünn
Bauzeit: 13. Jh./1655
Baustil: Gotik/Barock

In der ehemaligen Hauptstadt von Mähren mit ihrem keltischen Namen haben sich zahlreiche mittelalterliche Bauten erhalten. Unterhalb der Zitadelle, deren Befestigungsmauern Napoleon 1809 schleifen ließ, liegt die Kirche der Dominikaner am nach dem Orden benannten Platz. Ihren gotischen Ursprung versteckt sie allerdings hinter einer barocken Doppelturmfassade. Das Kloster selbst wird als Rathaus genutzt.

St. Prokop *(ganz links)*

Ort: Trebíc
Bauzeit: ca. 1240–1260
Baustil: Romanik/Gotik

Das Benediktinerkloster wurde 1101 gegründet und im 16. Jahrhundert aufgegeben. Die Kirche, eine Basilika, war ursprünglich Maria Himmelfahrt geweiht. Der Chor ist mit Blendarkaden verziert. Die Bauhütte war von dem Stil beeinflusst, der von Südfrankreich über Burgund und den Oberrhein nach Osten vorgedrungen war. 1729 wurde das bereits 1696 abgetragene Gewölbe ersetzt, 1731 wurden barocke Türme angefügt.

Klosterkirche St. Maria *(links oben)*

Ort: Tisnov/Tischnowitz
Bauzeit: bis Mitte 13. Jh.
Baustil: Gotik

Königin Konstanze stiftete 1233 das Zisterzienserinnenkloster mit dem schönen Namen porta caeli (Himmelstür). Die dreischiffige Basilika nach burgundischen Vorbildern hat ein breites Querschiff, an das sich Kapellen anschließen, ein Kreuzrippengewölbe und ein Portal mit Tympanon, in dem Christus zwischen Maria und Johannes dem Täufer steht. Darunter sieht man Konstanze mit Gemahl Wenzel I., die ihm ein Modell der Kirche überreicht.

Petersdom,
auch St. Peter und Paul *(rechts oben)*

Ort: Brno/Brünn
Bauzeit: 15. Jh./1904–1911
Baustil: Gotik

Der Petersberg hat eine bewegte Baugeschichte. Zunächst nutzten die Slawen den Hügel als Burg. 1131 wurde auf ihm eine romanische Kirche geweiht. Im 15. Jahrhundert wich diese einem gotischen Bau, der im 30-jährigen Krieg schwer unter den Kanonenkugeln litt. Die barocke Erneuerung 1738–1749 wurde im 20. Jahrhundert rückgängig gemacht und durch neogotische Ergänzungen komplettiert.

Jesuitenkirche *(ganz links)*

Ort: Brno/Brünn
Bauzeit: 1589–1602/1734
Baustil: Barock

Die Kirche der Jesuiten ist Mariä Himmelfahrt geweiht und steht auf den Fundamenten eines gotischen Vorgängerbaus aus dem 13. Jahrhundert. Die barocke Neugestaltung leitete der Wiener Johann Georg Schauberger, der auch Hauptaltar und Kanzel schuf. Die Jesuiten waren 1572 als Advokaten der Gegenreformation nach Brünn gekommen und blieben bis 1773, als ihr Kloster säkularisiert wurde.

Wallfahrtskirche Mariä Geburt *(links)*

Ort: Vranov u Brna/Wranau bei Brünn
Bauzeit: Anfang 17. Jh.
Baustil: Barock

Die Kirche nach Plänen von Giovanni P. Tencalla gehört zu einem Paulanerkloster und beherbergt eine gotische Marienstatue, zu der viele Gläubige pilgern. Besonders zu Ostern, am „Weißen Samstag" (so übersetzt das tschechische Wort für Karsamstag) kommen viele, um an Nachtwachen und nächtlichen Gebeten teilzunehmen. Tagsüber findet kein Gottesdienst in Erinnerung an die Grabesruhe Christi statt.

St. Jakob *(rechts)*

Ort: Brno/Brünn
Bauzeit: ab 1220/16. Jh.
Baustil: Gotik

1502 war die Nordseite der Hallenkirche endlich fertig gestellt, 1510 die Sakristei angebaut worden, da fiel die gesamte Pracht, die Glasfenster und praktisch die gesamte Innenausstattung, 1515 einem Feuer zum Opfer. 1520 begann man mit dem Wiederaufbau, der sich über ein halbes Jahrhundert hinzog. Ein hölzerner Turm aus dem Jahr 1590 wurde erst 1901 durch einen eisernen ersetzt.

Heiliger Berg mit St.-Sebastian-Kapelle *(oben)*

Ort: Mikulov/Nikolsburg
Bauzeit: 1679
Baustil: Barock

Nikolsburg hat seit 1362 Stadtrechte, aber das Stadtbild ist vollständig vom Barock geprägt. Ein Kreuzweg überwindet die 363 m Höhenunterschied zwischen Städtchen und Kopecek, wie der Heilige Berg auf tschechisch heißt. Das Ensemble mit dem überkuppelten Zentralbau und der 1764 angebauten Sakristei ist vom Hauptplatz mit der selbstverständlich ebenfalls barocken Dreifaltigkeitssäule gut zu sehen.

St. Nikolai *(unten)*

Ort: Znojmo/Znaim
Bauzeit: 1338–1467
Baustil: Gotik

Der dreischiffige Hallenbau wurde nachträglich mit einem Netzgewölbe versehen, das sich an von Peter Parler geschaffenen Vorbildern orientiert. 1461–1467 erhielt auch der Chor unter Aufsicht von Meister Nikolaus ein Netzgewölbe. Der Südostturm wurde 1837 abgerissen und wenige Jahre später durch einen neogotischen ersetzt. Ein Kleinod mit Eisengittern ist das Sakramentshäuschen vom Anfang des 16. Jahrhunderts.

St.-Barbara-Kathedrale *(rechts)*

Ort: Kutna Hora/Kuttenberg
Bauzeit: ab 1380/1481–1595
Baustil: Gotik/Renaissance

Die heilige Barbara ist die Schutzpatronin der Bergleute, und der Kirchenbau wurde von einem Bergbauunternehmer gestiftet. Die ersten Baupläne stammen von Peter Parler, der ein Langhaus mit fünf Schiffen, Querschiff und Chorumgang vorsah. Die Hussitenkriege unterbrachen die Arbeiten, danach wurde eine nur dreischiffige Halle mit einem komplizierten Schleifensterngewölbe realisiert.

Österreich

Österreich teilt mit der Schweiz das Schicksal, als kleines Land an große und einflussreiche Nachbarn zu grenzen. Entsprechend orientierten sich die Baumeister von Kirchen und Klöstern in diesen Ländern einerseits an italienischen, andererseits an deutschen und französischen Vorbildern.

Mariä Geburt (unten)

Ort: Schöngrabern
Bauzeit: Anfang 13. Jh.
Baustil: Romanik

Die Pfarrkirche ist von außerordentlicher kunsthistorischer Bedeutung wegen der Fassadengestaltung an ihrer Apsis. Dort zeigt die Bauplastik aus Figuren, Fantasiewesen und Tieren ein ikonografisches Programm, dessen Bedeutung sich bis jetzt nicht definitiv klären ließ. Die meisten Wissenschaftler halten es für eine Belehrung über den Kampf zwischen Gut und Böse, also für eine steinerne Armenbibel.

Stift St. Florian (oben)

Ort: St. Florian
Bauzeit: 1686–1726
Baustil: Barock

Carlo Carlone und Jakob Prandtauer, zwei bedeutende Architekten des Barocks, entwarfen dieses neben Melk wichtigste Kloster Österreichs. In der über 77 m langen Kirche mit zwei 80 m hohen Türmen wirkte 1848–1855 Anton Bruckner als Organist und wurde in der Krypta unter „seiner" Orgel beigesetzt. Die Konventsgebäude sind so prachtvoll ausgestattet, dass sie eher an ein Schloss denn an ein Kloster erinnern.

Stift Melk (rechts)

Ort: Melk
Bauzeit: 1702–1736
Baustil: Barock

Was aussieht wie ein Prunkschloss, ist eine der bedeutendsten barocken Klosteranlagen Europas. Die Benediktinerabtei, die auf ein Kloster aus dem Jahr 1089 zurückgeht, thront hoch über der Donau und besitzt eine imposante Stiftskirche, überschwänglich geschmückt mit Marmor, Fresken und Gold. Außerdem gehören zum Kloster bedeutende Kirchenschätze und eine barocke Bibliothek.

Karlskirche *(rechts oben)*

Ort: Wien
Bauzeit: 1716–1739
Baustil: Barock

Johann Bernhard Fischer von Erlach (1656–1723), der Meister des Hochbarock, der die österreichische Hauptstadt mit seinen Entwürfen nachhaltig geprägt hat, schuf diese Kirche. Er verband antike Vorbilder mit byzantinischen und barocken Formen zu einem Gesamtkunstwerk, das damals als revolutionär galt. Mit Tambour und Zentralkuppel sowie Säulenvorhalle und Triumphsäulen ist die Kirche auf Fernwirkung angelegt, denn sie stand zur Bauzeit noch außerhalb der wachsenden Stadt.

Stephansdom *(rechts unten)*

Ort: Wien
Bauzeit: 1230–1250, 1304–1523, 1556–1578
Baustil: im Wesentlichen Gotik

Obwohl die Westfassade noch aus der Romanik stammt und die Turmhaube aus der Renaissance, dominiert die Gotik von Chor, Langhaus und Südturm den Gesamteindruck des „Steffel". Da mutet das Dach aus farbig glasierten Ziegeln im Zickzack- und Rautenmuster ein wenig fremd, fast orientalisch an. Der 136 m hohe Südturm ist zwar gotisch gestaltet, aber nicht nach gotischen Vorgaben in den Grundriss integriert, sondern steht einzeln wie ein italienischer Campanile.

Kloster Heiligenkreuz *(links unten)*

Ort: Heiligenkreuz
Bauzeit: 12., 13. Jh., später erneuert
Baustil: im Ursprung Romanik

Die älteste Zisterzienserabtei Österreichs – 1133 gestiftet – vereint durch ihre Entwicklung mehrere Stile in sich. An die romanische Basilika aus dem 12. Jahrhundert mit ihrem schlichten dreischiffigen Langhaus schließt sich ein Kreuzgang (1220–1250) im Übergangsstil zur Gotik mit roten Marmorsäulen an. Der große, dreischiffige, hochgotische Hallenchor mit Maßwerkfenstern wurde 1295 geweiht. Die Konventsgebäude wurden im 17. und 18. Jahrhundert barock erneuert.

St. Maria am Gestade *(ganz rechts)*

Ort: Wien
Bauzeit: 14. Jh.
Baustil: Gotik

Besonders nachts, wenn ihr durchbrochener Maßwerkhelm auf dem 56 m hohen Turm von innen beleuchtet ist, wird die Feinheit der gotischen Formen der Kirche deutlich.

Bedingt durch die geografischen Gegebenheiten am Steilufer der Donau besitzt die 33 m hohe Kirche eine nur 10 m breite Fassade mit anschließendem einschiffigen Langhaus, an das sich mit einem Knick der deutlich breitere Chor anschließt. Dadurch entsteht ein ungewöhnlicher Raumeindruck.

Franziskanerkirche *(links oben)*

Ort: Salzburg
Bauzeit: 15. Jh.
Baustil: im Wesentlichen Gotik

Die ehemalige Hauptpfarrkirche von Salzburg geht auf einen romanischen Bau zurück, der 1123 geweiht wurde. Durch die grundlegenden Umbaumaßnahmen des 15. Jahrhunderts ist von dem Vorgängerbau nur noch das Langhaus übrig. Es wurde elegant in den gotischen Neubau integriert. Der gotische Chor wurde später barockisiert und besitzt einen Hochaltar von J. B. Fischer von Erlach (1709/10).

Dom *(links unten)*

Ort: Salzburg
Bauzeit: 1614–1628
Baustil: Barock

Dieser frühbarocke Sakralbau ist der erste nördlich der Alpen, der sich an Il Gesú in Rom orientiert. Der Architekt Santino Solari entwarf eine Westfassade flankiert von leicht vorspringenden Türmen, hinter der sich ein Langhaus mit einer achteckigen Vierungskuppel und einem Dreikonchenchor erstreckt. Der tonnengewölbte helle Innenraum ist reich mit Stuck und Fresken ausgestattet.

Abtei Sankt Peter *(rechts oben)*

Ort: Salzburg
Bauzeit: 12., 13. Jh. später umgebaut
Baustil: im Ursprung Romanik

Bereits 699/700 gegründet, ist dieses Benediktinerkloster das älteste im deutschsprachigen Raum. In diesem wichtigen geistigen Zentrum des Mittelalters entstanden wertvolle Werke der Buch-, Goldschmiede- und Steinmetzkunst. Von der romanischen Stiftskirche sind noch die Vorhalle mit dem Rundbogenportal, das Tympanon und einige Fresken erhalten. Die Fassade dagegen stammt aus dem Spätbarock und die Ausstattung aus dem Rokoko.

Kollegienkirche (oben)

Ort: Salzburg
Bauzeit: 1696–1707
Baustil: Barock

Johann Bernhard Fischer von Erlach gestaltete hier eine Fassade, die Vorbild für die Klosterkirchen von Einsiedeln, Ottobeuren und Weingarten wurde: Zwischen zwei gedrungen wirkenden Türmen, die von einer Balustrade mit Figuren bekrönt werden, wölbt sich der Mittelbau nach vorne. So entsteht der Eindruck von Bewegung, den die große Vierungszentralkuppel mit Laterne ausgleicht.

Kloster Nonnberg (rechts)

Ort: Salzburg
Bauzeit: 1464–16. Jh.
Baustil: Gotik

Dieses bereits 714 gegründete Benediktinerinnenkloster ist das älteste Frauenkonvent nördlich der Alpen. Ihr heutiges Aussehen erhielt die Klosterkirche im frühen 16. Jahrhundert. Aus der romanischen Vorgängerkirche, die bei einem Brand zerstört wurde, sind noch wertvolle Fresken erhalten. Zu den Kostbarkeiten der Stiftskirche gehört der gotische Schnitzaltar von Veit Stoß in der Johanneskapelle.

Wallfahrtskirche Maria Pöllauberg

(rechts)

Ort: Pöllauberg
Bauzeit: 14. Jh.
Baustil: Gotik

Diese wunderschön auf einem Hügel gelegene Wallfahrtskirche mit Marienheiligtum gilt als Kleinod der steirischen Hochgotik. Sie heißt offiziell Maria am Samstagberg bzw. Maria am Sabbatberg. Im Mittelgang recken sich die Pfeiler schlank nach oben und fächern sich im Gewölbe auf. Der Reliquienschrein steht im Zentrum des Chores, so dass die Pilger ihn umschreiten und von allen Seiten betrachten können.

Zisterzienserkloster Stams *(unten)*

Ort: Stams
Bauzeit: 1273–1284, 1729–1732 umgebaut
Baustil: Barock

Das Kloster aus dem 13. Jahrhundert musste im 16. Jahrhundert wegen Kriegszerstörungen und Bränden neu gebaut werden. Auf dem ursprünglichen Grundriss entstand eine barocke Kirche mit reichen Stuckaturen von Franz Xaver Feuchtmayer. Sie birgt zwei sehr kostbare schmiedeeiserne Gitter aus dem 18. Jahrhundert. Auch die Klostergebäude, die sich um drei Höfe gruppieren, wurden um 1700 im Barockstil modernisiert.

Mariä Himmelfahrt (links)

Ort: Gurk

Bauzeit: 1140–1200

Baustil: Romanik

Die Pfarrkirche – immer noch oft als Dom tituliert, obwohl Gurk seit 1787 kein Bischofssitz mehr ist – wurde als dreischiffige Basilika mit Staffelchor errichtet. Seine drei Apsiden sind wunderbar dekoriert und auch das Langhaus ist voller Reliefs und Fresken der Hochromanik. Berühmt ist die Krypta mit ihren hundert Säulen und dem Grabmal der Heiligen Hemma. Lediglich der Hochaltar entstand erst 1626–1632.

Pfarrkirche (rechts unten)

Ort: Millstatt

Bauzeit: Im Ursprung 11. Jh., später erweitert

Baustil: Romanik

Die romanische Kirche des ehemaligen Benediktinerklosters erfuhr bis zum 16. Jahrhundert einige Veränderungen im jeweiligen Zeitgeschmack. Doch ihr Eingangsportal, das als Rundbogen abgetreppt in die dicke Mauer geschnitten ist, gehört zu den schönsten der Romanik. Es zeigt auf dem Relief über der Tür einen Mönch mit dem Modell der Kirche in der Hand.

St.-Georgs-Kapelle (rechts oben)

Ort: Wiener Neustadt

Bauzeit: 1449–1460

Baustil: Gotik

Als Bestandteil der ehemaligen Burg der Babenberger dient die dreischiffige Hallenkirche im unteren Bereich als Westtor des Gebäudekomplexes. Auch die zahlreichen Wappen sowie die Skulptur Friedrichs III. an der Fassade betonen die Bedeutung der weltlichen Macht gegenüber der kirchlichen. Im Inneren ruht Maximilian I. in einem sehr schlichten Grabmal – er wurde als Strafe für die von ihm verursachte Finanzmisere nicht in der Hofkirche beigesetzt.

Schweiz

Die Schweiz liegt wie Österreich auf der geografischen, klimatischen und kulturellen Grenze zwischen Mittel- und Südeuropa, nämlich in den Alpen, dem höchsten Gebirge Europas. Auch hier hatten eigene Entwicklungen kaum eine Chance.

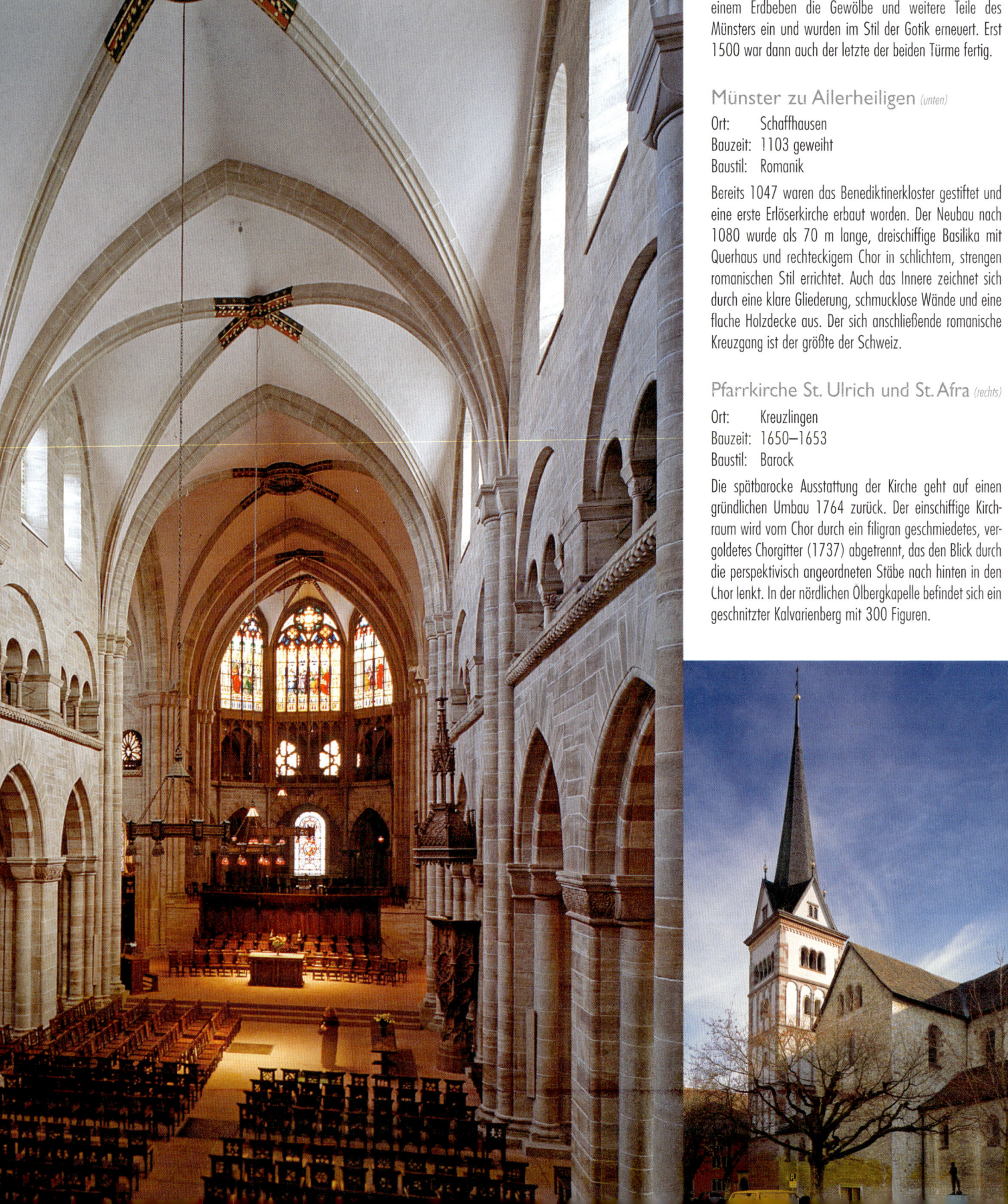

Münster *(links)*

Ort: Basel
Bauzeit: 1019 geweiht, bis 1500 erneuert
Baustil: Romanik, Gotik

Das Baseler Münster hatte eine bewegte Vergangenheit: Nach der Zerstörung durch die Ungarn 917 wurde es im Stil der Romanik wiederaufgebaut und 1019 geweiht. 1185 wurde es fast komplett durch einen Brand zerstört und im spätromanischen Stil neu gebaut. 1356 stürzten dann bei einem Erdbeben die Gewölbe und weitere Teile des Münsters ein und wurden im Stil der Gotik erneuert. Erst 1500 war dann auch der letzte der beiden Türme fertig.

Münster zu Allerheiligen *(unten)*

Ort: Schaffhausen
Bauzeit: 1103 geweiht
Baustil: Romanik

Bereits 1047 waren das Benediktinerkloster gestiftet und eine erste Erlöserkirche erbaut worden. Der Neubau nach 1080 wurde als 70 m lange, dreischiffige Basilika mit Querhaus und rechteckigem Chor in schlichtem, strengen romanischen Stil errichtet. Auch das Innere zeichnet sich durch eine klare Gliederung, schmucklose Wände und eine flache Holzdecke aus. Der sich anschließende romanische Kreuzgang ist der größte der Schweiz.

Pfarrkirche St. Ulrich und St. Afra *(rechts)*

Ort: Kreuzlingen
Bauzeit: 1650–1653
Baustil: Barock

Die spätbarocke Ausstattung der Kirche geht auf einen gründlichen Umbau 1764 zurück. Der einschiffige Kirchraum wird vom Chor durch ein filigran geschmiedetes, vergoldetes Chorgitter (1737) abgetrennt, das den Blick durch die perspektivisch angeordneten Stäbe nach hinten in den Chor lenkt. In der nördlichen Ölbergkapelle befindet sich ein geschnitzter Kalvarienberg mit 300 Figuren.

Jesuitenkirche *(links oben)*

Ort: Solothurn
Bauzeit: 1680–1689
Baustil: Barock

Nach dem Vorbild von Il Gesù in Rom entstand mitten in der Stadt die vielleicht schönste Barockkirche der Schweiz. Die bewegt gegliederte, aufwändige Fassade wurde von Ludwig XIV. finanziert und trägt sein Wappen. Der Innenraum orientiert sich dagegen am Vorarlberger Barock. Der Raum verbindet sich harmonisch mit den Stuckaturen und wirkt vornehm-elegant.

Kloster Sancta Maria in Ova *(links unten)*

Ort: Fischingen
Bauzeit: 16., 17., 18. Jh.
Baustil: Barock

Die Benediktinerabtei wurde 1135 gegründet und wegen der zunehmenden Pilgerströme zur heiligen Idda – bis auf den Westflügel von 1577 und 1635 – komplett im Stil des Barocks neu gebaut. Die einschiffige Abteikirche von 1685–1687 wirkt schmucklos, aber die 1704–1708 angebaute Idda-Kapelle ist ein hochbarockes Schmuckstück: Der kleine Zentralbau ist durch italienische und süddeutsche Einflüsse geprägt.

Kloster Mariaberg *(rechts oben)*

Ort: Rorschach
Bauzeit: 1485–1519
Baustil: Spätgotik, Renaissance

Da die Benediktiner ihr Kloster von St. Gallen nach Rorschach verlegen wollten, ist in relativ kurzer Zeit eine sehr geschlossene Klosteranlage aus Konventsgebäuden und Kreuzgang entstanden, die den Übergang von der Spätgotik zur Renaissance zeigen. Die Abtei ist jedoch nie als solche genutzt worden und besitzt auch keine Kirche, weil der Orden seine Pläne änderte und in St. Gallen blieb.

Fraumünster *(ganz rechts oben und rechts unten)*

Ort: Zürich
Bauzeit: 12.–14. Jh.
Baustil: Romanik, Gotik

Bereits 853 als Kirche eines Frauenklosters gestiftet, wurde das Fraumünster mehrfach umgebaut, zuletzt 1911. Seine berühmten Farbfenster erhielt es jedoch noch später: 1945 wurde im Querschiff das Nordfenster von Augusto Giacometti eingebaut, während die Chorfenster (1970), ein fünfteiliger Zyklus, und die Rosette im Südquerschiff (1978) von Marc Chagall stammen.

Großmünster *(ganz rechts unten)*

Ort: Zürich
Bauzeit: 1100–1230
Baustil: Romanik

Auch wenn die dreischiffige Pfeilerbasilika im Wesentlichen aus der Romanik stammt, so sind es doch die beiden spätgotischen Türme, die zum Wahrzeichen der Stadt Zürich wurden. Sie gehören zur Westfassade, die 1487–1492 nachträglich angebaut wurde. In einer Nische des Südturms ist eine große Figur Karls des Großen von 1470 zu sehen. Der niedrige Chorbogen in Innern zeigt, dass die Kirche nachträglich höher gebaut wurde.

Reformierte Pfarrkirche *(oben)*

Ort: Kappel am Albis
Bauzeit: 1250–1310
Baustil: Gotik

Diese jüngste Zisterzienserkirche der Schweiz (heute ist die Kirche Pfarrkirche und das Kloster ein Tagungsort) gehört gleichzeitig zu den wichtigsten Sakralbauten des Landes, weil die gotische Architektur hier sehr geradlinig umgesetzt wurde. Unter Berücksichtigung der zisterziensischen Forderung nach Schlichtheit strebt in der kreuzförmigen Basilika alles in die Höhe, zu Gott, jedoch ohne überflüssige Schnörkel.

Münster St. Vincenz *(unten)*

Ort: Bern
Bauzeit: 1421–1598
Baustil: Spätgotik

Dieser wichtigste Sakralbau der Spätgotik in der Schweiz besitzt an seinem Hauptportal an der Westfassade das letzte umfassende Bildprogramm der europäischen Gotik — hervorragend ausgeführt von Erhart Küng. Außerdem besitzt die elegante dreischiffige Pfeilerbasilika feinstes Fischblasenmaßwerk und im filigranen Altarhaus Glasmalereien, die noch aus dem 15. Jahrhundert stammen.

Benediktinerabtei *(rechts oben)*

Ort: Einsiedeln
Bauzeit: 1719–1735
Baustil: Barock

Im Mittelpunkt der symmetrisch gebauten Klosteranlage, die zurückgeht auf die Klause des Einsiedlers Meinrad 947, steht die Stiftskirche. Deren Zentrum wiederum bildet die Gnadenkapelle mit der schwarzen Madonna und dem prunkvollen Marienaltar aus schwarzem Barock. Um diese zentrale Achse der Kirche herum liegen vier Innenhöfe gesäumt von den Klostergebäuden.

Benediktinerabtei *(ganz rechts oben)*

Ort: Sankt Gallen
Bauzeit: 1755–1767
Baustil: Barock

Das Kloster wurde bereits 719 gegründet und entwickelte sich zu einem kulturellen Zentrum nördlich der Alpen. Die Blüte des Benediktinerordens im 18. Jahrhundert ermöglichte eine komplette Neugestaltung durch die Meister des Vorarlberger Barocks. Prunkstück der Abtei ist zweifellos die fantastische Bibliothek im Rokokosaal, die wertvolle Handschriften und den St. Gallener Klosterplan (um 820) enthält.

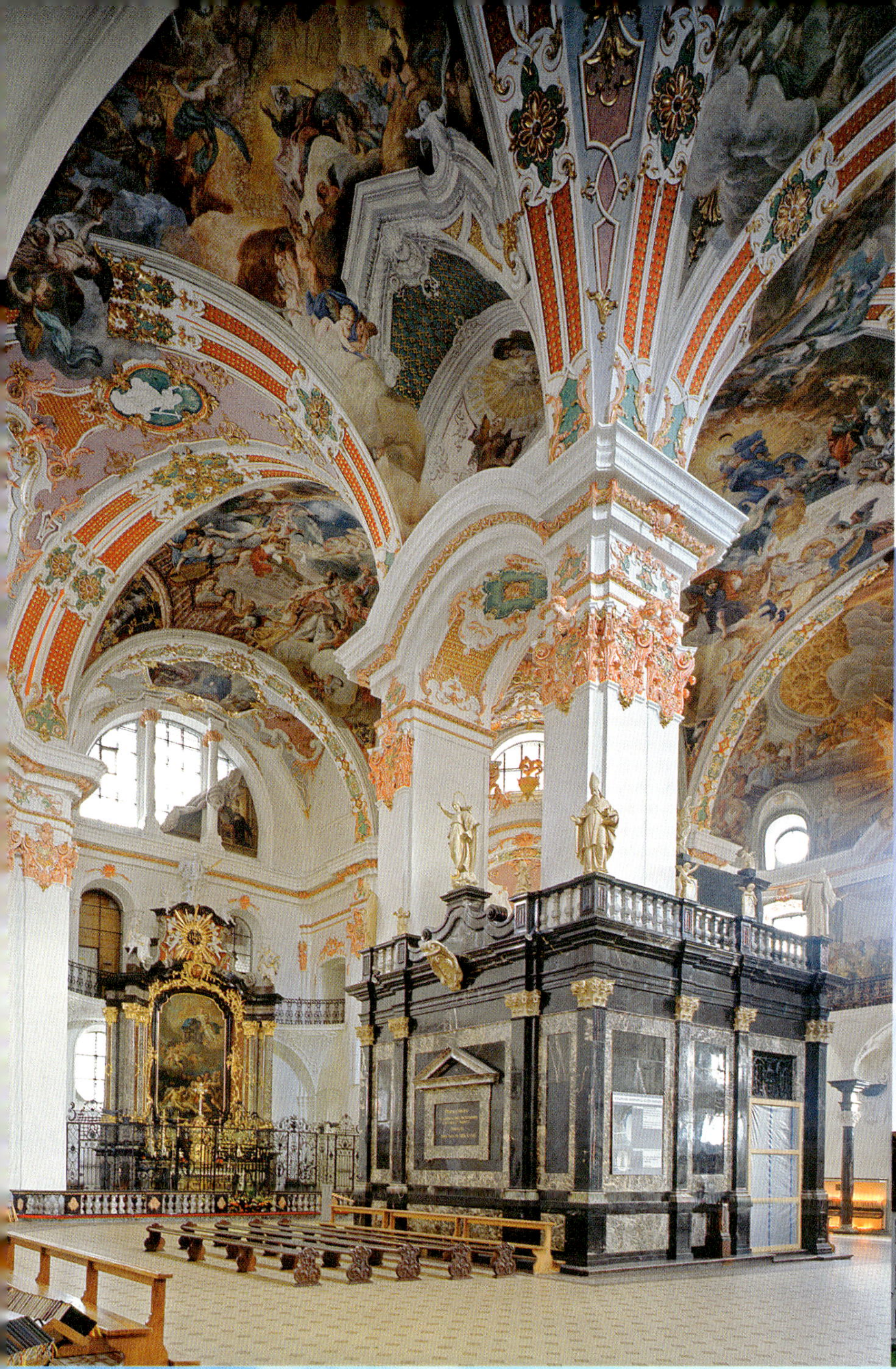

St. Gallus *(ganz unten)*

Ort: Lichtensteig
Bauzeit: 1968–1970
Baustil: Brutalismus

Der schweizerische Architekt Walter Maria Förderer (*1928) gilt als Vertreter des sog. Brutalismus, einer Richtung der Architektur in der zweiten Hälfte des 20. Jahrhunderts, die den Baustoff und die Konstruktion sichtbar macht. Bei dieser katholischen Kirche ist es unverputzter Beton, der das Bild prägt. Der Kirchturm und daraus wiederum das Kreuz scheinen organisch aus dem Hauptgebäude zu wachsen.

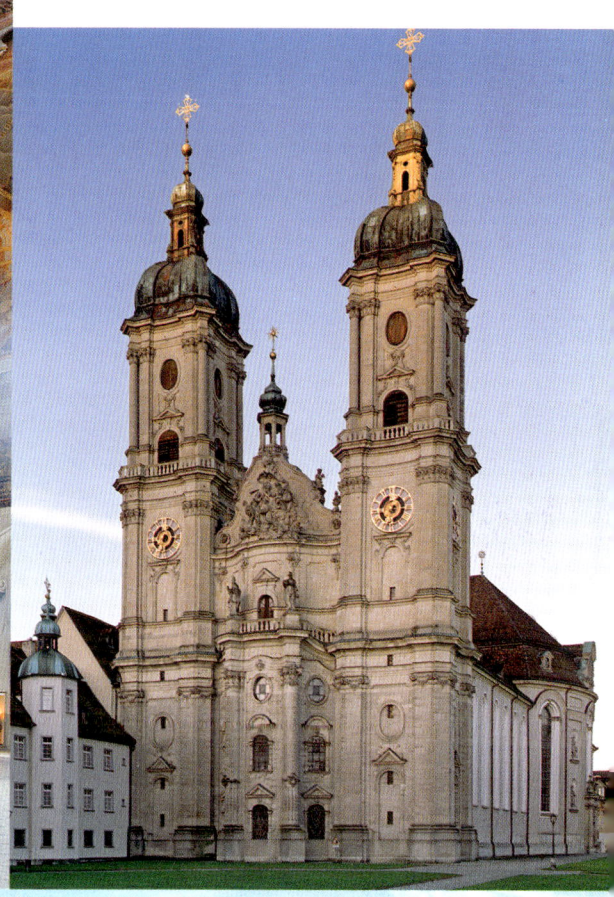

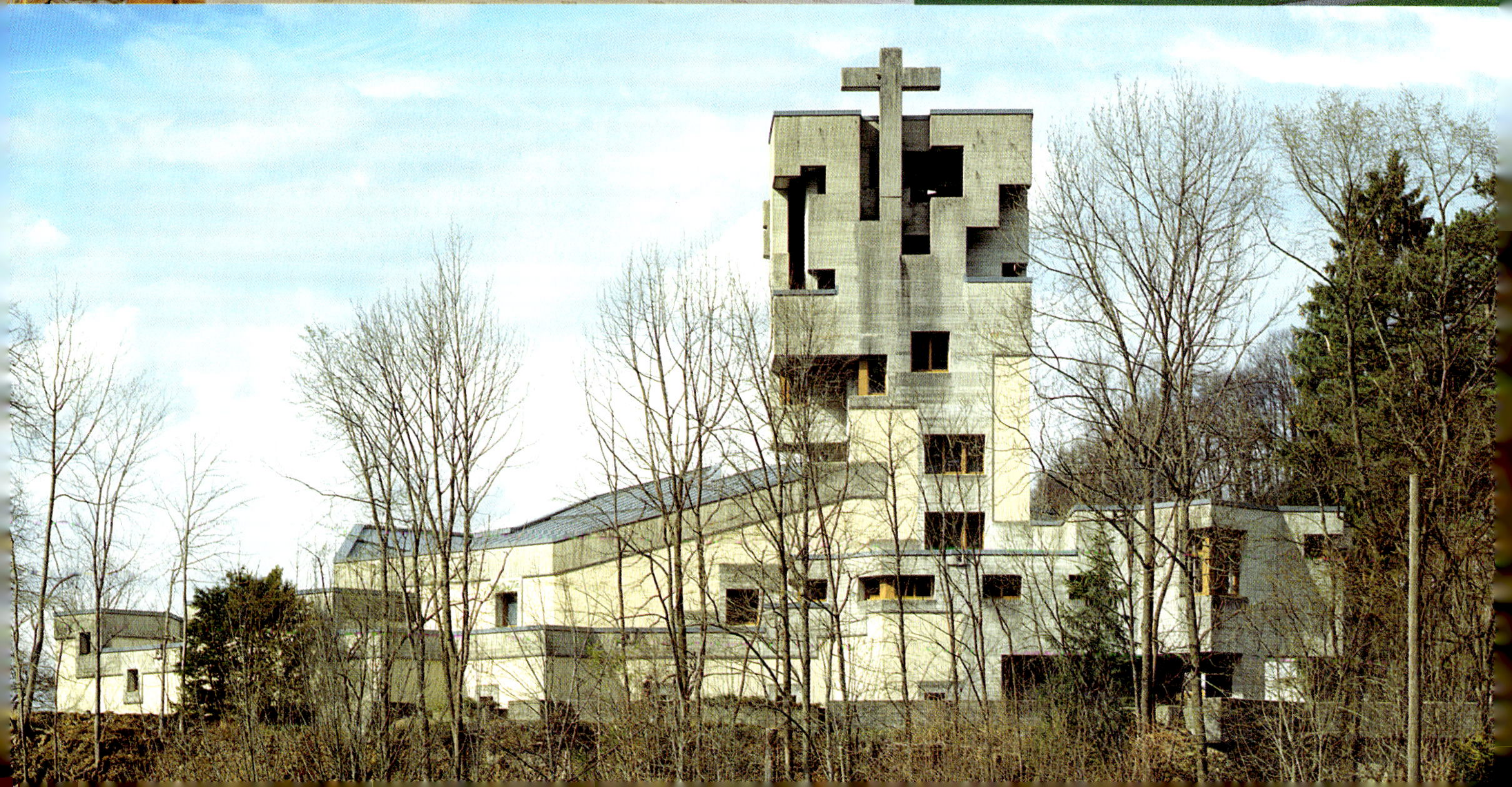

Stiftskirche St. Sebastian *(links und unten)*

Ort: Schänis
Bauzeit: 12. Jh., 15., 18., 20. erweitert und umgebaut
Baustil: Romanik

Während aus dem ehemaligen Damenstift zum Heiligen Kreuz ein Altersheim geworden ist, dient die ehemalige Stiftskirche St. Sebastian heute als Pfarrkirche. Die Pfeilerbasilika im Stil der Romanik, die im 18. Jahrhundert ein Rokokokleid erhielt, besitzt eine Hallenkrypta unter dem Chor mit kunsthistorisch bedeutenden Flechtwerkplatten aus der Karolinger Zeit. Später wurde ein gotischer Chor angefügt sowie barocke Umbauten des Innenraums vorgenommen.

Klosterkirche St. Peter und Paul
(rechts oben)

Ort: Romainmôtier
Bauzeit: 1030 beendet
Baustil: Romanik

Bereits 515 wurde hier ein Kloster gegründet – die früheste Klostergründung auf schweizerischem Boden. Die Benediktiner errichteten die Hauptkirche im frühromanischen Stil. Der auffällige spitze Helm des Vierungsturms und das Walmdach über dem Querschiff wurden später ergänzt. Die zweigeschossige romanische Vorkirche im Westen wurde um 1100 angebaut, die gotische Vorhalle im 13., die gotischen Kapellen im 14. und 15. Jahrhundert.

Kathedrale Notre-Dame *(rechts unten)*

Ort: Lausanne
Bauzeit: 1173–1275
Baustil: Gotik

Mit dem „portal peint", dem bemalten Südportal von 1225 bis 1235, besitzt die frühgotische Kathedrale ein in Europa einzigartiges Kunstwerk. Auch im Innenraum, der im Zuge der Reformation umgestaltet wurde, entdeckte und restaurierte man zu Beginn des 20. Jahrhunderts kostbare mehrfarbige Malereien aus der Entstehungszeit des Sakralbaus, dessen Baumeister sich am Vorbild der Pariser Kathedrale Notre-Dame orientierten.

Kapelle St. Jakob *(links oben)*

Ort: Flums
Bauzeit: vor dem 12. Jh.
Baustil: Romanik

Die kleine, von außen gänzlich unspektakuläre Kapelle beherbergt das älteste Glasgemälde der Schweiz aus dem 12. Jahrhundert. Allerdings ist die Madonna von Flums auf ihrem Rundbogenfenster hier nur als Kopie zu besichtigen – das Original befindet sich im Zürcher Landesmuseum. In der Kirche ist außerdem das gotisch ausgeschmückte Altarhaus sehenswert.

Kirche San Giovanni Battista *(links Mitte)*

Ort: Mogno
Bauzeit: 1992–1996
Baustil: Gegenwart

Als Ersatz für die 350 Jahre alte Kirche des Dorfes Mogno mit nur wenigen hundert Einwohnern entwarf der berühmte schweizerische Architekt Mario Botta (*1943) eine moderne Kirche, die sich aber durchaus dem Alten zuwendet: Die Längsachse des elliptischen Grundrisses entspricht der alten Dorfkirche ebenso wie die 17 m Höhe. Die Bögen hinter dem Altar erinnern an romanische Portale, ihr heller und dunkler Marmor stammt aus dem Tal.

Kloster Müstair *(unten)*

Ort: Müstair
Bauzeit: ab 780
Baustil: karolingischer Ursprung, später erweitert

Die Kloster- und Pfarrkirche St. Johann Baptista birgt die bedeutendste Wandmalerei der Karolingerzeit in Europa und ist zugleich die einzige erhaltene Gesamtausmalung aus dem frühen Mittelalter. Im Stil der sogenannten karolingischen Renaissance ist ein theologischer Bilderzyklus zu sehen, der sich an der Spätantike und der Buchmalerei der Hofschule Karls des Großen orientiert.

Santa Maria degli Angeli *(rechts oben)*

Ort: auf dem Monte Tamaro
Bauzeit: 1990–1995
Baustil: Gegenwart

Der Auferstehung Marias ist diese Kapelle in 1567 m Höhe mitten im Gebirge neben einem Skilift gewidmet. Der Architekt Mario Botta (*1943) hat sie zwar aus Beton gebaut, aber mit rotbraunem Porphyr ummantelt, so dass sie wie eine archaische Höhle aus dem Berg herauszuwachsen scheint. Das Pendant dazu bildet der 65 m lange Steg, der in die Unendlichkeit zu führen scheint, aber ganz gerade in einer Aussichtskanzel endet.

Liechtenstein

Im ungefähr 160 km² kleinen Fürstentum Liechtenstein stehen seiner überwiegend katholischen Bevölkerung sakrale Bauten aus unterschiedlichsten Bauepochen zur Verfügung.

St. Mamerten (links)

Ort: Triesen
Bauzeit: 9. o. 10. Jh.
Baustil: Romanik

Die Entstehungszeit dieser ältesten Kapelle Liechtensteins ist nicht gesichert, man vermutet sie jedoch im 9. oder 10. Jahrhundert. Der Turm wurde vermutlich erst bei einer Renovierung um 1450 errichtet. Etwa 40 Jahre später erhielt die kleine Kirche ihren Flügelaltar aus der Spätgotik, während die Pieta wohl aus der zweiten Hälfte des 14. Jahrhunderts stammt. Die alten Fresken waren zwischenzeitlich übermalt worden.

Ungarn

In Ungarn wurden schon früh verschiedene Einflüsse wirksam: italienische ebenso wie bayerische und frühchristliche. So gab es bereits um das Jahr 1000 herum eine Vielfalt unterschiedlicher Formen im Kirchenbau, von Rundkirchen über Basiliken bis zu Saalkirchen. Aus der Konkurrenz zwischen weltlichen und geistigen Herrschern erwuchs im 13. Jahrhundert eine Kirchenbaukunst von höchster Qualität, die durch den wirtschaftlichen Aufschwung in der Folgezeit begünstigt wurde.

Reformierte Kirche (links)

Ort: Boldva
Bauzeit: um 1180
Baustil: Romanik

Der „Református templom" ist ein Beispiel volkstümlicher Bauweise, das nicht in allen Reiseführern steht und trotzdem einen Besuch lohnt. Er gehörte zu einem Benediktinerkloster, und die internationalen Verbindungen des Ordens dürften den vermutlich bayerisch beeinflussten, für Ungarn ungewöhnlichen Ostturm erklären. Der frühgotische Chor wurde im 14. Jahrhundert ergänzt.

Reformierte Kirche (unten)

Ort: Miskolc
Bauzeit: Mitte 13. Jh.–16. Jh.
Baustil: Gotik/Renaissance

Die Kapelle auf dem Avasberg (der mit gut 800 Weinkeller-Höhlen durchlöchert ist) ist das älteste erhaltene Bauwerk der Stadt. 1365–1414 zu einer dreischiffigen Kirche, im 15./16. Jahrhundert zu einer Hallenkirche erweitert, wurde sie 1544 von den osmanischen Eroberern gebrandschatzt und 1560 unter reformierten Vorzeichen wiederaufgebaut. Die mit Blumen bemalten Bänke im Innern sind wegen der Mischung von Volkskunst und Rokokostil interessant. Der Glockenturm stammt von 1557.

Griechisch-orthodoxe Kirche (rechts)

Ort: Miskolc
Bauzeit: 1785–1806
Baustil: Zopfstil

Die Kirche der religiösen Minderheit liegt in einem Hof. Griechische Immigranten, deren Vorfahren einst vor den Türken geflohen waren, haben sie gebaut und mit einer 16 m hohen Ikonostase ausgestattet. Auf dieser Trennwand zwischen Altar- und Gemeinderaum hängt eine Schwarze Maria von Kasan – Geschenk von Zarin Katharina II., die auf dem Weg nach Wien hier durchreiste. Auch ein 1590 gefertigtes Kreuz vom Berg Athos befindet sich im Kirchenschatz.

Basilika *(links)*

Ort: Eger/Erlau
Bauzeit: 1831–1839
Baustil: Klassizismus

Gebaut von Jószef Hild, ist die Basilika mit 93 m Länge, 53 m Breite, 54 m hohen Türmen und Kuppeldurchmessern von 40 bzw. 18 m der zweitgrößte Dom Ungarns, der größte steht in Esztergom. Marco Casagrande aus Venedig schuf die Skulpturen rechts und links der Treppe, die zur Säulenhalle mit ihren sechs 17 m hohen korinthischen Säulen führt. Den Hauptaltar ziert ein Werk von Josef Danhauser.

Minoritenkirche *(linke Seite rechts oben)*

Ort: Eger/Erlau
Bauzeit: 1758–1773
Baustil: Barock

Mitten in der Innenstadt, an einem Platz, auf dem schon im Mittelalter der Markt stattfand, liegt die vermutlich nach Plänen von Kilian Ignaz Dientzenhofer gebaute ehemalige Klosterkirche. Geweiht ist sie dem heiligen Antonius, dessen Bild Johann Lucas Kracker neben dem der Jungfrau Maria für den Hauptaltar gemalt hat. Die beiden Türme ragen 57 m hoch in den Himmel, und unweit der Kirche fließt die Eger durch die Stadt.

St. Bartholomäus *(links unten)*

Ort: Gyöngyös
Bauzeit: 14./18. Jh.
Baustil: Gotik/Barock

Die Kirche, die sich malerisch von der Mátra mit ihren Weinbergen abhebt, war eine große Hallenkirche, wurde aber nach einem der zahlreichen Stadtbrände barockisiert. In der Schatzkammer können Besucher Meisterwerke der Sakralkunst bewundern, in Ungarn selbst wird die Kirche vor allem für ihre Orgel bewundert. 1984 wurde Karl d'Anjou vor der Kirche ein Denkmal gesetzt – zum Gedenken an die Verleihung der Stadtrechte im Jahr 1334.

St. Jakob *(oben)*

Ort: Lébény, auch Lébénymiklós
Bauzeit: vor 1208
Baustil: Spätromanik

Die Abteikirche der Benediktiner steht in einem Dorf. Umso beeindruckender wirkt hier die mächtige Anlage mit zweitürmigem Westwerk, dreischiffigem Innenraum und drei Apsiden am Chor. Ein Engel aus der Entstehungszeit wacht streng über dem südlichen Tor, während das Tor gen Westen weitgehend ohne Figurenschmuck auskommt. Der aktuelle Zustand ist auf die Renovierung 1850–1879 zurück zu führen.

Unterkirche *(rechts)*

Ort: Feldebrő
Bauzeit: 12. Jh.
Baustil: Romanik

Die Kirche ist mit ihrem saalartigen Schiff ein gelungenes Beispiel früher Volksarchitektur, errichtet über einem byzantinischen Vorgängerbau. In der Krypta aus dem 11. Jahrhundert liegt vermutlich der ungarische König Aba begraben. Der König wurde 1044 nach einer militärischen Niederlage von seinen eigenen Untertanen erschlagen. Die Fresken aus dem 13. Jahrhundert gehören zu den ältesten, die man in Ungarn finden kann.

St. Georg (rechts)

Ort: Nyírbátor
Bauzeit: 1484–1511
Baustil: Spätgotik

Er muss fromm und reich gewesen sein, der Stifter István Báthori, finanzierte er doch zwei Gotteshäuser am Ort. Begraben ist er in der reformierten Kirche, die gotische Familiengruft ist erhalten. Einer seiner Nachfahren übersetzte Psalmen und wurde in einem Renaissancegrab beigesetzt. Der einschiffige Innenraum gehört mit Netzgewölbe und Spitzbogenfenstern zu den schönsten Kirchen aus jener Zeit. Der Glockenturm wurde 1640 errichtet.

Minoritenkirche (unten)

Ort: Nyírbátor
Bauzeit: um 1480
Baustil: Gotik/Barock

Gestiftet von István Báthori, wurde die Kirche 1717 völlig umgestaltet und mit üppig geschnitzten Altären, Skulpturen und einer Kanzel ausgestattet. Auf 1731 datiert man den Passionsaltar mit großer Statuengruppe und einen Altar, den ein gewisser Krucsay zum Andenken an seine hingerichtete Frau errichten ließ. Beide sind von dramatischer Ausdruckskraft. Von dem Meister weiß man nur, dass er aus Eperjes stammte.

Kathedrale *(oben)*

Ort: Győr
Bauzeit: 11. Jh. –1823
Baustil: Romanik, Barock, Klassizismus

Die Kathedrale liegt nahe der Mündung der Raba in die kleine Donau mitten auf dem Martinovics tér. Generationen
haben an ihr gebaut: Fundamente aus dem 11. Jahrhundert, erste Fertigstellung Anfang des 13. Jahrhunderts,
gotische Erweiterung um 1404, Mitte des 17. Jahrhunderts, Reparaturen nach den Türkenkriegen und Anpassung
an den Geschmack der Zeit, 1823 schließlich wurde die
heutige Fassade hinzugefügt.

Nagytemplom (Große Kirche) *(links)*

Ort: Debrecen
Bauzeit: 1805–1819
Baustil: Klassizismus

1540 traten alle Einwohner von Debrecen zum Protestantismus über, 1552 erließen sie ein Gesetz, das nur Kal-
vinisten Wohnrecht gewährte. So ist der „Nagytemplom"
am Kalvin tér mit seiner von Säulenreihe und Tympanon
geprägten Fassade nicht zufällig die größte reformierte
Kirche Ungarns. Sie fasst 5000 Menschen. Die Rákóczi-
Glocke im linken Turm wurde nach dem 30-jährigen Krieg
aus Beutekanonen gegossen.

Unterkirche (oben)

Ort: Pannonhalma
Bauzeit: vor 1223
Baustil: Romanik/Gotik

Die Erzabtei der Benediktiner in Ungarn geht auf eine Gründung von Fürst Géza 996 zurück, der älteste erhaltene Teil – die Martinskapelle – wurde im 11. Jahrhundert gebaut. Im 13. Jahrhundert kam die dreischiffige Unterkirche hinzu. Im Barock stark verändert, bekam sie später einen 55 m hohen klassizistischen Turm und wurde Ende des 19. Jahrhunderts im Sinn des Historismus renoviert.

Ruine (rechts oben)

Ort: Zsámbék
Bauzeit: 12./13. Jh.
Baustil: Spätromanik

1763 bebte die Erde im nördlichen Transdanubien und zerstörte die Kirche. Sie wurde von einer Adelsfamilie als „Sippenkirche" gegründet und war später im Besitz der Pauliner, die sie bereits während der Osmanenzeit aufgaben. Die Westfassade atmet noch den Geist der Romanik, die Strebepfeiler des Hauptschiffs sind bereits der Gotik verpflichtet. István Möller sorgte Ende des 19. Jahrhunderts für die Konservierung der Ruine und einige Ergänzungen.

Prämonstratenserkirche *(unten)*

Ort: Ócsa
Bauzeit: vor 1235
Baustil: Romanik/Gotik

Die Kirche gehörte zu einem Männerkloster, das die Prämonstratenser zwischen dem 13. und 16. Jahrhundert in Ócsa unterhielten. Interessant sind vor allem die Freskenreste im Sanktuarium, die auf der Südwand verschiedene Apostel und Heilige sowie das Jüngste Gericht und auf der Nordwand Fragmente der Legende vom heiligen Ladislaus zeigen. Die jüngste Renovierung wurde 1996 mit einem europäischen Preis ausgezeichnet.

Matthiaskirche *(links und rechts unten)*

Ort: Budapest
Bauzeit: 13.–19. Jh.
Baustil: Gotik

Karl d'Anjou (1308) und Karl IV. (1916) wurden in der Matthiaskirche, die eigentlich der Lieben Frau geweiht ist, gekrönt. Namensgeber Matthias Corvinus führte in ihr zwei Bräute zum Altar: 1463 Katherina, 1470 Beatrix. Sein Wappen prangt am Südturm, dessen Anbau er veranlasste. In osmanischer Zeit war die Kirche Moschee, nach deren Ende fast eine Ruine. Im 18. Jahrhundert baute man sie barock wieder auf, 1874–1896 stellte man den gotischen Zustand wieder her.

Abteikirche *(rechte Seite links oben)*

Ort: Zirc
Bauzeit: 1739–1753
Baustil: Barock

1182 stiftete Béla III. ein Zisterzienserkloster in der Abgeschiedenheit tiefer Wälder, und die Mönche errichteten um die Wende vom 12. zum 13. Jahrhundert ihre Abtei. Während der Osmanenzeit wurde die Anlage aufgegeben und verfiel. Siedlungsversuche Ende des 17. Jahrhunderts scheiterten wiederum an blutigen Kämpfen, 1715–1725 wurde Zirc aber doch neu gegründet und Franz Anton Maulbertsch mit der Ausmalung beauftragt.

St. Georg *(rechte Seite rechts oben)*

Ort: Ják
Bauzeit: Mitte 13. Jh.
Baustil: Romanik

Die Kirche aus der Arpadenzeit, gestiftet von Mártin Nagy, gehörte zu einem Benediktinerkloster. 1896–1904 hat man sie erneuert. Das Portal in der Westfassade und der Chor sind außen reich mit Skulpturen geschmückt. Der Innenraum mit seinen ausgeglichenen Proportionen verrät französisch-normanische Einflüsse, der kreuzförmige, „vierblättrige" Grundriss (Tetrakonchos) geht auf byzantinische Vorbilder zurück.

Großkirche *(ganz rechts unten)*

Ort: Pápa
Bauzeit: 1774–1785
Baustil: Barock

Wie das Schloss der Fürsten von Esterházy wurde die Pfarrkirche von Jakob Fellner entworfen und in direkter Nachbarschaft am Fö tér gebaut. Berühmt ist sie vor allem für das Deckengemälde von Franz Anton Maulbertsch (1724–1796), das das Leben des heiligen Stephan darstellt. Maulbertsch, der Maler des österreichischen Spätbarock, war einer der beliebtesten Freskenmaler der Donaumonarchie.

Zisterzienserkirche *(links)*

Ort: Székesfehérvár/Stuhlweißenburg
Bauzeit: 1745–1751
Baustil: Barock

Jesuiten bauten die Kirche, dann kam sie in den Besitz der
Pauliner und wurde 1813 von den Zisterziensern übernommen. Daher atmet sie ebenso wenig wie das Ordenshaus
nebenan die radikale Strenge der frühen Zisterzienser-
bauten. Üppige Schnörkel prägen die Inneneinrichtung, die
Stuckarbeiten und die zweitürmige Fassade. Berühmt ist die
Sakristei mit ihrer Rokoko-Ausstattung von Janós Hyngeller
aus den Jahren 1764–1767.

Prämonstratenserkirche *(links)*

Ort: Türje
Bauzeit: 13./18. Jh.
Baustil: Romanik/Barock

Umbauten haben die aus rotem Backstein gemauerte zweitürmige Westseite bis zur Unkenntlichkeit verändert, nur im
Innenraum hat sich die ursprünglich schlichte Wandgliederung erhalten. Einfachheit und Bescheidenheit waren die
Ideale des Ordens, die sich in diesem frühen Zeugnis ihrer
Baukunst ohne alle dekorativen Elemente widerspiegeln.
Eine späte Ergänzung bilden die in den 1980er Jahren
renovierten und um 1760 von István Dorffmeister gemal-
ten Fresken.

St. Michael *(linke Seite rechts oben)*

Ort: Veszprém
Bauzeit: 11. Jh.
Baustil: Romanik

Der Dom ist eine Gründung von Stephan I. und laut
Legende ging ihm während der Bauzeit das Geld aus. Da
zog Königin Gisela mit den Worten: „Vesz, prem!", ihren
Pelz aus. Von dem Ausruf („Ich löse den Pelz") bekam die
Stadt ihren Namen und vom Erlös des wertvollen Stücks
ihren Dom ... Die Renovierung 1907–1910 wollte den
Zustand des 12. Jahrhunderts wiederherstellen und hat
dabei viel zerstört. Nur die gotische Krypta ist noch original.

St. Anna *(linke Seite rechts unten)*

Ort: Székesfehérvár/Stuhlweißenburg
Bauzeit: um 1470
Baustil: Gotik

In stiller Schlichtheit präsentiert sich die Kapelle mit der
kleinen Rosette und dem barocken Giebelreiter über dem
Westeingang, der sonst nur von einem umlaufenden Sims
betont wird. Drei Spitzbogenfenster gliedern die Südseite.
Das schönste gotische Bauwerk der Stadt, die 500 Jahre
lang Krönungsort der ungarischen Herrscher war, liegt
direkt gegenüber dem barocken Dom und schmiegt sich mit
Nord- und Ostseite in die übrige Bebauung.

Alte Kirche *(rechts)*

Ort: Kecskemét
Bauzeit: 1774–1806
Baustil: Rokoko/Klassizismus

Kecskemét, bekannt für seinen Aprikosenbrand, liegt zwischen Obstgärten. Am zentralen Kossuth tér stehen drei
alte Kirchen, die der Franziskaner, die der Reformierten und
die Großkirche, die, obwohl die jüngste, die Alte heißt. Die
mit ihrem 73 m hohen Turm größte Zopfstil-Kirche der Tief-
ebene entstand nach Plänen des Piaristenbruders Gáspár
Oswald. Der Stil ist nach der damaligen gepuderten Männer-
Haarmode benannt und ein Übergangsstil.

Abteikirche *(ganz links oben)*

Ort: Tihany
Bauzeit: vor 1055, 1719–1754
Baustil: Romanik/Barock

Auch hier wurde über zerstörten Vorgängerbauten neu gebaut, nur die Krypta mit ihren wuchtigen Säulen und dem Grab König Andreas' I. hat sich erhalten. Die Barockkirche darüber prunkt mit einer Innenausstattung, die Sebestyén Stulhoff 1753–1765 schnitzte. Die Frau war ihm noch vor der Hochzeit gestorben, untröstlich blieb er im Kloster – nicht ohne seine Liebste in einer Engelsstatue verewigt zu haben.

Votivkirche/Dom *(links oben)*

Ort: Szeged/Szegedin
Bauzeit: 1913–1930
Baustil: Neuromanik

Die Theiss fließt unmittelbar neben dem Dom: Kein Zufall, gelobten die Stadtväter doch 1879 anlässlich eines Hochwassers den Bau der Kirche! 34 Jahre später begannen die Arbeiten und führten zu einem 81 m langen, 51 m breiten Gotteshaus mit 93 m hohen Türmen und einer Kuppelhöhe von 54 m. An der Fassade prangen Mosaike mit den zwölf Aposteln und die überlebensgroße Figur der Patronae Hungaricae.

St. Peter *(links unten)*

Ort: Pécs/Fünfkirchen
Bauzeit: 11./12. Jh.
Baustil: Romanik

Der Dom, 70 m lang und 27 m breit, mit je zwei Ost- und Westtürmen, zählt zu den bedeutendsten mittelalterlichen Bauwerken Ungarns. Chor, Unterkirche und die Westseite des Langhauses wurden zuerst gebaut, der Eingang zur Unterkirche und die Osttürme im 12. Jahrhundert ergänzt, mehrere Kapellen im 14. Jahrhundert in die Seitenschiffe eingefügt. Nach etlichen Umbauten erhielt der Dom 1882–1891 seine heutige Form.

Kathedrale *(rechts unten)*

Ort: Kalocsa
Bauzeit: 1735–1754
Baustil: Barock

Stephan I. hat Kalocsa als Bistum im 11. Jahrhundert gegründet. Die zugehörige Bischofskirche wurde wie zwei Nachfolgebauten bis auf die Grundmauern zerstört; man hat ihre Fundamente 1908–1912 bei der Restaurierung des heutigen Doms freigelegt. Dieser wurde nach Plänen von András Mayerhoffer gebaut, 1770 war auch die Inneneinrichtung fertig. In der Krypta liegen die Bischöfe Kalocsas begraben; der erste soll Stephan I. die Krone vom Papst gebracht haben.

Moscheekirche/St. Maria *(rechts oben)*

Ort: Pécs/Fünfkirchen
Bauzeit: um 1580
Baustil: islamisch

Die heutige katholische Kirche wurde als Moschee gebaut. Dabei verwendeten die osmanischen Eroberer die Steine einer mittelalterlichen Kirche an derselben Stelle, die sie kurzerhand abrissen. Noch heute ist neben dem Haupteingang die nach Mekka gewandte Gebetsnische zu sehen. Die „Dschami" des Kassim Gasi Pascha ist mit ihrer Kuppel das größte erhaltene Bauwerk aus der Türkenzeit.

Italien

Mit den Kirchen aus dem vierten Jahrhundert über den Gräbern der Apostel Petrus und Paulus in Rom, mit dem Papstsitz und mit den Bautraditionen der Antike lagen in Italien andere Voraussetzungen für den Kirchenbau vor als in den übrigen europäischen Ländern. Die italienischen Kirchen streben nicht so sehr in die Höhe, sondern bleiben der Erde und den klassischen Formen verbunden. Marmor, in anderen Staaten ein kostbares Gut, gab es hier im Überfluss und wurde gerne für die Kirchen verwandt.

San Abbondio *(links oben)*

Ort: Como
Bauzeit: 11. Jh.
Baustil: Romanik

Die Benediktiner errichteten diesen Sakralbau als fünfschiffige Basilika ohne Querhaus, dafür mit zwei Türmen an den Seiten des Chors. Unüblich für Italien, dokumentieren sie den Einfluss der Architektur nördlich der Alpen. Romanische Rundbogen und Lisenen gliedern die Fassade, die ansonsten bis auf wenige Reliefs an den Fenstern schmucklos ist. In der Apsis gibt es einen bemerkenswerten Freskenzyklus aus der Mitte des 14. Jahrhunderts.

Sant' Ambrogio *(links unten)*

Ort: Mailand
Bauzeit: 11./12. Jh.
Baustil: Romanik

Die dreischiffige Basilika, die einen Vorgängerbau aus dem 4. Jahrhundert hatte, wurde stilbildend für viele Kirchen der Lombardei. Sie wird flankiert von zwei Campaniles aus dem 9. und 12. Jahrhundert. Der Kirche vorgelagert ist ein Atrium aus Säulenarkaden im Westen, durch das man in den reich ausgestatteten Innenraum gelangt. Er birgt unter anderem einen Sarkophag aus dem 4. und eine Kanzel aus dem 11. Jahrhundert.

Dom Santa Maria Nascente *(rechts)*

Ort: Mailand
Bauzeit: 1386–20. Jh.
Baustil: Gotik

Der drittgrößte Sakralbau des Abendlandes (hinter dem Petersdom und der Kathedrale von Sevilla) war auch das letzte große Bauprojekt des Mittelalters. Fast komplett aus rosarotem Candoglia-Marmor gebaut, wird das gotische Streben nach Höhe zu Gunsten italienisch-klassischer Vorstellungen aufgegeben. Dadurch entstand ein in flachen Terrassen angelegtes Dach, auf dem man laufen und die Skulpturen und Fialen aus der Nähe besichtigen kann.

Basilica San Pietro Apostolo (Chiesa di San Piero a Grado) *(unten)*

Ort: Grado
Bauzeit: 4. Jh., 11. Jh.
Baustil: Byzantinismus, Romanik

Ausgrabungen brachten eine frühchristliche Basilika ans Licht, die vermutlich aus dem Jahre 375 stammt. Ihr wunderbarer Mosaikboden ist noch erhalten, obwohl im 8. oder 9. Jahrhundert ein anderer Sakralbau nachfolgte. Die heutige Kirche geht im Wesentlichen auf das 11. Jahrhundert zurück. Im Inneren der Kirche, das ein Fresko aus dem 14. Jahrhundert schmückt, werden die Seitenschiffe durch die alten Säulen der Vorgängerbauten vom Hauptschiff abgetrennt.

Basilica di Superga *(rechte Seite links oben)*

Ort: Turin
Bauzeit: 1716–1727
Baustil: Barock, Klassizismus

Auf ihre Fernwirkung bedacht, errichtete Fillippo Juvarra die Basilica della Nativiá di Maria, wie La Superga korrekt heißt, auf einem Hügel bei Turin. Er stattete sie mit einer weithin sichtbaren Rippenkuppel aus, die sich am Petersdom orientiert, sowie einer klassizistischen Säulenvorhalle. Die barocken Türme stehen eher in der beschwingten süddeutschen Tradition als in der italienischen.

San Lorenzo *(rechte Seite rechts oben)*

Ort: Turin
Bauzeit: 1668–1679
Baustil: Barock

Eingepasst in die Häuserfront, fällt die Fassade der Kirche nicht besonders auf. Nur wer den Blick nach oben zur fantastischen Barockkuppel lenkt, ahnt, welche Pracht im Inneren wartet. In dem Zentralbau beleuchten Licht und Schatten die barocken Schwünge aus Marmor, Gold und Stuck. Guarini Guarino baute diese Kirche im Auftrag des Theatinerordens, dessen Mitglied er selbst war.

Basilica di San Marco *(rechte Seite unten)*

Ort: Venedig
Bauzeit: 11.–16. Jh.
Baustil: byzantinische Architektur, ab 1385 gotisiert

Mit ihren Kuppeln, Türmchen und Portalen mutet die Markuskirche orientalisch an und der ausufernde, detailreiche und kostbare Wandschmuck fördert diesen Eindruck. Sie beherbergt im Hochaltar die Reliquien des Apostels Markus. Das wertvollste Ausstattungsstück ist die Pala d'Oro, ein Altaraufsatz, der 1345 aus byzantinischen, romanischen und gotischen Elementen von Gianpaolo Buoninsegna neu gestaltet wurde.

San Zeno *(oben)*

Ort: Verona
Bauzeit: 1118–1178
Baustil: Romanik

Bis auf den Hauptchor und die Decke im Mittelschiff, die beide im gotischen Stil erneuert wurden, ist die dreischiffige Basilika einheitlich im Stil der Romanik erbaut worden, ebenso wie die bronzenen Beschläge an den Westtüren aus dieser Epoche stammen. Die westliche Fassade mit dem Rosenfenster, dem Figurenschmuck, der Zwerggalerie und den Säulen gehört zu den frühesten Prunkfassaden in Italien.

Santa Maria della Salute *(ganz links)*

Ort: Venedig
Bauzeit: 1631–1687
Baustil: Barock

Diese Kirche von Baldassare Longhena (1598–1682) gilt als ein Hauptwerk des italienischen Barocks und mit ihrer grandiosen Lage am Canale Grande als Wahrzeichen Venedigs. Der Zentralbau besitzt um einen achteckigen Mittelraum sechs Kapellennischen. Im Osten gliedert sich ein abgeschnürter Chor an, der im Westen sein Pendant im Portalbau findet. Das Zentrum bildet außen wie innen die Kuppel.

Santa Maria Gloriosa dei Frari
(links oben)

Ort: Venedig
Bauzeit: 1340–1443
Baustil: Gotik

Als Basilika der Franziskaner, die der Armut verpflichtet sind, wirkt die dreischiffige Frarikirche von außen schlicht und auch im Innenraum zunächst streng. Tatsächlich jedoch ist sie als Grablege der Dogen ein Schatzhaus der venezianischen Kunst. Unbestrittener Höhepunkt ist Tizians „Assunta" (1516–1518), das monumentale Bild des Hauptaltars. Aber auch seine Pesaro-Madonna (1519–1526) und Bellinis Pesaro-Triptychon (1488) sind Meisterwerke.

Il Redentore *(rechts oben)*

Ort: Venedig
Bauzeit: 1577–1592
Baustil: Renaissance

Auf der Insel La Giudecca für die Erlösung von der Pest errichtet, gilt die einschiffige Kirche als Spätwerk Andrea Palladios. Mit der strengen Linienführung und der an einen Tempel erinnernden Fassade stellt der Baumeister die klassischen Formen in den Mittelpunkt. Die Erhabenheit des Außenbaus spiegelt sich in der Raumaufteilung wieder, die die Kapellen an den Seiten deutlich vom Hauptschiff durch Wandpfeiler abgrenzt.

San Giorgio Maggiore *(links unten)*

Ort: Venedig
Bauzeit: 1566–1610
Baustil: Renaissance

Seit 982 gibt es eine Benediktinerabtei auf der gleichnamigen Laguneninsel vor Venedig. Sie wurde im 16. Jahrhundert nach Plänen des berühmten italienischen Baumeisters Andrea Palladio (1508–1580) neu gebaut. Die geradlinige Kirchenfassade aus weißem Marmor spiegelt das dreischiffige Innere wieder und steht in Kontrast zu den Rundungen der Querhausenden und der Kuppel. Die zurückhaltende Ausstattung verleiht dem hellen Innenraum einen feierlichen Charakter.

San Michele (oben)

Ort: Venedig
Bauzeit: nach 1468 – Anfang 16. Jh.
Baustil: Renaissance

Die Insel San Michele, die erst seit dem ausgehenden 19. Jahrhundert systematisch als Friedhof genutzt wird, war im 13. Jahrhundert von Camaldulensermönchen besiedelt worden. Der Kirchenneubau des 15. Jahrhunderts ist der erste in Venedig mit einer Marmorfassade. 1530 wurde die kleine Emilienkapelle als einziger venezianischer Zentralbau des 16. Jahrhunderts an der Seite angebaut – ein achteckiges Schmuckstück der Renaissance mit Kuppel.

San Zaccaria (rechte Seite links oben)

Ort: Venedig
Bauzeit: 1480–1515
Baustil: Renaissance

Kloster und Kirche wurden bereits im 9. Jahrhundert gegründet. Der Kirchenneubau des 15. Jahrhunderts spiegelt den Übergang von der Gotik zur Renaissance, denn Mario Codussi hatte die Bauleitung von Antonio Gambello übernommen. Die klaren geraden Linien und runden Bögen der Renaissance verbinden sich an der Fassade und im Inneren mit den kleinteiligeren gotischen Formen zu einer Einheit.

Kathedrale (rechte Seite unten)

Ort: Fidenza
Bauzeit: 13. Jh.
Baustil: Romanik

Dieser Sakralbau ist vor allem für seine Bauplastik berühmt, die aus der Schule von Benedetto, genannt Antelami, stammt, dem wichtigsten Bildhauer der italienischen Hochromanik. Von den drei Portalen ist naturgemäß das große Mittelportal am reichsten geschmückt, das durch zwei flankierende Halbsäulen und zwei, in der Romanik seltene, vollplastische Nischenfiguren von den Seitenportalen abgegrenzt wird.

Santissima Giovanni e Paolo (rechts oben)

Ort: Venedig
Bauzeit: 13.–15. Jh.
Baustil: Gotik

In San Zanipolo, wie die größte Kirche Venedigs im
Volksmund genannt wird, sind 27 Dogen beigesetzt, deren
Grabmale sich gegenseitig an Pracht übertreffen und die
Entwicklung der Kunst widerspiegeln. Während beim
Grabmal von Tomaso Mocenigo (Bild) noch die Formen-
sprache der Gotik dominiert, ist das von Pietro Mocenigo
mit seinen zahlreichen Anspielungen auf die Klassik eindeu-
tig ein Werk der Hochrenaissance.

Dom *(unten)*

Ort: Parma
Bauzeit: 11.–12. Jh.
Baustil: Romanik

Als Beispiel der romanischen Architektur in der Po-Ebene besitzt der Dom eine breite Giebelfassade, deren Rundportal mit Baldachin die Senkrechte betont, während die drei Bogengalerien die Horizontale akzentuieren. Im Unterschied zu romanischen Kirchen nördlich der Alpen besitzt er einen frei stehenden Campanile und eine Vierungskuppel. Sie wurde von Correggio mit der Himmelfahrt Mariä ausgemalt.

San Geminiano *(links oben)*

Ort: Modena
Bauzeit: 1099–1184
Baustil: Romanik

Als Wahrzeichen der Stadt reckt sich der Campanile „Ghirlandina" 88 m hoch in den Himmel und wird von Jahr zu Jahr ein wenig schiefer. Am arkadengeschmückten Außenbau sind vor allem die Portale bemerkenswert. So besitzt das Westportal hinter den Löwensäulen sehr frühe Flachreliefs, die biblische Szenen zeigen. Im Inneren tragen wiederum Löwen den als Brücke gestalteten Lettner.

Abtei von Pomposa *(rechts oben)*

Ort: Pomposa
Bauzeit: 9.–11. Jh.
Baustil: Romanik

Bereits im 7. Jahrhundert wurde die Benediktinerabtei im Podelta gegründet und erblühte im 11. und 12. Jahrhundert zu einem geistigen Zentrum Italiens. Der gesamte Komplex gilt als bedeutendes Beispiel romanischer Architektur in Italien. Während die Kirche Santa Maria Assunta bereits im 9. Jahrhundert errichtet wurde, war der 48 m hohe Campanile 1063 fertig. Der Niedergang des Klosters begann im 15. Jahrhundert, als der Po versumpfte und immer öfter die Malaria ausbrach.

Basilica di San Vitale *(links unten)*

Ort: Ravenna
Bauzeit: 526–547
Baustil: byzantinische Architektur

Mit ihren wunderbaren Mosaiken gilt der Zentralbau in künstlerischer und architektonischer Hinsicht als einer der schönsten byzantinischen Bauten mit Vorbildfunktion für die mittelalterliche Architektur. Während bei dem achteckigen, schlichten Ziegelgebäude von außen vor allem das gestaffelte Dach auffällt, überrascht das Innere mit prächtigem Dekor aus Marmorintarsien, Stuck, Gold und vor allem Mosaiken.

San Frediano *(rechts unten)*

Ort: Lucca
Bauzeit: 1112–1147
Baustil: Romanik

Mit ihrem Fassadenmosaik aus dem 13. Jahrhundert besitzt diese Kirche einen ganz einzigartigen Schmuck. Das bunte Kunstwerk, das vermutlich aus der Schule Berlinghieris stammt, bedeckt den gesamten Giebel und zeigt die Himmelfahrt Christi. Unter den Ausstattungsstücken der prachtvoll dekorierten Kirche sticht das romanische Taufbecken hervor, das Szenen aus dem Leben von Jesus und Moses zeigt.

Baptisterium *(rechts)*

Ort: Pisa
Bauzeit: 1152– ca. 1300
Baustil: pisanischer Stil

Mit 35,5 m Durchmesser und einer 55 m hohen Kuppel ist das Baptisterium von Pisa die größte Taufkirche der Welt. Der pisanische Stil ist außen gut wiederzuerkennen, gleichzeitig aber auch die Einflüsse der Gotik: Fialen und Ziergiebel schmücken Arkaden und Blendarkaden. Die Kanzel stammt von Niccoló Pisano, der als einer der wichtigsten Bildhauer der Zeit hier antike und gotische Vorbilder zu fantastischen Skulpturen verschmolzen hat.

Dom Santa Maria Assunta *(links)*

Ort: Pisa
Bauzeit: 1063–13. Jh.
Baustil: pisanischer Stil

Nicht nur die Westfassade des Doms ist reich gegliedert mit vier Arkadengalerien über den Portalen, sondern auch die seitlichen Fassaden des Mittelschiffs. Sie bestehen aus drei waagerechten Bereichen mit hohen Blendarkaden unten, Lisenen darüber und wiederum Arkaden oben am Mittelschiff. Dieser sogenannte pisanische Stil wiederholt sich leicht verändert am Baptisterium, dem Campanile und dem Camposanto, so dass die Piazza del Duomo ein Gesamtensemble aus weißem Marmor bildet.

Baptisterium San Giovanni *(unten)*

Ort: Florenz
Bauzeit: 1060–1128
Baustil: Romanik

Das vermutlich älteste Gebäude in Florenz wurde anfangs auch als Dom genutzt, danach über Jahrhunderte als Taufkirche. Der achteckige Bau aus weißem Carrarra-Marmor und grünem Serpentin besitzt neben Mosaiken aus dem 13. Jahrhundert drei berühmte Bronzeportale. Sie stehen stilistisch am Übergang zwischen Gotik und Renaissance und stammen von Andrea Pisano und Lorenzo Ghiberti, dessen Paradiespforte die berühmteste ist.

Dom Santa Maria del Fiore (oben)

Ort: Florenz
Bauzeit: 1296–1436
Baustil: Gotik

Mit seiner riesigen achteckigen Kuppel (45 m Durchmesser) von Brunelleschi, die erst 1467 vollendet wurde, ist der Dom zum Wahrzeichen der toskanischen Hauptstadt geworden. Auch im reich ausgestatteten Innenraum, der 30 000 Menschen Platz bietet, zieht die Kuppel mit dem monumentalen Gemälde von Vasari die Blicke auf sich. Die auffällig dekorierte Fassade aus farbigem Marmor wurde erst 1887 errichtet.

San Miniato al Monte (unten)

Ort: Florenz
Bauzeit: 1018–1207
Baustil: Romanik

Auf einem Hügel über der Stadt erhebt sich die weißgrüne Marmorfassade der dreischiffigen Kirche. Im Inneren faszinieren nicht nur die marmornen Inkrustationen und der offene Dachstuhl mit seiner Bemalung, sondern auch der Mosaikfußboden. Seine bildlichen Darstellungen konnten bisher nicht enträtselt werden. Einige Stufen führen zum Chor mit Kanzel und Altarschranken aus der Romanik.

Santa Maria Novella (oben)

Ort: Florenz
Bauzeit: 1246–1470
Baustil: Romanik, Renaissance

Die Dominikanerkirche, deren romanische Fassade im Stil der Renaissance beendet wurde, ist neben Santa Croce der wichtigste Sakralbau der Stadt. Mit ihrer reichen Ausstattung durch erstklassige Künstler ist sie ein wahres Schatzhaus. An erster Stelle stehen Masaccios Wandmalerei zur Heiligen Dreifaltigkeit sowie Domenico Ghirlandaios Fresken in der Capella Tornabuoni.

Santa Croce (links unten)

Ort: Florenz
Bauzeit: 1294–1385
Baustil: Gotik

Mit 115 m Länge ist dies nicht nur die weltweit größte Kirche der Franziskaner, sondern eine der größten gotischen Kirchen überhaupt. Sie wurde finanziert von florentinischen Bürgern, die sich auf diese Weise dort eine Grabkappelle sicherten, die sie wiederum sehr kostbar ausstatteten. Leider sind nur Teile der kostbaren Fresken erhalten. Lediglich die Westfassade entstand erst 1853–1863 im Stil der Neogotik.

San Lorenzo (rechts unten)

Ort: Florenz
Bauzeit: ab 1420–1460
Baustil: Renaissance

Das Hauptwerk des Architekten Filippo Brunelleschi erscheint auf den ersten Blick recht schlicht, zeichnet sich aber durch eine unvergleichliche harmonische Linienführung aus. Außerdem besticht es durch die Kunstwerke von Michelangelo, Donatello und Filippino Lippi. In der angrenzenden alten Sakristei sind Mitglieder der Familie Medici beigesetzt ebenso wie in den Medici-Kapellen an der Rückseite von San Lorenzo.

Dom *(ganz links)*

Ort: Siena
Bauzeit: 12. Jh.
Baustil: Gotik

Dieses Hauptwerk der italienischen Gotik zählt zu den schönsten Gebäuden in Italien. Die fantastische Fassade mit ihren drei großen gestaffelten Portalen und der reichen Dekoration stammt von Giovanni Pisano. Mit seinem Vater Niccolò schuf er die marmorne Kanzel, deren Reliefs in einzigartiger Virtuosität Szenen aus dem Leben Jesu erzählen. Von besonderem künstlerischen Wert ist auch der Fußboden mit eingelegten und gravierten Bildern.

Klosterruine San Galgano *(oben)*

Ort: San Galgano bei Siena
Bauzeit: 13. Jh.
Baustil: Gotik

Selbst als Ruine ist das ehemalige Zisterzienserkloster San Galgano in der Toskana noch sehenswert. Es entstand in der Übergangszeit von der Romanik zur Gotik und wurde von französischen Mönchen ab 1227 errichtet. Sie brachten aus ihrer Heimat die Formensprache der Gotik mit, die in den Streben und den Spitzbogenfenstern zu erkennen ist, und setzten sie mit der üblichen zisterziensischen Schlichtheit um.

Ognissanti di Cuti *(Mitte)*

Ort: bei Valenzano
Bauzeit: 12. Jh.
Baustil: Romanik

Diese kleine Kirche, die einmal zu einem Benediktinerkloster gehörte, ist die einzige gut erhaltenen romanische Kirche in Apulien mit drei Kuppeln. Sie besteht aus einem dreischiffigen Langhaus ohne Querschiff, besitzt aber drei halbkreisförmige Chöre im Osten, so dass der Grundriss die Form eines lateinischen Kreuzes hat.

Dom San Cerbone *(unten)*

Ort: Massa Marittima
Bauzeit: 1228–1304
Baustil: Romanik

Vom pisanischen Stil beeinflusst, präsentiert sich der Dom der mittelalterlichen Città Vecchia von Massa Marittima. Doch trotz der Blendbögen, die die Fassade ganz umlaufen, behält die kargere Romanik die Oberhand, denn die Fassade ist längst nicht so stark durchgegliedert. Im dreischiffigen Langhaus sind Freskenfragmente aus dem 14. und ein romanisches Flachrelief aus dem 11. Jahrhundert erhalten.

Santa Chiara (rechts)

Ort: Assisi
Bauzeit: 1257–1260
Baustil: Gotik

Die Heilige Klara ist die Gründerin des Klarissenordens, des weiblichen Zweigs der Franziskaner. Ihr zu Ehren wurde diese reich mit Fresken dekorierte Kirche als Grablege errichtet. Die Kirche und die kostbaren Malereien mussten nach einem Erdbeben 1997 grundlegend restauriert werden. Klaras Reliquien werden in der Krypta aufbewahrt. Als noch wertvoller für die Gläubigen gilt jedoch ein heiliges Kreuz, das zu Franziskus gesprochen haben soll.

Basilika San Francesco *(links oben)*

Ort: Assisi
Bauzeit: 1228–1253
Baustil: Gotik

Die erste gotische Kirche Italiens besteht aus einer Ober- und einer Unterkirche. In letzterer sind die Gebeine des Heiligen Franz von Assisi (1181/82–1224) beigesetzt. Das Leben des Begründers des Franziskanerordens, der Armut und den Dienst am Menschen in den Mittelpunkt stellt, ist in Wandmalereien von Cimabue (um 1240–1302) in der Unterkirche und Giotto di Bondone (1266–1337) in der Oberkirche dargestellt.

Abbazia di Sant' Antimo *(links unten)*

Ort: bei Montalcino
Bauzeit: 11., 12. Jh.
Baustil: Romanik

Die Benediktinerabtei wurde von Karl dem Großen 781 als Dank für die Heilung seiner Truppen gegründet. Sie erlebte in den folgenden Jahrhunderten durch Schenkungen eine Blüte, die sich auch im Bau der imposanten romanischen Kirche im 11. Jahrhundert niederschlug. Die dreischiffige Kirche besitzt einen Chorumgang und schöne Reliefs an den Kapitellen der Säulen.

Dom *(oben)*

Ort: Orvieto
Bauzeit: ca. 1290–1330
Baustil: Gotik

Der Dom von Orvieto gilt als eines der Hauptwerke der italienischen Gotik. Zwar ist das Innere des Längsschiffs noch romanisch geprägt, aber die Westfassade mit ihren drei Giebeln, den durchlaufenden Strebepfeilern und dem Skulpturenschmuck ist durch und durch gotisch. Besonders bemerkenswert sind im Inneren die Reliefs an den Pfeilern, die Fresken von Luca Signorelli sowie das kostbare Chorgestühl.

Il Gesù (rechts)

Ort: Rom
Bauzeit: 1568–1584
Baustil: Barock

Die Jesuitenkirche wurde mit ihrem neuen Raumkonzept und ihrer Westfassade stilbildend für Sakralbauten des Barock. Die Ideen von Lang- und Zentralbau wurden vereint zu einem großzügigen Kirchenraum ohne Seitenschiffe und mit sehr verkürzten Querschiffen, in dem die Gläubigen die Liturgie gut verfolgen können. Die symmetrische Gestaltung der Westfassade mit ihren zurückhaltenden Schwüngen wirkt festlich-erhaben.

Petersdom (unten)

Ort: Rom
Bauzeit: 1506–1626
Baustil: Renaissance

Die Peterskirche, San Pietro in Vaticano, vereint künstlerische und schiere physische Größe miteinander. Denn hier ließen mit Bramante, Raffael, Michelangelo und Bernini die wichtigsten Meister aus Renaissance und Barock den mit 212 m Länge und 152 m Breite größten Sakralbau der Welt entstehen. (Erst 1992 wurde in Côte d'Ivoire eine noch größere Kopie errichtet.) Etwa 60 000 Menschen finden den im imposanten Inneren Platz.

Santa Maria di Miracoli und Santa Maria di Montesanto (oben)

Ort: Rom, Piazza del Popolo
Bauzeit: 1661–1681 bzw. 1662–1679
Baustil: Barock

Papst Alexander VII. gab diese beiden Kirchen 1658 bei Carlo Rainaldi als städtebaulichen Akzent an der Einmündung der drei Hauptstraßen in die Piazza del Popolo in Auftrag, wobei Giovanni Lorenzo Bernini ab 1673 die Entwürfe veränderte. Beide Kirchen entsprechen sich in der Gliederung der Hauptfassade und der Grundform. Allerdings hat die Karmeliterkirche Maria di Montesanto einen ovalen Grundriss statt eines runden wie die Franziskanerkirche.

San Carlo alle Quattro Fontane
(links Mitte)

Ort: Rom
Bauzeit: 1638–1641
Baustil: Barock

San Carlino — so nennen die Römer die kleine Kirche, deren Grundfläche in einem Vierungspfeiler des Petersdoms Platz hätte — ist der erste eigenständige Auftrag Francesco Borrominis (1599–1667). Auf kleinstem Raum errichtete er an einer Straßenecke für die Trinitarier ein Konvent mit Kirche, die ihre Fassade erst 1665 erhielt. Der wellenartige Schwung des Innenraums kontrastiert mit der klassisch wirkenden Ausstattung.

Dives in Misericordia (links unten)

Ort: Rom
Bauzeit: 1998–2003
Baustil: Gegenwart

Der populäre US-amerikanische Architekt Richard Meyer (*1934) hatte 1996 den von der Erzdiözese Rom ausgelobten Wettbewerb gewonnen, zum Jahrtausendwechsel in Rom eine Kirche zu bauen. Aus Beton, Stuck, Travertin und Glas entstand ein Gebäude, dessen drei unterschiedlich hohe schalenförmige Wände einen interessanten Kontrast zu den geraden Mauern auf der gegenüberliegenden Seite bilden. Sie scheinen sich schützend um den Innenraum zu legen.

Santa Cecilia in Travestere (ganz rechts oben)

Ort: Rom
Bauzeit: 9. Jh., 15.–20. Jh. umgebaut
Baustil: Byzantinismus, später stark verändert

Die dreischiffige Basilika birgt außergewöhnliche Kunstwerke: Das Apsismosaik aus der Entstehungszeit der Kirche zeigt ebenso wie das Gebäude selbst den Rückgriff auf byzantinische Vorbilder. Das Altarzimborium von Arnolfo di Cambio im Chor und die Reste eines Freskos zum „Jüngsten Gericht" von Pietro Cavallini (beide 1293) dagegen sind Zeugnisse der Protorenaissance, also des Rückgriffs auf antike Formen vor der Renaissance.

Santa Maria Maggiore (links oben)

Ort: Rom
Bauzeit: 430–440, später erweitert
Baustil: im Kern Byzantinismus

Als eine der wichtigsten Kirchen des Christentums gehört die Basilika nicht nur zu den sieben Hauptkirchen Roms, sondern auch zu den fünf sogenannten Patriarchalbasiliken, die mit einem Papstaltar ausgezeichnet sind. Der byzantinische Bau, der noch mit Mosaiken aus der Bauzeit geschmückt ist, bildet nach wie vor den Kern der Kirche. Später wurde die Kirche mehrmals erweitert, um die Pilgermassen fassen zu können.

Sant' Ivo della Sapienza (rechts oben)

Ort: Rom
Bauzeit: 1642–1660
Baustil: Barock

Der geniale italienische Baumeister Francesco Borromini (1599–1667) schuf mit dieser Universitätskirche ein Werk, das mehr Gesamtkunstwerk als Gebäude ist. Auf der Basis des gleichseitigen Dreiecks legte er die Proportionen für diese Kirche fest, die von einer fantastischen sechsteiligen Kuppel bekrönt wird. Am fantasievollen Turmhelm zieht sich das Dekor in einer Spirale zur Spitze und weist in Richtung Rokoko.

San Giovanni in Laterano (ganz rechts unten)

Ort: Rom
Bauzeit: 313–315, 16.–18. Jh. umbaut
Baustil: Byzantinismus, Barock

Als Bischofskirche des Papstes ist die Lateranbasilika die ranghöchste Kirche der Christen noch vor dem Petersdom. Außerdem ist sie die früheste Kirchengründung Kaiser Konstantins und als fünfschiffige, 90 m lange Basilika unter dem spätbarocken Mantel des 17. und 18. Jahrhunderts weitgehend erhalten. Die Fassade (um 1735) stammt von Alessandro Galilei und der Innenraum (1650) von Francesco Borromini.

Sant' Agnese in Agone *(oben)*

Ort: Rom
Bauzeit: 1652–1677
Baustil: Barock

Girolamo und Carlo Rainaldi sowie Francesco Borromini, die zu den italienischen Vertretern des Hochbarocks zählen, zeichnen für diese Kirche verantwortlich. Sie wird vor allem durch die zentrale Kuppel und die beiden Glockentürme geprägt, die aus der nach innen schwingenden Fassade hervortreten. Der Zentralbau wurde über dem Grundriss des griechischen Kreuzes errichtet und ist üppig mit Marmor und Malereien ausgestattet.

Sant' Ignazio *(unten)*

Ort: Rom
Bauzeit: 1626–1694
Baustil: Barock

Die zweitgrößte Jesuitenkirche in Rom entstand vier Jahre nach der Heiligsprechung und zu Ehren des Ordensgründers Ignatius von Loyola. Das säulenflankierte Hauptportal führt in einen Kirchenraum, dessen Seitenkappellen so eng miteinander verbunden sind, dass sie wie Seitenschiffe wirken. Die meisterhaften Proportionen der Architektur verbinden sich mit den Fresken von Andrea Pozzo, die Ignatius verherrlichen.

Sant' Andrea della Valle (oben)

Ort: Rom
Bauzeit: 1591–1665
Baustil: Barock

Die Fassade, deren Engelskulpturen die beiden Geschosse verbinden, und die große Vierungskuppel beherrschen die Außenansicht dieser Theatinerkirche. Im Inneren des einschiffigen Kirchraums öffnen sich Arkadenbögen zu den Seitenkapellen. Das Kuppelfresko des „Himmlischen Paradieses" gilt als erste barocke Deckenmalerei in Rom und als vorbildlich für spätere Kirchen.

Santa Sabina (unten)

Ort: Rom
Bauzeit: 422–432
Baustil: Byzantinismus

Diese frühchristliche Basilika mit drei Schiffen und ohne Querhaus wurde Anfang des 20. Jahrhunderts stilecht restauriert, so dass sie einen guten Eindruck der byzantinischen Kirchen vermittelt. Lediglich die Vorhalle entstand im 13. und 15. Jahrhundert, besitzt aber eine Holztür mit kunsthistorisch einmaligen Schnitzereien von 430. Von ursprünglich 28 Bildfeldern sind noch 18 erhalten – leider in veränderter Reihenfolge.

San Stefano Rotondo *(ganz links oben)*

Ort: Rom
Bauzeit: 470 geweiht, später verändert
Baustil: Byzantinismus

Nach dem Vorbild der Jerusalemer Grabeskirche wurde dieser mit 64 m Durchmesser sehr große Zentralbau errichtet. Sein Grundriss eines Kreuzes im Kreis ist ein frühchristliches Symbol. Der runde Mittelraum war von zwei Umgängen umgeben, die durch 34 Säulen getrennt wurden. Sie sind später vermauert worden — wann ist nicht bekannt —, aber noch gut zu erkennen. Die Flachdecke orientiert sich an konstantinischen Traditionen.

Sant' Andrea al Quirinale *(links oben)*

Ort: Rom
Bauzeit: 1658–1671
Baustil: Barock

Als Pendant zu der kleinen San Carlo alle Quattro Fontane der Trinitarier ließen sich die Jesuiten wenig später in unmittelbarer Nähe eine ebenfalls sehr kleine Kirche von Borromonis Lehrer errichten: Giovanni Lorenzo Bernini (1598–1680). Großzügige Finanzmittel ermöglichten eine kostbare Ausstattung mit Marmor, Stuck und Gold und erwecken eine feierliche Atmosphäre.

Santissima Trinità dei Monti *(links unten)*

Ort: Rom
Bauzeit: 1495–1587
Baustil: Renaissance

Berühmter als die Kirche selbst ist der Weg zu ihr hinauf: Die Spanische Treppe (1723–1725) von Francesco de Sanctis schwingt sich in gewundenen Doppelläufen den Hügel zur klassisch anmutenden Doppelturmfassade der Kirche hinauf. Im Inneren ist unter den zahlreichen großartigen Fresken besonders jenes von Daniele de Volterra zu nennen: Seine „Kreuzabnahme" diente u.a. Rubens in der Kathedrale von Antwerpen als Vorbild.

San Michele Archangelo *(rechts oben)*

Ort: Monte Sant' Angelo
Bauzeit: im Kern 5. Jh.
Baustil: Romanik

Älteste Wallfahrtskirche des Abendlands zu sein, rühmt sich das Heiligtum des Heiligen Michael. Seit 493 pilgern Gläubige zu einer Grotte, die zunächst nur zum Sanktuarium ausgebaut wurde. Im 11. Jahrhundert wurde eine schlichte Kirche mit einem Schiff angebaut. Sie öffnet sich zur Grotte. Der Glockenturm, der genau über der Grotte errichtet wurde, entstand erst im 13. Jahrhundert.

San Leonardo di Siponto *(rechts unten)*

Ort: bei Manfredonia
Bauzeit: 12. Jh.
Baustil: Romanik

Die im Übrigen von außen eher schmucklose Kirche beeindruckt durch ihr wunderbares Nord-Portal, das im apulisch-romanischen Stil reich dekoriert ist. Der lombardische Einfluss wird in dem Baldachin und in den Säulen deutlich, die in verzierten Kapitellen münden. Sie scheinen den Blick des Besuchers auf das Relieffeld über der Tür lenken zu wollen.

Dom Santa Maria Maggiore
(linke Seite links oben)

Ort: Barletta
Bauzeit: 12–14. Jh.
Baustil: im Ursprung Romanik

Die dreischiffige Kathedrale hat durch ihre lange Bauzeit den Stilwechsel von der Romanik zur Gotik im Gebäude mitvollzogen: Während der westliche Teil und der Campanile im romanischen Stil entstanden, hat sich am Chor mit den fünf Kapellen der Wechsel zur Gotik komplett vollzogen. Im Inneren sind besonders die Kanzel und der Tabernakel aus der Gotik des 13. Jahrhunderts sehenswert.

Kathedrale *(linke Seite links unten)*

Ort: Trani
Bauzeit: 11. Jh.
Baustil: Romanik

Schon von weitem leuchten der Dom und sein Campanile aufgrund des herrlich weißen Steins und laden zur Erkundung der dreischiffigen Basilika im normannischen Stil ein. Doppelsäulen mit reich verzierten Kapitellen tragen die schlichten Rundbögen. Darüber liegen die Emporen über den Seitenschiffen. Ein breites Querhaus schließt an das Langhaus an und endet in drei hohen Apsiden.

Dom San Valentino *(linke Seite rechts oben)*

Ort: Bitonto
Bauzeit: 1175–1200
Baustil: Romanik

Apulien wurde ab 1030 von den Normannen erobert und ab 1189 von den Staufern beherrscht. Aus dieser kulturellen Blütezeit der Region stammen die großen Kathedralen wie diese in Bitonto. Sie ist in ihrer apulisch-romanischen Harmonie bis heute unverändert erhalten geblieben. Die prächtige Fassade mit dem von Löwen flankierten Mittelportal bereitet auf das kunstvolle Innere mit der bemalten Holzdecke und der berühmten Kanzel vor.

San Nicola *(links unten und linke Seite rechts unten)*

Ort: Bari
Bauzeit: 1088–1197
Baustil: Romanik

Die dreischiffige Basilika wurde für die Gebeine des Heiligen Nikolaus erbaut, einen der populärsten Heiligen. Sie ruhen in einer von Säulen gestützten Hallenkrypta unter einem Brustbild des Heiligen. Die sparsam, aber klar gegliederte Westfassade wird von zwei leicht vorspringenden, rechteckigen, niedrigen Türmen begrenzt. Außerdem gibt es auch im Osten zwei Türme. Im Inneren beherbergt die Kirche den Bischofsthron des Elias (nach 1175 entstanden).

Santa Croce *(rechts unten)*

Ort: Lecce
Bauzeit: 1549–1695
Baustil: Lecceser Barock

Die Abteikirche des Zölestinerordens ist der Höhepunkt der barocken Altstadt von Lecce. Der überbordende Dekor aus dem weichen honigfarbenen Tuffstein der Region, der sich so gut bearbeiten lässt, glänzt wie Gold in der Sonne. Hier werden spanische Elemente mit mittelalterlichen und solchen der Renaissance zu einem Sonderstil vereint, der als Lecceser Barock bekannt ist.

Kathedrale Santa Maria Annunziata *(ganz links oben und links oben)*

Ort: Otranto
Bauzeit: 11., 12. Jh.
Baustil: Romanik

Auch wenn spätere Generationen mit einer gotischen Fensterrosette, einem barocken Hauptportal sowie einem Nebenportal der Renaissance ihre Spuren hinterließen, dominiert der klare normannisch-romanische Stil die Kirche. Das Gewölbe der Krypta, einer Unterkirche aus dem 11. Jahrhundert, wird teilweise gar von Säulen aus römischer Zeit gestützt. Höhepunkt jedoch ist das 50 m lange Fußbodenmosaik von 1165.

Dom *(ganz links unten)*

Ort: Palermo
Bauzeit: 1170–1185
Baustil: Romanik

Der Dom von Palermo gehört ebenso wie jener von Cefalù und Monreale zu den Leistungen der normannischen Baukunst auf Sizilien. Leider wurde er im Unterschied zu den beiden anderen Sakralbauten in den folgenden Jahrhunderten verschlimmbessert und erhielt ein gotisches Portal, eine Renaissancevorhalle und eine klassizistische Kuppel mit Atlantenskulpturen. Im Inneren sind u.a. die Kaiser Heinrich VI. und Friedrich II. beigesetzt.

San Domenico *(oben)*

Ort: Palermo
Bauzeit: 14. Jh., 17. Jh. grundlegend umgebaut
Baustil: Barock

Diese Kirche ist die bedeutendste der Stadt, denn sie dient als Grabstätte vieler berühmter Sizilianer. Durch den Zeitgeist der Gegenreformation wurde San Domenico im barocken Stil umgestaltet. Sie präsentiert sich heute mit einer hellen Fassade mit vorspringenden Säulen, flankiert von zwei Glockentürmen und nach oben begrenzt durch eine Balustrade. Besonders sehenswert ist das angrenzende Oratorium der Rosenkranzbrüder.

San Giovanni degli Eremiti *(links)*

Ort: Palermo
Bauzeit: 1132
Baustil: Romanik

Wegen seiner roten Kuppeln auf den würfelförmigen Gebäudeteilen oft für eine Moschee gehalten, ist dieser Sakralbau Teil eines von dem Normannen Roger II. gestifteten römisch-katholischen Klosters. Die arabischen Einflüsse sind hier nicht zu übersehen — das Quadrat symbolisiert die Erde, der Halbkreis den Himmel —, allerdings verquickt mit der normannischen Romanik. Vom Kloster ist im Übrigen nur der Kreuzgang erhalten.

Dom Santa Maria la Nuova (oben)

Ort: Monreale
Bauzeit: 1174–1189
Baustil: Romanik

Zu den Höchstleistungen normannisch-sizilianischer Baukunst zählt dieser Dom, der aufgrund seiner kurzen Bauzeit einen besonders geschlossenen Eindruck macht. Betritt man den Dom durch die meisterlichen Bronzetüren (1186) von Bonnano Pisano, präsentiert sich der Innenraum in unvorstellbarer Pracht von byzantinischen Mosaiken überzogen. Auf 6300 m² wird das christliche Gedankengut bildlich dargestellt.

Dom (rechts oben)

Ort: Cefalù
Bauzeit: 1131–1240
Baustil: Romanik

Ein Hauptwerk der normannischen Baukunst ist dieser Sakralbau auf Sizilien, der vermutlich von Baumeistern aus dem Norden geplant wurde. Durch das im Verhältnis zum Langhaus eher breite Querhaus wirkt der schlichte Bau gedrungen und wehrhaft. Chor und Apsis besitzen byzantinisch-normannische Mosaiken von höchster Qualität und zeigen den segnenden Christus Pantokrator im Mittelpunkt.

Santuario di Gibilmanna (rechts Mitte)

Ort: bei Cefalù
Bauzeit: 1619–1624
Baustil: Barock, Neogotik

Nur etwa 15 km entfernt von der sizilianischen Küstenstadt Cefalù scheint dieser Wallfahrtsort mitten in den Wäldern der Berge 800 m über dem Meer der Welt entrückt. Jedes Jahr am ersten Sonntag im September strömen über die alten Pilgerwege die Gläubigen zur schmucken Wallfahrtskirche mit Doppelturmfassade und imposantem Treppenaufgang, um zur barocken Madonnenfigur zu beten.

Santa Maria (ganz rechts unten)

Ort: Mili San Pietro
Bauzeit: 11. Jh.
Baustil: Romanik

Nicht weit entfernt von der sizilianischen Hafenstadt Messina liegt in 199 m Höhe das Dorf Mili San Pietro. Bemerkenswert ist an diesem Flecken die basilianische Dorfkirche Santa Maria mit ihrer halbkugelförmigen Kuppel. Der kleine Sakralbau wurde bis ins 17. Jahrhundert hinein immer wieder verändert. Trotzdem ist die von normannischen und arabischen Einflüssen charakterisierte Hochromanik vorherrschend.

Dom (ganz rechts oben)

Ort: Messina
Bauzeit: im Ursprung 11. Jh., 20. Jh. wiederaufgebaut
Baustil: Romanik

Nach einem Erdbeben 1908 wurde der ursprünglich normannische Sakralbau detailgetreu rekonstruiert, unter Aussparung barocker Verzierungen, aber inklusive des spätgotischen Mittelportals. Man nutzte die Gelegenheit 1933, in den Campanile die größte mechanische Uhr der Welt einzubauen: Sie besitzt auf fünf Etagen Figuren, die sich um zwölf Uhr mittags in Bewegung setzen.

San Pietro (rechts unten)

Ort: Itala
Bauzeit: 1093
Baustil: Romanik

Im 11. Jahrhundert für den Orden und das Kloster der Basilianer errichtet, war die Normannenkirche eines der christlichen Bauwerke Rogers II. gegen die Bedrohung Siziliens durch die Araber. Die dreischiffige Kirche, die in drei Apsiden endet, besitzt eine arabisch beeinflusste Halbkuppel. Die miteinander verschränkten Blendbogenarkaden zieren farbig unterschiedliche Ziegel.

Santissima Pietro e Paolo *(oben)*

Ort: Casalvecchio Siculo
Bauzeit: 12. Jh.
Baustil: Romanik

Diese normannische Kirche mit drei Schiffen besticht durch ihr ungewöhnliches Aussehen. Es geht auf den arabischen Einfluss zurück, der zur Zeit als Roger II. ab 1130 König von Sizilien wurde, auf der Insel durchaus noch herrschte. Zeichen davon sind der massive Turm mit den wehrhaften Zinnen als Abschluss, die beiden halbkreisförmigen Kuppeln, der kubische Bau und die maurisch anmutenden Bögen aus Tuff- und Lavagestein.

Santissima Trinità di Delia *(rechts oben)*

Ort: Castelvetrano
Bauzeit: 12. Jh.
Baustil: Romanik

Diese kleine Kirche auf Sizilien spiegelt die architektonischen Einflüsse der verschiedenen Herrscher in Süditalien wieder: Die im 10. Jahrhundert auf Sizilien herrschenden Araber wurden im 11. Jahrhundert von den Normannen vertrieben, hinterließen aber ihre Spuren in den kubischen Formen und den arabischen Halbrundkuppeln. Die Spitzbogenfenster zwischen Halblisenen sind romanisch-normannisch.

Dom *(rechts unten)*

Ort: Catania
Bauzeit: 18. Jh.
Baustil: Barock

Nach der Verwüstung durch ein Erdbeben 1693 wurde auf den Resten des normannischen Doms des 11. Jahrhunderts – die drei Apsiden und das Querschiff blieben erhalten – ein neuer Sakralbau errichtet. Giovan Battista Vaccarini schuf ein so hervorragendes Bauwerk, dass die UNESCO es als Beispiel für den Spätbarock in Europa auf die Liste des Weltkulturerbes aufgenommen hat.

Dom *(ganz rechts)*

Ort: Syrakus
Bauzeit: 5. v. Chr., 11., 18. Jahrhundert
Baustil: Barock

Wer die prächtige Barockfassade des Doms mit ihren mächtigen Säulen und den großen Skulpturen sieht, glaubt kaum, wie alt dieser Bau im Kern ist: Er geht zurück auf einen Tempel der Athene aus dem 5. Jahrhundert vor Christus, der erst 1093 in eine christliche Basilika umgebaut wurde. Ebenfalls recht spät – im 18. Jahrhundert – wurde die barocke Fassade vorgeblendet.

San Domenico *(links)*

Ort: Noto
Bauzeit: 1703–1727
Baustil: Barock

Lange war die fantastische Barockstadt Noto auf Sizilien dem Verfall preisgegeben, aber der Einsturz der Kirche San Nicolo 1996 hat die Verantwortlichen aufgerüttelt. Besser erhalten ist San Domenico, erbaut aus leuchtendem honigfarbenen Tuffstein. Rosario Gagliardi (1700–1770) errichtete für das Dominikanerkloster einen zentralen Kirchbau, dessen nach außen gewölbte prunkvolle Fassade vor Pracht und Prunk nur so strotzt.

San Giorgio *(rechts oben)*

Ort: Ragusa Ibla
Bauzeit: 1744–75
Baustil: Barock

Auf dem Domplatz des alten Stadtteils der sizilianischen Stadt Ragusa zieht die Basilika von Barockbaumeister Rosario Gagliardi (1700–1770) die Blicke auf sich. Eine Freitreppe führt zur Kirche hinauf, die auf elegante Weise neapolitanische und spanische Formen vereint. Die schwungvoll nach außen gewölbte Fassade bezieht den Turm mit ein und betont die Mittelachse durch dreifache Säulen an beiden Seiten des Portals und dem darüber liegenden Fenster.

San Bartolomeo *(rechts unten)*

Ort: Scicli
Bauzeit: 15. Jh.
Baustil: Barock

Diese Kirche hat als einzige in der sizilianischen Stadt das verhängnisvolle große Erdbeben von 1693 ohne große Zerstörungen überstanden. Trotzdem entstand die prächtige Säulenfassade im Stil des Neobarocks erst im 19. Jahrhundert. Das einschiffige Innere ist mit Stuck und Fresken reich geschmückt und birgt ein einzigartiges Kunstwerk: Die Krippe aus dem 16. Jahrhundert ist eine der ältesten Krippen.

San Giorgio *(links unten)*

Ort: Modica
Bauzeit: 1738
Baustil: Barock

Auch die sizilianische Stadt Modica verdankt den Zerstörungen durch das große Erdbeben von 1693 einen fantastischen barocken Sakralbau. Eine monumentale Freitreppe mit 150 Stufen führt hinauf zur imposanten Kirche. Ihre geschwungene, aber klar durch Säulen gegliederte Fassade wird beherrscht vom Turm mit den Doppelsäulen und gilt als eine der schönsten auf Sizilien.

Bulgarien

Aufgrund ihrer abgeschiedenen Lage haben sich in Bulgarien viele byzantinischen Kirchen in unterschiedlichen Typen erhalten.

Alexander-Newski-Kathedrale *(links)*

Ort: Sofia
Bauzeit: 1904–1914
Baustil: Historismus

7000 Menschen fasst diese Kirche, ihre Glocken sind so hoch aufgehängt und so mächtig dimensioniert, dass man sie 30 km weit hört, und Gold glänzt, wohin das Auge blickt. Der Russe Alexander Pomeranzev hat einen wahrhaft fulminanten Dank an das russische Volk für die Befreiung von der Türkenherrschaft gebaut. Die Ikonensammlung in der Krypta zeigt umfassend die Entwicklung der bulgarischen Kirchenmalerei.

Johannes-Aliturgetos-Kirche *(rechts)*

Ort: Nessebâr
Bauzeit: Mitte 15. Jh.
Baustil: byzantinisch-bulgarisch

Nessebâr liegt auf einer Halbinsel im Schwarzen Meer und ist eine der ältesten Städte Europas mit vielen Kirchen. Nicht die älteste, aber die größte war die Johanneskirche, die als a-liturgisch, also ungeeignet für den Gottesdienst galt: Zu groß, um fertig gestellt zu werden! Der Kreuzkuppelbau wurde durch zwei Erdbeben zerstört, um 1930 teils wiederaufgebaut und kürzlich intensiv konserviert.

Spanien

Die Herrschaft des Islam ab dem 8. Jahrhundert (teilweise bis ins 15. Jahrhundert hinein) hat den Baustil in Spanien und Portugal mit seiner arabischen Formensprache stark beeinflusst. Der mozarabische Stil der Christen, die von den Mauren toleriert wurden, vermischt romanische und islamische Elemente. Der Mudejar-Stil verbindet gotische und islamische Formen.

Virxe de Barca/
Nuestra Señora de la Barca *(oben)*

Ort: Muxia/Mongia
Bauzeit: ab 1199
Baustil: Gotik

Sie liegt direkt am Meer, die Kirche der Jungfrau Maria, und wurde bei einem Einfall der Normannen und später bei einem Einfall der Sachsen zerstört, danach gotisch wiederaufgebaut als Stiftung Alfons V., der hier, an der „Costa de Muerte", der Todesküste Galiziens, seine Kindheit verbracht hatte. Im September wird mit einer Wallfahrt, Bootsprozessionen, Messen und exzessiven Nächten das Fest der Virxe gefeiert.

Kolleg San Martín Pinario *(unten)*

Ort: Santiago de Compostella
Bauzeit: um 1738
Baustil: Hochbarock

Anfang des 18. Jahrhunderts sank Santiago in der Gunst der Pilger; um die Stadt wieder attraktiv zu machen, setzte der Kanonikus Don Vega y Verdugo auf den Stil der Zeit, der sich in Spanien deutlich anders als im übrigen Europa entwickelte. Mit seiner Baupolitik übernahm Santiago für den Barock eine Vorreiterrolle auf der iberischen Halbinsel, und in diesem Zusammenhang steht auch der Bau des Jesuitenkollegs.

Kathedrale *(rechts)*

Ort: Santiago de Compostela
Bauzeit: 12. Jh.
Baustil: Romanik, Fassade Barock

Mit ihren großen Skulpturen zieht die Fassade die Blicke auf sich. Sie wurde 1738–1750 im Stil des Churriguerismus gestaltet, einer ornamentreichen Form des Spätbarocks, die gotische und barocke Elemente mischt. Hinter der Fassade verbirgt sich die fast komplett erhaltene romanische Kathedrale. Mit ihren zahlreichen Kapellen und Altären, die vielen Gruppen von Gläubigen die gleichzeitige Andacht ermöglichen, zeichnet sie sich als Pilgerkirche aus.

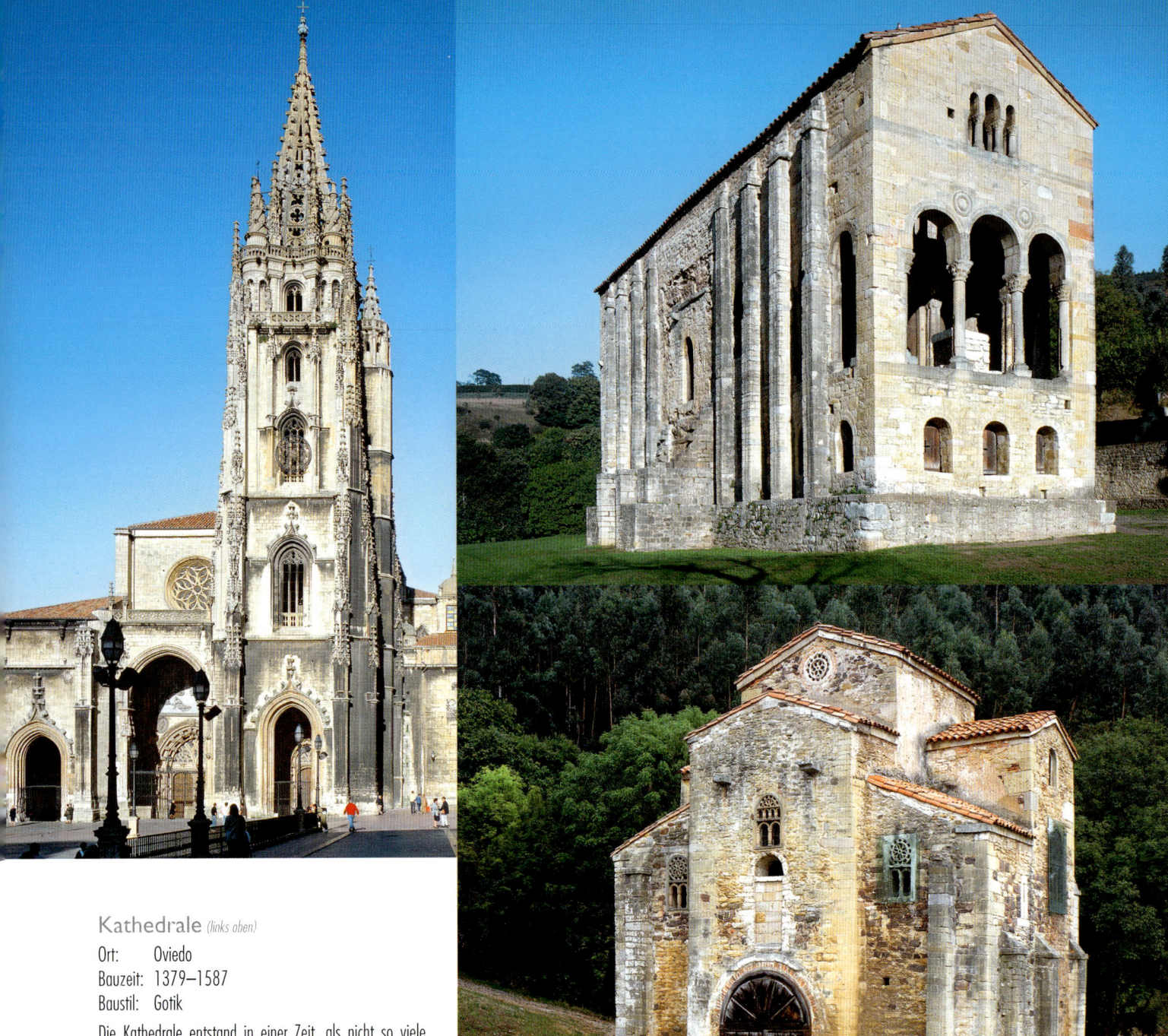

Kathedrale *(links oben)*

Ort: Oviedo
Bauzeit: 1379–1587
Baustil: Gotik

Die Kathedrale entstand in einer Zeit, als nicht so viele Sakralbauten gebaut wurden. Sie zeigt Ähnlichkeiten zu der ein halbes Jahrhundert zuvor begonnenen Kathedrale von Palencia: rechtwinklige Raumwirkung, Schmuckelemente nur an wenigen Bauteilen wie Pfeilern und Fenstern. Der Turm mit seinem durchbrochenen Steinhelm folgt der Kathedrale von Burgos, sein Vorbild wurde von Hans von Köln allerdings noch kühner ausgeführt.

Santa Maria de Naranco *(rechts oben)*

Ort: bei Oviedo (Monte del Naranco)
Bauzeit: Mitte 9. Jh.
Baustil: Präromanik

Die Marienkirche war ursprünglich ein Profanbau, ein Teil des Palastes von Ramiros I. Hier wurde ein Blockaltar aufgestellt, dessen Inschrift die Weihe auf das Jahr 848 datiert. Der Altar stammt aus San Miguel de Lillo, die offenbar erst nach dem Einsturz dem Erzengel Michael geweiht wurde und vorher eine Marienkirche war. In beiden Gotteshäusern mischen sich westgotische Traditionen mit byzantinischen Elementen.

San Miguel de Lillo/Liño *(rechts unten)*

Ort: bei Oviedo (Monte del Naranco)
Bauzeit: Mitte 9. Jh.
Baustil: Präromanik

Ursprünglich rund 20 m lang, ist heute nur gut ein Drittel der von Ramiros I., 842–850 König von Asturien, bzw. von dessen Hofarchitekt gebauten Palastkirche erhalten. Die Apsis wurde nach dem Einsturz von Langhaus und Chor im Mittelalter angebaut. Strebepfeiler trugen ein Tonnengewölbe aus Tuffstein, eine damals revolutionäre Bautechnik. Schuld an dem Einsturz waren wahrscheinlich geologische Veränderungen und nicht Konstruktionsmängel.

San Salvador de Valdedios *(ganz rechts oben)*

Ort: Vilaviciosa
Bauzeit: vor 893
Baustil: Präromanik

Die dreischiffige Anlage wurde von denselben Bauleuten errichtet wie San Miguel de Lillo, allerdings kleiner dimensioniert. Der Portikus ist aus sauber geschnittenen Quadern ohne jeden Mörtel aufgemauert worden. Die Fresken sind vom Stil der unter den muslimischen Herrschern verbliebenen Christen (Mozaraber) beeinflusst, auch in Rundbögen, Fensterstürzen, Kapitellreliefs und den Dachzinnen spiegelt sich ihre Kunst.

Santa Mariña Doro (Ruine) *(links)*

Ort: Cambados
Bauzeit: Ende 15. Jh.
Baustil: Frührenaissance

Auf einem Bergrücken gelegen (Doro ist von lateinisch dor-sum abgeleitet) und mit dem Rücken an eine Festung gelehnt, ausgestattet mit fünf Seitenkapellen und verzier-ten, weit geschwungenen Bögen, die einst das Dach über dem einzigen Schiff trugen, wurde sie im 19. Jahrhundert abgedeckt und dem Verfall preisgegeben. Die Stifterin Doña Maria de Ulloa hatte die Kirche dem Andenken ihres Vaters geweiht.

Basilika (links unten)

Ort: Covadonga
Bauzeit: 1877–1901
Baustil: Neobarock

In Covadonga hielten die Spanier 722 gegen die islamischen Eindringlinge stand, und an diesen Sieg knüpfte sich später ein Marienkult. Massen von Pilgern erklimmen bis heute die 101 Stufen zu der in eine natürliche Grotte gebauten Kapelle, die nahebei gebaute Basilika beherbergt ein 1918 mit päpstlicher Konzession „kanonisch gekröntes" Marienbild. Es war während des Bürgerkriegs in Paris und kam 1939 in einem Triumphzug zurück nach Asturien.

Kathedrale (rechts)

Ort: Tui
Bauzeit: 12.–13. Jh.
Baustil: Romanik, Gotik

Am Übergang von einer Epoche zur anderen entstanden, verkörpert diese dreischiffige Kathedrale sowohl die Spätromanik als auch die frühe Gotik. So besitzt der schlichte, mit seinen Zinnen festungsartig wirkende Außenbau ein rundes romanische Nordportal und ein leicht spitzes frühgotisches Westportal. Letzteres ist reich geschmückt und die Figuren sind bereits recht individuell gestaltet.

Kathedrale (linke Seite)

Ort: León
Bauzeit: ab 1255
Baustil: Gotik

Die Wände sind in unzählige Fenster aufgelöst, die Vorbilder in der Champange und auf der Île-de-France zu suchen, die Beziehungen zur spanischen Tradition sehr locker. Bischof Martin González pflegte gute Beziehungen zu dem spanischen König Alfons X. dem Weisen und gewann ihn für den Bau der Kathedrale, die mit ungewöhnlich vielen Monumentalskulpturen geschmückt ist. Eines der Portale ist dem Stadtpatron von León, dem Heiligen Froilán, gewidmet.

San Isidoro (links oben)

Ort: León
Bauzeit: 1. Hälfte 12. Jh.
Baustil: Romanik

Die Kirche mit drei Schiffen à sechs Jochen und großem Querhaus wird am Ostchor von drei Apsiden abgeschlossen, im Mittelschiff findet sich ein Tonnengewölbe mit Gurtbögen, über den Seitenschiffen schwingen sich Kreuzgrate zwischen den einzelnen Jochen. Auftraggeber war die Königsfamilie; der dynastische Zusammenhang erhärtet die These, dass die Romanik nicht allein in Südfrankreich entstand, sondern sich innerhalb Spaniens weiterentwickelt hat.

San Miguel de Escalada (oben)

Ort: bei León
Bauzeit: vor 913
Baustil: mozarabisch

Unter den muslimischen Herrschen konnten die einheimischen Christen – die Mozaraber – zeitweise ihre Religion relativ frei ausüben, sie pflegten westgotische Traditionen und entwickelten einen Stil, der sich bis nach Nordspanien ausbreitete. San Miguel ist ein gut erhaltenes Beispiel ihrer Baukunst. Nach der Weihinschrift wurde die Kirche von Abt Adefonsus und seinen Mönchen „ohne Ausbeutung des Volkes" gebaut.

Kathedrale (links)

Ort: Astorga
Bauzeit: ab 1471
Baustil: Gotik

Ende des 15. Jahrhunderts kamen verschiedene in Spanien aktive Baumeister aus Brüssel und aus Köln und damit strömte deutsches und flämisches Formengut auf die iberische Halbinsel und mischte sich zu einem hispano-flämischen Stil. Am Grundriss und verschiedenen Details der Kathedrale lässt sich dieser Einfluss gut ablesen. Äußerlich wirkt die Kirche durch spätere Umbauten, aber auch durch nach dem Vorbild von León gebauten Türme sehr „spanisch".

San Tirso (rechte Seite links oben)

Ort: Sahagún
Bauzeit: 12. Jh.
Baustil: Romanik

Begonnen als romanische Steinkonstruktion, wurde diese Kirche wohl aus Kostengründen „mudejarisch" mit Ziegeln weitergebaut. Der Norden Spaniens war früher als der Süden wieder christlich und folgte den Bauvorstellungen seit Gregors Kirchenreform, aber durch den Einfluss maurischer Handwerker – ein vollständiger Bevölkerungsaustausch war unter den damaligen Bedingungen unmöglich – entwickelte sich die Architektur anders als im übrigen Europa.

Santa María la Blanca *(rechts oben und Mitte)*

Ort: Villalcázar de Sirga
Bauzeit: 13. Jh.
Baustil: Gotik

Villalcázar de Sirga — im Mittelalter Villasirga — liegt am Weg nach Santiago, aber nicht jeder Pilger musste bis dorthin. In den von Alfons X. dem Weisen gesammelten Marienliedern ist von einer blinden Französin die Rede, die bereits von der Jungfrau in Villasirga geheilt wurde, und von einem deutschen Kaufmann, der als hoffnungsloser Fall von seinen Reisegefährten hier zurückgelassen genas und den Rückweg allein schaffte.

San Martín *(unten)*

Ort: Frómista
Bauzeit: 1066–1090
Baustil: Hochromanik

Senkrechte Halbsäulen und waagrechte Gesimse gliedern den tonnengewölbten Hallenbau mit einem gleichhohen Querschiff und einem offenen Turm über der Vierung. An und in dem Gebäude sind zahlreiche Skulpturen zu finden, deren Ähnlichkeit zu Figuren in San Pedro de Jaca etwas über die beträchtliche Mobilität in jener Zeit aussagt: Ihr Meister arbeitete offensichtlich binnen weniger Jahre auf beiden Baustellen.

Klosterkirche San Anton (Ruine)
(oben)

Ort: bei Castrojeriz
Bauzeit: 12. Jh.
Baustil: Gotik

Der verlassene Antoniterkonvent liegt etwa 2 km vor Castrojeriz, die Straße nach Compostella führt unmittelbar unter den stehengebliebenen Bögen durch. Die Mönche betrieben Hospitäler für Schwerstkranke, sie behandelten vor allem das „ignis sacer" oder „Feuer des Antonius" – die Gürtelrose, die im 10./11. Jahrhundert besonders schlimm in Europa wütete – mit einer Salbe aus Schafsfett.

Monasterio de las Huelgas Reales
(unten)

Ort: Burgos
Bauzeit: nach 1187
Baustil: maurisch beeinflusst

Als Gründung von König Alfons III. und dessen Gattin Eleonore (die Schwester von Richard Löwenherz) genoss das Zisterzienserinnenkloster auf dem Weg nach Santiago de Compostella viel Macht und Einfluss, die Äbtissin stammte bis ins letzte Jahrhundert hinein stets aus der regierenden Dynastie. Die Architektur zeigt starke arabische Einflüsse, denn als Baumeister arbeiteten hier die von Alfons III. besiegten Mauren.

Colegiata de Nuestra Señora del Manzano *(oben)*

Ort: Castrojeriz
Bauzeit: 13./18. Jh.
Baustil: Romanik/Gotik

Die Königin von Kastilien und Léon, Doña Berenguela, veranlasste den Bau dieser für die Region typischen Hallenkirche, ihr Gatte, Alfons X., die Aufstellung einer Marienstatue, der Virgen del Manzano, nach der das dreischiffige Gotteshaus auch benannt wird. Im 18. Jahrhundert wurde es massiv umgebaut. Es befindet sich am Eingang zu dem kleinen Städtchen am Weg nach Compostella und beherbergt eine Reihe wichtiger Gemälde.

Kathedrale *(unten)*

Ort: Burgos
Bauzeit: 1221–1567
Baustil: Gotik

Diese erste gotische Kathedrale Spaniens besticht durch ihre wunderbare Steinmetzkunst, die sich sowohl in der ornamentalen Dekoration als auch im Skulpturenschmuck zeigt. Leider haben die Restauratoren im 18. Jahrhundert die Westfassade im unteren Teil klassizistisch geglättet und dem Mittelportal einen Dreiecksgiebel zugefügt – ein eklatanter Stilbruch, der im krassen Widerspruch zu den feinen gotischen Bögen steht.

Kathedrale (oben)

Ort: Palencia
Bauzeit: 14.–16. Jh.
Baustil: Gotik

Die San Antolín geweihte Krypta der Kathedrale geht auf die Westgoten zurück, erhalten sind hier überwiegend romanische Bauteile aus dem 11. Jahrhundert. Der dreischiffige Kirchenbau mit Kreuzgewölbe und Chorumgang darüber orientiert sich an der Kathedrale von Burgos und repräsentiert hinter seiner strengen Fassade verschiedene gotische Strömungen bis hin zum Flamboyant-Stil, dessen züngelnde Formen an Flammen erinnern.

Kathedrale (unten)

Ort: Zamora
Bauzeit: 1151–1174
Baustil: Spätromanik

Bei dieser Kirche verbinden sich spätromanische, frühgotische und maurische Elemente zu einer besonderen Form von Kuppelkirche: Ihre Kuppel über der Vierung wird von 16 Rippen gegliedert und 8 Türmchen gestützt, das Dach besteht aus sogenannten Fischschuppenziegeln. Diese Kuppelform heißt Cimborrio. Im Inneren beherbergt die Kathedrale ein zweigeschossiges Chorgestühl.

Kathedrale *(links)*

Ort: Pamplona
Bauzeit: 1397–1530
Baustil: Gotik

Pamplona ist nicht nur die Stadt des Stierkampfs und die Hauptstadt von Navarra, sondern auch eine Station auf dem Pilgerweg nach Santiago. Auf dem höchsten Punkt der Stadttopographie erhebt sich die Kathedrale, deren Fassade im 18. Jahrhundert durch Ventura Rodriguez neoklassisch umgestaltet wurde und die deswegen irreführt: Der eigentliche Bau ist gotisch. Im Hauptschiff ruhen die Könige von Navarra in einem Alabastergrab aus dem Jahr 1415.

San Pedro de la Nave *(rechts oben)*

Ort: El Campillo (bei Zamora)
Bauzeit: 7. Jh.
Baustil: westgotisch

Um 1931 hat man die Kirche komplett abgetragen und am heutigen Ort wieder aufgebaut. Deswegen kennt man die Konstruktion des Bauwerks sehr genau, das einschließlich der Tonnengewölbe aus präzise geschnittenen Kalksteinquadern ohne Mörtel besteht. Die Mauern werden von Holzdübeln stabilisiert. Die Seitenschiffe sind vor dem Querhaus verschlossen, was auf eine ursprüngliche Nutzung als Klosterkirche schließen lässt.

San Juan Bautista/de Baños *(rechts unten)*

Ort: Baños de Cerrato (bei Palencia)
Bauzeit: vor 652
Baustil: westgotisch

Ein Westgotenkönig hat diese sparsam dekorierte, Johannes dem Täufer geweihte Kirche gestiftet, Reccesvinth hieß er laut der Inschrift über der Apsis. Längs des Langhauses spannen sich Hufeisenbögen zwischen Säulen mit korinthischen Kapitellen, und es könnte sein, dass die Mauren wenige Jahrzehnte nach der Fertigstellung der Kirche nicht nur das Reich, sondern auch diese Bögen von den Westgoten übernommen haben.

Santa Cruz de la Seros (oben)

Ort: Santa Cruz de la Seros
Bauzeit: ab ca. 1095
Baustil: Romanik

Die Kirche ist nicht besonders groß, gerade einmal drei Joche lang, die Querarme sind niedrig. Aber der Turm, der sich über dem letzten Joch auf der Ostseite des Langhauses erhebt, wirkt mit seinem achteckigen Abschluss extrem wuchtig. Von innen sieht man ihn nicht: In ihm befindet sich eine weitere Kapelle, die wie die Hauptkirche mit einem Tonnengewölbe überspannt ist.

Ermita de Nuestra Señora/Santa Maria *(linke Seite rechts oben)*

Ort: Eunate
Bauzeit: Wende 12./13. Jh.
Baustil: Romanik

Der freistehende Bau mit unregelmäßigem Grundriss diente dem Templerorden als Heiliggrabkirche und hat einiges mit dem Felsendom in Jerusalem gemein: Beide sind achteckig, beide haben eine Kuppel und um beide läuft ein Säulengang. Insbesondere die von Bandrippen getragene Kuppel, deren Bögen sich nicht exakt im Zenit schneiden, kennt keine Vorbilder im Spanien jener Zeit und wurde vielleicht aus dem Nahen Osten „importiert".

Benediktiner-Klosterkirche *(links unten)*

Ort: Irache
Bauzeit: 12. Jh.
Baustil: gotisch

Das Kloster ist seit 958 belegt und prosperierte dank der Pilgerströme nach Santiago und der Protektion durch die Könige von Navarra. Der Chor der Kirche — bei dem wie meist mit dem Bau begonnen wurde — ist noch romanisch, an Lang- und Querhaus lässt sich jedoch der Einfluss der Zisterzienser ablesen. Mitten in der Rioja gelegen, hält das Kloster für Pilger einen Brunnen bereit, aus dem diese nach Belieben Wein trinken können.

Collegio de San Gregorio *(links)*

Ort: Valladolid
Bauzeit: Ende 15. Jh.
Baustil: isabellinisch

Hier ist vor allem die Fassade bemerkenswert, die erste ihrer Art: Der Baumeister hat das Prinzip der Altarretabel — der aus Stein oder Holz geschnitzte Aufsatz auf der Mensa genannten Altarplatte — auf die Gestaltung des Haupteingangs übertragen und statt einer architektonischen Gliederung ausschließlich auf figürlich-skulpturalen Schmuck gesetzt. Diese Form ist eine spezifisch spanische Errungenschaft.

San Pablo *(rechts)*

Ort: Valladolid
Bauzeit: Ende 15. Jh.
Baustil: isabellinisch

Wie in San Gregorio wurde die Schauseite der Kirche als „Retabel-Fassade" ausgestaltet, der Vertrag mit Meister Simon, der diesen Auftrag erhielt, hat sich erhalten. Beide Fassaden, so ein kunstgeschichtliches Werk über Spanien, gehörten zum Besten, was das europäische Spätmittelalter schuf. Das zugehörige Kloster, gebaut im 13. Jahrhundert, wurde in napoleonischer Zeit zerstört.

El Cerco/Iglesia de San Saturnino del Cerco *(oben)*

Ort: Artajona
Bauzeit: 13. Jh.
Baustil: Gotik

Der Komplex mit Wehrmauer, neun Befestigungstürmen, zwei Toren und einer Kirche, deren Turm als Ausguck diente, die mit einem Kerker ausgestattet ist und unter deren Chor ein Brunnen angelegt war, gehört zu den bedeutendsten erhaltenen Komplexen dieser Art in Navarra. Der Tympanon über dem Portal stellt Johanna I. mit ihrem Gemahl Philipp IV. dar, unter dem Navarra in das französische Reich eingegliedert wurde.

Kathedrale *(ganz links unten)*

Ort: Huesca
Bauzeit: ab 1290
Baustil: Frühgotik

Die Pfeiler, die die drei Schiffe der Basilika voneinander trennen, lehnen sich an Vorbilder aus Lyon an, der gestaffelte Chor ist hingegen ganz der einheimischen Tradition verpflichtet. Das Kreuzrippengewölbe wird von kräftigen Rippen, Gurten und Schlusssteinen charakterisiert, die Wände des Mittelschiffs sind zurückhaltend gegliedert und die Türme nicht in die Westfassade integriert, sondern stehen fast komplett frei.

San Juan de Duero *(links unten)*

Ort: Soria
Bauzeit: 12./13. Jh.
Baustil: Gotik

Die Templerabtei am Ufer des Duero wurde später vom Nachfolgeorden San Juan de Jerusalem übernommen. Die Kirche vereint harmonisch fast alle Stile der Zeit einschließlich arabischer Einflüsse, und der Kreuzgang kann mit vier verschiedenen Bögenarten aufwarten. Über dem Altar erhebt sich ein besonders schönes Beispiel für ein Ziborium, also einen Altarüberbau, der das Allerheiligste wie einen Baldachin beschützt und hervorhebt.

San Juan de la Peña *(oben)*

Ort: San Juan de la Peña
Bauzeit: ab 920
Baustil: Romanik

Die Kirche wurde mehrfach umgebaut bzw. erweitert. Die beiden Schiffe enden je in einem Chorabschluss mit Fresken aus dem 12. Jahrhundert. Das Untergeschoss ist ein Ausbau des 11. Jahrhunderts, in dem fünf Äbte begraben wurden. Im oberen, älteren Stockwerk aus dem 10. Jahrhundert liegt u.a. der erste König Aragoniens, Ramiro I., in seinem Sarkophag. Der Fels selbst bildet das Gewölbe, ähnlich wie früher beim Kreuzgang, der einst höher gemauert war.

Sant Climent (links)

Ort: Taüll
Bauzeit: 11./12. Jh.
Baustil: Romanik

Mitten in den Pyrenäen liegt ein Dorf mit zwei Kirchen, beide 1123 geweiht. Sant Climent ist eine Hallenbasilika mit drei Schiffen, im Osten von drei Apsiden abgeschlossen. Der gedrungene Bau weist kaum Fenster auf. Nur der unverhältnismäßig hohe Turm, zu dem man nur vom Kircheninnern Zutritt hat, ist von Doppelbögen aufgelockert. Die Fresken wurden abgelöst und sind im Museum für Katalonische Kunst in Barcelona ausgestellt.

Neue Kathedrale (ganz links oben)

Ort: Salamanca
Bauzeit: ab 1513
Baustil: Spätgotik

Die neue Kathedrale Salamanca gehört zu den wichtigsten gotischen Bauwerken in Kastilien und weist enge Bezüge zu der wenige Jahre später begonnenen Kathedrale von Segovia auf. Anders als üblich begann man bei beiden Gotteshäusern mit dem Bau im Westen und arbeitete sich zum Ostchor vor, auch die Obergaden sind ungewöhnlich niedrig gehalten. Der wichtigste Meister auf der Baustelle hieß Juan Gil de Hontañón.

Santa Maria de las Dueñas/ de las Benitas (ganz links unten)

Ort: Salamanca
Bauzeit: um 1530
Baustil: Gotik/Renaissance

Juana Rodríguez Maldonado gründete das Kloster der Dominikanerinnen 1419 in ihrem eigenen Wohnhaus, von dem bis heute mujedarische (also muslimisch beeinflusste) Reste zeugen. Doch erst eine zweite Stifterin, Ana de Paz, ermöglichte den Bau von Wohnräumen, dem unregelmäßigem Kreuzgang und gotischer Kirche. Die Baumeister waren Juan de Álava und Rodrigo Gil de Hontañón, der Sohn von Juan Gil de Hontañón.

Santa María (rechts)

Ort: Uncastillo
Bauzeit: ab 1243
Baustil: Romanik/Mudéjar-Stil

Uncastillo liegt in einer abgelegenen Gegend, in der sich heute noch Windräder drehen. Der Turm von Santa María ist gut 70 m hoch, achteckig und mit dem Umgang für den Glöckner von wehrhaftem Aussehen. Das Südportal weist die typischen Hufeisenbögen jener Zeit auf. Im Inneren ist vor allem der „platareske" Hochaltar sehenswert, also in jenem Stil, der in Spanien den Übergang zwischen Gotik und Renaissance kennzeichnet.

Templerkirche Vera Cruz *(rechts)*

Ort: Segovia
Bauzeit: vor 1235
Baustil: Romanik

Wie die Ermita in Eunate orientierten sich die Templer auch hier am Heiligen Grab in Jerusalem (dessen originale Gestalt nicht mehr genau rekonstruierbar ist), diesmal einen Zentralbau mit zwölf Ecken, neben dem sich ein schnörkelloser, vierstöckiger Turm erhebt. Der Orden stand im 13. Jahrhundert auf dem Höhepunkt seiner Macht, seine kriegerische Frömmigkeit dokumentiert sich in dem Verzicht auf rein dekorative Elemente.

Kathedrale *(links unten)*

Ort: Segovia
Bauzeit: 1525–1620
Baustil: Gotik

Amerika war seit kaum einem Vierteljahrhundert entdeckt und ungeheure Reichtümer strömten nach Spanien: Das „siglo de oro", das goldene Zeitalter, brach an und die Kirchen werden verschwenderisch ausgestattet, wie Spitzen überziehen Ornamente Fassaden und Innenausstattung. Nicht so in dieser Kathedrale, die mit ihrer gotischen Ausgestaltung kaum noch in ihre Zeit passte. Baumeister waren Vater und Sohn, Juan und Rodrigo Gil de Hontañón.

San Esteban *(rechts)*

Ort: Segovia
Bauzeit: 13. Jh.
Baustil: Romanik

Die Kirche liegt mitten in der Stadt, um dennoch aufzufallen, wurde der Turm stolze sechs Etagen hoch gebaut und ragt damit weit über den Dächern auf. Wie andere Gotteshäuser in Segovia auch besitzt sie eine Vorhalle, in der früher öffentliche Veranstaltungen und Gerichtsverhandlungen stattfanden. Diese Vorhalle wird von schlanken Säulen begrenzt, verbunden mit Rundbögen.

Sant Serni de Tavèrnoles *(ganz oben)*

Ort: Anserall
Bauzeit: 1. Hälfte des 11. Jh
Baustil: Romanik

In etwa 3 km Entfernung nordöstlich des kleinen katalonischen Orts Anserall mit nicht einmal 100 Einwohnern befindet sich der mächtige Klosterbau der Benediktiner Sant Serni de Tavèrnoles. Die Kirche wurde 1040 geweiht, die Klostergebäude entstanden danach. Die Kapitelle des Kreuzgangs sind kunsthistorisch so wertvoll, dass sie nicht nur nach Barcelona in ein Museum kamen, sondern sogar auch in Nordamerika.

Kathedrale San Salvador *(links)*

Ort: Ávila
Bauzeit: 12./13. Jh.
Baustil: Frühgotik

Einflüsse aus Burgund und Nordfrankreich sind in diesem Bauwerk offenkundig, und doch hat der ernste Charakter der Kirche etwas Eigenständiges. Die Apsis fügt sich in die vollständig erhaltene Stadtmauer, drinnen ist der Chorumgang aus rötlichem Gestein — vielleicht nach dem Vorbild von Saint Denis — doppelt. Der Blick durchs Hauptschiff wird durch das nach Nord, West und Süd vermauerte Chorgestühl aus dem 18. Jahrhundert versperrt.

Santa Maria de Huerta *(oben)*

Ort: Santa Maria de Huerta
Bauzeit: 12./13. Jh.
Baustil: Frühgotik

Das Kloster der Zisterzienserinnen wurde 1162 von Alfons VII. gestiftet, 1835 aufgegeben und 1930 neu gegründet. Die Kirche zeichnet sich durch Rippengewölbe und halbrunde Chöre aus, umgeben von paarweise gebauten Querhauskapellen; der schmucklose Innenraum ist für den strengen Stil des Ordens repräsentativ. Die Formensprache der Frühgotik wurde in Kastilien zu einem Zeitpunkt heimisch, als sie in Frankreich bereits verschwand.

San Vincente *(oben)*

Ort: Ávila
Bauzeit: 11./12. Jh.
Baustil: Romanik/Frühgotik

Wenige Schritte vor der Stadtmauer und doch mitten in der Stadt liegt die Pfeilerbasilika, die zu einer Benediktinerabtei gehört. Krypta und der halbrunde Chorabschluss wurden 1109 fertig gestellt, dann erlosch die Bautätigkeit. Deshalb ist nur die Anlage des dreischiffigen Langhauses romanisch, Baumeister Fruchel sorgte später für ein Kreuzrippengewölbe nach dem Vorbild der Zisterzienserkirche von Pontigny.

Kathedrale
Nostra Señora del Pilar *(unten)*

Ort: Zaragoza/Saragossa
Bauzeit: 1119–1520
Baustil: Romanik/Gotik

Ab 1318 wurde der Ostteil im gotischen Stil erneuert, der romanische Grundriss jedoch beibehalten. Innerhalb der Kathedrale ist auch die Gemeindekirche der Stadt untergebracht. In ihr dokumentiert sich der Mudéjar-Stil. Das Gewölbe wird in ein Achteck überführt und mündet in einer Laterne. Das Kuppelfresko der Santa Capilla stammt von einem berühmten Sohn der Stadt: Antonio González Velázquez malte es 1753.

Sant Père de Rodes *(oben)*

Ort: Port de la Selva
Bauzeit: 10. Jh.
Baustil: Romanik

Die Ursprünge dieser Benediktinerabtei reichen bis ins erste nachchristliche Jahrhundert zurück, die erste urkundliche Erwähnung fällt ins Jahr 878, und die Legende will wissen, dass Christen aus Rom hier an der Bucht von Llança strandeten und dies als Fingerzeig Gottes verstanden. Manche Kunsthistoriker vertreten die Auffassung, hier habe die Geburtsstunde der Romanik geschlagen.

Kathedrale *(Mitte)*

Ort: Sigüenza
Bauzeit: Mitte 12. Jh., später verändert
Baustil: im Ursprung Romanik

Die massiven blockartigen Türme der Westfassade zeugen mit ihren Zinnen davon, dass der Sakralbau nach der Rückeroberung der Stadt von den Mauren auch ein christliches Bollwerk sein sollte. Spätere Generationen haben die dreischiffige Kathedrale ein wenig ihrem Zeitgeschmack angepasst, z. B. durch einen barocken Giebel über dem romanischen Rundbogenportal, eine gotische Fensterrose und eine Balustrade mit Kugel aus der Renaissance.

Santa María *(links unten)*

Ort: Vilabertran (bei Figueras)
Bauzeit: 1080–1100
Baustil: Romanik

Das Augustinerkloster wurde im 11. Jahrhundert gegründet, als ersten Abt nennen die Quellen Père Rigall. Das Kloster wurde 1592 säkularisiert, die Kirche blieb trotzdem bis 1835 eine Klosterkirche, heute ist sie Gemeindekirche. Der dreischiffige Bau mit Tonnen- bzw. Halbtonnengewölben vermeidet jeden Dekor, nur die Apsis ist verziert. Am Mauerwerk lassen sich deutlich zwei Bauphasen ablesen.

Santa Maria *(rechts unten)*

Ort: Ripoll
Bauzeit: vor 1032
Baustil: Romanik

Die Kirche wurde durch Umbauten des 19. Jahrhunderts so stark verändert und verfälscht, dass man fast von einem neoromanischen Bau sprechen kann, obwohl die Anfänge tatsächlich auf das 11. Jahrhundert zurückgehen. Das fünfschiffige Langhaus wird nach Osten von einem breiten Querschiff begrenzt und dieses wiederum von sieben Apsiden. Statt einem flachen Tonnengewölbe trug das Mittelschiff früher wohl eher eine Balkendecke.

Neue Kathedrale *(rechts)*

Ort: Plasencia
Bauzeit: 1498–1558
Baustil: Renaissance

Die Kathedrale, von der nur der Chor und die nächsten drei Joche gebaut wurden, schließt an das Langhaus der alten Kathedrale an. In Auftrag gegeben hatte sie Bischof Gutiérrez Alvarez von Toledo, die besten Architekten der Zeit arbeiteten an ihr, z. B. Enrique Egas, Franziskus von Köln oder Rodrigo Gil, der gleichzeitig an einer Kapelle in der Alten Kathedrale werkelte, und Diego de Siloé, der zwischen der hiesigen Baustelle und Granada pendelte.

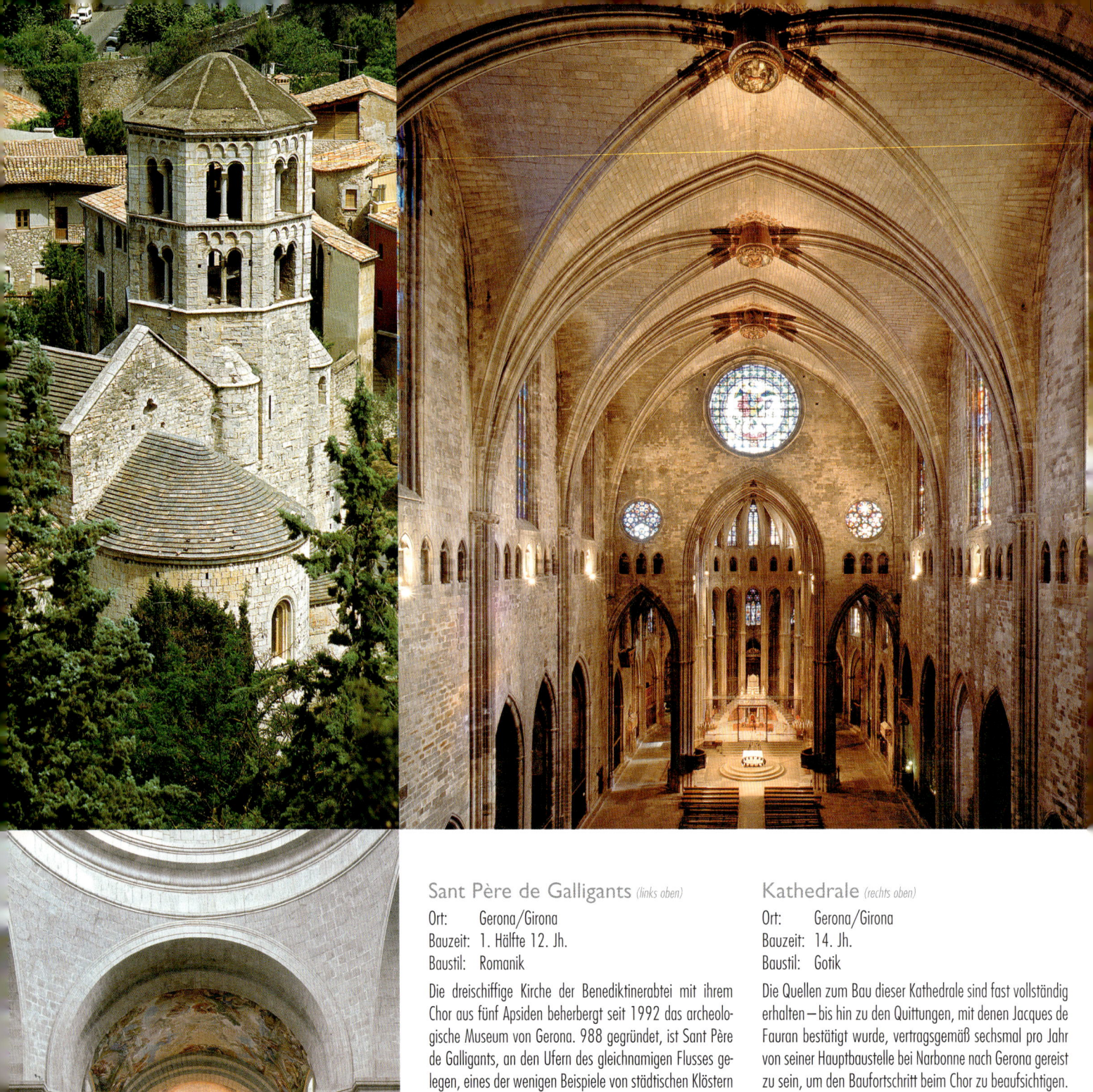

Sant Père de Galligants (links oben)

Ort: Gerona/Girona
Bauzeit: 1. Hälfte 12. Jh.
Baustil: Romanik

Die dreischiffige Kirche der Benediktinerabtei mit ihrem Chor aus fünf Apsiden beherbergt seit 1992 das archeologische Museum von Gerona. 988 gegründet, ist Sant Père de Galligants, an den Ufern des gleichnamigen Flusses gelegen, eines der wenigen Beispiele von städtischen Klöstern aus einer Zeit, als nicht nur die Benediktiner sich vorzugsweise in der Abgeschiedenheit von Wäldern ansiedelten.

El Escorial (unten)

Ort: bei Madrid
Bauzeit: 1572–1584
Baustil: Herrera-Stil

Einzigartig bringt die Architektur durch die Verbindung von Kloster, Kirche und Residenz die enge Verknüpfung von Kirche und Monarchie im Spanien des 16. Jahrhunderts zum Ausdruck. Der Eindruck von Strenge und Monumentalität beherrscht den El Escorial. Verantwortlich dafür sind gerade Linien, rechte Winkel und grauer Granit. Dieser nach dem Architekten benannte Herrera-Stil beeinflusste die spanische Architektur bis ins 17. Jahrhundert hinein.

Kathedrale (rechts oben)

Ort: Gerona/Girona
Bauzeit: 14. Jh.
Baustil: Gotik

Die Quellen zum Bau dieser Kathedrale sind fast vollständig erhalten — bis hin zu den Quittungen, mit denen Jacques de Fauran bestätigt wurde, vertragsgemäß sechsmal pro Jahr von seiner Hauptbaustelle bei Narbonne nach Gerona gereist zu sein, um den Baufortschritt beim Chor zu beaufsichtigen. Neben Aufenthalt und Reise wurde ihm dafür das damals fürstliche Gehalt von 1000 Barceloneser Soldi bezahlt!

Kloster der schwarzen Madonna (rechts)

Ort: Montserrat
Bauzeit: 19., 20. Jh.
Baustil: Moderne

Der gezackte Berg – lat. mons serratus – wirkt wild und zerklüftet, genau der richtige Ort, um eine Marienstatue zu verstecken, die Petrus auf seiner Missionsreise nach Barcelo gebracht haben soll. In Wirklichkeit stammt sie aus der Romanik. Altersschwarz ist sie seit ihrer Wiederentdeckung Ziel von Pilgern und Pauschaltouristen. Das Kloster wurde bereits 880 gegründet und 1811 von den napoleonischen Truppen geplündert und danach fast komplett neugebaut.

Kloster Santa Maria de Poblet *(links oben)*

Ort: Poblet
Bauzeit: 1150– Mitte 15. Jh.
Baustil: Romanik/Gotik

Wegen der für ein Kloster sehr langen Bauzeit war es unausweichlich, dass sich der schlichte romanische Baustil der Zisterzienser nicht durchhalten ließ und die schmückenden Elemente der Gotik integriert wurden. Das Kloster ist von einer Wehrmauer umgeben und besitzt neben befestigten Türmen auch ein Palastgebäude, in dem die spanischen Könige bei Besuchen im Kloster wohnten.

San Andres und
Capilla de San Isidoro *(links unten)*

Ort: Madrid
Bauzeit: 1657–1669 bzw. 1643–1659
Baustil: Barock

Die Kapelle war die Grabstätte des Heiligen Isidor, des Stadtpatrons, und entstand nach einem Entwurf von Pedro de la Torre. Ihre kompakte Bauweise erinnert an die arabischen Heiligengräber, und tatsächlich gab es bis in die Gotik hinein eine parallele Tradition in Europa. Allerdings wurde die Kapelle im spanischen Bürgerkrieg 1936–1939 zerstört, auch die angebaute Andreas-Kirche ist nur notdürftig restauriert worden.

San Francisco el Grande *(rechts unten)*

Ort: Madrid
Bauzeit: 1761–1770
Baustil: Barock

Diese im Stil italienische Kirche entstand in der Regierungszeit von Karl III. (1759–1788), der zuvor in Neapel geherrscht und von dort viele Künstler „mitgebracht" hatte. Madrid verdankt ihm einen „Urbanisierungsschub". San Francisco trägt den Beinamen „el Grande", weil es sich um das größte Gotteshaus von Madrid handelt, für das Karls Lieblingsarchitekt, Francisco Sabatini, die Bauleitung übernommen hatte.

Kloster Santes Creus *(oben)*

Ort: Santes Creus
Bauzeit: 12. Jh.
Baustil: Frühgotik

Das Kloster entspricht den strengen Bauvorschriften des Zisterzienserordens sehr genau und zeigt keine spanischen oder maurischen Einflüsse wie die meisten Kirchen Spaniens. Dadurch brachten die Zisterzienser die französische Baukunst nach Spanien und bereiteten der Gotik dort den Boden. Im 14. Jahrhundert wurde ein neuer Kreuzgang im Stil der Hochgotik errichtet – mit feinstem Maßwerk und volkstümlichen Szenen an den Kapitellen.

Claustro de San Jerónimo el Real *(unten)*

Ort: Madrid
Bauzeit: 17. Jh.
Baustil: Gotik/Renaissance

Die Krönungskirche steht seit 1505 ganz in der Nähe zum Prado. 1460 hatte Heinrich IV. von Kastilien sie am Westtor von Madrid bauen lassen, dann wünschte Isabella ihre Verlegung und veranlasste Ab- und Wiederaufbau. Der heutige Bau ist weitgehend eine Rekonstruktion des 19. Jahrhunderts, da die napoleonischen Truppen das Kloster als Unterkunft nutzten und schwer zerstört zurückließen.

Kirche der Colonía Güell (links oben)

Ort: Barcelona
Bauzeit: ab 1898
Baustil: Jugendstil/Modernismo

Bei diesem Projekt perfektionierte Antonio Gaudí sein schon an der Sagrada Familia erprobtes Konstruktionsschema, das anders als bei starren Stahlskelettbauten gleichzeitig durch Zug und Druck belastbar ist. Damit war er einer der Vorreiter von Flächentragwerken mit Bögen in Form von Parabeln. Um die neue Konstruktion zu veranschaulichen, dachte er sich ein auf dem Kopf „stehendes" Modell aus Bindfäden und Sandsäcken aus.

La Sagrada Familia (links unten)

Ort: Barcelona
Bauzeit: seit 1882
Baustil: Jugendstil/Modernismo

Das — immer noch unvollendete — Wahrzeichen Barcelonas ist untrennbar mit dem Namen Antoni Gaudí (1852–1926) verbunden und lässt sich nicht einfach einem Baustil zuordnen, denn Gaudí ließ sich von vielen Einflüssen inspirieren und verband sie zu einem sehr individuellen Stil. Zeitlich gesehen wäre es der Jugendstil, aber inhaltlich betrachtet, passen die Begriffe neukatalanischer Stil oder Expressionismus besser.

Kathedrale (rechts oben)

Ort: Barcelona
Bauzeit: ab 1298
Baustil: Gotik

Der Chor beschreibt einen vielfach gebrochenen, in ein Polygon aufgelösten Halbkreis, vor den noch einmal ein Kapellenkranz und ein durchfensterter Umgang gesetzt ist. Auch der Obergaden, also die Fenster oberhalb der Dächer der Seitenschiffe im Mittelschiff, lassen viel Licht in den auf größtmögliche Einheitlichkeit bedachten Innenraum fallen. Das Querhaus ist nur angedeutet, und die Pfeiler sind in schlanke, hoch aufragende Dienstbündel aufgelöst.

Real Monasterio de la Virgen
(ganz rechts oben)

Ort: Guadelupe
Bauzeit: ab 1340
Baustil: Gotik

Die „Königliche Abtei der Jungfrau" wurde 1340 von Alfons XI. als Dank für einen Sieg über die Mauren bei El Salado gegründet. Das wichtige Zentrum für den Marienkult ist ein beliebtes Wallfahrtsziel. Generationen bauten an Kirche, Kreuzgang und Kloster, entsprechend viele Stile sind vertreten, darunter auch der Mudéjar-Stil. Die Bronzetüren wurden im 14. Jahrhundert von einem Kölner Meister gefertigt.

Santa Maria de la Mar *(rechts oben)*

Ort: Barcelona
Bauzeit: 1328–1383
Baustil: Gotik

Die Kirche drückt das Selbstbewusstsein eines Viertels aus, das durch die Nähe zum Hafen vom regen Warenumschlag profitierte. Berengar de Montagut lieferte die Baupläne für die als Staffelhalle angelegte Einheit von Chor und Langhaus. Durch einen umlaufenden Sims und die Kapitelle ist der Gewölbansatz eindeutig von der Erdgeschosszone getrennt. Die Joche des Mittelschiffs sind quadratisch und ungewöhnlich weit gespannt.

Kathedrale *(links)*

Ort: Cuenca
Bauzeit: 1210–1300
Baustil: Gotik

Cuenca wurde 1177 zurückerobert, 30 Jahre später begannen die Arbeiten an der Kathedrale nach nordfranzösischen Vorbildern, eine späte, aber höchst qualitätvolle Adaption. Das erkennt man u.a. an den Säulen vor den Pfeilern, den Knospenkapitellen oder dem Rippengewölbe. Eine europaweite Besonderheit verbirgt sich in den Obergaden des Langhauses: Sie sind mit Engeln verziert, was man sonst nirgends findet.

Santa María de Mediavilla *(rechts oben)*

Ort: Teruel
Bauzeit: 12./13. Jh.
Baustil: Gotik/Mudéjar-Stil

Der Name der Stadt geht auf die einst arabischen Bewohner zurück, 1171 gerieten sie unter christliche Herrschaft, 1502 wurde ihre letzte Moschee geschlossen. In der Zeit der relativen Toleranz dazwischen entstanden zahlreiche Mudéjarbauten, so auch die Kathedrale mit ihren keramischen Verzierungen. Besonders ausgeprägt ist der Stil der muslimischen Untertanen christlicher Herrscher an den Deckengewölben des Langhauses und der Hauptkapelle.

San Juan de los Reyes *(rechts unten)*

Ort: Toledo
Bauzeit: 1477–1505
Baustil: Spätgotik

Einschiffig, mit einem Hochchor für die Franziskaner, zu deren Kloster die ursprünglich als Grablege für Ferdinand und Isabella geplante Kirche gehört, ist sie hell und üppig verziert. Der Baumeister Juan Guas wurde in der Bretagne geboren und hatte bei Hanneken von Brussel seine Lehrjahre an der Kathedrale von Toledo verbracht. In San Juan hat er die Verbindung von Langhaus und Zentralbau fast zur Perfektion getrieben.

Iglesia de Santiago del Arrabal (oben)

Ort: Toledo
Bauzeit: 12./13. Jh.
Baustil: Mudéjar-Stil

Gemauert aus Bruchstein und Ziegel, ist die dreischiffige Kirche ein besonders gelungenes Werk muslimischer Baumeister für christliche Auftraggeber. Gedeckt von einem Satteldach, versehen mit einem quadratischen Turm und Chorapsiden, wurde ihr Ausbau von dem portugiesischen König Sancho Capelo gestiftet. Die Kanzel ist mit ornamentalen Stuckarbeiten überzogen, der Hauptaltar stammt aus dem 16. Jahrhundert.

Kathedrale
Santa Iglesia Catedral Primada (unten)

Ort: Toledo
Bauzeit: 1226–1465
Baustil: Gotik

Wie an den meisten Kathedralen bauten auch an dieser viele Generationen und Nationen, die Meister und Handwerker kamen aus Frankreich oder Flandern und nicht zuletzt aus dem muslimischen Kulturkreis. Der islamische Einfluss in Spanien, für den sich der Ausdruck Mudéjar-Stil eingebürgert hat, zeigt sich u.a. an abstrakten, kleinteiligen Ornamenten, die große Flächen bedecken. An derselben Stelle stand zuvor die Hauptmoschee.

Kathedrale La Seo Valentina *(Mitte)*

Ort: Valencia
Bauzeit: 13./14. Jh.
Baustil: Gotik

Nacheinander standen ein römischer Tempel, ein Gotteshaus der Westgoten und eine Moschee auf eben jenem Grund, auf dem sich heute das Wahrzeichen von Valencia mit seinem unten schmucklosen, über den Fensteröffnungen jedoch reich verziertem Turm erhebt. In ihm hängen 14 Glocken. Die Fassade wurde z. T. im Stil der Renaissance, der Haupteingang barock umgestaltet.

San Lorenzo *(links unten)*

Ort: Córdoba
Bauzeit: 13. Jh.
Baustil: Gotik

Nachdem Fernando II. die Mauren besiegt hatte, gab er 1236 in Cordoba 14 Kirchen in Auftrag, darunter auch San Lorenzo. Sie steht auf den Grundmauern einer Moschee und empfängt den Besucher mit einem Vorhof hinter dem Haupteingang. Der Innenraum ist im Mudéjar-Stil vertäfelt, einem rein spanischen Phänomen, das sich aus der Fortführung maurischer Handwerkskunst unter den christlichen Herren ergibt.

Kathedrale *(oben)*

Ort: Jaén
Bauzeit: 1512–1614
Baustil: Renaissance

Gebaut von Andrés Vandaeliva gehört die Kathedrale von Jaén zu den wichtigsten Renaissancebauten Spaniens, in dem direkte Einflüsse aus Rom spürbar werden. Der Baumeister hat nicht nur die Pläne gezeichnet, sondern an Südfassade, Sakristei, Kapitelsaal und dem ehemaligen Panteon Hand angelegt. Juan de Aranda, der im 30 km entfernt liegenden Castillo de Locubín geboren wurde, hat seine Arbeit später fortgesetzt.

Kathedrale Santa Maria *(rechts unten)*

Ort: Sevilla
Bauzeit: 1401–1506
Baustil: Gotik

Auf dem Platz der abgerissenen Moschee entstand die größte gotische Kirche der Welt als fünfschiffige Basilika. Da die Seitenschiffe nur wenig niedriger sind als Haupt- und Querschiffe, entsteht ein hallenartiger Eindruck. Von der Moschee blieben nur ein Hof, der Patio de los Naranjos, und das Minarett. Es erhielt nach einem Erdbeben im 16. Jahrhundert einen barocken Aufsatz mit einer Bronzeskulptur als Allegorie des christlichen Glaubens.

Kathedrale La Seu *(ganz rechts oben)*

Ort: Palma de Mallorca
Bauzeit: 1229–um 1600
Baustil: Gotik

Als Zeichen der Vorherrschaft des Christentums über den Islam wurde die 110 m lange Kathedrale Santa Maria auf den Grundmauern der Hauptmoschee der ehemaligen maurischen Herrscher errichtet. Damit dies schon für herannahende Schiffe erkennbar wäre, wurde die Schauseite mit dem skulpturengeschmückten Hauptportal nicht nach Westen, sondern zum Meer ausgerichtet.

La Mezquita *(ganz rechts unten)*

Ort: Córdoba
Bauzeit: 785–990
Baustil: maurisch

Córdoba war eines der ersten großen Zentren des Islam und die Mezquita eine der ersten großen Moscheen. An ihr kann man die Herausbildung des islamischen Gotteshauses ablesen. Sie steht auf seit alters her religiös genutztem Grund, viele römische Bruchstücke wurden in der ersten Bauphase verwendet, der Grundriss hat sich aus dem Typus der Basilika entwickelt. 1525–1766 wurde in die Moschee eine Kathedrale hineingebaut.

Cartuja/Karthause *(links oben)*

Ort: Granada
Bauzeit: ab 1732
Baustil: Barock

Die José de Bada zugeschriebene Sakristei der Karthause von Granada gilt als der Höhepunkt der dekorativen Tendenzen in der spanischen Baukunst. Der große Saal ist über und über mit Ornamenten und anderen Gliederungselementen in kostbaren Materialien geschmückt. Diese flirrende Bewegtheit in der Fläche verwirrt das Auge und steht in scharfem Kontrast zu dem eher simplen Grundriss.

Kathedrale *(rechts oben)*

Ort: Granada
Bauzeit: 16.–18. Jh.
Baustil: Renaissance/Barock

1528 beauftragte Kaiser Karl V. Diego de Siloé mit dem Bau der Kathedrale nach gotischen Plänen von Enrique Egas, die er im Sinn der Renaissance interpretierte: Korinthische Säulen und Blendfelder auf den Postamenten, kannelierte Pilaster und kassettengeschmückte Archivolten verkörpern den neuen Geist in Europa. Die barocke Stuckfassade mit ihrem Triumphbogenmotiv wurde von Alonso Cano ab 1664 gebaut.

Kathedrale *(ganz links unten)*

Ort: Murcia
Bauzeit: 14./15. Jh.
Baustil: Gotik

Die Kathedrale wurde anstelle der Hauptmoschee errichtet. Als im 18. Jahrhundert Hochwasserschäden beseitigt werden mussten, nutzte man die Gelegenheit zu einem barocken Umbau der Fassade. Der Renaissanceturm ist das Wahrzeichen der Stadt. Die „Capilla de los Vélez" mit dem Sternengewölbe und dem maurischen Dekor aus der Zeit der Königin Isabella wurde an der Wende 15./16. Jahrhundert im Chorumgang gebaut.

Kathedrale *(unten)*

Ort: Cadiz
Bauzeit: 18. Jh.
Baustil: Barock

Die Fassade des gewaltigen Bauwerks ist ein Echo auf die Fassade der Kathedrale von Valencia, beide Beispiele für das von Rom inspirierte spanische Rokoko. In der Krypta liegt der vielleicht berühmteste Sohn der Stadt begraben: Manuel de Falla, und auf der Ebene darüber ist der Nachhall im Kirchenschiff bemerkenswert ausgeprägt. Die mit goldenen Ziegeln gedeckte Kuppel ist nur von der Ostseite zu sehen.

Kathedrale La Manquita *(rechts)*

Ort: Malaga
Bauzeit: ab 1528
Baustil: Renaissance

Erbaut von Diego de Siloé, Enrique Egas u.a. im Auftrag der „katholischen Isabella", gehört die Kathedrale zu den wichtigsten Renaissancekirchen in Spanien, aber natürlich haben spätere Epochen ebenfalls ihre Spuren hinterlassen. Sie steht auf den Grundmauern einer Moschee. Für den Bau eines zweiten Turms hat das Geld nicht gereicht, deswegen heißt sie im Volksmund La Manquita, die Einarmige.

Portugal

Auch in Portugal hat die Herrschaft des Islam deutliche Spuren hinterlassen. Typisch sind hier vor allem die Azulejos, farbig glasierte Kacheln zur Dekoration. Portugal grenzt sich später gegen Spanien durch prächtige Klosteranlagen ab.

Kathedrale *(links)*

Ort: Porto
Bauzeit: 12. Jh., später erweitert
Baustil: Romanik

Im Zentrum der Hafenstadt liegt leicht erhöht die Kathedrale Sé, die trotz baulicher Veränderungen einen sehr geschlossenen Eindruck macht. Im recht dunklen Innenraum zieht der vergoldete Hauptaltar (1727–1730) die Aufmerksamkeit auf sich. Diese verdient auch der spätgotische Kreuzgang (1385) mit den typisch portugiesischen Azulejos, blauweiß bemalten Kacheln arabischer Herkunft, die viele Gebäude in Portugal schmücken.

Alte Kathedrale *(rechts)*

Ort: Coimbra
Bauzeit: 1162–1184
Baustil: Romanik

Da die Kathedrale Sa Velha als Wehrkirche geplant wurde, wird sie nach oben von Zinnen begrenzt. Auch das vorspringende mehrfach abgetreppte Rundbogenportal mit dem darüber liegenden fast gleich großen Rundfenster verstärkt den wehrhaften Eindruck. Die dreischiffige Emporenhalle im Inneren erinnert stark an die Kathedrale von Santiago de Compostela. Sa Velha ist mit einem der schönsten Hochaltäre Portugals ausgestattet.

Wallfahrtskirche Bom Jesus do Monte *(ganz rechts)*

Ort: Bom Jesus do Monte bei Braga
Bauzeit: 15. Jh., später erneuert
Baustil: Barock

Etwa 5 km von der Stadt Braga entfernt liegt die spätbarocke Wallfahrtskirche auf einem Hügel. Die fast 600 m Höhe überwindet eine prachtvolle zweizügige Treppenanlage des Barocks aus dem 18. Jahrhundert, so dass der Pilger Stufe für Stufe Gott näher kommt. Statuen, Brunnen und Blumen geben immer wieder Grund zum Innehalten und Verschnaufen, oben belohnt die schöne Aussicht die Anstrengung.

Dominikanerkloster
Santa Maria da Vitória *(links oben)*

Ort: Batalha
Bauzeit: 1385, unvollendet
Baustil: manuelischer Stil

Mit seinem reichen, feinen Dekor, das edler Spitze gleicht, gehören das Kloster und besonders seine Kirche sowie der angrenzende königliche Kreuzgang zu den prächtigsten spätgotischen Bauten der Welt. Das Kloster besitzt drei Kreuzgänge, in einem davon ein prächtiges Brunnenhaus der Renaissance, die Gründerkapelle und die unvollendeten Kapellen, die sich im Osten an den Chor anschließen.

Zisterzienserkloster Alcobaça
(rechts oben)

Ort: Alcobaça
Bauzeit: 1147–1222
Baustil: Gotik

Als Dank für den Sieg über die Mauren stiftete König Alfons I. diese Zisterzienserabtei, die als besterhaltene der Iberischen Halbinsel gilt. Von Beginn an wich das Kloster von den Regeln der Schlichtheit ab, denn es hatte betuchte Förderer und wuchs beständig. Trotzdem ist der frühgotische Stil in seinem Dekor sehr zurückhaltend. Nur die Fassade der Kirche wurde 1725 durch eine figurenreiche Barockfassade ergänzt.

Templerkirche *(links unten)*

Ort: Tomar
Bauzeit: 12.–17. Jh.
Baustil: im Ursprung Romanik

Eingebettet in die Klosterburg des Christusritterordens steht die sechzehneckige Rotunde der Kirche als eines der frühesten und massigsten Gebäude des Komplexes. In der Mitte hat sie einen achteckigen Raum mit bemalten Säulen und Wänden. Die Maßwerkverzierungen stammen aus dem 15. Jahrhundert, als auch der Hochchor angefügt wurde und die Rotunde zum Altarraum machte. Aus dieser Zeit stammen auch die spätgotischen Dekors am Außenbau.

Klosterresidenz *(ganz rechts)*

Ort: Mafra
Bauzeit: 1717–1750
Baustil: Barock

Das große Franziskanerkloster mit einem Palast für den König – ähnlich El Escorial in Spanien – entstand als Dank für die Geburt der Tochter Joãos V. unter Leitung des deutschen Baumeisters Johann Friedrich Ludwig (Ludovice). Im Gegensatz zum strengen Stil des Escorial jedoch prunkt diese 232 m lange Anlage mit 29 Höfen und 880 Räumen im süddeutschen Barock.

Hieronymus-Kloster *(ganz links)*

Ort: Lissabon
Bauzeit: 1502–1572
Baustil: manuelischer Stil

Das Mosteiro dos Jerónimos gilt als einer der absoluten Höhepunkte portugiesischer Architektur. Es entstand am Übergang von der Spätgotik zur Renaissance, als die Portugiesen Elemente aus beiden Stilen mit orientalischen Zügen zum Manuelismus vereinten. Die Süd- und Schauseite der Kirche aus weißem Kalkstein leuchtet hell zum Ufer des Tejo. Sie prunkt mit einem 32 m hohen und 12 m breiten Portal, der eigentliche Eingang ist jedoch das Westportal.

Kathedrale *(links)*

Ort: bei Lissabon
Bauzeit: 1147–13. Jh.
Baustil: im Ursprung Romanik

Die Kathedrale wurde gleich nach der Eroberung der Stadt durch die Christen von den Mauren auf den Resten einer Moschee errichtet. Trotz zweier großer Erdbeben sind noch das Lang- und Querhaus aus der Romanik erhalten sowie die Westfassade mit den zinnenbewehrten Türmen. Im Inneren der Kirche sind die barocken Umbauten inzwischen zu Gunsten des ursprünglichen romanischen Stils wieder beseitigt worden.

Kathedrale *(rechts oben)*

Ort: Evora
Bauzeit: 1186–14. Jh.
Baustil: Gotik

Dieser dreischiffige Sakralbau ist mit 70 m Länge der größte in Portugal und fällt durch seine bemerkenswerte Vierungskuppel auf: Sie erhebt sich über einer achteckigen Laterne und wird an jeder dieser Ecken außen durch ein kleines Türmchen gestützt. Das Dach ist mit Schuppenziegeln bedeckt. An einer Seite des Langhauses schließt ein schlichter Kreuzgang aus dem 13. Jahrhundert an.

Griechenland

Die frühchristlichen Basiliken Griechenlands besaßen ein Langhaus, das bei den entwickelteren Typen bis zu vier Seitenschiffe hatte. Mit dem 6. Jahrhundert wurde die Kuppel auf würfelförmigen Mauern wichtiger. Vor allem die Kuppelkirchen über dem Grundriss des gleichschenkeligen griechischen Kreuzes gelten bis heute als die typischen Sakralbauten im griechisch-orthodoxen Raum.

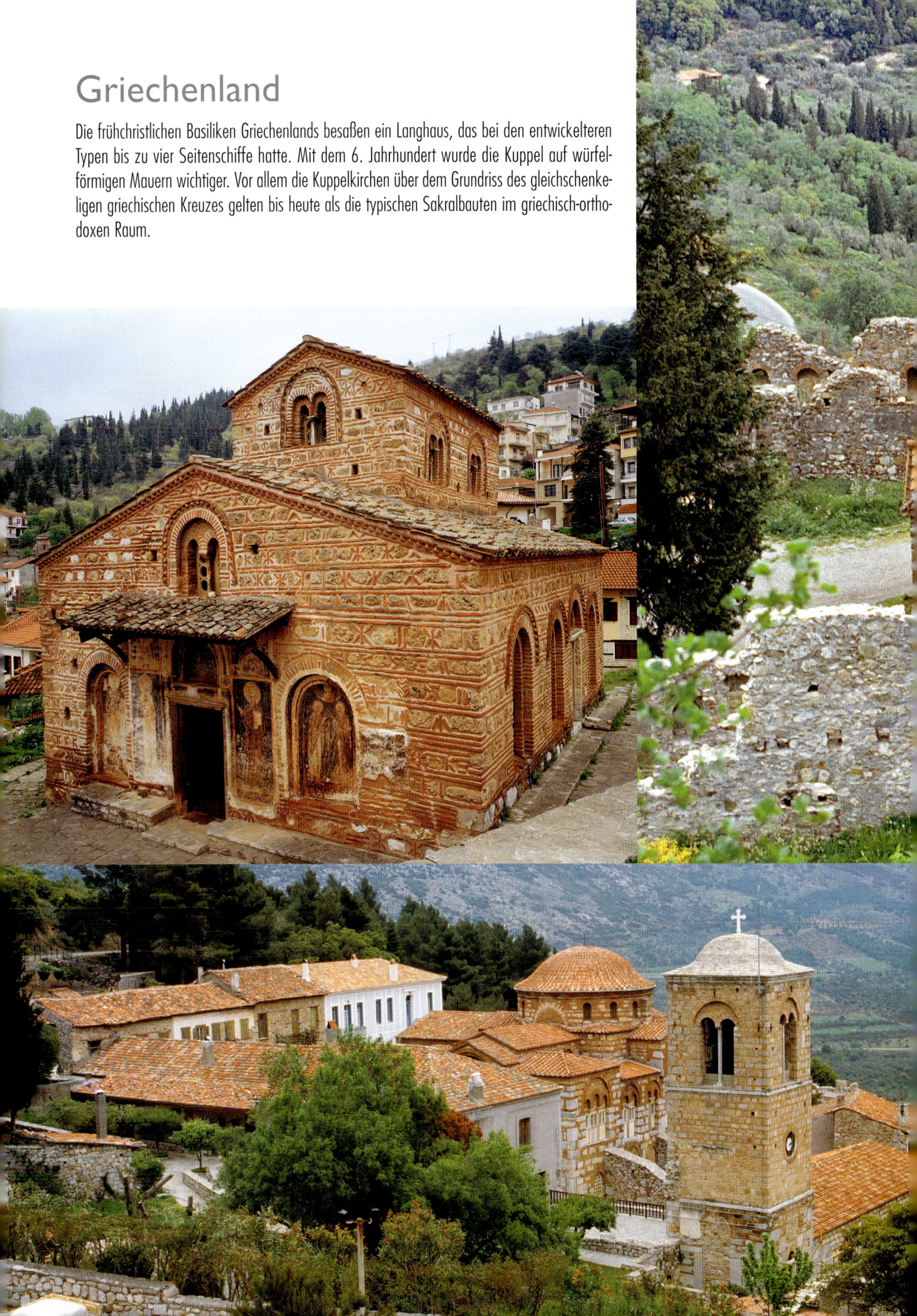

Byzantinische Kirchen (links oben)

Ort: Kastoria
Bauzeit: 9.–16. Jh.
Baustil: Byzantinismus

Die 15 000-Einwohner-Stadt Kastoria in Makedonien ist berühmt für ihre byzantinischen Kirchen. Es sind derer 54! Sie entstanden über mehrere Jahrhunderte, liegen teilweise versteckt in den Straßen und haben oft wunderbare Fresken im Innenraum und manchmal auch an den Außenwänden. Die Kirche Agios Stefanos (10. Jh.) besitzt überraschenderweise eine Empore für Frauen.

Kloster Hosios Lukas (links unten)

Ort: bei Levadia
Bauzeit: 10., 11. Jh.
Baustil: Byzantinismus

Nach dem Tod des Eremiten Lukas von Stiris um 949 bauten seine Schüler in dem abgelegenen Tal eine Grabkapelle und ein Kloster. Um 1011–1030 wurde die größere Hauptkirche, das Katholikon, angefügt. Beide Kirchen sind Kreuzkuppelbauten und reich mit Mosaiken, Marmor und Intarsien ausgestattet. Das Bildprogramm im Katholikon mit seinen über 150 Motiven ist durchgängig in nur einem Stil ausgeführt!

Kirchen- und Klosterruinen (oben)

Ort: Mistra
Bauzeit: 13., 14. Jh.
Baustil: Byzantinismus

Die Ruinen von Mistra (auch Mystras) gehören in ihrer einzigartigen Geschlossenheit seit 1989 zum UNESCO-Weltkulturerbe. Die erst 1249 gegründete Stadt blühte unter den Byzantinern auf, was sich u.a. in den Verzierungen der Kreuzkuppelkirchen niederschlug. So sind an den Ruinen außen geometrische Muster, Ranken und Blumen durch den Einsatz von Putz und Backstein zu finden sowie wunderbare Fresken im Inneren. (Die Stadt wurde mit der Neugründung Spartas 1834 aufgegeben.)

Vorderasien

Armenien

Vor mehr als 1700 Jahren wurde das Christentum in Armenien zur Staatsreligion erhoben – viele prachtvolle Sakralbauten spiegeln diese lange Geschichte wieder.

St. Gregor Kathedrale *(linke Seite links oben)*

Ort: Jerewan
Bauzeit: geweiht 2001
Baustil: Gegenwartsarchitektur

Zur Feier des 1700-jährigen Bestehens der armenischen Kirche und der zehnjährigen Unabhängigkeit der ehemaligen Sowjetrepublik wurde die neue Kathedrale gebaut und dem Gründer der armenischen Kirche geweiht. Die Gebeine des heiligen Gregor – Papst Johannes Paul II. überreichte die Reliquie dem geistlichen Oberhaupt der Armenier, Katholikos Karekin, bei dessen Besuch im Vatikan im November 2000 – sind in der Kathedrale bestattet.

Kloster Geghard *(linke Seite rechts oben)*

Ort: oberes Azat-Tal
Bauzeit: 12./13. Jh.
Baustil: armenisch

Das Wehrkloster hat ein Gawit – einen großen Raum vor der Kirche für Versammlungen, Unterricht und Rechtsprechung –, das direkt an Fels grenzt und zu zwei aus dem Fels gehauenen Kirchen mit hervorragender Akustik überleitet. Apostel Thaddäus, so die Legende, hat die Lanzenspitze, mit der Christus am Kreuz in die Seite gestochen wurde, hier deponiert. Dieser Reliquie verdankt das Kloster seinen Ruhm.

Kathedrale *(linke Seite unten)*

Ort: Etschmiadsin
Bauzeit: 303/um 495/7. Jh. (je nach Quelle)
Baustil: armenisch

Etschmiadsin – der Name findet sich in den vielen Varianten, denn die Lautwerde der armenischen Schrift werden uneinheitlich wiedergegeben – ist das geistliche Zentrum der Armenier, der noch vor Byzanz ältesten christlichen Staatskirche und vom westlichen Standpunkt aus häretisch, denn sie leugnet die Doppelnatur – Gott und Mensch – Christi. Die Kathedrale ist Sitz des Oberhaupts der armenischen Kirche.

Kloster Hagarzin *(oben)*

Ort: bei Dilidschan
Bauzeit: 11.–13. Jh.
Baustil: armenisch

Ein typisches armenisches Kloster war nicht nur wehrhaft und mit dicken Festungsmauern umringt, sondern auch Selbstversorger. Deswegen befinden sich neben den geistlichen Gebäuden, den Mausoleen der Stifter und/oder Gründer sowie den Wohn- und Essräumen der Mönche viele Wirtschafts- und Nebengebäude auf dem Gelände, darunter fast immer auch eine Mühle. Das ist in Hagarzin nicht anders.

Kloster Sanahin *(unten)*

Ort: bei Alawerdi
Bauzeit: 10.–13. Jh.
Baustil: armenisch

Große Namen sind mit der Akademie von Sanahin verbunden, Gelehrte wie Grigor Pahlavuni und Dichter wie Sayat Nova festigten den Ruhm der Bildungsstätte im Mittelalter. Das Kloster hat mehrere Kirchen, Mausoleen und Versammlungsräume (Gawits), natürlich auch eine Bibliothek und ein Schulhaus. Handschriften zufolge gab es an derselben Stelle bereits im 4./5. Jahrhundert eine Kirche. Die Mongolenüberfälle 1235 leiteten den Niedergang ein.

Georgien

In Georgien sind viele Glaubensrichtungen vertreten: Mehrheitlich handelt es sich um georgisch-orthodoxe Gläubige, ebenso ist aber die armenisch-apostolische Kirche neben Muslimen und Juden vertreten.

Kathedrale der Bagratiden (links oben)

Ort: Kutaissi
Bauzeit: bis 1003, Mitte 11. Jh.
Baustil: georgisch

Gebaut unter König Bagrat III. (975–1014), folgt die Architektur dem Grundgedanken der Synthese. In dieser Ruine findet man alle Elemente vereint, die unter den um ein Zentralkönigtum bemühten Bagratiden entwickelt wurden. Der Grundriss ist kreuzförmig, das Mauerwerk wirkt massiv, wird aber durch Bögen und ornamental-flächige Reliefs aufgelockert, und der Umgang ist mit prächtig verzierten Arkaden geschmückt. Die Anlage wurde 1692 von den Osmanen zerstört.

Tod-Mariä-Kirche, St.-Georgs-Kapelle, St.-Nikolaus-Kirche (links unten)

Ort: Gelati
Bauzeit: 12.–16. Jh.
Baustil: georgisch

Im Mittelalter war die Klosterakademie Gelati der Hort von Bildung und Kultur in Georgien. Sie liegt auf einem gut zu verteidigenden Hochplateau und ist gegen Norden und Osten zusätzlich durch den Fluss Zkalzitela geschützt. Die gesamte Anlage wurde um 1509/1510 von den Osmanen zerstört und direkt anschließend unter dem Fürsten Bagrat III. (1510–1565) wieder hergestellt und mit repräsentativen Fresken ausgeschmückt.

Tod-Mariä-Kirche im Felsenkloster (rechts oben)

Ort: Wardsia
Bauzeit: ab 12. Jh.
Baustil: georgisch

Im tiefsten Mittelalter wurde die Klosteranlage mit in acht Geschossen übereinander in den Tuff geschlagenen Mönchszellen mit fließend Wasser und Kanalisation gebaut, eine Vorhalle verbindet Kirche und Zisterne. Beide sind aus dem Fels geschlagen. Die Fresken entsprechen zwar den orthodoxen Gepflogenheiten, setzen aber deutliche regionale Akzente. Die Namen der Maler sind in Asomtawruli (dem ältesten georgischen Alphabet) und Griechisch genannt.

Palastkirche von Metechi (rechts unten)

Ort: Tblissi
Bauzeit: ab 1278
Baustil: georgisch

Der Grundriss entspricht dem „eingeschriebenen Kreuz": Ein Kreuz mit kurzen Seitenarmen – die Vierung mit Tambour und Kuppel befindet sich genau in der Mitte – wird von vier Nebenräumen so ergänzt, dass der Bau letztlich ein Rechteck bildet. Nur an den Chor schließen sich Apsiden an. Die Kirche wurde immer wieder zerstört und ebenso oft restauriert; der Palast, zu dem sie gehörte, existiert seit dem ausgehenden 18. Jahrhundert nicht mehr.

Tod-Mariä-Kirche im Allerheiligen-kloster (Kwela-Zminda) *(links oben)*

Ort: bei Gurdschaani
Bauzeit: 8./9. Jh.
Baustil: georgisch

Der Grundriss kombiniert Basilika und Zentralbau in eigenständiger Weise. Vor Chor und Narthex – der für viele orthodoxe Kirchen charakteristischen, quer vor die Westfassade gestellten Eingangshalle – überwölbt je eine Kuppel das Mittelschiff, dazwischen schiebt sich ein fast quadratischer Raum. Umgeben wird das Mittelschiff von zweistöckigen Umgängen, die zur Verteidigung dienten und die Frauen von den Männern trennten.

Kathedrale *(rechts oben)*

Ort: Samtawissi
Bauzeit: um 1030–1168
Baustil: georgisch

Sie ist überreich mit floralen Ornamenten, Fabelwesen und Kreuzessymbolen verziert und erscheint dabei doch so ausgewogen, dass sie trotz späterer Veränderungen ganz wie aus einem Guss wirkt. Mit der Kuppel unter dem hohen Tambour, der Vierung exakt in der Mitte des kreuzförmigen Grundrisses und dem Kreuz außen an der Ostfassade verkörpert sie alle Elemente der georgischen Tradition. Die Festungsmauer stammt aus dem 15.–17. Jahrhundert.

Israel

Als Wiege des Christentums, aber auch des Judentums und des Islam, gilt das Heilige Land zwischen Mittelmeer, Rotem Meer und Jordan. Hier sind noch einige sakrale Bauten erhalten, die eng mit den christlichen Anfängen und den Geschichten der Bibel verknüpft sind.

Erlöserkirche *(rechts unten)*

Ort: Jerusalem
Bauzeit: 1898 geweiht
Baustil: im Ursprung Romanik

Bis ins neunte Jahrhundert geht die deutsche Tradition an dieser Stelle zurück: Damals durfte Karl der Große hier eine Kirche – Santa Maria Latina – und ein Hospiz für Pilger errichten. Gut ein Jahrtausend später, 1868, erhielt Kronprinz Friedrich Wilhelm von Preußen dieses Grundstück zum Geschenk. Das Nordtor der alten Kirche wurde in den Neubau der Basilika einbezogen, deren Turm eine wunderbare Aussicht auf Jerusalem bietet.

St. Anna *(rechte Seite links oben)*

Ort: Jerusalem
Bauzeit: Mitte 12. Jh.
Baustil: Romanik

Zur Erinnerung an die Geburt Marias bauten die Kreuzfahrer diese dreischiffige Basilika. Benannt ist sie jedoch nach Anna, der Mutter Marias, die an diesem Platz mit ihrem Gatten Jojakim gewohnt haben soll. Im strengen, massiven Stil der Romanik mit einer Vierungskuppel errichtet, zeigt lediglich die Westfront mit dem Spitzbogenportal und den entsprechenden Fenstern bereits Züge der Gotik.

Jakobuskirche *(rechts oben)*

Ort: Jerusalem
Bauzeit: 12. Jh.
Baustil: armenisch

Diese Kirche des armenischen Klosters in Jerusalem gilt als eine der schönsten der Stadt. Die Kuppel bekrönt ein drei-schiffiges Bauwerk, dem ein halbes Jahrtausend später eine Vorhalle angefügt wurde. Wie in armenischen Kirchen üblich, befindet sich der Chor hinter einer Bilderwand, einer sogenannten Ikonostase. In zwei Kapellen werden kostbare Handschriften des 13. Jahrhunderts aufbewahrt.

Verklärungsbasilika *(links unten)*

Ort: Berg Tabor
Bauzeit: 1911–1924
Baustil: Historismus

Antonio Barluzzi, der auch die Kirche der Nationen plante, orientierte sich beim Entwurf der Kirche des Franziskanerklosters an den frühchristlichen Sakralbauten Syriens. Zwei vorspringende Türme flankieren die durch Giebel gegliederte Fassade, überragen sie aber nicht. Unter ihnen befinden sich zwei Kapellen, die noch auf die Zeit des Byzantinismus zurückgehen.

367

Grabeskirche der Maria *(oben)*

Ort: Jerusalem
Bauzeit: 18. Jh.

Bereits im fünften Jahrhundert wurde über dem Grab von Maria die erste Kirche errichtet. Doch rissen verschiedene Besitzer gleich mehrfach ab und bauten neu, bis 1757 Griechen und Armenier diesen Platz in Besitz nahmen. Die griechisch-orthodoxe Kirche mit dem Grundriss eines lateinischen Kreuzes bietet auch den Moslems eine Gebetsnische, die Maria als Mutter des Propheten verehren.

Grabeskirche *(unten)*

Ort: Jerusalem
Bauzeit: 326–335
Baustil: konstantinisch

Kaiser Konstantin I. ließ diese sakrale Anlage auf dem Berg Golgatha dort errichten, wo sich das Kreuz und das Felsengrab Jesu befunden haben sollen. Im 12. Jahrhundert erneuerten die Kreuzfahrer die inzwischen heruntergekommene Kirche grundlegend. Die runde Grabeskirche mit zweigeschossigem Umgang und dreigeschossigem Mittelbau diente vielen kirchlichen Zentralbauten des Mittelalters als Vorbild.

St. Peter *(rechte Seite oben)*

Ort: Tiberias
Bauzeit: 12. Jh.
Baustil: Romanik

In der Altstadt von Tiberias, einer ansonsten modernen Stadt am Westufer des Sees Genezareth, befindet sich das dem Heiligen Petrus geweihte Franziskanerkloster. Neben dem wunderbaren Kreuzgang fällt in der Kirche vor allem die Apsis auf: Ihre spitz zulaufende Dreiecksform soll an das Boot von Petrus, dem Fischer erinnern, der von Schiffern und Fischern gleichermaßen als ihr Schutzpatron verehrt wird.

Marienkirche *(rechte Seite rechts unten)*

Ort: Jerusalem/Berg Zion
Bauzeit: um 1910
Baustil: romanischer Stil

Die katholische Deutsche Marienkirche wurde über dem vermutlichen Sterbeort der Maria errichtet. Kaiser Wilhelm II. kaufte den Grund für den Bau der Kirche. Sie wurde nach Plänen von Heinrich Renard im romanischen Stil mit Turm und Kuppel erbaut und 1910 eingeweiht. Neben dem Mosaikschmuck der Kirche ist vor allem die dunkle "Krypta des Marienschlafes" mit ihrer Mosaikkuppel über der Statue der entschlafenen Maria besonders eindrucksvoll.

Dominus Flevit *(rechte Seite links unten)*

Ort: Jerusalem
Bauzeit: 1955 geweiht
Baustil: Nachkriegsmoderne

Antonio Barluzzi, ein italienischer Architekt, hat mit diesem an einen Tropfen bzw. eine Träne erinnernden Gebäude den Namen der Kapelle aufgegriffen: *"Der Herr weinte"*. Und zwar als er laut Lukas vom Ölberg nach Jerusalem herab kam und den Niedergang der Stadt voraussah. In den Fußboden der Franziskanerkapelle, die am Platz eines byzantinischen Kirchleins des sechsten Jahrhunderts steht, sind Mosaike aus diesem Vorgängerbau integriert.

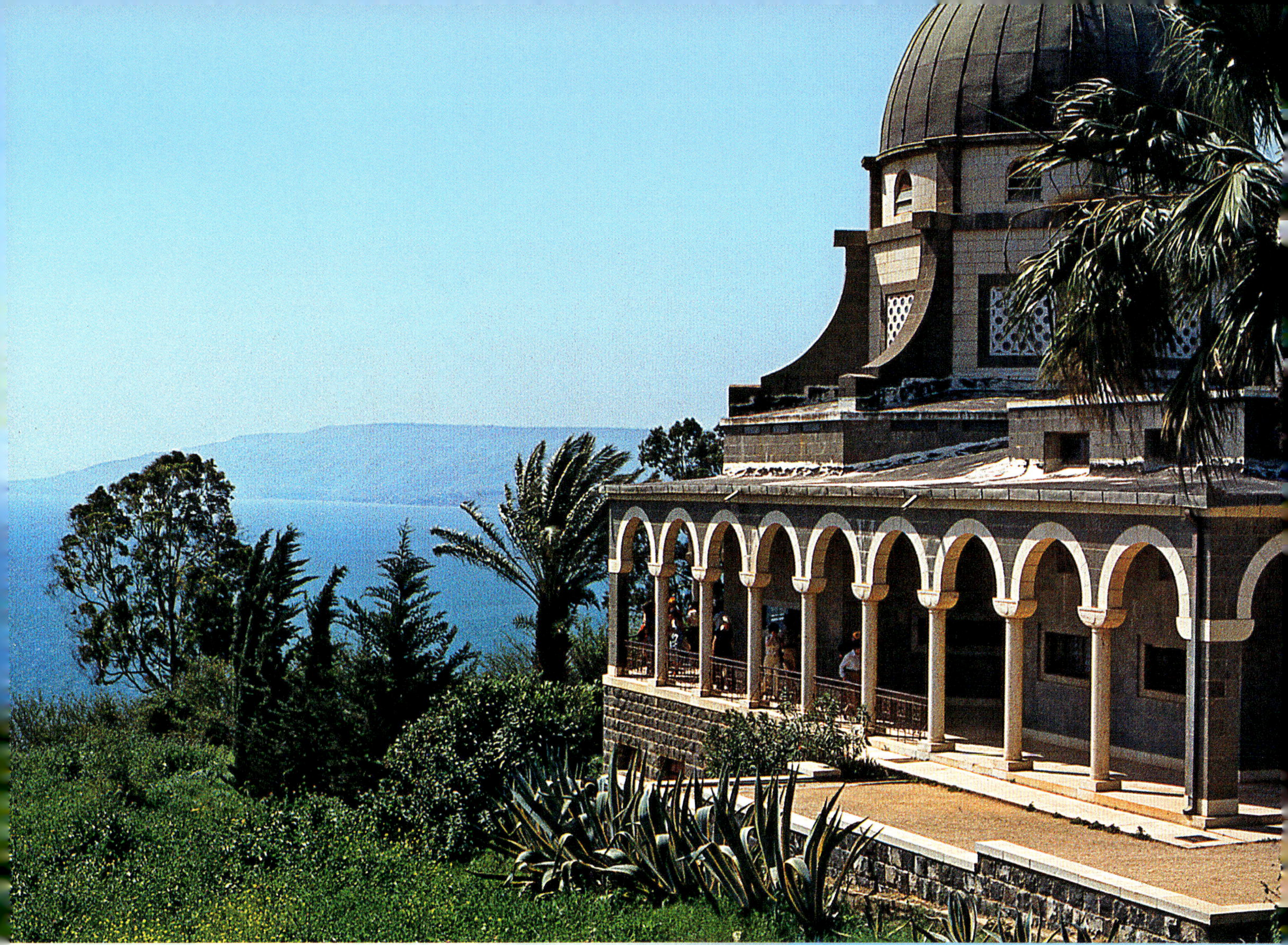
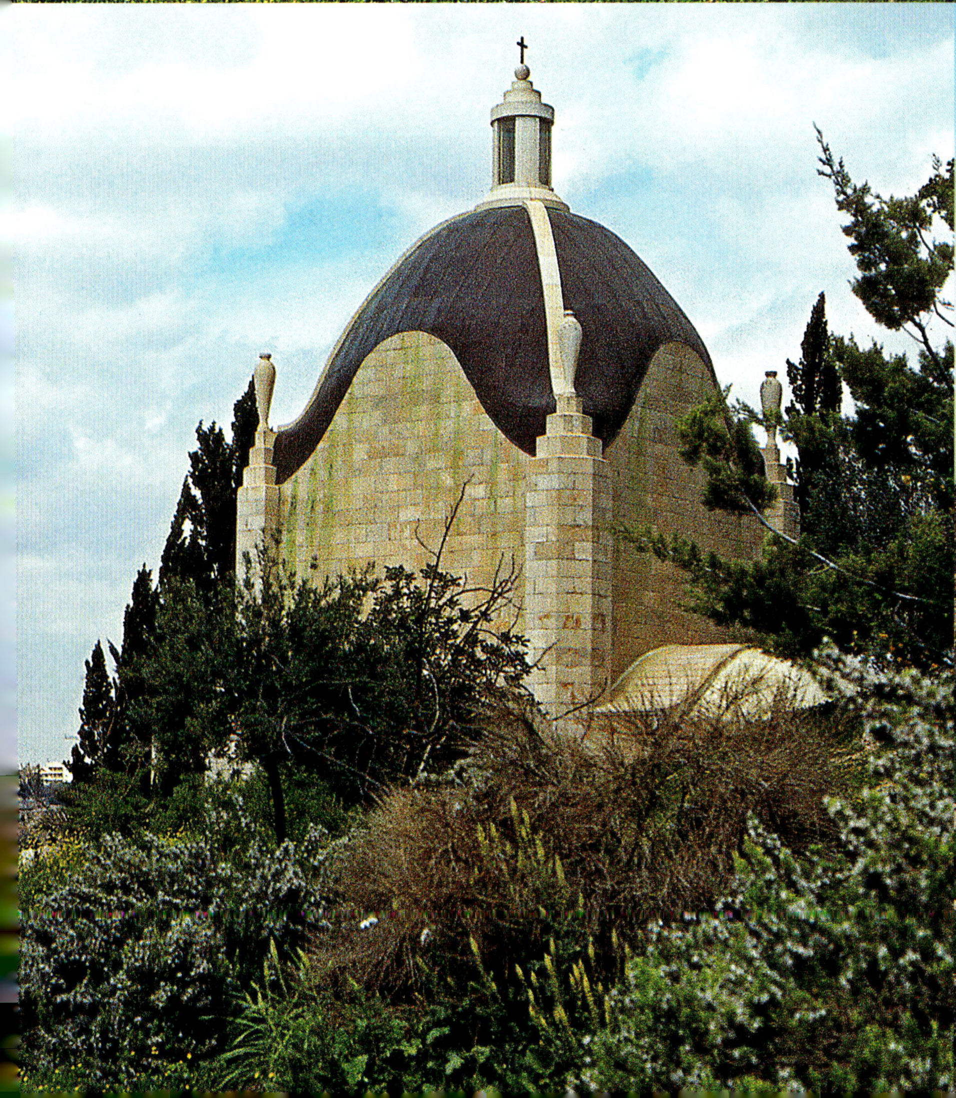
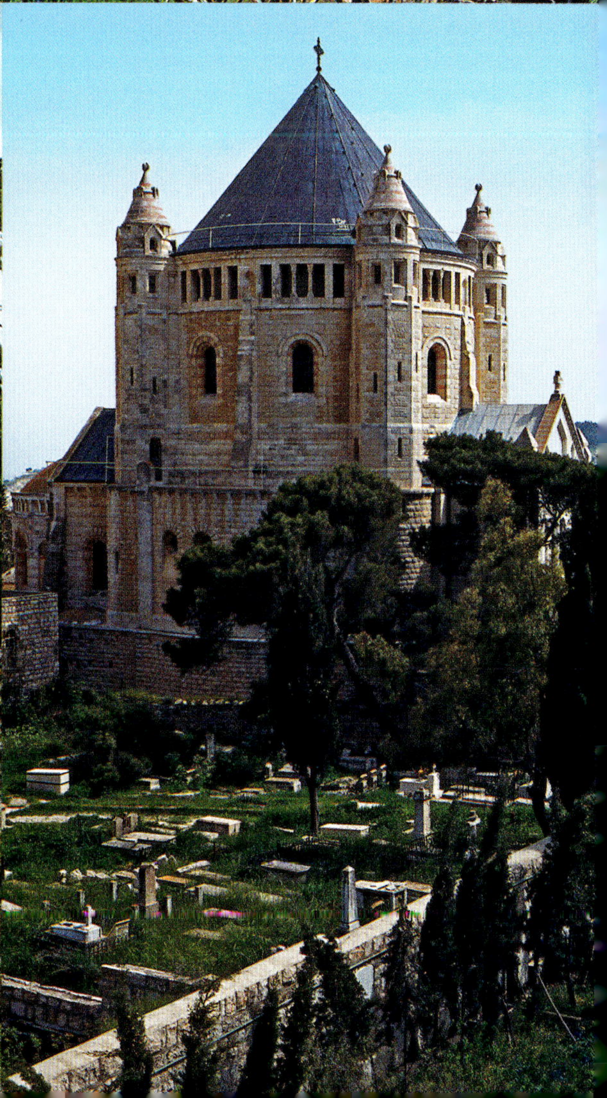

Kirche der Nationen (oben)

Ort: Jerusalem
Bauzeit: 1919–1924
Baustil: Moderne

Diese Kirche wird auch Getsemani-Kirche oder Todesangst-basilika genannt, weil sie im Garten Getsemani liegt, wo Jesus seinen letzten Abend vor der Kreuzigung verbrachte und von Todesangst heimgesucht wurde. Finanziert wurde das Bauwerk des Italieners Antonio Barluzzi von zwölf Nationen, die durch die zwölf Kuppeln symbolisiert werden. Das Giebelmosaik der Vorhalle zeigt Jesus als Vermittler zwischen den Menschen und Gott.

Geburtskirche (rechts)

Ort: Bethlehem
Bauzeit: 326–335, um 540 erneuert
Baustil: frühchristlich

Als einen der wichtigsten Orte des Christentums markiert diese Kirche den Ort, an dem Jesus zur Welt kam. Die als Stall genutzte Höhle in Bethlehem, wo Christi Geburt stattgefunden haben soll, wurde zunächst von Konstantin I. mit einer fünfschiffigen Basilika überbaut, von der noch Mosaikböden erhalten sind. Bei einem Brand zerstört, baute Justinian I. sie in ihrer heutigen Form wieder auf. Zur Geburtsgrotte führt eine Treppe hinab, wo ein silberner Stern den Geburtsort markiert.

Kloster Mar Saba (ganz rechts)

Ort: bei Bethlehem
Bauzeit: 483, 17. Jh. erneuert
Baustil: Byzantinismus

Dieses Kloster ist das älteste im Heiligen Land und wurde trotz mehrfacher Zerstörung immer wieder aufgebaut. Es wurde gegründet vom Theologen Sabas, der den Wiederaufbau der Geburtskirche in Bethlehem bei Kaiser Justinian I. veranlasste. Seine Gebeine sind in einem gläsernen Sarg in der Hauptkirche zu besichtigen, die im Kern auf das 5. Jahrhundert zurückgeht und reich mit Ikonen und Fresken ausgestattet ist.

Syrien

Nur ein kleiner Teil der syrischen Bevölkerung gehört dem christlichen Glauben an, in der Mehrzahl finden sich Muslime, Sunniten und Alawiten.

Kloster St. Thekla/
Kloster Mar Taqla *(oben)*

Ort: Maalula
Bauzeit: 1. Jh.
Baustil: frühchristlich

Über dem Bergdorf Maalula klebt das griechisch-orthodoxe Kloster am Berg, direkt unter der Höhle der Thekla. Die Römerin war zum Christentum übergetreten und deshalb auf der Flucht, bis sie vor dieser Felswand nicht weiterkam. Als sie die Jungfrau Maria anrief, öffnete sich die Wand und Thekla, die erste christliche Märtyrerin, war gerettet. Das Kloster Mar Taqla gilt als das älteste noch existierende christliche Kloster Syriens.

Simeonskloster *(unten)*

Ort: Deir Semaan (bei Aleppo)
Bauzeit: 5. Jh.
Baustil: frühchristlich

Obwohl es nur noch eine Ruine ist, sind die Gebäude des Klosters noch gut zu erkennen: die Klosterkirche, die Zellen der Mönche in einem u-förmigen Bau, die Grabkapelle, das Baptisterium. Im Mittelpunkt stehen die Reste der berühmten angeblich 18 m hohen Säule des Simeon. Er saß etwa 30 Jahre darauf. Sein unerschütterlicher Wille zur Askese machte diesen Mönch nicht nur zum Heiligen, sondern zu einer Berühmtheit, die man auch 2000 Jahre später noch kennt.

Türkei

Orient und Okzident, christliche und muslimische Kultur bilden eine eindrucksvolle Synthese in der Türkei. Die wechselvolle Glaubensgeschichte des Landes ist oft an den Zeugnissen der Baukunst ablesbar.

Hagia Sophia *(rechts und unten)*

Ort: Istanbul
Bauzeit: 532 - 537

Mit der Hagia Sophia, erbaut auf den Fundamenten der "Großen Kirche" Konstantinopels, haben ihre Architekten Anthemios von Trallos und Isidoros von Milet eine der beeindruckendsten Innenräume der sakralen Architekturgeschichte geschaffen. Die Hagia Sophia gehört zu einem Übergangstypus der Kuppelbasilika. Vier massive Eckpfeiler tragen eine gewaltige Kuppel mit vier einbögigen Fenstern. 1453 wurde die Kirche von den Türken in eine Moschee umgewandelt.

Zypern

Die Geschichte Zyperns ist die Geschichte wechselnder Herrscher. Phönizier, Perser, Griechen, Römer, Briten und Türken haben der Insel ihren Stempel aufgedrückt und sie zu einem Schmelztiegel der Kulturen gemacht. Zypern zieht seine Besucher mit unermesslichem kulturellem Reichtum in Bann.

Burgkapelle St. Hilarion *(rechts oben)*

Ort: bei Girne, Nordzypern
Bauzeit: 10. Jh.
Baustil: Byzantinismus

Die Kreuzritterburg St. Hilarion scheint mit dem 725 m hohen Felssporn des Besparmak-Gebirges verwachsen zu sein. Tatsächlich wurde als erstes Gebäude des Komplexes die Kapelle zu Ehren des Eremiten Hilarion mit dem typischen byzantinischen Streifenmauerwerk errichtet. Nach und nach wurde sie zum Kloster erweitert und erst später wurde die Burg mit den königlichen Gemächern gebaut.

Archangelos Michail *(rechts Mitte)*

Ort: Pedoulas
Bauzeit: 1474
Baustil: Byzantinismus

Am Rande des Dorfes Pedoulas liegt die dem Erzengel Michael geweihte Kirche. Äußerlich ist sie unscheinbar und scheint sich in nichts von den sogenannten Scheunendachkirchen — wegen des überdimensionierten Daches — in anderen zypriotischen Dörfern abzuheben. Doch die UNESCO hat sie in die Liste des Weltkulturerbes aufgenommen — und zwar wegen ihres wunderbaren mittelalterlichen Freskenzyklus im Inneren.

Agios Nikolaos tis Stegis *(rechts unten)*

Ort: bei Kakopetria
Bauzeit: 11. Jh.
Baustil: Byzantinismus

„Heiliger Nikolaus vom Dach" heißt diese Kirche auf Deutsch, die von der UNESCO geschützt wird. Bei ihrem Anblick wird sofort klar, dass sie den Namen aufgrund ihres großen Dachs erhielt. Es wurde besonders weit heruntergezogen, damit es besser vor schlechtem Wetter schützt. Darunter befindet sich die Kuppel einer byzantinischen Kreuzkuppelkirche, die mit Fresken aus dem 11. bis 17. Jahrhundert ausgemalt ist.

Abtei Bellapais *(ganz rechts oben)*

Ort: bei Girne, Nordzypern
Bauzeit: um 1280
Baustil: Gotik

Von den Prämonstratensern gegründet, sind die imposanten Ruinen des Klosters von Bellapais ein schönes Beispiel der frühen zypriotischen Gotik. Die Kreuzgänge, der Keller mit seinen Gewölben und der Speisesaal der Mönche sind noch erhalten, ebenso das Langhaus. Dort vermitteln mächtige Folianten auf Lesepulten den Eindruck, dass die Mönche jeden Moment zurückkommen.

Kloster *(ganz rechts unten)*

Ort: Agia Napa
Bauzeit: 1530

Kloster und Kirche sind der Heiligen Gottesmutter der Wälder gewidmet und bilden den Mittelpunkt eines mittelalterlichen Dorfes, das von einer hohen Mauer umgeben wird. Allerdings befinden sich Teile der Kirche unter der Erde und andere wurden aus dem Fels gehauen. Ursprünglich sollen sie von Venezianern als katholische Anlage erbaut worden sein, die unter osmanischer Herrschaft orthodox wurde.

Asien

China

Trotz Jahrhunderte langer Abschottung gegen die westliche Kultur und trotz des vorherrschenden Buddhismus und Daoismus gibt es in China einige Zeugnisse christlicher Missionierung. Katholische und protestantische Gottesdienste finden in der Gegenwart wieder verstärkt Zuspruch.

Franz Xaver (oben)

Ort: Sanzian
Bauzeit: 16. Jh.
Baustil: Kolonialstil

Der Heilige Franz Xaver (eigtl. Francisco de Jassu y Javier, 1506–1552) begründete den Jesuitenorden mit und ging auf päpstliche Anordnung nach Indien, von wo aus er auch Malakka, Ceylon, Japan und China zur Missionierung bereiste. Auf der Insel Sanzian vor Kanton starb er und wurde zunächst in dieser Kirche beigesetzt, bevor sein Leichnam zwei Jahre später nach Goa überführt wurde.

Missionskirche (unten)

Ort: Dali
Bauzeit: 1938
Baustil: Moderne

Zwar brachten bereits im 18. Jahrhundert geflohene Jesuiten das Christentum in die Region, doch eine gezielte Missionstätigkeit der katholischen Kirche setzte erst im 20. Jahrhundert ein. Die Priester waren so umsichtig, die Kirche nicht nach europäischen Maßstäben zu bauen, sondern sich der chinesischen Bauweise von Tempeln anzupassen. Deshalb erinnert das Gebäude mit seinem geschwungenen Dach und den Tierornamenten mehr an einen Tempel denn an eine Kirche.

Indien

Nachdem Vasco da Gama 1498 den Seeweg nach Indien entdeckt hatte, begann die Kolonialisierung des riesigen Kontinents, der dreimal so groß ist wie Europa. Zuerst waren es die Portugiesen, Niederländer und Spanier, dann die Briten und Franzosen, und mit ihnen kamen die Missionare der verschiedenen Orden.

Loreto-Kloster *(oben)*

Ort: Darjeeling
Baustil: Kolonialstil

Der fast 2200 m hoch gelegene Ort Darjeeling in Westbengalen war wegen seines gemäßigten Klimas ein beliebter Sommerort der britischen Kolonialherren. Der Konvent des irischen Ordens der Schwestern von Loreto ist vor allem wegen einer berühmten Nonne geachtet: Mutter Teresa, auch bekannt als „Engel der Armen" (1910–1997). Sie trat 1928 dem Orden bei und verbrachte die meiste Zeit ihres Noviziats in Darjeeling.

St. Paul's Cathedral *(unten)*

Ort: Kalkutta
Bauzeit: 1839–1847
Baustil: Kolonialstil

Die Kathedrale des Heiligen Paul auf dem Shakespeare Sarai war die erste Kathedrale, die die Kirche von England im britischen Empire errichtete. Sie gilt als eine der wichtigsten Kirchen in Indien. Mehrere Erdbeben beschädigten die Kathedrale, und nach größeren Schäden bei einem Beben 1934 wurde sie grundlegend restauriert. Unter den bunten Fenstern sticht besonders jenes von Sir Edward Burne Jones heraus.

Igreja de San Caetano *(oben)*

Ort: Goa
Bauzeit: 1655–1700
Baustil: Barock

Der Petersdom in Rom als wichtigste Kirche der Katholiken diente dem italienischen Baumeister Carlo Ferrarini bei der Kirche des Heiligen Kajetan als Vorbild. Entsprechend dominant ist die Kuppel dieser Kirche, die sich am Schnittpunkt der Arme des griechischen Kreuzes erhebt. Als einziger Zentralbau in Alt-Goa stellt die Kirche des Theatinerklosters eine – sehr gelungene – Besonderheit dar.

Kathedrale Santa Catarina *(unten)*

Ort: Goa
Bauzeit: 1511–1530/31, 1564–1651/52
Baustil: Renaissance

Die erste Kirche, später Kathedrale von Goa wurde zunächst 1511 nur aus Lehm errichtet. Erst 1514 standen genug finanzielle Mittel für eine dreischiffige Steinkirche mit Vierung, Kapellen und Glockenturm zur Verfügung. 1564–1651/52 wurde etwas weiter weg ein größerer und repräsentativerer Neubau errichtet mit zwei Türmen, Querhaus, Seitenkapellen und großem Altarhaus.

Indonesien

Auf dem "Kontinent der 13000 Inseln", wie Indonesien auch genannt wird, ist das Christentum heute kaum verbreitet – doch selbst in den entlegenen Regionen des Archipels wirkten einmal Missionare.

St. Michaels *(rechts)*

Ort: Panqururan, Sumatra
Bauzeit: 20. Jh.
Baustil: Batakstil

Diese Dorfkirche am Toba-See versöhnt die Traditionen und die Kultur der Batakstämme in Nordsumatra mit jener des Christentums: Unter dem geschwungenen Dach mit Giebel und Ornamenten gibt es keine harten Holzbänke im Kirchraum, sondern Matten auf dem Boden, auf die sich die Gläubigen setzen. Genauso haben auch die christlichen Symbole wie das Marienbild ihren Platz.

Japan

Japaner gehören meist mehreren Religionsgemeinschaften an, die vorherrschenden Glaubensrichtungen sind Schintoismus und Buddhismus. Errichtet nach den schrecklichen Ereignisse während des 2. Weltkrieges mahnen auch christliche Gotteshäuser zu stillem Gedenken und Einkehr.

Weltfriedens-Gedächtnis-Kirche
(links oben)

Ort: Hiroshima
Bauzeit: 1953
Baustil: Nachkriegsmoderne

Hugo Lasalle, ein deutscher Jesuit, hatte den Atombombenabwurf über Hiroshima 1945 miterlebt und setzte sich dafür ein, dass diese katholische Kirche zum Gedächtnis an den Krieg und die Toten sowie als Zeichen für den Frieden gebaut wurde. Der japanische Architekt Murano Togo errichtete im typischen 1950er-Jahre-Stil aus Glas und schmalen Betonstegen ein geradliniges Gebäude mit schlank aufragendem Kirchturm.

Atombomben-Dom *(rechts oben)*

Ort: Hiroshima
Bauzeit: 1915/1945

Obwohl keine Kirche im eigentlichen Sinne, führt der Atombomben-Dom den Bischofstitel im Namen und erinnert sowohl optisch als auch seinem Symbolgehalt nach an einen Dom. Als am 6. August 1945 die Atombombe in Hiroshima explodierte und eine Stadt mit 400 000 Einwohnern dem Erdboden gleichmachte, befand sich die Industrie- und Handelskammer direkt neben dem Epizentrum. Die Ruine mit den Eisenträgern der Kuppel blieb als einziges Gebäude seitdem unverändert als Mahnmal erhalten und bildet das Zentrum des Friedensparks.

Macao

Macao wurde im 16. Jahrhundert von den Portugiesen besetzt und war die erste europäische Kolonie im Fernen Osten.

St. Paul (Ruine) *(oben)*

Ort: Macau
Bauzeit: 1602–1637
Baustil: Barock

Die imposante Barockfassade demonstriert durch die Verwendung von europäischen und fernöstlichen Dekors die Verbindung zweier zunächst sehr weit voneinander entfernt erscheinenden Kulturen. Die Fassade ist der Rest einer von japanischen Christen finanzierten Jesuitenkirche, die nach dem Vorbild von Il Gesú in Rom errichtet wurde. Das Kirchenschiff wurde bei einem Brand 1835 vollständig zerstört.

Malaysia

West- und Ost-Malaysia werden durch das Südchinesische Meer voneinander getrennt. In West-Malaysia ist der Islam seit 1985 Staatsreligion.

Francis Xavier Church *(unten)*

Ort: Melaka
Bauzeit: 1849–1856
Baustil: Neogotik

Der Heilige Franz Xaver, dem diese neugotische Kirche gewidmet ist, war einer der ersten katholischen Missionare in Südostasien und bekannt für seine Wohltätigkeit. Bis auf den Portikus, der erst 1963 angebaut wurde, und kleine Veränderungen im Innenraum, entspricht die dreischiffige Kirche mit ihrer Doppelturmfassade auch heute noch dem Originalzustand des 19. Jahrhunderts.

Philippinen

Nur in einigen Ländern Asiens, so zum Beispiel auf den Philippinen, konnten Missionare das Christentum nachhaltig durchsetzen. In anderen Ländern sind christliche Kirchen die Gotteshäuser der Minderheiten und entsprechend selten.

Kathedrale (oben)

Ort: Baguio
Bauzeit: 1936 geweiht
Baustil: Historismus

Berühmt wegen ihrer hundert Stufen, die den Hügel zum Portal hinaufführen, thront die Bischofskirche über der Stadt und bietet eine gute Aussicht. Während des Zweiten Weltkriegs bot sie Tausenden von Menschen Schutz während des Bombardements der Japaner. Nach dem großen Erdbeben von 1990, das den beliebten Gebirgsort fast vollständig zerstörte, wurde sie wieder aufgebaut.

Quiapo-Kirche (unten)

Ort: Manila
Bauzeit: 19. Jh.
Baustil: Historismus

Als spanische Kronkolonie unter dem Vizekönig von Mexiko (1565–1821) unterstanden die Philippinen auch religiös den Mexikanern, und so stammt die in dieser Kirche verehrte lebensgroße Figur des Schwarzen Christus – „Black Nazarene" – aus Mexiko. Jedes Jahr am 9. Januar findet eine große Prozession statt, bei der sich die Gläubigen darum reißen, die Figur, der Heilkräfte zugesprochen worden, berühren zu können.

San Augustín *(oben)*

Ort: Manila
Bauzeit: 1599–1605
Baustil: Barock

Diese Kirche ist eine von vier Barockkirchen auf den Philippinen, die ins Weltkulturerbe der UNESCO aufgenommen wurden. Im Inneren befindet sich die Grablege von Miguel Lopez de Legaspi, der Cebu als Ort der ersten spanischen Siedlung auf den Philippinen aussuchte. An die Kirche grenzt ein Kreuzgang mit doppelgeschossigen Bogengängen und bezauberndem Innenhof.

Basilika Santo Nino *(unten)*

Ort: Cebu
Bauzeit: ca. 1565–1600
Baustil: spanischer Kolonialstil

1565 wurde diese erste spanische Siedlung auf den Philippinen gegründet und im selben Jahr auch dieses Gotteshaus. Es legt Zeugnis ab von der erfolgreichen Christianisierung dieser nordöstlichsten Inselgruppe des Malaiischen Archipels, wo 80% der Bevölkerung der katholischen Kirche und 15% anderen christlichen Kirchen angehören. Eine Christusfigur im Inneren dokumentiert dies anschaulich: Fernando de Magallanes schenkte sie der Königin von Cebu anlässlich ihrer Bekehrung.

Vietnam

Zahlreiche Sekten sind neben dem vorherrschenden Buddhismus, Daoismus und Konfuzianismus in Vietnam vertreten. Dennoch fand und findet auch die geringe Anzahl an Katholiken und – die noch geringere – der Protestanten – Raum zum Gebet.

St. Joseph Kathedrale *(oben)*

Ort: Hanoi
Bauzeit: 1886 geweiht
Baustil: Neogotik

Es waren katholische Missionare aus Frankreich, die diese imposante Kathedrale errichteten. Die Baumeister brachten ihr Wissen aus der europäischen Heimat mit und orientierten sich ganz offensichtlich an einem wahrhaft großen Vorbild: Notre-Dame in Paris. Sie entwarfen eine Doppelturmfassade mit hohen Spitzbogenfenstern. Der mittlere Portalbereich ist deutlich schmaler als beim Vorbild und wirkt dadurch etwas gedrückt.

Basilika Notre-Dame *(unten)*

Ort: Ho-Chi-Minh-Stadt (früher Saigon)
Bauzeit: 1877–1883
Baustil: Neoromanik

Als ehemals französische Kolonialstadt und Sitz des Erzbischofs verwundert es nicht, dass die Basilika Notre Dame heißt. Das Wahrzeichen des ehemaligen Saigon befindet sich im Zentrum des Regierungsviertels. Eine Statue der Jungfrau Maria lädt vor der Kirche dazu ein, das Hauptportal in der Doppelturmfassade zu durchschreiten und sich der Ruhe im Inneren hinzugeben.

Afrika

Terceira

Azoren
(Port.)

Mittelmeer

ZYP[

(Port.)

Kanarische Inseln
(Span.)

Algier Annaba Tunis

Oran

Casablanca TUNESIEN Tripolis

Béchar Bengasi

MAROKKO Agadir

Alexandria

Wadi Natrun

El Aaiún

West-
Sahara

ALGERIEN Marsuk LIBYEN ÄGYPT

(von Marokko

verwaltet)

Tamanrasset

MAURETANIEN M A L I N I G E R S U D A N

Nouakchott Timbuktu T S C H A D El

Senegal

Dakar SENEGAL Niamey

GAMBIA Bamako BURKINA Kano Maiduguri Ndjamena

Banjul _Niger_ Ouagadougou Zaria

GUINEA- Bobo-Dioulasso FASO

Bissau BISS. NIGERIA

GUINEA BENIN Abuja

Conakry TOGO Oshogbo

Freetown ELFENBEIN- GHANA Ibadan Enugu ZENTRALAFRIK.

SIERRA LEONE KÜSTE Lomé Cotonou Lagos REP.

Monrovia Yamoussoukro Porto Benin Bangui

LIBERIA Abidjan Novo KAMERUN

Sekondi- Port Harcourt Douala _Ubangi_ _Kongo_ Kisangani

Takoradi Malabo Yaoundé

ÄQUAT. Mbandadaka

GUINEA RUAN

S. Tomé GABUN KONGO DEM. REP. Bukavu

S. TOMÉ Libreville BUR

U. PRINCIPE Buju

KONGO

Brazzaville Kinshasa

Pointe Noire Kikwit Kananga _Tanganji_

Cabinda Mbuji- _see_

(zu Angola) Matadi Mayi

A T L A N T I S C H E R

Luanda Likas

Lub

Benguela Kitwe

ANGOLA SAMBIA

St. Helena Lusaka

(Brit.)

Sambesi

ZIMBA

Bulaw

NAMIBIA

Swakopmund BOTSWANA

Walvis Bay Windhuk

Gaborone

Preto

O Z E A N Johannesburg

Oranje Maseru

Bloemfontein LESOTHO

SÜDAFRIKA

Kapstadt East Lon

0 500 1000 1500

km

Ägypten

Nord- und Südafrika, getrennt durch die große, nahezu unüberwindliche Wüste Sahara, haben sich kulturgeschichtlich unterschiedlich entwickelt. Der Norden war von alters her Ziel der verschiedensten Völker, die hier siedelten und ihre Kultur mitbrachten.

Antoniuskloster (oben)

Ort: bei Ras Safarana (Rotes Meer)
Bauzeit: 4. Jh. gegründet,
um 1600 grundlegend erneuert
Baustil: frühchristliche Bautradition

Die Anhänger des Heiligen Antonius gründeten das erste und damit älteste christliche Kloster Ägyptens. Geschützt von einer 12 m hohen Mauer finden sich im Klosterareal mehrere Kirchen, darunter die Alte Antoniuskirche aus dem vierten Jahrhundert, aber auch die Neue Kirche vom Beginn des 20. Jahrhunderts. Es sind ihre kantigen Doppeltürme, die von Weitem zu sehen sind.

Simeonskloster (Mitte)

Ort: Assuan
Bauzeit: 7. Jh.
Baustil: frühchristliche Bautradition

Vom Kloster Deir Amba Simam, dem Kloster des Heiligen Simeon von Assuan, sind nur noch Ruinen zu sehen. Die Mönche hatten den Konvent auf zwei Plateaus gebaut und damit eine der größten Klosteranlagen der gesamten Nilregion geschaffen. Die Höhe hatte allerdings den Nachteil, dass die Wasserversorgung schwierig war, und so wurde das Kloster im 13. Jahrhundert aufgegeben – zumal es ständig von Beduinen angegriffen wurde.

Kloster der Syrer (Der as Suriani)
(unten)

Ort: Wadi Natrun
Bauzeit: 8. Jh. gegründet
Baustil: frühchristliche Bautradition

Nach jenem syrischen Händler benannt, der hier im 8. Jahrhundert für syrische Mönche ein Kloster gründete, wurde die Anlage im 16. Jahrhundert von koptischen Christen übernommen. Ihre Al-Amda-Kirche stammt noch aus dem 10. Jahrhundert und ist mit zahlreichen Fresken geschmückt. Ein Wehrturm diente genau wie die hohe Mauer dem Schutz gegen Überfälle von Andersgläubigen und Plünderern.

Katharinenkloster (ganz rechts oben)

Ort: Sinai
Bauzeit: um 548–564
Baustil: frühchristliche Bautradition

An der Stelle des brennenden Dornbuschs, unterhalb des Moses-Bergs Gebel Musa, wurde ein festungsartiges Kloster für die dort lebenden Mönche errichtet. Es ist jedoch trotz seiner massiven Mauer leicht von den Bergen aus anzugreifen. Im Zentrum des Komplexes ist es nur erlaubt, die dreischiffige Basilika zu besichtigen. Neben den Apsismosaiken (6. Jh.) zieht vor allem der Sarg der Heiligen Katharina die Blicke auf sich.

Kapelle (ganz rechts unten)

Ort: Djebel Musa
Bauzeit: 1934
Baustil: Historismus

Der Mosesberg im Sinai ist 2285 m hoch. Auf seinem Gipfel hat nach altem Glauben Moses die Zehn Gebote von Gott empfangen. Schon um das Jahr 360 war dieser wichtige Platz ein Ort der Andacht, um 530 wurde hier eine erste Basilika errichtet. Mit Beginn des 20. Jahrhunderts baute man die heutige Kapelle und verwandte alte Bauteile dafür. Daneben steht eine kleine Moschee, denn auch im Islam wird Moses als Prophet verehrt.

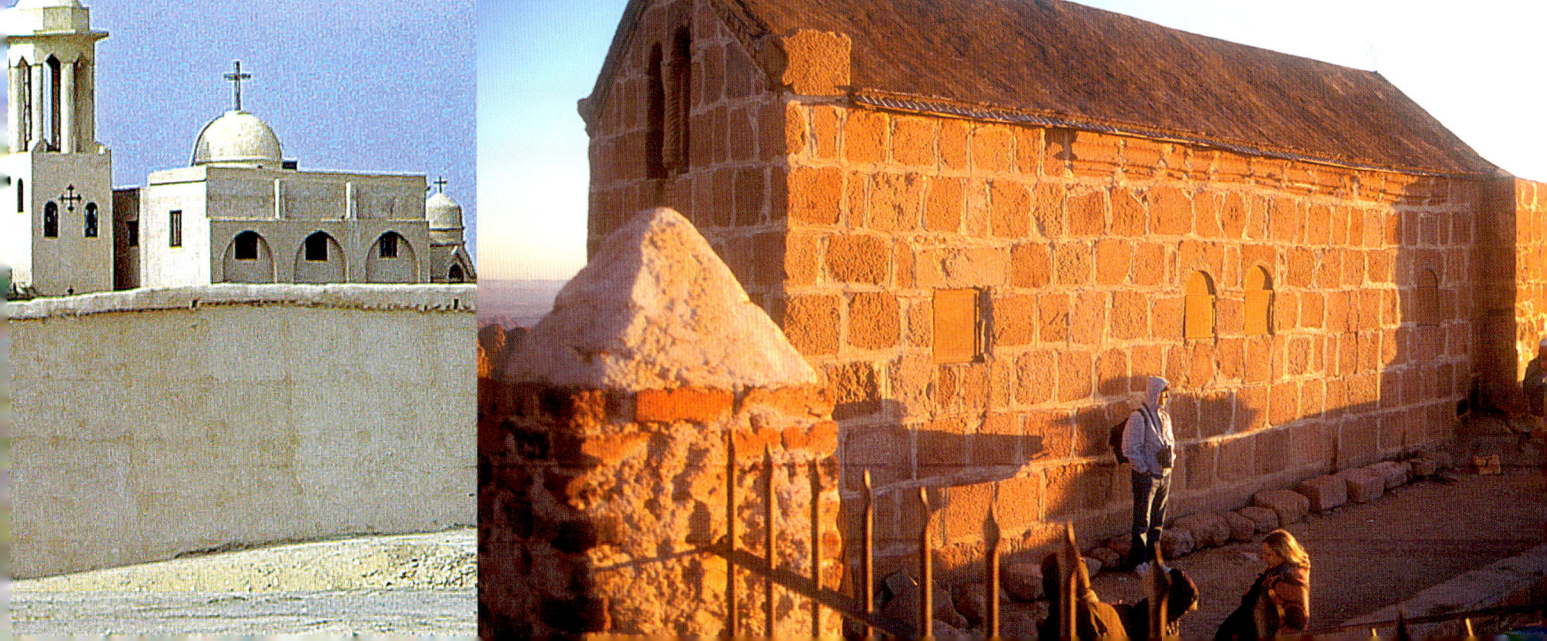

Äthiopien

Südlich der Sahara hat lediglich Äthiopien eine noch erhaltene eigene mittelalterliche Architektur. Züge dieser Epoche finden sich auch in der Sakralarchitektur.

Debre-Berhan-Selassie-Kirche *(links oben)*

Ort: Gondar
Bauzeit: 17. Jh.

Die ehemalige Hauptstadt des Kaiserreichs Äthiopien bezeugen noch die Ruinen von Palästen und Kirchen innerhalb eines ummauerten Bereichs, der zum Weltkulturerbe zählt. Die Dreifaltigkeitskirche besitzt im Inneren an Wänden und Decken zahlreiche recht gut erhaltene Malereien. Sie stellen nicht nur biblische Szenen dar, sondern auch überlieferte Sagen.

Maria Zion *(ganz links Mitte)*

Ort: Aksum
Bauzeit: 1655

Zwar sind vom Ursprungsbau aus dem vierten Jahrhundert Reste wie die Treppe und die Terrasse in den Bau des 17. Jahrhunderts integriert worden, doch wurde die neue Kirche im zeitgemäßen Stil von Gondar mit Zinnen errichtet. Neben der Maria-Zion-Kathedrale befindet sich die 1964 neu erbaute Kapelle mit der Bundeslade. Sie soll die Gesetzestafeln enthalten, die Moses von Gott auf dem Berg Sinai erhielt.

Beta Mariam *(ganz links unten)*

Ort: Addis Alem
Bauzeit: 1900

Kaiser Menelik II. ließ diese Kirche als Teil seiner Palastanlage errichten — er plante, die Hauptstadt von Addis Abeba nach Addis Alem zu verlegen. Der rechteckige Bau ist im Unterschied zu anderen äthiopischen Kirchen auch von außen bemalt. Dabei ist die Portalseite besonders aufwändig mit Löwen geschmückt. Sie versinnbildlichen die Abstammung der Kaiser Äthiopiens von Salomo.

Debre Libanos *(links unten)*

Ort: Schoa
Bauzeit: 1960

Die Kirche des Klosters Debre Libanos, das zu den wichtigsten äthiopischen Klöstern gehört, ließ Kaiser Haile Selassie errichten. Im Unterschied zu den alten Kirchen des Landes wirkt sie weit und geräumig — bereits von außen macht die Eingangshalle mit den riesigen Mosaiken einen monumentalen Eindruck. Wandbilder und bunte Glasfenster des international bekannten Künstlers Afewerk Tekle schmücken das Innere.

Monolithkirchen / Medhane Alem *(oben)*

Ort: Lalibela
Bauzeit: 11.–13. Jh.

Die ganz besondere Bautechnik gab diesen Kirchen, die unter dem Schutz der UNESCO stehen, ihren Namen: Sie wurden komplett aus dem Fels herausgehauen, indem zunächst durch Gräben die äußeren Umrisse festgelegt wurden. Dann höhlten die Arbeiter das Innere aus, und zuletzt wurden die Verzierungen herausgemeißelt. Medhane Alem, die mit 33 m Länge, 23 m Breite und 11 m Höhe größte Kirche hat fünf Schiffe.

Mertule Mariam *(Mitte)*

Ort: Godscham
Bauzeit: Anfang 19. Jh.
Baustil: äthiopische Rundkirche

Diese Rundkirche mit dem neuen leuchtenden Wellblechdach enthält zahlreiche Malereien im Inneren. Sie wurde aus dem Material der benachbarten unvollendeten Kirche der Jesuiten erbaut. — Die Missionsbemühungen der Jesuiten Anfang des 17. Jahrhunderts waren in der Provinz Godscham sehr erfolgreich gewesen, bis die Missionare 1633 des Landes verwiesen wurden.

Narga Selassie *(unten)*

Ort: Insel Dek
Bauzeit: 1746 geweiht
Baustil: äthiopische Rundkirche

Königin Mentewab und ihr Sohn Ijasu II. stifteten das Kloster und diese Rundkirche, die ursprünglich ein Dach aus Stroh besaß, um Gott zu huldigen. Der äußere Umgang für die Gläubigen, der Kene Malet mit den runden Arkadenbögen, ist aus Stein gemauert. Im Inneren gibt es wunderbare Fresken an den Wänden, die u. a. die Königin zusammen mit der Jungfrau Maria darstellen.

Elfenbeinküste

Die ehemalige französische Kolonie wurde am 7.8.1960 unabhängig. In über 60 unterschiedlichen Ethnien ist der katholische Glaube weit verbreitet.

Kathedrale *(unten)*

Ort: Abidjan
Bauzeit: 1985 beendet
Baustil: Gegenwartsarchitektur

Abidjan, der Regierungssitz und gleichzeitig die bedeutendste Hafenstadt des westafrikanischen Staates Côte-d'Ivoire, gehört zu den modernsten und europäischsten Städten Afrikas. Im modernen französischen Geschäftsviertel Plateau liegt die Kathedrale, die Papst Johannes Paul II. gewidmet ist. Der moderne Bau erinnert in seiner Form an ein gigantisches Nomadenzelt.

Notre-Dame-de-la Paix *(rechts)*

Ort: Yamoussoukro
Bauzeit: 1986–1989
Baustil: Historismus

Eine Kuriosität ganz besonderer Art ist diese Kathedrale: Mitten im Urwald entstand ganz aus Marmor und mit 36 in Frankreich handgefertigten Fenstern eine Kopie des Petersdoms, in der 18 000 Gläubige Platz haben. Allerdings ist der Katholizismus eine Minderheitenreligion in Côte-d'Ivoire. Es sollte die größte Kirche der Welt werden, sie wurde auf Drängen von außen jedoch 1 m kürzer als die Peterskirche, dafür aber höher. Der damalige Präsident soll sie angeblich selbst finanziert haben.

Eritrea

Die ehemalige Provinz Äthiopiens feierte im Jahr 1993 ihre Unabhängigkeit. Ungefähr 50 % der Bevölkerung sind eritreisch-orthodoxe Christen, 50 % Muslime.

Kathedrale *(links)*

Ort: Asmara
Bauzeit: 1922
Baustil: Neoromanik

Asmara ist seit 1897 Regierungssitz von Eritrea, eine Entscheidung des Gouverneurs der erst 1889 eroberten italienischen Kolonie. Bis heute hat die Stadt im Erscheinungsbild den italienischen Charakter bewahrt. Neben der Kathedrale — das Werk des Architekten Scanavini lehnt sich an lombardische Vorbilder an — gibt es hier 13 Kirchen unterschiedlicher Konfession, eine Synagoge und zehn Moscheen.

Kongo

Bis ins beginnende 19. Jahrhundert war die Küste nördlich der Kongomündung eines der bevorzugten Sklavenhandelsgebiete. Seit 1766 waren dort französische Missionare tätig.

Katholische Kirche (ganz oben)

Ort: Brazzaville
Baustil: Moderne

Diese moderne katholische Kirche wurde in Bacongo, einem Arbeiterviertel der Hauptstadt des Kongo, Brazzaville, errichtet. Im Kongo gibt es ca. 75 ethnische Gruppen, die größte Gruppe stellen die Bakongo mit einem Anteil von ungefähr der Hälfte der Bevölkerung dar. Sie leben überwiegend als Farmer und Händler in der Nähe Brazzavilles. Die Bevölkerung hängt nach wie vor traditionellen Religionen an; durch den langen Einfluss des Marxismus haben es Vertreter christlicher Glaubensrichtungen immer noch eher schwer.

Namibia

Süd- und Nordafrika, getrennt durch die große unüberwindliche Wüste Sahara, haben sich kulturgeschichtlich unterschiedlich entwickelt. Namibia wurde deutlich durch die Kolonialherren im Übergang vom 19. zum 20. Jahrhundert beeinflusst.

Burkina Faso

Die ehemalige französische Kolonie in Westafrika erlangte 1960 ihre Unabhängigkeit und trug bis 1984 den Namen Republik Overvolta.

Cathédrale de l'Immaculée Conception/Kathedrale der unbefleckten Empfängnis (oben)

Ort: Ouagadougou, Burkina Faso
Bauzeit: Anfang 20. Jh.
Baustil: Neoromanik

Ouagadougou, die Hauptstadt des westafrikanischen Landes Burkina Faso, in dem rund zwölf Prozent der Bevölkerung Christen – davon die meisten Katholiken – sind, ist auch Sitz eines Erzbischofs. Die Kathedrale im neoromanischen Stil wurde von Europäern als Basilika errichtet, und zwar mit starker Betonung der Längsrichtung: Der Turm wirkt massiv und niedrig, die breiten Doppelrundbögen an den Fenstern betonen den gedrungenen Eindruck.

Christuskirche (rechts)

Ort: Windhuk, Namibia
Bauzeit: 1907–1910
Baustil: Historismus

Die Baumeister dieser Kirche für die deutsche evangelische Gemeinde in Namibias Hauptstadt haben sich die schönsten Formen aus Romanik und Gotik entlehnt, um ein Zeichen für den Frieden zu setzen. Denn die Kirche entstand nach dem Ende des Herero- und Namakrieges und reckt ihren spitzen Turmhelm auf einem Hügel über die Innenstadt hinweg. Kaiser Wilhelm II. stiftete drei bunte Fenster, seine Frau die Bibel für den Altar.

Nordamerika

THE BOSTON AVENUE CHURCH
UNITED METHODIST

Grönland
(Dänemark)

Godthåb

USA

Anchorage

Hudson
Bay

KANADA

Edmonton

Vancouver   Calgary
Seattle   Regina   Winnipeg

Ste. Anne-
de-Beaupré
Québec
Montréal

Cambridge   B
Toronto   New Yo

Rapid City   Minneapolis
Chicago
Washington D.C.

Salt Lake City   Williamsbu

San Francisco
Stanford
University   VEREINIGTE STAATEN
Carmel
Las Vegas
Santa Barbara   Taos   Tulsa
Harvard   Santa Fe
Los Angeles   Chimayó   Memphis   Charleston
San Diego   Phoenix   Oklahoma City   Atlanta
Tucson   Birmingham   St. Augustine
El Paso   Dallas
Houston
San
Antonio   New Orleans   Coral Gables
Miami

MEXIKO   Golf
von
Mexiko   Havanna   KUBA

Cancun   JAMAICA
Mérida

Honolulu   Mexico-City

BELIZE   HONDURAS

Acapulco   Tegucigalpa

GUATEMALA   NICARAGUA
EL   Managua
SALVADOR   San José   P
COSTA RICA   PANA
KO

PAZIFISCHER OZEAN

0   500   1000   1500
km

Kanada

Vielfältig ist die Abstammung der kanadischen Bevölkerung: aus Frankreich, Großbritannien, Irland, Deutschland, Italien, der Ukraine, den Niederlanden, Polen, Norwegen und aus dem asiatischen Raum kamen Siedler in die Weiten des Landes und brachten ihre Religionen mit. Die Katholiken stellen heute den größten Anteil der Gläubigen.

St. James Kathedrale *(linke Seite oben)*

Ort: Toronto
Bauzeit: 1850–1874
Baustil: Neogotik

Sie besitzt zwar den höchsten Kirchturm Kanadas, trotzdem wirkt die St.-James-Kathedrale in der Umgebung der Wolkenkratzer nicht groß. Bereits 1803 wurde an dieser Stelle die erste Kirche von York errichtet, die ein wechselvolles Schicksal von Erweiterungen und Bränden erlitt. Inspiriert vom Gothic Revival in Großbritannien errichtete Frederic Cumberland den Neubau, der bereits ab 1853 für den Gottesdienst genutzt wurde.

Basilika Notre-Dame
(linke Seite unten und links unten)

Ort: Montreal
Bauzeit: 1824–1829
Baustil: Neogotik

Bereits 1656 gegründet, ist die Basilika Notre-Dame die älteste Stadtpfarrkirche, auch wenn sie inzwischen einem jüngeren Nachfolgebau weichen musste. Orientiert an den gotischen Kathedralen wurde sie als dreischiffige Basilika mit zinnenbewehrter Doppelturmfassade erbaut. Durch drei breite Spitzbogenarkaden gelangt man ins Innere, wo der imposante Sacré-Cœur-Altar von Charles Daudelin (1982) die Blicke auf sich zieht.

Ste.-Anne-de-Beaupré *(rechts)*

Ort: Ste.-Anne-de-Beaupré
Bauzeit: 1658 gegründet
Baustil: Neogotik

1658 wurde die erste Annakirche noch aus Holz gebaut. Dann folgten immer größere Steinkirchen, bis 1923 der heutige doppelgeschossige Bau eingeweiht werden konnte, nachdem der Vorgänger abgebrannt war. An die Kirche schließen das Kloster, ein Kreuzweg mit alter Kirche und die Kapelle Scala Santa an sowie ein Museum. Die wundersame Rettung von Seeleuten machte Ste.-Anne-de-Beaupré zum meistbesuchten Wallfahrtsort Nordamerikas.

Church of St. Andrew and St. Paul
(rechts unten)

Ort: Montreal
Bauzeit: 1931–1932
Baustil: Neogotik

Nachdem sich die beiden schottischen Gemeinden von St. Andrew und St. Paul 1918 zusammengeschlossen hatten, dauerte es nicht lange, bis man sich auch eine gemeinsame neue Kirche wünschte. Harold Featherstonhaugh entwarf einen dreischiffigen Sakralbau im Stil des Gothic Revival. Im Inneren erinnert ein Glasfenster über dem Hauptaltar an die Gefallenen des Ersten Weltkriegs.

USA

Die britischen Siedler brachten aus ihrer Heimat den georgianischen Stil mit nach Nordamerika, und nach der Unabhängigkeit orientierte man sich mit dem "Greek Revival" an repräsentativen antiken Vorbildern. Mitte des 19. Jahrhunderts wandte man sich der Gotik zu, und im "Gothik revival" entstanden zahlreiche neugotische Bauten. Erst im 20. Jahrhundert, beginnend mit der Chicagoer Schule, entwickelte sich die amerikanische Architektur selbständig.

Memorial Church (rechts)

Ort: Cambridge/ Harvard-Universität, Massachusetts
Bauzeit: 1932
Baustil: Historismus

Bereits 1636 wurde die altehrwürdige Harvard University von aus England geflohenen Puritanern gegründet, eine der renommiertesten privaten Eliteuniversitäten der USA. In der Kirche erhalten die Absolventen eines Studiengangs ihre akademischen Titel und Diplome. Da die Kirche für die Studenten und ihre Angehörigen längst zu klein geworden ist, findet ein Teil der Feier draußen statt.

First Church of Christ, Scientist/Christian Science Church
(rechte Seite links oben)

Ort: Boston, Massachusetts
Bauzeit: 20. Jh.
Baustil: Historismus

Diese Kirche ist das Mutterhaus der Glaubensgemeinschaft „Christian Science", die 1879 von Mary Baker-Eddie gegründet wurde und zu der weltweit etwa 2000 Gemeinden gehören. Neben dem überkuppelten Gotteshaus, das sehr an die Peterskirche in Rom erinnert, stehen die Gebäude, in denen die kirchliche Zeitung und Radiosendung produziert werden.

Kresge Chapel (rechte Seite rechts oben)

Ort: Cambridge/Massachusetts
Bauzeit: 1953–1955
Baustil: Nachkriegsmoderne

Der amerikanische Architekt finnischer Herkunft Eero Saarinen (1910–1961) entwarf diese runde Kapelle, in der 120 Menschen Platz finden. Sie befindet sich auf dem Gelände des Institute of Technology in Cambridge, Massachusetts. Der runde Zylinder aus Backstein wird im unteren Bereich durch verschieden hohe Bögen unterbrochen.

Trinity Church (rechte Seite links unten)

Ort: Boston/Massachusetts
Bauzeit: 1870–1877
Baustil: Historismus

Der junge Architekt Henry Hobson Richardson wurde für den Neubau der Trinity Church engagiert. Er entwickelte einen neuen amerikanischen Stil für Sakralbauten, der auch als „Richardsonian Romanesque" bezeichnet wird, weil er die Formen der Romanik kreativ umsetzte. Die Wände der Kirche sind komplett – vorwiegend in Rottönen – ausgemalt, so dass das Innere sehr feierlich wirkt.

Park-Street-Church (rechte Seite rechts unten)

Ort: Boston, Massachusetts
Bauzeit: 1809–1910
Baustil: Klassizismus

Diese Kirche ist nicht nur ein Ort der Andacht, sondern sie war auch immer ein Platz der freien Rede: William Lloyd Garrison hielt hier von der Kanzel 1829 seine erste Rede zur Abschaffung der Sklaverei. Der Architekt Peter Banner orientierte sich mit dem hohen, hellen Glockenturm, der einen schönen Farbkontrast zum Langhaus bildet, an den Kirchen von Christopher Wren in London.

Trinity Church *(links oben)*

Ort: New York City
Bauzeit: 1839–1846
Baustil: Neogotik

Mit seinen 92 m wird der Turm der neugotischen Kirche überragt von den umliegenden Wolkenkratzern. Das scheint sein Streben nach oben nur zu betonen. An den Portalen sind nicht nur Reliefs mit biblischen Motiven zu sehen, sondern auch mit Szenen aus der Geschichte der USA und der Trinitygemeinde. Erst im 20. Jahrhundert wurden die Allerheiligen-Kappelle und der Flügel zum Gedächtnis an Bischof Manning angebaut.

St. Bartholomew *(links unten)*

Ort: New York
Bauzeit: 1918
Baustil: Neoromanik

St. Bart's, wie die New Yorker diesen Sakralbau kurz nennen, gehört mit der großen, auffälligen Kuppel und den byzantinisch anmutenden Schmuckelementen zu den Wahrzeichen der Weltmetropole. Allerdings war die Kuppel kein Bestandteil des Ursprungsentwurfs, der einen zentralen Turm vorsah. Sie war eine Sparmaßnahme — abgeschaut dem California State Building in San Diego — und wurde erst 1930 vollendet, als das Gebäude schon längst für die Andacht genutzt wurde.

St Patrick's Cathedral *(rechts)*

Ort: New York City
Bauzeit: 1858–1888
Baustil: Neogotik

Als James Renwick diese 93 m lange und 38 m breite Kirche mit zwei 100 m hohen Türmen entwarf, wollte er ein Bauwerk schaffen, das das neue Stadtzentrum an der Fifth Avenue dominiert. Doch heute nimmt sich die dreischiffige Kirche eher bescheiden neben dem Rockefeller Center aus. Dabei besitzt sie mit kurzem Querhaus, Umgangschor, Kapellenkranz und Marienkapelle (1901–1905) alle Attribute einer großen Kathedrale.

Mormon Temple (oben)

Ort: Salt Lake City, Utah
Bauzeit: 1853–1893
Baustil: Historismus

Salt Lake City wurde 1847 von den Mormonen gegründet und ihr Temple Square ist der Mittelpunkt dieser Glaubensgemeinschaft. Zentrum des Temple Squares, eines vier Hektar großen, von einer 4,5 m hohen Mauer umgebenen Geländes, ist der Mormonentempel. Das Gotteshaus mit sechs Türmen darf nur von Gläubigen der Kirche Jesu Christi der Heiligen der letzten Tage, wie sich die Mormonen nennen, betreten werden.

St. Mary's Cathedral (rechte Seite links oben)

Ort: San Francisco/Kalifornien
Bauzeit: 1967–1970
Baustil: Nachkriegsmoderne

Pier Luigi Nervi (1891–1979) und Pietro Belluschi entwarfen diese moderne Kathedrale aus Stahlbeton als Ersatz für das 1963 abgebrannte Sakralgebäude. Typisch für den bedeutenden italienischen Architekt Nervi, der auch die Audienzhalle im Vatikan plante, ist die Verwendung von parabelartigen Formen – hier beim Dach – und die skulpturale Konstruktion.

Mission Dolores *(rechts oben)*

Ort: San Francisco, Kalifornien
Bauzeit: 1776 gegründet
Baustil: Kolonialstil

Als ältestes Gebäude von San Francisco gilt die Mission Dolores. Auch sie wurde vom Franziskanerpater Serra gegründet und zwar als sechste seiner 21 Missionsstationen. Ursprünglich hieß sie „San Francisco de Asis", wurde jedoch später nach dem See in der Nähe umbenannt in „Señhora de los Dolores". Das Innere ist üppig im spanisch-mexikanischen Stil dekoriert und eingerichtet und wurde im Laufe der Jahrhunderte nur wenig verändert.

Memorial Church *(links unten)*

Ort: Palo Alto / Stanford University, Kalifornien
Bauzeit: 1903
Baustil: Neoromanik

1885 gründete Leland Stanford diese private Universität für seinen Sohn, die zu den renommiertesten der USA zählt. Die Grundsteinlegung für das erste Universitätsgebäude fand am 14. Mai 1887 statt, die anderen Gebäude entstanden kurz darauf, so auch die Kirche des Campus mit ihrer bemalten Giebelfassade. Alle Bauwerke sind aus regionalem Sandstein mit roten Dächern erbaut, wobei die Kirche das Zentrum bildet.

Bruton Parish Episcopal Church
(rechts unten)

Ort: Williamsburg/Virginia
Bauzeit: 1711–1715, später erweitert
Baustil: Kolonialstil

Als Ersatz für die zu klein gewordene Kirche von 1683 entstand diese Kirche über dem Grundriss eines lateinischen Kreuzes. Diese Kreuzform ist für Kolonialkirchen in Virginia ungewöhnlich. 1752 wurde die Kirche im Osten verlängert und 1769 der Turm im Westen angebaut. Die Kirche aus Ziegelstein wurde im typischen Stil der Zeit mit runden Fenstern und Rundbögen im Inneren gebaut.

Mission San Carlos Borromeo del Río Carmelo (oben)

Ort: Carmel, Kalifornien
Bauzeit: 18. Jh.
Baustil: maurischer Barock

Der spanische Missionar Pater Serra hat hier 1770 die zweite Missionsstation auf spanischem Gebiet errichtet, die sich schnell zur bedeutendsten entwickelte, weil sie zum Ausgangspunkt der weiteren Missionierung des Landes wurde. Ein mexikanischer Baumeister errichtete 1797 die flache Kirche im maurischen Stil, die in eine wunderschöne Gartenanlage eingebettet liegt.

St. Francis Cathedral (links unten)

Ort: Santa Fé, New Mexiko
Bauzeit: 1869–1886
Baustil: Neoromanik

Der erste Erzbischof der Stadt, Bischof Lama, errichtete diese katholische Kathedrale, die sich von den Adobe-Bauten im Zentrum deutlich abhebt. Außen flankieren zwei wuchtige Türme die Fassade mit dem abgetreppten, runden Mittelportal, und im Inneren der dreischiffigen Basilika tragen Säulen mit Kapitellen die Rundbögen, die die Schiffe voneinander trennen. Beim Bau wurde eine ältere Kapelle aus dem 18. Jahrhundert integriert.

San Geronimo (rechts unten)

Ort: Taos Pueblo, New Mexiko
Bauzeit: um 1850
Baustil: Adobe

Taos Pueblo ist eine über 800 Jahre alte, fünfstöckige Siedlung der Puebloindianer, die mit rund 1700 Einwohnern eine der größten und ältesten ist. Da sie nur wenig verändert wurde, hat die UNESCO sie unter Schutz gestellt. Wie das Dorf ist auch die – deutlich jüngere – spanische Missionskirche im Adobestil gebaut, also aus luftgetrockneten Lehmziegeln.

Methodistenkirche (ganz rechts oben)

Ort: Tulsa, Oklahoma
Bauzeit: 1926–1927
Baustil: Art déco

Die Architekten Bruce Goff und Adah Robinson wandten sich mit der Gestaltung dieser Kirche deutlich von den historistischen Sakralbauten der letzten Jahrzehnte ab. Sie blieben der klassischen Form der Kirche aus Langhaus und hoch aufragendem Turm treu, setzten sie jedoch in modernen, subtilen Formen des Zeitgeschmacks mit geometrischen, vertikalen Ornamenten um.

Mission Santa Barbara (ganz rechts unten)

Ort: Santa Barbara, Kalifornien
Bauzeit: 1786
Baustil: spanisch-maurischer Barock

Auch diese Missionsstation, die der Hauptstandort der Franziskaner in Kalifornien ist, gründete Pater Serra, und zwar 1782. Interessanterweise geht die von zwei Türmen flankierte klassische Fassade auf einen römischen Tempel zurück, dessen Bild in einem spanischen Reprint eines Buches von 27 v. Chr. abgedruckt war, das die Franziskaner mit nach Amerika gebracht hatten. Das Kloster hatte zu seiner Blütezeit über 1000 Novizen und ist das einzige in Kalifornien, das durchgängig von den Franziskanern genutzt wurde.

Circular Congregation Church *(links unten)*

Ort: Charleston/South Carolina
Bauzeit: 1891
Baustil: Neoromanik

Bereits 1681 wurde an dieser Stelle die erste Kirche der Kongregationalisten erbaut. 1806 errichtete Robert Mills ein rundes Gebäude für die Glaubensgemeinschaft, die Circular Church. Sie wurde 1861 durch einen Brand zerstört und der Nachfolgebau 1886 bei einem Erdbeben. Erst das vierte Gebäude — wiederum rund und teils mit Steinen des Vorgängerbaus — hatte Bestand. Der Friedhof der Kirche geht auf das Jahr 1695 zurück.

Baptistenkirche *(rechts unten)*

Ort: Birmingham, Alabama
Bauzeit: 1911
Baustil: Historismus

Zwei massige, niedrige Türme säumen den breiten Giebelvorbau mit den an klassischen Formen orientierten Rundbogenarkaden, zu denen eine breite Treppe hinauf führt. Diese trutzige, wenig elegant wirkende Kirche erlangte traurige Berühmtheit, als 1963 bei einem rassistisch motivierten Bombenattentat vier schwarze Mädchen ums Leben kamen. Die Kirche war ein Zentrum der schwarzen Bürgerrechtsbewegung, und Martin Luther King hatte hier mehrmals gepredigt.

Missionskirche *(ganz unten)*

Ort: San Diego, Kalifornien
Bauzeit: 1769
Baustil: maurischer Barock

Diese Kirche war die erste von 21, die die Franziskaner in Kalifornien errichteten. Federführend war dabei Pater Junipero Serra, der sich auch von einem Aufstand der Indianer nicht von seiner Mission abhalten ließ. In San Diego wurde ihm zu Ehren eine Gedenkstätte eingerichtet. Genauso schlicht wie die Kirche von außen wirkt, präsentiert sie sich auch im Inneren als helle, weiträumige Halle.

Mission San Xavier del Bac *(unten)*

Ort: bei Tucson, Arizona
Bauzeit: 1783
Baustil: Barock

„Weiße Taube der Wüste" wird diese Missionsstation oft genannt, weil sich die schneeweißen Gebäude so klar vor dem blauen Himmel und dem kargen Boden der Sonorawüste abheben. Bereits 1692 von einem spanischen Jesuiten gegründet, übernahmen die Franziskaner die Mission in den 1760er-Jahren und errichteten im schönsten kolonialen Barock die heutige Kirche, deren bunt ausgemaltes Inneres sehr sehenswert ist.

Memorial Presbyterian Church
(links)

Ort: St. Augustine/Florida
Bauzeit: 1889–1890
Baustil: Neorenaissance

Orientiert an San Marco in Venedig besitzt diese Kirche eine riesige Kuppel aus Kupfer mit Rundbogenarkaden und Terracotta-Friesen, die von italienischen Kunsthandwerkern hergestellt wurden. Während sämtliche Holzarbeiten per Hand und in Mahagoni ausgeführt wurden, bestehen die Wände aus gegossenem Beton. Die Orgel mit ihren über 5000 Pfeifen gehört zu den größten im Südosten der USA.

Ancient City Baptist Church
(Mitte)

Ort: St. Augustine/Florida
Bauzeit: 1894–1895
Baustil: Neoromanik

Nachdem sich die Kirche 1887 gegründet hatte, fand man 1894 in Henry Flagler einen generösen Geldgeber für einen Neubau. Allerdings knüpfte er seine Spende an Bedingungen. Dazu gehörte, dass der Kirchturm nie eine Glocke bekommen dürfe und das Hauptschiff binnen zwei Jahren errichtet sein müsse. Im Jahr 2002 wurde die schlichte Kirche grundlegend renoviert.

Cathedral-Basilica of St. Augustine
(rechts)

Ort: St. Augustine/Florida
Bauzeit: 1787–1797
Baustil: spanischer Kolonialstil

Bereits 1565 entstand hier eine Holzkirche, so dass St. Augustine eine der ältesten Gemeinden in Nordamerika ist. Die Kirche wurde 1586 bei den Kampfen um die Region niedergebrannt und wurde erst 1784 wieder etabliert. Nach der Verwüstung durch einen Brand 1887 wurde sie ein Jahr später wieder eröffnet und 1965 einer gründlichen Renovierung unterzogen.

Versammlungskirche *(links oben)*

Ort: Coral Gables, Florida
Bauzeit: 1921 begonnen
Baustil: Historismus

Anfang des 20. Jahrhunderts hatte George Merrick den Traum, neben der boomenden Stadt Miami eine eigenständige Gemeinde zu gründen und zu planen. Er parzellierte eine geerbte Plantage sowie zusätzlich gekauftes Land, fand Interessenten und bereits drei Jahre später waren 600 Gebäude, darunter diese Kirche fertig. Große Teile der Stadt stehen heute unter Denkmalschutz

St. Louis Cathedral *(links unten)*

Ort: New Orleans / Louisiana
Bauzeit: 1794 beendet
Baustil: Historismus

Als katholischer Bischofssitz kann die Stadt am Mississippidelta mit einer der ältesten Kathedralen der Vereinigten Staaten von Amerika aufwarten. Die Kathedrale am Jackson Square entstand, als die Stadt, die von Franzosen gegründet wurde, von den Spaniern verwaltet wurde. Das Bauwerk mit den drei Türmen zitiert besonders die romanische Formensprache mit den runden Bögen.

The Alamo *(oben)*

Ort: San Antonio / Texas
Bauzeit: ca. 1718–1744
Baustil: spanischer Kolonialstil

Diese ehemalige spanische Missionsstation gilt heute als eines der bedeutendsten Nationaldenkmäler der USA. Sie war 1794 zu einer Festung ausgebaut worden und wurde 1836 während des texanischen Unabhängigkeitskrieges heiß umkämpft: Die nur 188 Nordamerikaner verloren zwar gegen die Übermacht von 5000 Mexikanern, wurden aber zum Symbol des Durchhaltewillens gegen die mexikanische Herrschaft.

Kawaiahao-Kirche *(unten)*

Ort: Honolulu, Hawaii
Bauzeit: 1836–1842
Baustil: New England Style

Diese erste christliche Kirche von Hawaii wird auch gern als „Westminister Abbey von Hawaii" bezeichnet. Die für das Bauwerk benötigten 14 000 Steine wurden unter Wasser aus den Korallenriffen gehauen, die vor der Stadt liegen. Neben der Kirche sprudelt in einem Brunnen die namengebende heilige Quelle, das „Wasser der Hao", mit dem Häuptlingsfrau Hao ihre Reinigungsrituale durchgeführt haben soll.

Mittel- und Südamerika

yenne

Belém

Fortaleza

Teresina

Natal

L I E N

Parana/
Moretes

Brasília

Goiânia

Sao Salvador
de Bahia

Belo Horizonte

Ouro Preto

Congonhas

Vitória

São Paulo

Rio de Janeiro

Santos

uritiba

egre

0   250   500   750
                        km

Antigua und Barbuda

Antigua ist mit rund 160 m² die größte der Leeward Islands. Admiral Nelson machte 1784 Antigua zu Britanniens größter Marinebasis. Dem britischen Einfluss ist es sicherlich zu verdanken, dass der Großteil der Bevölkerung der Anglikanischen Kirche angehört.

St. John's Cathedral *(links)*

Ort: Antigua
Bauzeit: 1843–1845
Baustil: Barock

Aus Holz und Backstein waren die beiden Vorgängerbauten der anglikanischen Kirche. Die Erste war zu klein geworden, die Zweite wurde — kaum zur Bischofskirche gekürt — bei einem Erdbeben schwer beschädigt. Der Neubau nach Plänen von J. Fuller wurde von Mr. Rowe aus Bristol beaufsichtigt. Das Innere ist zum Schutz vor Hurrikans und Erdbeben komplett mit Pechkiefer ausgekleidet.

Argentinien

Im 16. Jahrhundert von Europäern besiedelt, war Argentinien lange Zeit Teil des spanischen Vizekönigreichs Peru. Im 19. Jahrhundert begann der Widerstand gegen die spanische Einflussnahme, das Land bleibt bis heute überwiegend katholisch.

San Ignacio Mini Misiones *(linke Seite rechts oben)*

Ort: San Ignacio
Bauzeit: 1696 gegründet

Als schönste der jesuitischen Reduktionen gilt San Ignacio Mini – sie ist auch am besten erhalten. Auf dem etwa 10 ha großen Gelände lebten 4000–4500 Indios in Gebäuden aus Buntsandstein und Basalt. Sie gruppierten sich in Reihen um einen großen Platz, an dessen Westseite die Kirche, der Friedhof, der Kreuzgang und die Gebäude der Jesuiten standen. Das Kirchportal mit dem indianischen Schmuck zeigt, wie die Jesuiten auf den Alltag der Guaraní-Indianer eingingen.

Kathedrale *(linke Seite unten)*

Ort: Tucumán
Bauzeit: 1845–1852
Baustil: Neoklassizismus

An der Plaza de Independencia, dem Mittelpunkt der Stadt Tucumán am Fuße der Anden, zieht die Kathedrale den Blick auf sich. Der französische Architekt Pedro Delgare Etcheverry entwarf den dreischiffigen Bau. Im Inneren wird ein Kreuz aus der Gründungszeit der Stadt aufbewahrt. Die Iglesia de San Francisco an der nordwestlichen Ecke des Platzes wurde 1964 zum spanischen Nationalmonument erklärt.

Kathedrale *(oben)*

Ort: Salta
Bauzeit: 1882–1878
Baustil: Historismus

Salta wurde zum Wallfahrtsort in der gleichnamigen Provinz im Norden Argentiniens, als am 13. September 1692 die Erde bebte und das Beben aufhörte, sobald eine Jesusfigur durch die Straßen getragen wurde. Dieser Cristo del Milagro wird seitdem verehrt. Er befindet sich in der dreischiffigen Kirche, die im Inneren überbordend dekoriert ist und einen barocken Altar besitzt.

Jesuitenreduktionen Santa Ana, Nuestra Senora de Loreto, Santa Maria Mayor *(unten)*

Ort: bei Posadas
Bauzeit: 17. Jh.

Ende des 16. Jahrhunderts begannen die Jesuiten in Südamerika, Gebiete für die Guaraní, die Indios, einzurichten, die sogenannte Reduktionen. Die Reste der Missionen San Ignacio Mini, Santa Ana, Nuestra Señora de Loreto, Santa Maria Mayor wurden von der UNESCO als Kultur- und Naturdenkmal unter Schutz gestellt. Sie wurden bei späteren Grenzstreitigkeiten größtenteils zerstört und sind heute vom Urwald überwuchert.

Kathedrale *(links oben)*

Ort: Córdoba
Bauzeit: 1687–1782
Baustil: Barock

Zusammen mit der angrenzenden Jesuitenschule gilt die Kathedrale als eines der prächtigsten sakralen Ensembles in Argentinien und als architekturhistorisch bedeutendes Zeugnis der Kolonialzeit. Wegen der langen Bauzeit trägt das Gebäude bereits Züge des Klassizismus. Eine Besonderheit ist die Innenausstattung der Kuppel: Sie ist mit Leder kaschiert. Die Dekoration des Glockenturms stammt von Indios.

Kathedrale *(links unten)*

Ort: Paraná
Bauzeit: 1882 beendet
Baustil: Historismus

Im Jahr 1730 wurde an dieser Stelle das erste Mal eine christliche Kirche errichtet und um sie herum entwickelte sich die Provinzhauptstadt, die sogar 1853–1862 Hauptstadt Argentiniens war. Die alte Kirche wurde durch die heutige Kathedrale mit der Kuppel ersetzt, für die man den repräsentativen Stil der italienischen Renaissance wählte.

Kathedrale *(rechts oben)*

Ort: Rosario
Bauzeit: Ende 19. Jh.
Baustil: Historismus

Wer die Catedral Basilica Menor Nuestra Señor de Rosario besucht, befindet sich an der Stelle, an der sich der Kern der ersten Siedlung von Rosario befand – damals eine Ansammlung von einigen Häusern, heute eine Millionenstadt. Im Inneren der Kirche gehören einige sehr sehenswerte Marienbilder zur Ausstattung, die bereits im 18. Jahrhundert von einheimischen indianischen Künstlern gemalt wurden.

Kathedrale *(ganz rechts oben)*

Ort: Luján
Bauzeit: 1887–1935
Baustil: Neogotik

1630 wurde an der Stelle der heutigen Kathedrale eine Kapelle gebaut, weil der von einem Ochsen gezogene Holzkarren mit der Statue der Jungfrau von Luján erst weiterfuhr, nachdem die kleine Holzfigur abgeladen worden war. Heute ist die 40 cm hohe Figur zweimal im Jahr Ziel von Pilgerströmen, denn sie gilt als Heilige der Reisenden und als Schutzheilige von Argentinien, Paraguay und Uruguay.

Kathedrale *(rechts unten)*

Ort: Buenos Aires
Bauzeit: 1752–1822
Baustil: Klassizismus

Die Catedral Metropolitana Santísima Trinidad ist mit ihrem klassischen Säulenvorbau ein Abbild des Palais du Bourbon in Paris. Über dem Grundriss eines lateinischen Kreuzes entstand ein dreischiffiger Sakralbau mit einer großen Kuppel. Fußböden aus venezianischem Marmor geleiten zum barocken Hauptaltar. Die Grablege von General José de San Martín befindet sich in einer Kapelle der Kathedrale.

Bolivien

Erst 1825 erlangte Bolivien die Unabhängigkeit von Spanien. Über 90 % der Bevölkerung sind Katholiken.

San Francisco Javier, Concepcion, Santa Ana, San Miguel, San Rafael, San Jose de Chiquitos *(oben)*

Ort: Chiquitos
Bauzeit: 18. Jh.
Baustil: Neobarock

Die Jesuiten gründeten in Bolivien in der Region Chiquitos mehrere Missionsstationen, wo sich die bekehrten Indios verhältnismäßig selbstständig entfalten konnten. In zehn Dörfern entstanden Kirchen, von denen sechs noch erhalten sind und von der UNESCO ins Weltkulturerbe aufgenommen wurden. Sie vertreten die sogenannte „mehrschiffige Holzskelettkirche", einen Kirchentyp, der an die Architektur indianischer Gemeinschaftshäuser anknüpft.

San Ignacio *(Mitte)*

Ort: San Ignacio de Mojos
Bauzeit: um 1689
Baustil: Kolonialstil

Die Jesuiten richteten ab 1689 in Mojos (wie in Chiquitos) eine Reduktion ein, also ein Gebiet, in dem die Mojos-Indianer vor Verfolgung geschützt waren und gleichzeitig sesshaft gemacht und christianisiert wurden. Die dreischiffige Kirche, die bei der Restaurierung ihre Decke aus Zuckerrohr gegen eine aus Wellblech einbüßte, besitzt neben Ausstattungsgegenständen aus dem 17. Jahrhundert auch moderne Bildnisse biblischer Motive.

Kirche *(linke Seite links unten)*

Ort: Laja
Bauzeit: ca. 17. Jh.
Baustil: Renaissance

In dem historischen Dorf Laja, einem kleinen Ort im bolivianischen Hochland, wurde 1548 die Stadt La Paz gegründet, die heute die größte Stadt Boliviens ist. Die wunderbare, von den Spaniern erbaute Kirche war früher der Sitz eines katholischen Bischofs und damit Kathedrale. Das Gotteshaus mit seinen beiden Türmen und der sehr breiten flachen Fassade dazwischen gilt als die älteste Kirche Boliviens.

San Francisco *(linke Seite rechts unten)*

Ort: La Paz
Bauzeit: ca. 1743–1748
Baustil: Barock

Beim Franziskanerkloster wurde bereits 1549 mit dem Bau begonnen und selbstverständlich auch mit der Errichtung einer Abteikirche, die aber nicht mehr erhalten ist. Der heutige Sakralbau ist eine dreischiffige Basilika mit Zentralkuppel. Letztere besitzt statt Scheiben aus Glas noch solche aus sehr dünn geschliffenem Alabaster. Direkt an die Kirche schließt sich der Indiomarkt an.

Kirche *(oben)*

Ort: Tiwanaku
Bauzeit: 1621 beendet
Baustil: Gotik/Renaissance

Aus den Steinen der berühmten Ruinen von Tiwanaku wurde diese kleine Dorfkirche errichtet. Obwohl es sich um ein recht früh erbautes christliches Gotteshaus handelt, haben bereits Motive des indianischen Alltags Eingang in die Bauplastik gefunden. So sind die gotischen Wasserspeier Pumaköpfe und die Säulen der beiden Portale sind mit Masken und Affen geschmückt.

Kathedrale *(ganz links)*

Ort: Cochabamba
Bauzeit: 16. Jh.
Baustil: Barock

In 2560 m Höhe gründeten 1574 die Spanier die Stadt Cochabamba, die sich mit über 700 000 Einwohnern zu einer der größten Städte in Bolivien entwickelt hat. Im Zentrum der kolonialen Altstadt liegt an der Plaza Principal die Kathedrale. Der mächtige Turm überragt das schöne dreigliedrige Portal und ist ebenfalls in drei Etagen gegliedert: zwei untere Etagen mit Glocken, die obere Etage mit Uhr.

San Lorenzo *(links unten)*

Ort: Potosí
Bauzeit: 1728–1744
Baustil: Barock

In leuchtendem Gelb heben sich die beiden Sandsteintürme der Kirche vor dem blauen Himmel der Bergbaustadt Potosí ab, die durch den Abbau von Silber im 17. Jahrhundert den Höhepunkt ihrer Blüte erreichte. Die Türme wachsen aus einer Fassade empor, deren Portal durch reichen Figurenschmuck besticht. Diese Skulpturen stammen vermutlich von Luis Niño, der als einheimischer Meisterkünstler des Barocks gilt – sein Stil wird oft mit diskriminierendem Unterton „Mestizenbarock" genannt.

Kloster San Felipe Neri *(rechts oben)*

Ort: Sucre
Bauzeit: 17. Jh.
Baustil: Historismus

Die Kirche des Oratorianerklosters fällt durch ihre Zweiteilung auf: Während das Kirchenschiff aus ockergelbem Sandstein fest und massiv auf der Erde zu stehen scheint, erheben sich die achteckigen Doppeltürme darüber in strahlendem Weiß und wirken wie aufgesetzt. Der angrenzende Kreuzgang – ebenfalls in Weiß – ist doppelgeschossig angelegt mit breiten Rundbögen und einer Brüstung mit Fialen als Abschluss.

Kathedrale *(rechts unten)*

Ort: Trinidad
Bauzeit: Beginn 20. Jh.
Baustil: Historismus

1686 gründeten Jesuiten „Santissima Trinidad" (Heilige Dreifaltigkeit) am Rio Marmoré. An der Stelle der alten Kirche, um die sich die Stadt entwickelte, wurde Anfang des 20. Jahrhunderts eine neue, imposante Kathedrale mit niedrigen Doppeltürmen und Säulenvorhalle errichtet. Dabei bediente man sich der bewährten Formen des Klassizismus mit Säulen und Mittelgiebel sowie der runden Formen der Romanik.

Brasilien

Sehr früh wurde Brasilien bis ins Landsinnere erforscht und Missionsstationen errichtet, mit dem Bau von Kirchen wurde früh begonnen.

São Francisco *(links oben)*

Ort: Sao Salvador do Bahia
Bauzeit: 1686–1723
Baustil: Barock

Vor allem die dreischiffige Kirche des Franziskanerklosters, die 1708–1723 errichtet wurde, ist für ihre kostbare Innenausstattung berühmt. Vergoldete Schnitzdekorationen schmücken den gesamten Innenraum und rahmen die Bilder von Heiligen. Der doppelgeschossige Kreuzgang des Klosters entstand 1749–1752 und besitzt die wichtigsten Bilder aus Azulejos, farbigen Kacheln, in Brasilien.

Terreiro de Jesús *(echts oben)*

Ort: Sao Salvador do Bahia
Bauzeit: 17. Jh.
Baustil: Barock

Direkt neben dem Franziskanerkloster befindet sich diese kleine Kirche mit ihrer fantastischen Fassade. Sie ist ein Unikum im Barock Brasiliens, denn im Unterschied zu den sonst schlichten Fassaden ist sie komplett mit figuralem und ornamentalem Schmuck überzogen. Im Kontrast dazu steht das strenge, klassizistische Innere. Es stammt aus dem 19. Jahrhundert, als wohl auch die Fassade „geglättet" wurde: Die Skulpturen waren bis 1932 unter Putz verborgen.

Kathedrale *(unten)*

Ort: Belém
Bauzeit: 1755 geweiht
Baustil: Barock

Der Architekt Antônio José Landi kam 1753 in die Stadt am Mündungsgebiet des Amazonas und legte dort in zahlreichen Bauten, darunter mehreren Kirchen, die Grundlage für die Entwicklung vom Barock zum Klassizismus. Die Kathedrale war zu diesem Zeitpunkt fast fertig, so dass er nur die Fassade und den Hochaltar gestaltete. Letzterer wurde Anfang des 20. Jahrhunderts durch den aktuellen Marmoraltar ersetzt.

Kathedrale *(rechts oben)*

Ort: Brasília
Bauzeit: 1960–1969
Baustil: Moderne

Der brasilianische Architekt Oscar Niemeyer (*1907) entwarf alle repräsentativen Gebäude der 1960 ausgerufenen neuen brasilianischen Hauptstadt, darunter auch die Kathedrale. Mit ihren spitzen, von innen nach außen gebogenen Betonrippen symbolisiert sie die Dornenkrone Jesu und öffnet sich gleichzeitig zum Himmel und der göttlichen Kraft. Dieser Eindruck wird durch das Glas zwischen den Betonsegmenten verstärkt.

Wallfahrtskirche
Bom Jesus de Matosinhos *(unten)*

Ort: Congonhas do Campo
Bauzeit: im Wesentlichen 1758–1771
Baustil: Barock

Die Ähnlichkeit dieser Wallfahrtskirche zu Bom Jesus do Monte bei Braga in Portugal ist kein Zufall, denn sie wurde von einem Portugiesen für seine glückliche Rettung gestiftet. Die Treppenanlage, die nicht so imposant ist wie jene in Braga, verbindet die Kirche mit dem Kreuzweg. Ein großer Teil der Statuen dort und der Werke im Inneren der Kirche stammen vom berühmten Künstler und Baumeister Aleijadinho (eigtl. Antônio Francisco Lisboa, um 1730–1814).

São Francisco de Assis *(oben)*

Ort: Ouro Preto
Bauzeit: 1765–1775
Baustil: Barock

Diese Kirche gilt als das Meisterwerk von Aleijadinho und ist in ihrer Qualität durchaus vergleichbar mit den spätbarocken Sakralbauten von Neumann, Zimmermann und den Asambrüdern in Süddeutschland. Die schwingende Doppelturmfassade verbindet sich mit der prachtvollen Innenausstattung zu einem Gesamtkunstwerk. Dabei wiederholen sich die Grundformen des Portals am Hochaltar und schaffen so eine Verbindung zwischen innen und außen.

Kloster São Bento *(links unten)*

Ort: Rio de Janeiro
Bauzeit: 17. Jh.
Baustil: Barock

Ist die Fassade der Kirche des Benediktinerklosters noch von geraden Linien und vornehmer Zurückhaltung geprägt, so überrascht der dreischiffige Innenraum mit einer prachtvollen Barockausstattung: Er war ursprünglich komplett vergoldet, allerdings gab es später einige Veränderungen. Den Chor schmücken Malereien von Ricardo do Pilar, einem der wichtigsten Kirchenmaler Brasiliens.

Nossa Senhora do Pilar *(rechts unten)*

Ort: Ouro Preto
Bauzeit: 1731– ca. 1736
Baustil: Barock

Die Bruderschaft des Heiligen Sakraments ließ mit der Igreja Matriz Nossa Senhora do Pilar die erste Kirche bauen, deren Innenraum in seiner Form vom Rechteck zum Mehreck abweicht. Damit war der Übergang zu den runden Formen des Barocks geschaffen. Die reiche und kostbare Ausstattung der Kirche mit vergoldeten Schnitzereien gehört zu den bedeutendsten des Barocks in Brasilien.

Chile

Trockenwüsten und tropische Strände, karge Gebirgszüge und Andengletscher bieten dem Reisenden in Chile Abwechslung. Ebenso abwechslungsreich ist die Architektur der Missionsstationen in den kleineren Orten und den Kirchen in den Großstädten.

San Marcos (links)

Ort: Arica
Bauzeit: 1876
Baustil: Historismus

Mehrmals wurde die nordchilenische Hafenstadt von Erdbeben heimgesucht, wobei das starke Beben von 1876 architekturhistorisch zum Glücksfall wurde: Es bescherte der Stadt eine Kirche von Gustave Eiffel (1832–1923), die er eigentlich für die peruanische Stadt Ancón in seinem französischen Unternehmen geplant und gefertigt hatte. Die dreischiffige Eisenkonstruktion setzt die Kirchenbautradition mit modernen Mitteln fort und wirkt daher aus heutige Sicht recht konventionell.

Kirche (rechts oben)

Ort: Toconao
Bauzeit: 17./18. Jh.
Baustil: Kolonialstil

Toconao ist eines der unscheinbaren, noch sehr ursprünglichen kleinen Dörfer auf den Höhen des Altiplano. Die Kirche und ihr wie ein italienischer Campanile völlig frei stehender Glockenturm bilden den Mittelpunkt des Ortes und stammen noch aus der Kolonialzeit. Der Turm steht unter Denkmalschutz und wurde zum Wahrzeichen des Ortes. Dorf und Kirche wurden aus Ziegeln aus weißem Vulkanstein errichtet.

San Antonio (rechts unten)

Ort: San Pedro de Atacama
Bauzeit: 1557 begonnen
Baustil: Kolonialstil

Der kleine Ort am Nordufer des großen Salzsees Salar de Atacama wurde 1536 von den Spaniern eingenommen. Am 5. März 1557 wurde der Grundstein für diese Kirche gelegt, damit das Christentum auch hier die Inkakultur überwältigen konnte. Mit seinem breiten Portal und dem wuchtigen frei stehenden Glockenturm war dieses Gotteshaus auch gut geeignet, Schutz zu bieten.

Holzkirche *(oben)*

Ort: Castro
Bauzeit: 17./18. Jh.
Baustil: Holzkirche

Diese Kirche in Castro gehört zu den neun Holzkirchen, die auf der südchilenischen Insel Chiloé von der UNESCO in die Liste des Weltkulturerbes aufgenommen wurden. Insgesamt gibt es etwa 150 solcher Kirchen mit einem mittigen mehrstöckigen Turm und kunstvollen Schnitzereien. Ihr Bau wurde durch die Jesuiten veranlasst und Holz, das reichlich vorhanden war, bot sich als Baumaterial geradezu an.

Franziskuskirche *(rechts)*

Ort: Santiago de Chile
Bauzeit: 1618–1620
Baustil: Kolonialbarock

Von Beginn an massiv gebaut, widerstanden das Franziskanerkloster und seine Kirche allen Erdbeben, so dass sie heute die ältesten Gebäude in Chiles Hauptstadt sind. Die Iglesia de San Francisco beherbergt außerdem die erste nach Chile gebrachte Heiligenfigur, eine Statue der Jungfrau Maria. Im Kloster ist heute ein Museum für Sakralkunst untergebracht.

Dominikanische Republik

Die Dominikanische Republik bildet zusammen mit Haiti Hispaniola, die von Kolumbus entdeckte Insel, die die erste Kolonie in der Neuen Welt wurde. An den Gebäuden abzulesen ist die über 500-jährige Kolonialgeschichte.

Dominikanerkloster *(linke Seite links unten)*

Ort: Santo Domingo
Bauzeit: 1525–1535
Baustil: Gotik/Renaissance

Nicolás de Ovando ließ die 1510 hier gezimmerte Holzkirche in Stein nachbauen. Auf der Fassade finden sich Renaissance-Simse, gotische Bögen und bunte Kacheln, wie man sie aus Sevilla kennt. Im Inneren herrscht die Spätgotik vor, nur die Rosenkranz-Kapelle ist im sogenannten plataresken Stil gehalten, einer spanischen Sonderentwicklung. Die Uhr am Deckengewölbe spiegelt die theologisch-kosmologischen Überzeugungen des Mittelalters wieder.

Catedral de Santa María la Menor/ Catedral Primada de América

(linke Seite rechts unten)

Ort: Santo Domingo
Bauzeit: 1523–1540
Baustil: Gotik/Renaissance

Alonzo Rodríguez legte die 1546 zum Bischofssitz erhobene Kirche als Hallenkirche mit Netzgewölbe an und schuf damit die älteste Kathedrale in ganz Amerika. Der Turm wurde später angebaut. An die drei Schiffe schließen sich im Süden und Norden in jedem der acht Joche Kapellen mit teilweise äußerst kostbaren Altären an, nur das sechste Joch ist den Nebenportalen vorbehalten.

Basilica de Nuestra Señora de la Alta Gracia *(rechts)*

Ort: Higüey
Bauzeit: 1954–1972
Baustil: Nachkriegsmoderne

Diese Wallfahrtskirche ist der Schutzpatronin der Dominikanischen Republik gewidmet, der alljährlich am 21. Januar mit Festen, Umzügen und Wallfahrten gehuldigt wird. Der moderne Bau greift die Bedeutung der Wallfahrt auf, indem sich die mit Buntglasfenstern versehenen Dachbögen immer steiler nach oben staffeln und in einem hohen offenen Stahlbetonbogen gipfeln, der die Signalfunktion eines Kirchturms übernimmt.

San Estanislao *(unten)*

Ort: Altos de Chavón
Bauzeit: ab 1976
Baustil: Historismus

Etwa 100 km entfernt von Santo Domingo, der Hauptstadt der Dominikanischen Republik, liegt Altos de Chavón am Berg mit Blick auf den Fluss Chavón und das Karibische Meer. In den 1980er Jahren entstand dieses komplette Dorf im Stil des mediterranen Europas des 16. Jahrhunderts. Neben Wohn- und Apartmenthäusern, Restaurants, Galerien, einem Museum, Amphitheater und einer Diskothek durfte auch eine Kirche nicht fehlen.

Ecuador

Seit Jahrzehnten Teil des Inkareichs, wurde Ecuador im 16. Jahrhundert für die Spanier erobert, um wenig später zum Vizekönigreich Peru und danach zum Vizekönigreich Neugranada geschlagen zu werden. Neben dem seit früher Zeit tief verwurzelten katholischen Glauben existieren bis heute viele Naturreligionen.

Kirche des Convento San Domingo *(oben)*

Ort: Quito
Bauzeit: 16. Jh.
Baustil: Renaissance

Halb Brücke, halb Torbogen und darauf eine überkuppelte Rosenkranzkapelle – das Geschenk von Karl V. bietet einen malerischen Blick auf Quito. Auch das Altarbild wurde vom Kaiser gestiftet, es stellt die Jungfrau Maria dar, während ihr gegenüber die Heilige Dreifaltigkeit hängt, ein Gemälde des Indios Manuel Chili Caspicara. Die Kirche wurde im 18. Jahrhundert vollständig mit Eichenholz ausgekleidet und rot und gold ausgemalt.

Iglesia San Francisco *(rechts)*

Ort: Guayaquil
Bauzeit: um 1902
Baustil: Neogotik

Guayaquil liegt am Pazifik und ist eine wichtige Hafenstadt. Francisco de Orellana gründete den Ort 1537. Die erste Kirche an dieser Stelle war bereits 1603 fertig, aber 1896 verwüstete ein Feuer die Stadt und verschonte auch das Gotteshaus nicht. Die neogotische Kirche wurde 1968 gründlich renoviert. Auf dem Platz vor der Iglesia San Francisco versammeln sich die Straßentheater und spielen ihre Stücke.

Iglesia de la Compañía de Jesús *(links oben)*

Ort: Quito
Bauzeit: 17. Jh.
Baustil: Barock

Unter dem Hauptaltar der ehemaligen Jesuitenkirche wurde eine Heilige aus Quito begraben, Mariana de Jesús, die 1645 — Seuchen und Erdbeben wetteiferten in ihrer Zerstörungswut — starb, weil sie sich um die Kranken kümmerte: Mit ihrem Tod endete die Katastrophe. An der Kirche baute ein Bamberger Pater mit, Leonard Deubler, Jahrgang 1689. Er gestaltete die Fassade, deren spiralige Säulen ihr Echo am Altar finden.

Catedral Santa Bárbara *(rechts oben)*

Ort: Riobamba
Bauzeit: 18. Jh.
Baustil: Barock

Am 4. Februar 1797 machte ein Erdbeben die Stadt Riobamba dem Erdboden gleich und tötete rund 30 000 Menschen. Wie den Naturgewalten zum Trotz wurde die Kathedrale originalgetreu nach dem zerstörten Vorbild wiederaufgebaut. Besonders faszinierend ist ihre barocke Fassade, in der zahlreiche indianische Motive verarbeitet sind, mit der die Identifikation der Einheimischen mit dem Christentum ein wenig erleichtert werden sollte.

Kathedrale *(Mitte)*

Ort: Quito
Bauzeit: 16. Jh.
Baustil: Barock

Das Südportal, eigentlich der Nebeneingang, liegt zum Platz hin und ist deswegen viel aufwändiger gestaltet als das Westportal in der Calle García Moreno. Um das abfällige Gelände auszugleichen, ist das Südportal über einen Vorbau zu erreichen, den sogenannten Altan, der in den ersten Tagen der spanischen Herrschaft für die Indios gedacht war, die noch nicht getauft waren und deswegen ihren Fuß nicht in die geweihte Kirche setzen durften.

Iglesia de San Francisco *(unten)*

Ort: Quito
Bauzeit: 1534–1573
Baustil: Herrera-Stil

Die Pläne zur Kirche, mit deren Bau keine zwei Monate nach der Ankunft der Kolonisatoren begonnen wurde, stammen von Juan de Herrera, nach dem ein monumental-strenger spanischer Stil benannt wurde. Der Aufgang zum Hauptportal besteht aus teils konkaven, teils konvexen Stufen, die Türme stürzten bei einem Erdbeben ein und wurden nicht wieder zur ursprünglichen Höhe aufgemauert. Das Hauptschiff wurde im 18. Jahrhundert umgebaut.

El Salvador

Das Kerngebiet El Salvadors, das zentrale Hochland, wird von zwei Gebirgszügen eingerahmt. Die Küste wird von einer Kette von Vulkankegeln gesäumt: Ein Teil der Vulkane ist noch aktiv. Schwache Beben gehören schon fast zum Alltag. Halt und Trost in der beständigen Bedrohung finden die Menschen in ihrem Glauben.

Catedral Metropolitana *(rechts)*

Ort: San Salvador
Bauzeit: Ende 20. Jh.
Baustil: Historismus

Die Kathedrale von San Salvador wurde ebenso wie der größte Teil der Stadt 1986 bei einem Erdbeben zerstört. Inzwischen erstrahlen ihre beiden weißen Türme wieder vor dem blauen Himmel. Ihre Kuppeln sind mit einem schwarzgelben Kachelmuster geschmückt, das dezent auf das bunte Landschaftsbild aus Kacheln auf der Fassade verweist. Im Inneren ist Kardinal Romero (1917–1980) bestattet, der sich für Menschenrechte eingesetzt hatte und ermordet wurde.

Guatemala

1821 schloss sich die Provinz-Oligarchie Guatemalas der Erhebung der zentral-amerikanischen Provinzen gegen die Kolonialherrschaft an. Ein Bündnis von Oberschicht und Kirche machte Guatemala für ein halbes Jahrhundert zum Zentrum der klerikal-konservativen Kräfte in Zentralamerika. Im 19. Jahrhundert versuchten "liberale" Kräfte, durch die Säkularisierung von Klöstern und das Verbot der Jesuiten die Macht der Kirche zu brechen – doch auch heute noch ist der Großteil der Bevölkerung katholisch.

Kapuzinerkloster *(rechts unten)*

Ort: Antigua Guatemala
Bauzeit: 1726–1736
Baustil: Barock

Obwohl das Kloster Las Capuchinas für mittellose Frauen errichtet wurde, besitzt es eine für die damalige Zeit unglaublich luxuriöse Ausstattung mit Toiletten, Bädern und einem Abwassersystem. Neben den üblichen Konventsgebäuden besitzt es den Torre del Retiro, den Turm der Zurückgezogenheit, mit 18 um einen Innenhof gelegenen Zellen. Wozu genau er diente, ist bis heute nicht bekannt.

Kirche *(ganz rechts)*

Ort: Panajachel
Bauzeit: 1641
Baustil: Kolonialstil

Am nördlichen Ufer des Lago de Atitlán liegt der 6000-Seelen-Ort Panajachel. Bereits um 1565 soll hier die erste Kirche gebaut worden sein, die jedoch nach mehreren Erdbeben und den daraufhin notwendigen Reparaturen ersetzt wurde. Die heutige Kirche besitzt eine so genannte Altarfassade, die mit ihrer Gestaltung und ihren Skulpturen bereits auf den Altar im Inneren vorbereitet.

Nuestra Señora de la Merced
(linke Seite oben)

Ort: Antigua
Bauzeit: bis 1760
Baustil: Barock

Zwei Erdbeben – im Jahr 1565 und im Juli 1773 – überstand die Kirche, ein drittes im Dezember 1773 zerstörte das Bauwerk, aber es wurde im Gegensatz zum zugehörigen Kloster wieder aufgebaut. Die Fassade schmücken ornamentale Reliefs, Girlanden aus Stuck, acht Heiligenstatuen in Nischen und zwei Türme. Die Kuppel bewachen goldene Löwen. 14 Säulen teilen die drei Schiffe und ergeben sieben Joche, es gibt kein Querhaus.

Catedral Metropolitana *(linke Seite links unten)*

Ort: Guatemala-Stadt
Bauzeit: 1782–1868
Baustil: Klassizismus/Historismus

Der spanische König persönlich befahl das klassizistische Aussehen der Kathedrale und berief als Baumeister die Spanier Marcos Ibáñez und Antonio de Bernasconi, der in Madrid an vielen Prachtbauten mitgearbeitet hatte. Die beiden errichteten eine fünfschiffige Basilika mit ausladender Doppelturmfassade, die viele Kunstschätze, auch aus der zerstörten Kathedrale von Antigua, enthält.

Kirche *(linke Seite rechts unten)*

Ort: Santa Cruz del Quiché
Bauzeit: 17. Jh.
Baustil: Kolonialstil

Es waren Mönche des Dominikanerordens, die diese große Kirche aus den Steinen der zerstörten Stadt Utatlán bauten. Diese ehemalige Hauptstadt der Quiché-Indianer liegt rund 5 km entfernt von Santa Cruz und war von den Spaniern 1524 zerstört worden. Die Kirche ist zwar groß, aber unspektakulär und deswegen typisch. Sie wird regelmäßig weiß getüncht und gewinnt dadurch an Ausdruckskraft.

Catedral de Santiago/Catedral Metropolitana *(links oben)*

Ort: Antigua Guatemala
Bauzeit: 1669–1678, nach 1773
Baustil: Kolonialbarock

Das große Erdbeben von 1773 machte aus der imposanten Kathedrale mit fünf Schiffen, 100 m Länge und 18 Kapellen eine kleine Gemeindekirche. Denn nach dem Beben wurde der Sitz der Hauptstadt verlegt. Der untere Teil der Fassade war erhalten geblieben, der obere wurde mit Statuen und Säulen neu errichtet. Außerdem wurden zwei Kapellen wieder aufgebaut, während der Rest Ruine blieb.

Basilika *(rechts oben)*

Ort: Esquipulas
Bauzeit: 1759 vollendet
Baustil: Klassizismus

Zwei mächtige Glockentürme, die die schmale Fassade fast zu zerdrücken scheinen, weisen den Weg zum Schwarzen Christus, zum Cristo Negro, im Inneren. Quirio Cataño, einer der berühmtesten Künstler Guatemalas, schnitzte diese Statue aus dunklem Holz 1594. Die Einheimischen konnten sie – im Unterschied zu den weißen Christusdarstellungen – akzeptieren, und der Ort wurde zu einer der meistbesuchten Wallfahrtsstätten in Zentralamerika.

Guyana

Die Architektur des Vielvölkerstaates Guyana – etwa die Hälfte der Bevölkerung ist indischer Abstammung – zeugt noch heute von seiner kolonialen Vergangenheit.

St. George's Cathedral *(rechts)*

Ort: Georgetown
Bauzeit: 1889–1894
Baustil: Neogotisch

Die hölzerne Kathedrale nach Plänen von Mr. Arthur Bloomfield – später Sir Bloomfield, ausgezeichnet mit der Goldmedaille des Royal Institute of British Architects – bildet dem Grundriss nach ein lateinisches Kreuz mit Dachreiter, Strebepfeilern und allen Ingredienzien der Gotik. Ein Gebäude aus Stein wäre zu schwer und zu teuer geworden, und die Bauherren bestanden auf einheimischen Materialen.

Honduras

Wegen der klimatischen Bedingungen lebt die große Mehrheit der Bevölkerung auf dem Hochland im Nordwesten des Landes mit der Hauptstadt Tegucigalpa.

Kathedrale San Miguel *(rechts)*

Ort: Tegucigalpa
Bauzeit: 1765–1783
Baustil: Barock

Der Erzengel Michael ist Schutzpatron des als Bergarbeiter- und Minenort 1524 gegründeten Städtchens, das 1880 zur Kapitale von Honduras wurde, und folgerichtig ist die Kathedrale ihm geweiht. Sie hat eine Kuppel, auch wenn man diese von der Westseite nicht sieht. Am Turm – der die Kirche selbst kaum überragt – findet sich die älteste noch intakte Turmuhr Mittelamerikas. Sie wurde kürzlich generalüberholt.

Kolumbien

Die unterschiedliche Herkunft der Kolumbianer wird in ihrer Kunst und Architektur deutlich. Neben karibischen Elementen ist das spanische Erbe offenkundig.

San Francisco *(rechts)*

Ort: Bogotá
Bauzeit: ca. 1558–1594
Baustil: Renaissance

Nur etwa zwanzig Jahre nach Gründung der kolumbianischen Hauptstadt wurde diese Kirche gebaut. Damit gehört sie zu den ältesten der Stadt. Außen schlicht und durch Pilaster klar gegliedert, besitzt sie im Inneren noch die alte Holzdecke im Mudéjar-Stil. Prunkstück der Ausstattung ist ein 7 m hoher, halbkreisförmiger Hochaltar von 1622. Er ist vergoldet und nimmt den ganzen Chor ein.

Iglesia de San Francisco *(Mitte)*

Ort: Popayán
Bauzeit: ca. 1765–1775
Baustil: Barock

Ob die Iglesia San Francisco wirklich das schönste Bauwerk der Verwaltungsstadt Popayán ist, mag der Betrachter besser selbst beurteilen. Ihre elegante, nicht zu üppige Fassade flankiert ein gedrungener Turm. Zur Einrichtung gehört eine wunderbare Kanzel. Das ehemalige Franziskanerkloster mit Kreuzgang wurde restauriert und wird heute als nobles Hotel genutzt.

Catedral Metropolitana *(unten)*

Ort: Medellín
Bauzeit: 1890–1930
Baustil: Neoromanik

Mit dem Entwurf dieser Kirche orientierte sich der Architekt Charles Carré, ein Franzose, an der Baukunst der Romanik: Die westwerkartige Doppelturmfassade ist durch Fenster und Portale im Rundbogenstil charakterisiert und im Übrigen schlicht gehalten. Zu den Ausstattungsgegenständen zählt eine große Orgel mit über 3400 Pfeifen, die in Deutschland hergestellt wurde.

Kuba

Die Führungsrolle der Sozialistischen Partei Kubas prägt den Alltag der Menschen — nahezu die Hälfte aller Kubaner ist konfessionslos. Die Merkmale der konlonial-spanischen Stadt sind aber immer noch deutlich erkennbar: die typisch spanischen Häuserfassaden, die schachbrettförmige Straßenführung und die Plazas mit den angrenzenden Kathedralen.

Kathedrale
San Carlos Borromeo (rechts)

Ort: Matanzas
Bauzeit: 1693, im 19. Jh. grundlegend verändert
Baustil: Barock, Neoklassizismus

Dem Erzbischof von Mailand, der im 16. Jahrhundert lebte, ist diese Kathedrale gewidmet. Sie steht im historischen Zentrum der 1693 an der Nordküste Kubas gegründeten Stadt, dessen Bauten noch den Charme der Architektur aus der Kolonialzeit spürbar machen. Im Inneren des Gotteshauses gibt es Wand- und Deckenmalereien, deren genauere Betrachtung sich lohnt.

Kathedrale (unten)

Ort: Havanna
Bauzeit: 1748–1777
Baustil: Barock

Die Missionskirche der Jesuiten wurde erst nach der offiziellen Auflösung des Ordens durch den Papst 1773 im Auftrag des spanischen Königs fertiggestellt und 1789 zur Stadtkirche, 1799 dann zur Kathedrale erhoben. Nach der Revolution brachte die katholische Kirche alle beweglichen Wertgegenstände in den Vatikan, so dass der Innenraum eher schlicht wirkt, die Fassade fasziniert mit ihrem verwitterten Muschelkalk-Charme.

Kathedrale (rechte Seite)

Ort: Santiago de Cuba
Bauzeit: Im Ursprung 1524–1528,
        19. Jh. grundlegend verändert
Baustil: Klassizismus

Mitten in der Altstadt, an der Plaza Céspedes zieht die Kathedrale mit ihrer klassizistischen Fassade die Blicke auf sich: Zwei quadratische, durch Lisenen gegliederte Türme flankieren die Mittelfassade, die durch Doppelsäulen und Mittelgiebel mit Giebelfigur betont wird. Der Sakralbau ist das Wahrzeichen der Stadt und wurde mehrmals durch Erdbeben zerstört.

Mexiko

Zu Beginn des 16. Jahrhunderts fanden die spanischen Konquistadoren große soziale und kulturelle Unterschiede vor. Im Rahmen des Aufbaus einer zentralen Verwaltung und zur Christianisierung der Indios wurden fortlaufend Städte und Klöster gegründet. Zeugnisse dieser Zeit sind noch heute zu bewundern.

Kathedrale (unten)

Ort: Chihuahua
Bauzeit: ca. 1717–1826
Baustil: Barock

Obwohl bereits wenige Jahre nach der Stadtgründung 1709 mit dem Bau der Kathedrale begonnen worden war, zog sich ihre Vollendung lange hin. Denn die Indios der Region akzeptierten die Besiedlung ihres Gebietes nicht und lieferten sich immer wieder heftige Kämpfe mit den Europäern. So dauerte es fast hundert Jahre bis zur Fertigstellung des doppeltürmigen Sakralbaus, der abends festlich beleuchtet wird.

Templo de Guadalupe (rechts oben)

Ort: Puerto Vallarta
Bauzeit: 1929
Baustil: Neobarock

Der Glockenturm der Kathedrale Guadelupe, die sich an der Plaza der Altstadt erhebt, ist weithin zu sehen und wurde zum Wahrzeichen des Seebades an der pazifischen Küste von Mexiko. Flankiert von zwei kleinen Seitentürmchen wächst der Turm aus der Mittelfassade über dem Portal und findet in einer Haube seinen Abschluss, die den Namen Krone wahrlich verdient.

Kathedrale (rechts Mitte)

Ort: Mérida
Bauzeit: 1563–1598
Baustil: Kolonialstil

Schon kurz nach der Gründung der Stadt 1542 wurde sie Bischofssitz und mit einem entsprechenden Gotteshaus ausgestattet. Da die Region Yucatán längst noch nicht befriedet und christianisiert war, errichtete man weniger eine prunkvolle denn eine wehrhafte Kathedrale mit reduziertem Außenschmuck. Im Inneren der dreischiffigen Hallenkirche befindet sich eine hölzerne Jesusstatue, die jährlich im Oktober zahlreiche Pilger anlockt.

Templo de Santa Maria (rechts unten)

Ort: Tonantzintla
Bauzeit: 1799
Baustil: Poblanostil

Für eine Dorfkirche ist die Marienkirche sehr prachtvoll ausgefallen: Der Turm und die Hauptfassade sind mit Kacheln und Skulpturen im indianischen Stil geschmückt, dem so genannten Poblanostil. Der Begriff leitet sich ab von Puebla, einer nahe gelegenen Stadt. Im Inneren ist die Kirche reich mit barocken Formen geschmückt, die europäische und indianische Tradition vereinen.

Kathedrale La Asunción (ganz rechts)

Ort: Guadalajara
Bauzeit: 1571–1618
Baustil: Barock

Der mutmaßliche Baumeister, Martín Casillas, plante drei Längs- und sechs Querschiffe, woraus sich der rechteckige Grundriss einer Hallenkirche ergibt. Kuppel und Gewölbe wurden später ergänzt. Der nur spärlich beleuchtete Innenraum wird von einem Stilgemisch aus Gotik und Renaissance geprägt. Die Kirche wurde mehrfach umgebaut und 1716 geweiht. Die hellgelben Ziegel auf den Türmen sind weithin sichtbar.

Templo de Nuestra Señora de los Remedios *(oben)*

Ort: Cholula
Bauzeit: um 1550
Baustil: Barock

Hier sitzt Tempel auf Tempel: Die Spanier haben die Spitze einer der größten Maya-Kultstätten, eine Pyramide von mächtigeren Dimensionen als die Cheops-Pyramide, abgetragen und ihre Kirche darauf gebaut. Allerdings stürzte sie 1666 ein und wurde 1884 noch einmal durch ein Erdbeben zerstört. Die heutige Wallfahrtskirche mit einer Marienstatue über dem Altar ist eine Rekonstruktion.

Kathedrale San Francisco *(unten)*

Ort: Tlaxcala
Bauzeit: 1537–1540
Baustil: Kolonialstil

Die Kirche des ehemaligen Franziskanerklosters wurde zur Catedral de Nuestra Señora de la Asunción erhoben. Zunächst fällt der mächtige, frei stehende Glockenturm auf, der noch aus der Bauzeit stammt. Die Holzdecke im Inneren dagegen entstand vermutlich erst hundert Jahre später. In den angrenzenden früheren Konventsgebäuden befindet sich das Regionalmuseum.

San Francisco Xavier *(ganz oben)*

Ort: Tepotzotlán
Bauzeit: um 1670
Baustil: Barock

Bereits 1585 errichteten die Jesuiten hier ein Kloster, das sie später zur Ausbildungsstätte ihrer Novizen machten. Heute dient es als Nationalmuseum. Die prächtige Kirche jedoch behielt ihre Funktion. Sie besticht durch ihre überreich ornamentierte (churrigereske) Fassade, die im Inneren ihren Widerhall in überbordendem Stuck und ausuferndem Goldschmuck findet.

Kathedrale *(links oben)*

Ort: Mexico City
Bauzeit: 1573–1667
Baustil: Barock

Bevor 1576 der Grundstein gelegt wurde und der eigentliche Kirchenbau begann, arbeitete man zunächst drei Jahre lang an den Fundamenten. Während des Baus wurden immer wieder Änderungen vorgenommen: Die unten viereckig angelegten Glockentürme z. B. werden oben achteckig weitergeführt, es finden sich verschiedene Gewölbeformen usw. Die hölzerne Innenausstattung trumpft mit einer nie wieder erreichten Zahl an Skulpturen auf.

Basílica de Nuestra Señora de Guadalupe *(rechts oben)*

Ort: Mexico City
Bauzeit: 1976 beendet
Baustil: Postmoderne

Der Architekt Pedro Ramírez Vázquez entwarf die an ein riesiges Zirkuszelt erinnernde Wallfahrtskirche, in der die Gläubigen auf einem Rollband an dem hochverehrten Heiligenbild einer dunkelhäutigen Maria vorbeifahren. So ist der Fortbestand des wichtigsten Wallfahrtsziels in Lateinamerika gesichert. Denn die alte Basilika von 1709 drohte aufgrund von Erdbebenschäden abzusinken und wurde zum Museum umgestaltet.

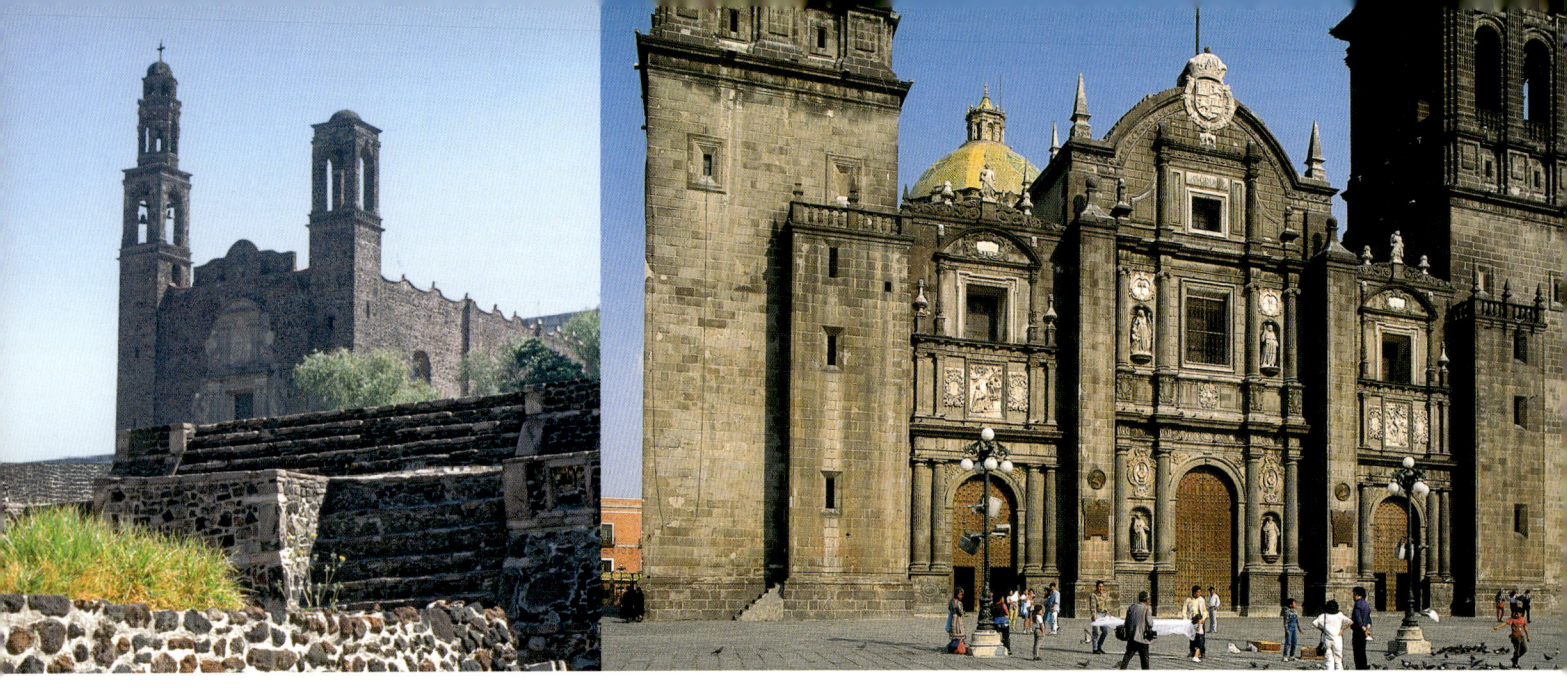

Santiago de Tlatelolco *(links oben)*

Ort: Mexico City
Bauzeit: 1535, 1609
Baustil: Barock

Diese Kirche eines Franziskanerklosters entstand mit dem Kloster 1535, erhielt aber die Turmfassade erst 1609. Sie steht am „Platz der drei Kulturen" in unmittelbarer Nachbarschaft zu einem aztekischen Marktplatz und einer präkolumbianischen Pyramide. Ihr Inneres ist ebenso schlicht wie der Außenbau, der durch die zinnenartigen Erhöhungen am Langhaus an eine Wehrkirche erinnert.

Capilla del Pocito *(links unten)*

Ort: Mexico City
Bauzeit: 1791
Baustil: Rokoko

Die Basílica de Nuestra Señora de Guadalupe erhebt sich auf dem Tepeyac-Hügel und ist über Stufen zu erreichen. Am unteren Ende der Treppen steht die Capilla del Pocito. Sie wurde als Kuppelbau mit einem ovalen Grundriss über einer Quelle errichtet, deren Wasser Wunder vollbringen soll – ein guter Grund für den regen Besuch der Kapelle.

Kathedrale *(rechts oben)*

Ort: Puebla
Bauzeit: 1575–1645
Baustil: Renaissance

Die Bischofskirche ist aus grauem Stein, von dem sich die weißen Schmuckelemente gut abheben. Sie bekam 1634 Gewölbe über den drei Längshäusern und dem einen Querschiff sowie eine Kuppel über der Vierung. 1680 und 1768 wurden ungewöhnlich hohe Türme angefügt. Das schmiedeeiserne Gitter vor dem Chor wurde 1679 von Mateo de la Cruz geschaffen, und auch das Chorgestühl, 40 Jahre später von Pedro Muños geschnitzt, ist sehenswert.

Santa Prisca y San Sebastian
(rechte Seite links oben)

Ort: Taxco
Bauzeit: 1748–1758
Baustil: Churriguerismus

Diese dreischiffige Basilika entstand in der Blütezeit durch die Silberminen groß gewordenen Stadt. Entsprechend überreich ist ihr spätbarocker Dekors sowohl am Aussenbau als auch im Inneren. Besonders gelungen ist das Spiel mit den Ornamenten an der Doppelturmfassade: Während die beiden Türme bis zum Giebel der Mittelfassade schlicht gehalten sind, greifen sie im oberen Bereich den Schmuck der Retablofassade auf und lassen ihn in den Himmel wachsen.

Iglesia/Templo de Santo Domingo
(rechte Seite rechts oben)

Ort: Oaxaca
Bauzeit: vor 1666
Baustil: Barock

In Oaxaca waren viele Orden vertreten, nicht zuletzt die „Hunde Gottes", wie sich die Dominikaner in Anspielung auf ihre Rolle bei der Inquisition selbst nannten. Vom Armutsgelübde des ältesten Bettelordens ist im Innern der Kirche wenig zu spüren, so verschwenderisch sind Ornamente an Decke und Wänden mit Blattgold überzogen. Unterhalb der Orgelempore ist der Stammbaum des Ordensgründers zu sehen.

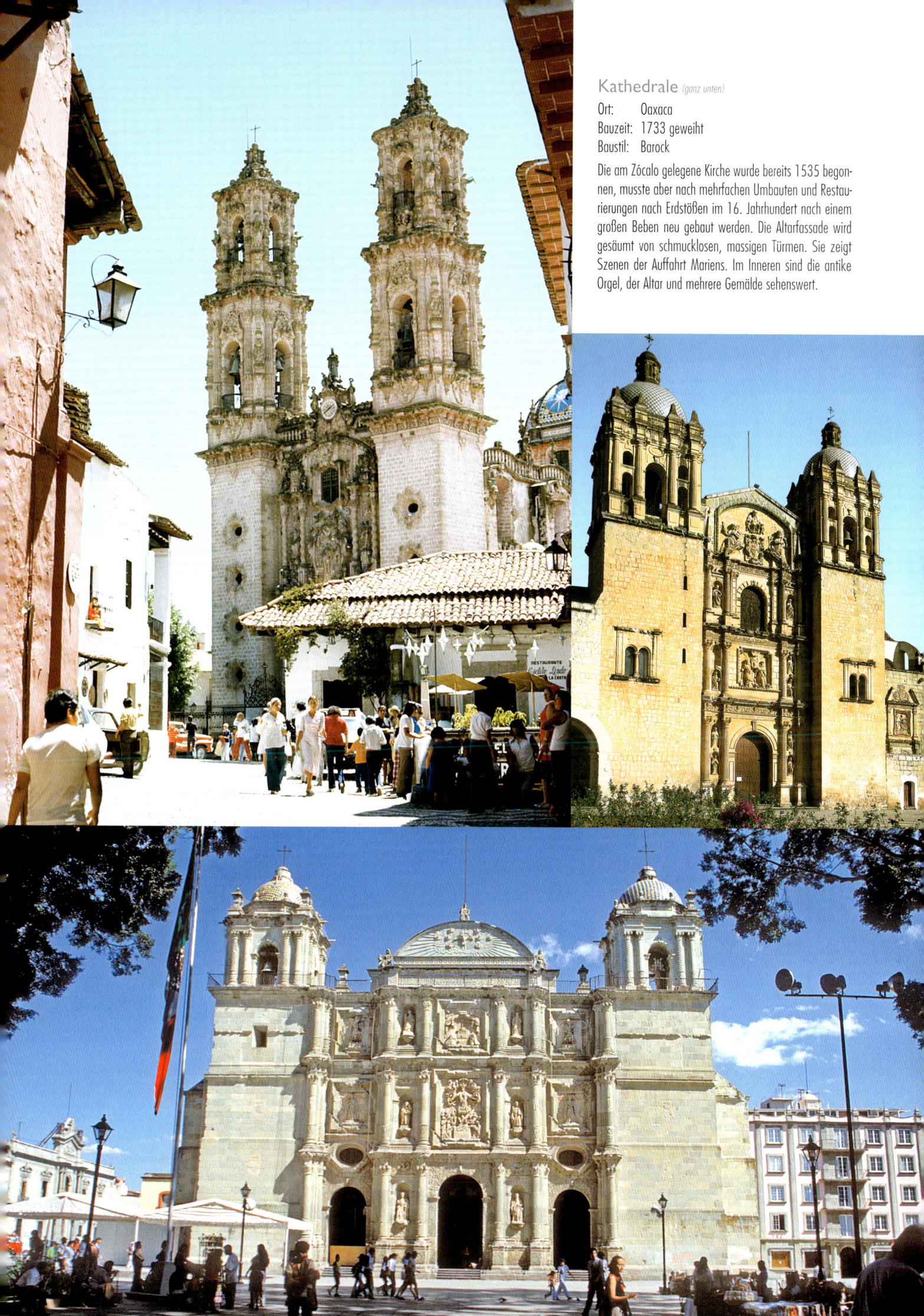

Kathedrale *(ganz unten)*

Ort: Oaxaca
Bauzeit: 1733 geweiht
Baustil: Barock

Die am Zócalo gelegene Kirche wurde bereits 1535 begonnen, musste aber nach mehrfachen Umbauten und Restaurierungen nach Erdstößen im 16. Jahrhundert nach einem großen Beben neu gebaut werden. Die Altarfassade wird gesäumt von schmucklosen, massigen Türmen. Sie zeigt Szenen der Auffahrt Mariens. Im Inneren sind die antike Orgel, der Altar und mehrere Gemälde sehenswert.

Kirche (oben)

Ort: Mitla
Bauzeit: 1621
Baustil: Barock

Auf den Grundmauern eines zapotekischen Tempels errichteten die Spanier diese imposante Kirche mit drei Kuppeln. Damit demonstrierten sie einerseits den Sieg über die „heidnischen" Götter der einheimischen Bevölkerung, andererseits nutzen sie die Tatsache, dass die Indios an diesen Platz als Ort ihres Glaubens gewöhnt waren. Die runden Formen der Kirche bilden einen interessanten Kontrast zu den regelmäßigen Reliefs der mixtekischen Steinmosaiken.

Kathedrale (Mitte)

Ort: San Cristobal de la Casas
Bauzeit: 1526 gegründet, später verändert
Baustil: Barock

Am Zócalo beherrscht die Kathedrale Nuestra Señora de la Asunción das koloniale Ambiente. Mit ihrem Bau wurde bereits vor der Gründung der Stadt begonnen, später wurde sie erweitert, zumal Erdbeben Reparaturen nötig gemacht hatten. Die doppelgeschossige Fassade mit den Säulen und den reichen Ornamenten entstand vermutlich um 1700.

Kirche (unten)

Ort: San Juan Chamula
Bauzeit: im Ursprung 18. Jh.

Das Indiodorf San Juan Chamula liegt nur gute 10 km von San Cristobal de la Casas entfernt und ist ein beliebtes Ausflugsziel für Touristen wegen seiner Ursprünglichkeit. Dort gehen die Indios in der Kirche am Marktplatz einer Mischung aus Katholizismus und indianischem Glauben in eigenen Zeremonien nach. Sie haben den katholischen Priester vertrieben, weil sie glauben, ohne Vermittler mit den Heiligen kommunizieren zu können.

Nicaragua

Im vom Bürgerkrieg zwischen Sandinisten und Contras gepeinigten Land bietet die Religion den überwiegend verarmten Nicaraguanern Zuflucht: kirchliche Feste und Heiligentage gibt es in hoher Zahl.

Kathedrale *(unten)*

Ort: León
Bauzeit: 18. Jh.
Baustil: Barock

Rubén Darío (1867–1916), der Dichter der „Gesänge von Leben und Hoffung", liegt hier begraben, in der größten Kathedrale Mittelamerikas mit ihren fünf Schiffen und dem intellektuellen Zentrum Nicaraguas. Auf dem Grab steht eine Zeile des Dichters: „Nicaragua ist für die Freiheit geschaffen", aber die Einschusslöcher im ganzen Stadtzentrum zeugen von dem Preis, den das Land dafür bezahlt hat.

Paraguay

Jesuiten erbauten im 17. Jahrhundert selbstverwaltete Siedlungen für die Indianer, Reduktionen genannt, und schufen ein Gemeinwesen, in dem alle die gleichen Rechte und Pflichten besitzen sollten – die Jesuiten wurden wegen mangelnder Kooperationsbereitschaft im 18. Jahrhundert von den Spaniern des Landes verwiesen, die Reduktionen sind zum Teil noch heute zu besichtigen.

Unvollendete Jesuitenkirche *(links)*

Ort: Jesús
Bauzeit: 1767 abgebrochen

Etwa 15 km nordöstlich von Encarnación ließen die Jesuiten eine Schule und eine Kirche errichten, die aber aufgrund der Vertreibung der Missionare durch die spanische Kolonialmacht nicht zu Ende gebaut wurde. 3000 Guaraní-Indios sollen an dem monumentalen Bau gearbeitet haben. Nicht nur als Bauarbeiter, sondern auch als Künstler. Denn sie wurden von den Jesuiten mit dem Ziel der Eigenständigkeit ausgebildet.

Peru

1492 begann mit der Landung der Europäer das Vordringen des Christentums in Südamerika und die Zerstörung der altamerikanischen Hochkulturen. Nicht selten erbauten die Missionare ihre christlichen Kirchen , Missionsstationen und Klöster aus den Steinen der zerstörten aus ihrer Sicht "heidnischen" Tempel.

Kloster San Francisco *(unten)*

Ort: Lima
Bauzeit: 17. Jh.
Baustil: Barock, Mudéjar-Stil

Zwischen 1659 und 1674 entstand die heutige Kirche des 1535 gegründeten Franziskanerklosters, das im 17. Jahrhundert das größte und bedeutendste in Peru war. Das sogenannte Altarportal lässt mit seiner Bauplastik schon das Bildprogramm des Hochaltars außen sichtbar werden, während das Innere reich mit Stuck im Mudéjar-Stil dekoriert ist. Das Klostergebäude neben der Kirche ist komplett mit bunten Kacheln, Azulejos aus Sevilla, verkleidet.

Kloster Santa Catalina *(links oben)*

Ort: Arequipa
Bauzeit: 1579 gegründet
Baustil: andalusischer Stil

Das Katharinenkloster in Ägypten diente als Vorbild für diese riesige Klosteranlage, für deren Einrichtung einfach ein Teil der Stadt ummauert wurde. Mit 20,4 km² besitzt sie deshalb Straßen mit Namen, die Kirche, Kreuzgänge und Zellen miteinander verbinden. Als Frauenkloster war es Zufluchtsort für Mädchen, die keinen Mann gefunden hatten. Durch die hohe Mauer waren sie 400 Jahre lang von der Außenwelt abgeschirmt, bis die Nonnen 1970 das Kloster für Besichtigungen öffneten.

Kathedrale *(Mitte oben)*

Ort: Lima
Bauzeit: 1751–1778
Baustil: Historismus

Der Bau der ersten Kathedrale an dieser Stelle begann bereits 1564, wurde aber bereits zwanzig Jahre später für eine repräsentativere Kirche abgerissen. Sie orientierte sich zwar an den spanischen Vorbildern in Granada und Jaén, hielt aber durch ihr Höhenstreben den Erdbeben im 17. und 18. Jahrhundert nicht stand. Resultat ist diese breite, gedrungene Kathedrale, in der Francisco Pizarros Sarg steht.

La Compañía de Jesús *(rechts oben)*

Ort: Cuzco
Bauzeit: 1650–1668
Baustil: Barock

Diese dreischiffige Kirche mit riesiger Vierungskuppel entstand in Form eines lateinischen Kreuzes an der Stelle eines Inkatempels. Ihre beiden Türme scheinen aus dem massiven Unterbau herauszuwachsen, dessen Fassade sich nach oben hin immer feiner gliedert. Wegen ihrer aufwändigen Innenausstattung – darunter ein 21 m hoher Barockaltar und kostbare Gemälde – gilt der Bau als die schönste Kirche Perus.

Puerto Rico

Eine bunte Mischung aus Menschen unterschiedlichster Herkunft, unterschiedlichen Sprachen, Musikstilen und architektonischen Elementen bieten die Kleinen Antilllen, zu denen Puerto Rico zählt.

La Catedral San Juan Bautisto *(links oben)*

Ort: San Juan
Bauzeit: 1540/Anfang 18. Jh.
Baustil: Gotik/Barock

Die Rolle von Feuer und Erdbeben übernehmen in der Karibik die Wirbelstürme: Die Kirche wurde 1520 aus Holz gebaut, 1526 von einem Hurrikan zerstört, 1540 neu gebaut, 1598 geplündert und 1615 erneut vom Hurrikan zerstört, diesmal jedoch nicht vollständig, um 1800 wieder aufgebaut und 1917 gründlich renoviert zu werden. 1913 wurden die Gebeine des ersten Inselgouverneurs, Juan Ponce de León, von San José hierher in ein Marmorgrab umgebettet.

Iglesia San José *(rechts oben)*

Ort: San Juan
Bauzeit: um 1530
Baustil: Gotik

Gestiftet vom ersten Inselgouverneur, gebaut von den Dominikanern, gehört die Kirche zum zweitältesten Kloster Amerikas und ist eines der wenigen originalen Beispiele für gotische Bauweise in der Neuen Welt. Die Dominikaner wurden 1865 von den Jesuiten abgelöst, die der Kirche ihren heutigen Namen gaben. An den Wänden fand man aus der Erbauungszeit Fresken aus dem 16. Jahrhundert.

Surinam

Hindus, Muslime, Katholiken und Protestanten bevölkern Surinam, dessen Amtssprache Niederländisch ist.

St. Peter und Paul *(links)*

Ort: Paramaribo
Bauzeit: 1882–1886
Baustil: Historismus

Die Renovierung war teuer, aber danach musste 1979 die größte Holzkathedrale Südamerikas wegen Einsturzgefahr für das Publikum geschlossen werden. Undichtigkeiten haben statisch wichtige Teile verrotten lassen. Gebaut von den Redemptoristen an der Gravenstraat zwischen Wulfingstraat und Noorderkerk zeugt die dritte reformierte Kirche an dieser Stelle von der Kolonialzeit der Niederländer; heute wird wieder gesammelt, um das Bauwerk zu retten.

Venezuela

Venezuela ist von der Fläche her das sechst-größte Land Lateinamerikas und gilt als eines der wohlhabendsten. Wohl ist der Reichtum nicht gleichmäßig verteilt – Armensiedlungen säumen Städte mit Prachtbauten.

Kathedrale *(rechts)*

Ort: Caracas
Bauzeit: 16. Jh., später verändert
Baustil: Neogotik

Mitten in Venezuelas moderner Hauptstadt haben sich an der Plata Bolívar noch Zeugnisse der Vergangenheit erhalten, darunter die dominante Kathedrale. Sie geht bis in die Gründungszeit der Stadt zurück, wurde allerdings später umgestaltet. Das Innere beherbergt mit einigen Gemälden von Rubens unschätzbare künstlerische Kostbarkeiten.

Uruguay

Kontrastreiche Ansichten bietet die Architektur Uruguays. Neben Hochhäusern bestimmen oftmals prunkvolle Bauten der Kolonialzeit das Stadtbild. Verschlafene Kleinstädte mit farbenfrohen, dekorreichen Fronten stehen im Gegensatz zu den Skylines der modernen Städte.

Kathedrale

Ort: Maldonado
Bauzeit: 1801–1895
Baustil: Historismus

Die Bauherren der Kathedrale am Hauptplatz der Stadt orientierten sich an der Formensprache des Klassizismus, als sie ein geradliniges Bauwerk mit Doppeltürmen und großer Kuppel richteten. Der portugiesische Einfluss ist an den Azulejos der Kuppel abzulesen, also an den farbigen Kacheln, mit denen die Portugiesen ihre Gebäude innen und außen schmücken.

Australien, Ozeanien und Neuseeland

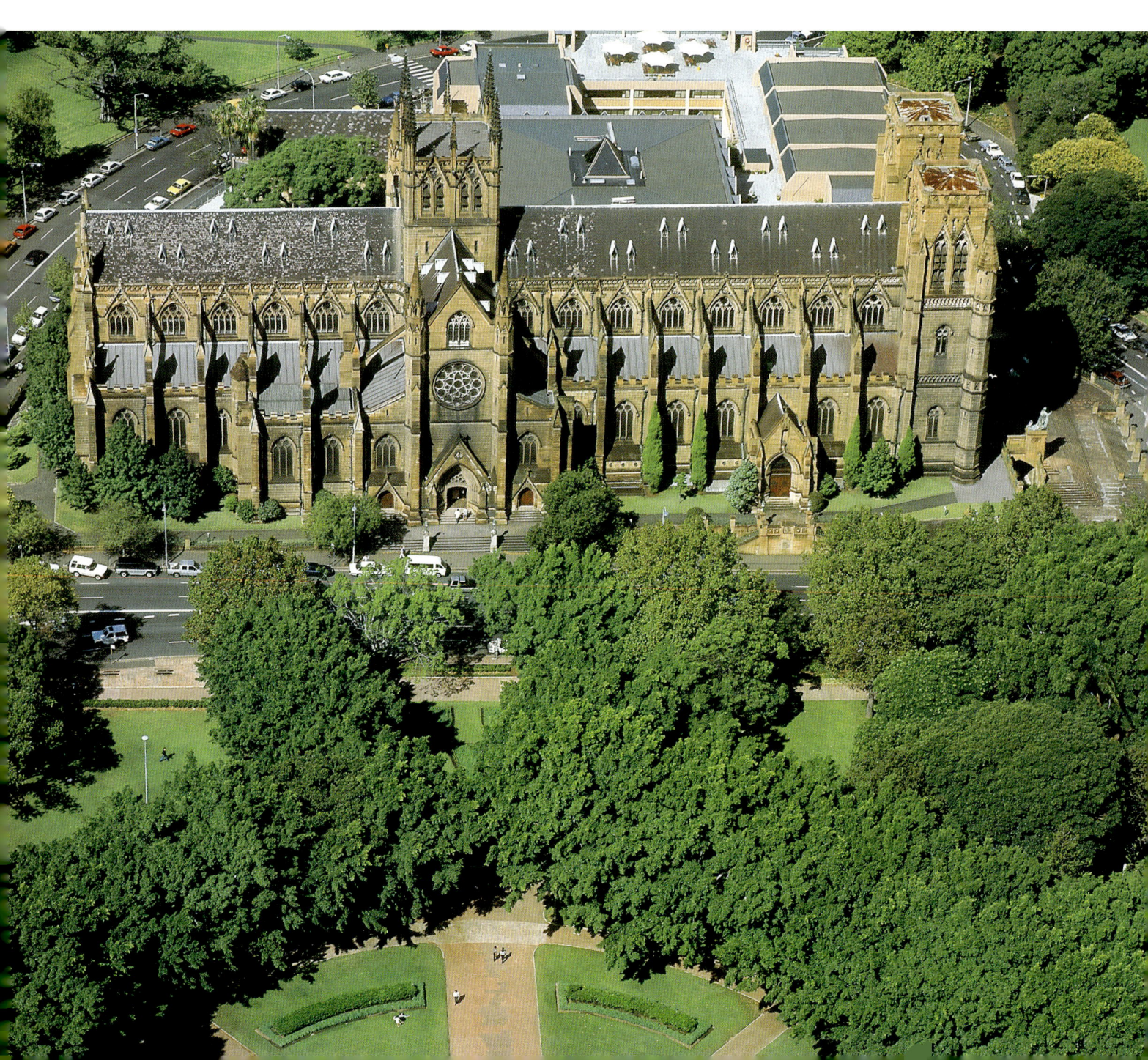

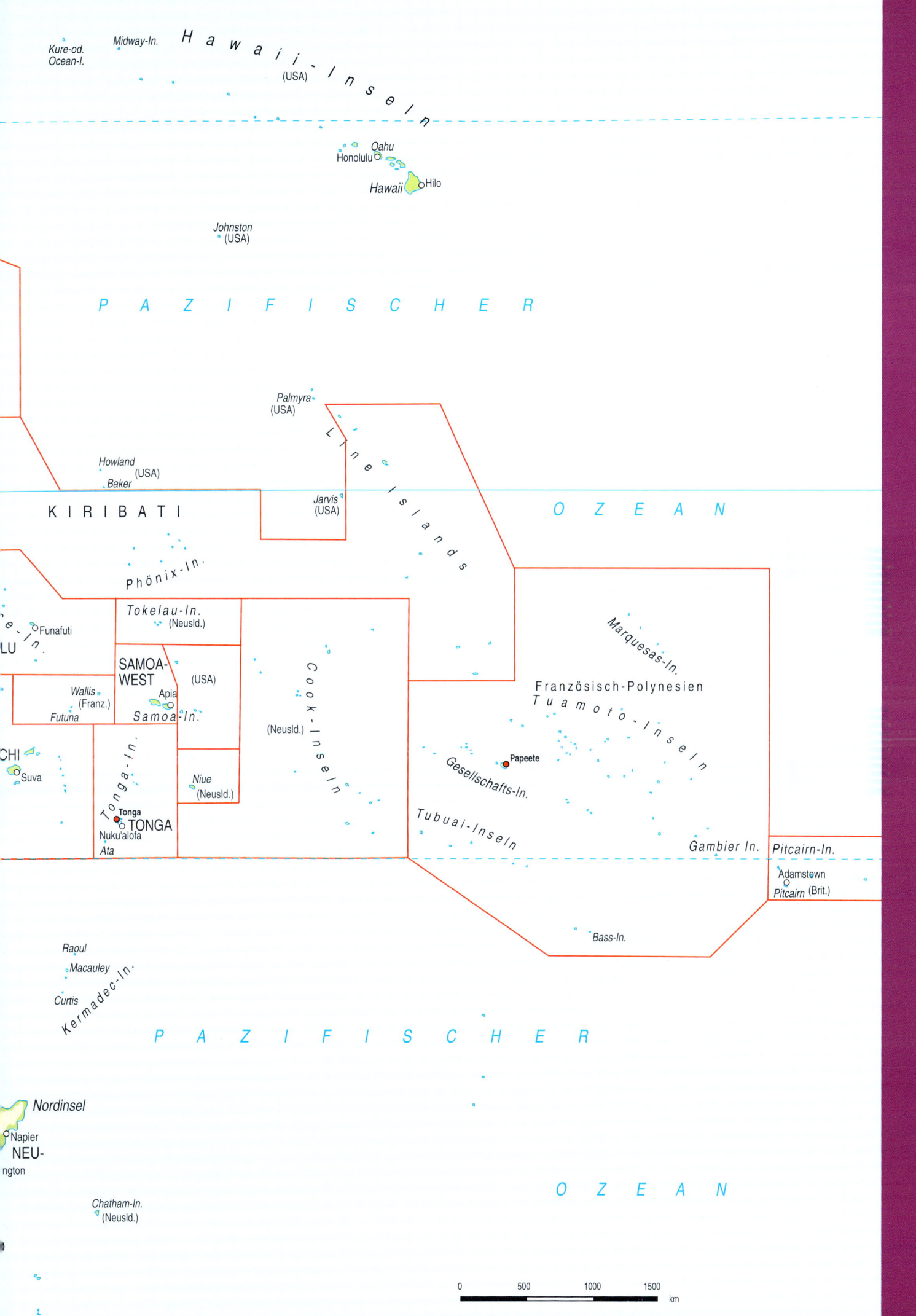

Kure-od.
Ocean-I.
Midway-In.
H a w a i i - I n s e l n
(USA)

Oahu
Honolulu
Hawaii Hilo

Johnston
(USA)

P A Z I F I S C H E R

Palmyra
(USA)

Line Islands

Howland
(USA)
Baker

K I R I B A T I

Jarvis
(USA)

O Z E A N

Phönix-In.

Tokelau-In.
(Neusld.)

Funafuti

LU

...e-In.

SAMOA-
WEST
Apia
(USA)

Marquesas-In.

Französisch-Polynesien
T u a m o t o - I n s e l n

Wallis
(Franz.)
Futuna
Samoa-In.

C o o k - I n s e l n
(Neusld.)

CHI
Suva

Tonga - In.
Niue
(Neusld.)

Papeete
Gesellschafts-In.

Tonga
TONGA
Nuku'alofa
Ata

T u b u a i - I n s e l n

Gambier In.
Pitcairn-In.

Adamstown
Pitcairn (Brit.)

Bass-In.

Raoul
Macauley
Curtis
Kermadec-In.

P A Z I F I S C H E R

Nordinsel
Napier
NEU-
ngton

O Z E A N

Chatham-In.
(Neusld.)

0   500   1000   1500
km

Australien

Das Christentum kam erst mit der Kolonialisierung durch Großbritannien im 18. und 19. Jahrhundert in diese weit von Europa entfernten Gebiete. Bis dahin pflegten die Ureinwohner, Aborigines und Maori, ihre eigenen Naturreligionen.

St. Andrew's Cathedral *(ganz rechts)*

Ort: Sydney
Bauzeit: 1819–1868
Baustil: Neogotik

Australiens älteste Kathedrale und größte anglikanische Kirche erinnert durch ihren Baumeister an die Besiedlung des Kontinents mit weißen Sträflingen: Der Architekt war Francis Greenway – wegen Urkundenfälschung hierher deportiert, erhielt er auf dem fünften Kontinent eine Chance, die er in Europa nie gehabt hätte. Mit der dreischiffigen Kirche errichtete er einen neugotischen Bau mit Doppelturmfassade und schmalem Querhaus.

St. Mary's Cathedral *(unten)*

Ort: Sydney
Bauzeit: 1868–1882
Baustil: Neogotik

Diese größte katholische Kirche Australiens ist der Nachfolgebau von zwei Gotteshäusern, die bei Bränden zerstört wurden. Der Neubau bot die Chance, die besten Teile europäischer Kathedralen zu einem Gesamtwerk zu vereinen. Für die Fassade stand Notre-Dame in Paris Pate und für das Gebäude die Kathedrale von Lincoln in England. Die südlichen Türme wurden jedoch nicht zu Ende gebaut.

St. Patrick's Cathedral *(rechts)*

Ort: Melbourne
Bauzeit: 1850–1868
Baustil: Neogotik

Die größte Kirche Australiens ragt mit ihren drei Türmen hinter dem Parlamentsgebäude empor. Entworfen von William Wardell gilt sie als eine der bedeutendsten Kirchen in Australien. Der kreuzförmige Bau mit Doppelturmfassade und Vierungsturm, dessen Bauschmuck hell abgesetzt ist, orientiert sich an europäischen Vorbildern und deutet schon aussen die prächtige Innengestaltung an.

Neuseeland

Auch in Neuseeland sind die Kirchen vor allem Kirchen der weißen Einwanderer und demonstrieren deren Macht, indem sie sich in Architektur und Ausstattung am europäischen Mutterland orientieren.

Christchurch Cathedral *(links)*

Ort: Christchurch
Bauzeit: 1864–1904
Baustil: Neogotik

„A touch of English" ist der Werbeslogan von Christchurch, einer von der anglikanischen Kirche 1850 gegründeten Stadt, und er trifft auch auf die Kathedrale im Zentrum zu. Man nutzte die Formensprache der Gotik – Fialen, Spitzgiebel, schlanke Formen – zum Bau einer Bilderbuchkirche. Bunte Glasfenster tauchen den Innenraum mit seinem Wandmosaik und geschnitztem Chorgestühl in mystisches Licht.

Tahiti

Tahiti gehört zum Archipel Französisch-Polynesien. Die Bevölkerung ist überwiegend protestantisch.

Kirche *(ganz oben)*

Ort: Papeete,
    Tahiti (französisches Überseeterritorium)
Bauzeit: um 1818
Baustil: Historismus

Malerisch erhebt sich die erste protestantische Kirche der Londoner Missionsgesellschaft an Papeetes Ufer. Die hohen Spitzbogenfenster im Langhaus zitieren die gotische Formensprache, und auch die Turmspitze reckt sich weit nach oben. Der Außenbau besticht durch sanftes Farbenspiel – ein grünes Dach auf einem zartrosa Gebäude mit weißen Kontrasten in den Laibungen, Kanten und Brüstungen.

Tonga

Tonga ist das letzte Königreich Polynesiens, dem Inbegriff der "Südsee". Bei der Erbauung der Gotteshäuser der katholischen, methodistischen, anglikanischen, mormonischen und adventistischen Bevölkerung werden oftmals Naturmaterialien und farbenprächtige Ausstattungen verwendet.

Antonius-Basilika *(oben)*

Ort: Nuku'alofa
Bauzeit: 1980 geweiht
Baustil: Gegenwartsarchitektur

Auf Tongapatu, der größten der rund 170 Inseln des Staates im südlichen Pazifik, befindet sich die Hauptstadt Nuku'alofa. Ihr Wahrzeichen ist – neben dem Königspalast – die moderne Antonius-Basilika. Das runde Gebäude wird im Untergeschoss, wo eine Bibliothek, ein Restaurant und eine Firma untergebracht sind, von Arkaden gesäumt. Zum Kirchraum führt eine große zweiläufige Treppe empor.

Glossar

Apsis nischenartiger Raumabschluss, im Kirchenbau der Abschluss von Langhaus oder Chor

Arabeske verschlungenes Laub- und Rankenornament aus der hellenistisch-römischen Antike

Archivolte meist reich geschmückte Rahmenleiste an Portalen

Arkaden Säulengang mit einer offenen, bogenförmigen Begrenzung

Baldachin zeltartiges Dach über dem Altar, der Kanzel, dem Bischofsstuhl oder Statuen

Balustrade Geländer aus Säulen

Basilika im Kirchenbau ein Langbau mit einem Mittelschiff, das höher ist als die Seitenschiffe und im oberen Bereich Fenster besitzt.

Blendarkade Arkade, die ohne Zwischenraum zur Wand als Gliederungselement eingesetzt wird

Chor der den Geistlichen vorbehaltene, die Kirche abschließende Raum um den Hochaltar, oft einige Stufen höher liegend und durch Gitter, Schranken oder einen Lettner vom Mittelschiff getrennt; meist nach Osten ausgerichtet

Coro der Mönchschor der spanischen Kirchen, der dort im Unterschied zu anderen Ländern vor der Vierung eingebaut wird; der Bereich mit dem Altar, der üblicherweise Chor genannt wird, heißt in spanischen Kirchen Capilla Mayor.

Dachreiter kleiner Turm auf dem Dachfirst

Dienst vor Innenwände oder Pfeiler gelegte oder eingebundene dünne Säule, deren Durchmesser sich nach dem von ihr gestützten Gewölbebogen richtet.

Exedra Halbrunde Erweiterung eines Raums

Fiale schlankes Ziertürmchen der Gotik

Fresko Wandmalerei auf noch feuchten Kalkputz. Die Farben verbinden sich nach dem Trocknen untrennbar mit dem Putz.

Fries horizontaler Streifen, mit oder ohne Ornamente, am oberen Ende der Wandfläche

Galerie langer Raum, der mehrere Zimmer verbindet

Gesims auch Sims; vorspringende (meist) waagerechte Bauform zur Untergliederung einer Fassade

Gewände schräge Einschnittfläche an den Wänden von Fenstern und Portalen; senkrechte Schnittflächen heißen Laibung.

Grisaille Malerei in grauen (frz. gris) Farben, aber auch grünlich oder bräunlich

Groteske aus der Antike stammendes, plastisches Rankenornament mit eingefügten Früchten, Blumen, menschlichen und tierischen Formen

Hallenkirche Kirche mit (fast) gleich hohen Schiffen

Haube(ndach) auch Kuppeldach; Turmdach mit geschweifter Kontur

Hochaltar Hauptaltar einer katholischen Kirche

Inkrustation Verkleidung von Wänden und Fußböden mit edlen, oft farbigen Steinen, die in Stein eingelegt werden (im Unterschied zu Intarsien, den Einlegearbeiten in Holz)

Joch in der Architektur der Bereich eines Gewölbes zwischen vier Pfeilern

Kämpfer vorspringende Tragplatte zwischen Stütze (z. B. Säule oder Pfeiler) und Gewölbe oder Bogen

Kapelle als Teil einer Kirche eigenständiger Raum zum Beten oder für liturgische Zwecke, oft mit Altar

Kalotte in der Architektur gekrümmte Fläche eines Kuppelsegments

Kathedra Bischofsstuhl in der Kirche

Kathedrale Bischofskirche

kannelieren mit senkrechten, konkaven Rillen versehen, die Rillen nennt man Kanneluren

Kapitell oberes Ende einer Säule oder eines Pfeilers

Kassette Verzierung der Decke durch vertiefte Felder

Kolonnaden Säulengang mit waagerechten Balken zur Gliederung von Fassaden, Rahmung von Plätzen, Straßen (Gegensatz Arkade)

Krabbe auch Kriechblume, gotisches Blattornament

Kreuzblume auch Giebelblume, gotisches Blütenornament mit kreuzförmig angeordneten Blättern, oft als Abschluss von Türmen, Fialen, Wimpergen

Kreuzgang beim Kloster überdachter Gang um einen viereckigen, offenen Hof

Krypta unterirdischer oder tiefer angelegter Raum zur Aufbewahrung von Reliquien oder als Grabstätte, meist nach Osten unter dem Chor angelegt

Langbau Gebäude, bei dem es eine lange Hauptachse gibt

Langhaus der längere Teil der Kirche zwischen (West-)Fassade und Querhaus bzw. Chor

Längsschiff siehe Langhaus

Laterne Aufsatz über einer Öffnung in einer Decke, Kuppel, im Dach oder Gewölbe, der Licht hineinlässt

Lettner Trennwand zwischen Chor und Mittelschiff mit Durchgängen

Lisene senkrecht hervortretender Mauerstreifen, besonders in der Romanik beliebt zur Wandgliederung

Liturgie Form und Inhalt aller gottesdienstlichen Handlungen

Lukarnen auch Zwerchhaus; Dachaufbau mit Fenster, der meist reich dekoriert ist

Mandorla mandelförmiger, also ovaler,

Heiligenschein, der die Figur eines Heiligen komplett umrahmt

Maßwerk Schmuckelement der Gotik, „gemessenes Werk", vor allem als Füllung an Fenstern und Arkaden verwandt

Mittelschiff mittlerer Raum des Langhauses einer Kirche zwischen den Seitenschiffen

Mudéjar Stil Bau- und Dekorationsstil in Spanien, der maurische und gotische Formelemente verbindet; benannt nach arabischen Künstlern und Handwerkern, den Mudejaren

Narthex Vorhalle bei Kirchen

Obergaden auch Lichtgaden; oberer Wandabschnitt im Mittelschiff, der die Fenster enthält

Pilaster zur Gliederung eingesetzter Wandpfeiler mit Basis und Kapitell ohne Stützfunktion („halbe Säule")

Portikus Vorhalle vor der Hauptfront des Gebäudes, die von Säulen, seltener von Pfeilern getragen wird, typisch für die klassizistische Architektur

Putto, Putte nackte Kinderfigur in der Kunst, meist mit Flügeln

Querhaus quer zum Langhaus verlaufender Bauteil der Kirche (ein- oder mehrschiffig), der dem Kirchenbau den Grundriss eines lateinischen Kreuzes verleiht

Querschiff Querhaus

Retabel Altaraufsatz

Retrochor Umgang hinter dem Hochaltar bei gotischen Kirchen in England

Rocaille 1. Muscheldekors in künstlichen Grotten, 2. Ornamente des Spätbarocks, die muschelähnlich und asymmetrisch aussehen und nach denen der ganze Stil des Rokoko Rocaillestil genannt wurde

Rotunde kreisförmiger Bau

Risalit Gebäudeteil, der vor den Hauptbaukörper vorspringt, manchmal auch höher ist und/oder ein eigenes Dach

hat, als Mittel-, Eck- oder Seitenrisalit; häufig bei barocken Profanbauten

Sakristei Raum neben dem Chor der Kirche, in dem sich Geistliche und am Gottesdienst Mitwirkende aufhalten und ankleiden sowie zur Aufbewahrung liturgischer Geräte und Gewänder

Satteldach Dach mit geraden Giebelseiten und zwei schrägen Flächen, die am First zusammenstoßen

Schweifwerk Dekorationselement, das durch eingerollte Endformen charakterisiert wird

Seitenschiff paralleler Raumteil eines Mittelschiffs der Kirche, durch Säulen oder Pfeiler abgetrennt

Skelettbauweise alle tragenden Funktionen werden auf ein System tragfähiger Glieder (Skelett) übertragen, denen ein Raster zugrunde liegt. Die Begrenzung des Raumes kann von nichttragenden Füllungen übernommen werden.

Spolien Kunstwerke oder Bauteile aus einer älteren Kultur, die in einem neuen Zusammenhang wieder verwendet werden, etwa antike Säulen in christlichen Kirchen

Stichbalken ein Balken, der mit dem einen Ende auf der Außenwand ruht und mit dem anderen auf einem Deckenbalken oder einem Wechselbalken

Stichkappe ein Gewölbe, das quer zur Achse eines Hauptgewölbes verläuft und dieses schneidet, etwa an Fenstern

Strebebogen zwischen Strebepfeiler und Außenwand schräg nach oben führender Bogen, der den Schub des Gewölbes in den Pfeiler ableitet

Stuck nicht wetterfeste Mischung aus Sand, Wasser und Bindemittel, meist Gips, aber auch Kalk und Leim

Stuckatur plastische Verzierung aus Stuck, meist an Wänden und Decken

Tabernakel gotisches Ziergehäuse aus Säulen und Spitzdach zur Aufnahme von Plastiken

Tambour (Trommel) meist zylindrischer, aber auch achteckiger Unterbau einer Kuppel, der häufig von Fenstern durchbrochen wird

Triforium Laufgang über den Arkaden

Tonnengewölbe gekrümmte Decke, deren Querschnitt einen Halbkreis ergibt

Tympanon Giebelfeld bei antiken Tempeln oder Bogenfeld über Kirchenportalen

Vierpass gotisches Maßwerk mit vier Kreisteilen

Vierung in der Kirche der Bereich, der durch die Kreuzung von Lang- und Querhaus gebildet wird, oft mit einer Vierungskuppel oder einem Vierungsturm überbaut

Vierungspfeiler Pfeiler an den Ecken der Vierung, meist aus statischen Gründen verstärkt

Votivbild ein aus Dank für Rettung aus Gefahren oder Erhörung von Gebeten gestiftetes Bild, oft von Laien gemalt

Walmdach Satteldach mit je einer schrägen Dachfläche an den Giebelseiten

Wehrgang Gang zur Verteidigung an der Mauerkrone

Wimperg gotischer Ziergiebel über Fenstern und Portalen, meist gefüllt mit Maßwerk, Krabben und Kreuzblume sowie flankiert von Fialen

Zentralbau auf einen Mittelraum bezogenes Gebäude, dessen Teile sich alle auf dieses Zentrum beziehen

Zwerchgiebel siehe Lukarne

Zwerggalerie kleine aneinander gereihte Säulenarkaden zur dekorativen Auflockerung der Fassade, typisch für romanische Sakralbauten, wo sich die Zwerggalerie meist direkt unter dem Dach befindet

Ortsregister